DIE BIBLIOTHEK DER ALTEN WELT

BEGRÜNDET VON KARL HOENN

HERAUSGEGEBEN VON CARL ANDRESEN, MANFRED FUHRMANN,

OLOF GIGON, ERIK HORNUNG UND WALTER RÜEGG

MCMLXXXIII

RÖMISCHE REIHE

MARCUS TULLIUS CICERO
MEISTERREDEN

EINGELEITET, ÜBERSETZT UND ERLÄUTERT VON
MANFRED FUHRMANN

ARTEMIS VERLAG ZÜRICH
UND MÜNCHEN

Dieser Band ist

FRAU MATHILDE BASTIAN,
der treuen, langbewährten Helferin,

gewidmet

©
1983 ARTEMIS VERLAG ZÜRICH UND MÜNCHEN
PRINTED IN SWITZERLAND
ISBN 3 7608 3665 8

EINFÜHRUNG

Quo usque tandem abutere, Catilina, patientia nostra: so lautet der berühmte Anfang von Ciceros berühmtester Rede, der ersten gegen Catilina – «Wie lange noch, Catilina, willst du unsere Geduld mißbrauchen?» Ciceros Name steht eben zuallererst für Beredsamkeit, Wortgewalt und mitreißenden Schwung der Sprache, vielleicht auch – gefördert durch jüngste Erfahrungen mit totalitärer Propaganda – für Täuschung, Suggestion und demagogische Verführung. Diese erste Assoziation ist richtig und falsch zugleich: richtig, weil sich Cicero selbst vor allem als Redner und Politiker hat betrachten wissen wollen, der sich seiner wichtigsten Waffe, der des Wortes, mit Meisterschaft zu bedienen versteht; falsch, weil für die Nachwelt, für die Entwicklung der europäischen Geistesbildung der Literat, der Philosoph, der Mensch Cicero mindestens ebenso bedeutsam geworden ist wie der Redner – zumal während der beiden letzten Jahrhunderte, seit die Beredsamkeit als systematisch geübte Kunst aus den Lehrplänen der Schulen und dem Bewußtsein der Gebildeten verschwunden ist.

Denn dies ist eine schon viel beklagte, doch kaum genug zu beklagende Tatsache: die Rhetorik als Theorie der Rede und deren planmäßig betriebene Anwendung, die (neben der christlichen Religion, neben Latein als der Sprache der Kirche, des Staates und der Wissenschaft) von der Antike bis zur Aufklärung in nie unterbrochener Kontinuität ein Hauptpfeiler der europäischen Gesittung gewesen war – diese Rhetorik, und mit ihr das Studium der Muster, eines Demosthenes oder Cicero, erlebte gegen Ende des 18. Jahrhunderts einen schweren Niedergang, einen nahezu vollständigen Zusammenbruch. Über die Ursachen ist viel gerätselt worden; sie sind immer noch nicht hinlänglich ermittelt. Man hat – zumal in Deutschland – die politischen Gegebenheiten ins Spiel gebracht: die Beredsamkeit könne nur in einer Sphäre der Freiheit gedeihen, sie sei auf eine republikanische, ja demokratische Verfassung angewiesen. Man hat außerdem die moralischen Maßstäbe des bürgerlichen Zeitalters ins Feld geführt: die Rhetorik sei dem Rigorismus der idealistischen Philosophie zum Opfer gefallen, der in ihr nichts zu sehen vermochte als eine Afterkunst des Scheines und der Lüge. Und man hat sich, um den Kollaps der Theorie der Rede zu erklären, auf die Umwälzungen im Reiche der Ästhetik berufen: Geniebewegung und Romantik hätten sich im Namen der schöpferischen Individualität und des echten, aufrichtigen Gefühls wie von der Normierung des Dichtens, der Poetik, so auch innerhalb der Prosa von allem Regelzwang befreit:

«Es trägt Verstand und rechter Sinn
Mit wenig Kunst sich selber vor.»

(Goethe)

Doch alle diese Argumente vermögen, so plausibel sie klingen, weder einzeln noch insgesamt das Ausmaß des Traditionsbruchs zu erklären. Die moralischen und politischen Ursachen hätten sich, wären sie dafür verantwortlich, bemerkbar machen müssen, seit sie existieren – also nicht erst seit dem ausgehenden 18. Jahrhundert, sondern seit Platons Verdammung der Rhetorik und seit dem Ende der griechischen Freiheit im Zeitalter Alexanders. Und wenn sich der Wandel der ästhetischen Einstellung so mächtig hätte auswirken können, wie erklärt sich dann, daß – jedenfalls im 19. Jahrhundert – der Schwund der rhetorischen Theorie mit einer Blütezeit der rhetorischen Praxis gekoppelt war: bei der Reportage, beim Pamphlet, bei anderen dem Journalismus zugehörigen Zweckformen?

Wie dem auch sei, in einer Welt, in der die Verwendung rhetorischer Mittel geradezu kolossale Ausmaße angenommen hat: auf den Gebieten der politischen Propaganda, der administrativen Taktik, der Konsumentenwerbung usw. – in dieser Welt hat, nunmehr schon seit ein bis zwei Jahrzehnten, eine energische Rückbesinnung auf die traditionelle Rhetorik eingesetzt. Man beschäftigt sich wieder mit ihr; man versucht, ihr Gerechtigkeit angedeihen zu lassen, indem man nicht nur bei ihren Schattenseiten, dem möglichen Mißbrauch zu niederträchtigem Betrug verweilt, sondern auch ihre positiven Eigenschaften, insbesondere ihre Unentbehrlichkeit bei allen Prozessen demokratischer Urteilsbildung, hervorhebt. Renaissance der Rhetorik? Das wäre wohl eine Übertreibung; es fehlt ja nach wie vor an einer zulänglichen institutionellen Basis in den Lehrplänen der Schulen und Universitäten, es fehlt an einer mit Methode betriebenen Unterweisung, die nicht nur zu kritischer Analyse fremder, sondern auch zu durchdachtem Hervorbringen eigener rhetorischer Texte anleitet. Immerhin ist ein Fundament gelegt: es gibt wieder Einführungen in die Rhetorik als Stil- und Argumentationskunst; es gibt Werke – Einzelausgaben wie Sammlungen –, die bestrebt sind, einen breiteren Leserkreis mit hervorstechenden rednerischen Leistungen der Vergangenheit und Gegenwart bekannt zu machen. In diesen Zusammenhang gehört auch die neue Verdeutschung sämtlicher Cicero-Reden, die nur in einem der Rhetorik einigermaßen günstigen Klima zustande kommen konnte; in diesen Zusammenhang gehört daher ebenfalls die vorliegende Auswahl aus der siebenbändigen Gesamtausgabe, die einen repräsentativen Querschnitt von Ciceros rednerischem Schaffen zu geben sucht.

2

Ciceros Leben hat sich während des bewegtesten Zeitalters
der römischen Geschichte, in der Epoche des Übergangs von
der Adelsrepublik zur Monarchie abgespielt. Wer den peri-
petienreichen und mit einer Katastrophe endenden Verlauf
dieses Lebens, das Ergebnis komplizierter, mannigfach inein-
ander verzahnter Gegebenheiten, begreifen möchte, tut gut
daran, sich zunächst auf dessen äußere Bedingungen, d. h. auf
den damaligen Zustand des römischen Staates und der römischen Gesellschaft einzulassen.

Die Verfassung der Republik beruhte im wesentlichen auf
dem Herkommen, nicht auf geschriebenen Gesetzen; sie war
in allmählicher Entwicklung zu dem ausgewogenen Gefüge
herangereift, als das sie sich in ihrer Glanzzeit, im dritten und
zweiten Jahrhundert v. Chr., dem Auge des Betrachters dar-
bietet. Sie gründete sich auf die – in der alten Welt nur den
Griechen und Römern geläufige – Maxime, daß, wer verpflichtet war, den Staat nach außen hin zu verteidigen, auch
berechtigt sei, an seiner Lenkung im Inneren teilzuhaben,
wobei diese Teilhabe in Rom nicht dem demokratischen
Prinzip der Gleichheit, sondern dem ständischen Prinzip abge-
stufter Rechte gehorchte.

Formell ging alle Gewalt vom Volke, von der Versammlung der erwachsenen männlichen Bürger aus; die Volksversammlung war nach Klassen gegliedert und traf in dieser
Gliederung wichtige Entscheidungen: sie wählte alljährlich
die hohen Beamten, die Magistrate; sie beschloß über Geset-
zesanträge; sie urteilte Staatsverbrecher ab. Sie konnte freilich weder debattieren noch irgendeine Initiative ergreifen;
sie hatte lediglich zu bestätigen oder zu verwerfen, was die
Magistrate ihr zur Entscheidung vorlegten.

Die Fülle der Macht lag sichtlich bei den Magistraten, zumal den ranghöchsten, den Konsuln und Prätoren. Alle Ämter waren doppelt oder mehrfach besetzt; alle ranggleichen Beamten durften gegeneinander interzedieren, d.h. die Amtshandlungen eines Kollegen verhindern oder aufheben. Alle Ämter waren auf ein Jahr befristet und wurden, wie schon erwähnt, alljährlich durch die Volksversammlung neu besetzt. An der Spitze des Staates standen die beiden Konsuln; ihre Vollgewalt, das *imperium* – eine Einheit von ziviler und militärischer Kompetenz –, erstreckte sich auf das gesamte Reichsgebiet; sie waren zuallererst dazu berufen, den Staat gegenüber den Göttern, gegenüber anderen Staaten, gegenüber dem römischen Volk in seiner Gesamtheit und gegenüber den einzelnen Bürgern zu vertreten. Ihre ursprünglich unbegrenzte, das Tötungsrecht einschließende Disziplinargewalt wurde durch sogenannte Provokationsgesetze stufenweise eingeschränkt; hiernach bedurften Maßnahmen, die über einen bestimmten Geldbetrag hinausgingen, der Bestätigung durch die Volksversammlung. Auf die Konsuln folgten die Prätoren, die, ebenfalls im Besitze des vollen *imperium*, in Notfällen auch Heere befehligten, in der Regel jedoch dem Rechtswesen vorstanden. Außer zwei weiteren Stufen der Ämterhierarchie, der Ädilität und der Quästur, gehörte zum römischen Behördenapparat noch eine sehr eigentümliche Einrichtung: das Volkstribunat. Die Volkstribunen hatten keinerlei positive Kompetenz: sie waren lediglich ein – allerdings umfassendes – Kontrollorgan; ihr Verbietungsrecht, das berühmte Veto, konnte jede magistratische Maßnahme, auch die eines Konsuls, zunichte machen.

Die dritte Säule des römischen Staates, der Senat, bestand bis zum ersten Jahrhundert v. Chr. aus dreihundert, zur Zeit Ciceros aus sechshundert Mitgliedern auf Lebenszeit; er rekrutierte sich aus den amtierenden und den ehemaligen Magistraten. Die Senatoren waren nach Maßgabe der von

ihnen bekleideten Ämter in Rangklassen eingeteilt; eine
Geschäftsordnung legte die Modalitäten der Debatte und
Abstimmung fest. Der Senat konnte, wie die Volksversammlung, nur von einem Magistrat einberufen werden; er war
rechtlich betrachtet nichts als ein beratendes Organ, das den
Magistraten auf Befragen seine Meinung kundtat. In Wahrheit aber gebärdete er sich als souverän schaltende Reichsregierung: bei ihm liefen alle Fäden zusammen; von ihm gingen alle wichtigen Entscheidungen aus; er verbürgte allenthalben die politische Kontinuität. Und wenn seine Empfehlungen, die *senatus consulta*, rechtlich gesehen für die Magistrate keinerlei Verbindlichkeit besaßen, so pflegten sich die
Magistrate in Wirklichkeit fast stets so zu verhalten, als seien
sie die Vollstrecker des Senatswillens. Wenn irgendwo, dann
läßt sich am Einfluß des Senats ablesen, daß die römische
Republik einem aristokratischen Regime unterstanden hat.

Diese Institutionen waren gleichsam die Schauseite des
römischen Staates; ihre Handlungen sind als «römische Geschichte» in die Erinnerung der Menschheit eingegangen.
Hinter dieser Schauseite aber stand die römische Gesellschaft:
keine in Parteien, Gewerkschaften oder sonstigen Interessen-
verbänden formierte, sondern eine ständisch gegliederte, in
eine Art Gefolgschaftswesen eingebundene Gesellschaft. Die
höchsten Ränge nahmen die Angehörigen der Aristokratie,
die Senatoren und Ritter, ein: aus diesen beiden Gruppen
gingen die Beamten hervor; auf sie beschränkte sich in praxi
das passive Wahlrecht zu den Magistraturen und damit auch
zum Senat. Auf die Ritter folgten in der Hierarchie der römischen Gesellschaft die gewöhnlichen Bürger, die je nach Vermögen in Klassen mit abgestuftem Stimmrecht eingeteilt
waren, und auf die Bürger wiederum folgten die Bundesgenossen, die übrige freie Reichsbevölkerung und das Sklaven-
proletariat. Alle diese Schichten waren, wie angedeutet, in ein

System erblicher sozialer Beziehungen eingebunden. An der Spitze standen die jeweiligen Häupter der regierenden Adelshäuser; sie waren stets bestrebt, nach dem Grundsatz *do ut des* – «ich gebe, damit du gibst»: sie gewährten Schutz und erwarteten Dienste – die überkommene Hausmacht zu wahren und zu vergrößern.

Mit diesem hier nur in den gröbsten Zügen skizzierten System errang Rom während des dritten und zweiten Jahrhunderts v. Chr. die Herrschaft über den gesamten Mittelmeerraum. Die Kette der Erfolge zeitigte indes starke negative Rückwirkungen auf die inneren Verhältnisse: auf die Struktur der Gesellschaft und schließlich auch auf deren Schauseite, die Verfassung. Die vielen Kriege beraubten nämlich große Teile des bäuerlichen Mittelstandes der Existenzgrundlage. Der Versuch der Gracchen, die entwurzelten Bürger auf Kosten des Großgrundbesitzes mit Hofstellen zu versehen, scheiterte (133 und 123/122 v. Chr.). Daraufhin fehlte es, da Vermögenslose nicht zu dienen brauchten, an Soldaten. Der Feldherr Marius wußte Rat: er warb die Proletarier als Söldner an (107 v. Chr.). Nunmehr war das Grundschema der römischen Gesellschaft, das Gefolgschaftswesen, militarisiert; seither bedrohten oder beherrschten die jeweiligen Feldherren und ihre Truppen, die durch ein wechselseitiges Treueverhältnis miteinander verbunden waren, den zivilen Staatsapparat.

Diese Desintegration der römischen Gesellschaft – das Militär stand der Zivilbevölkerung, die Revolutionsführer standen der Mehrheit der Senatsaristokratie gegenüber – bewirkte nun keineswegs sofort einen radikalen Umbau des Staates. Denn man befand sich, wie Christian Meier treffend formuliert hat, in einer «Krise ohne Alternative», d. h. die Monarchie, das für den rückblickenden Betrachter so unausweichliche Resultat des Prozesses, lag außerhalb des Vorstellungs-

horizontes aller handelnd oder leidend daran Beteiligten – bis
Caesar den Entschluß faßte, die Position, die er faktisch bereits innehatte, die Alleinherrschaft, zu institutionalisieren.
Die republikanische Verfassung blieb somit trotz aller Umwälzungen lange Zeit erhalten – nicht mehr als Schauseite
wirklicher Substanz, sondern eher als eine hohle, die Wirklichkeit verstellende Fassade.

Die Verfassung blieb freilich nicht unversehrt erhalten; sie
bekam überall schwere, bis in die Fundamente reichende Risse
und Sprünge. Die Volksversammlung schlug am offenkundig-
sten aus der Art: sie geriet mehr und mehr in die Abhängig-
keit organisierter Knüppelbanden, die Bezahlung empfingen
und die Weisungen ihrer Geldgeber befolgten – die Revolutionsführer pflegten sich ihrer zu bedienen, ihren selbstherr-
lichen Maßnahmen den Anschein der Legitimität zu verleihen. An zweiter Stelle war die Magistratur schweren, immer
schwereren Belastungen ausgesetzt. Hier ging der Kampf vor
allem um das republikanische Prinzip der Annuität, der Befri-
stung auf ein Jahr: die Revolutionsführer, die eines dauerhaften Titels für ihre persönliche Machtstellung bedurften, suchten diesen Grundsatz auf verschiedene Weise außer Kurs zu
setzen. Die Gracchen experimentierten mit dem Volkstribunat
(133, 123–122 v. Chr.); der Marianer Cinna behalf sich mit
dem Jahr um Jahr erneuerten Konsulat (87–84 v. Chr.); Sulla
griff auf das altrömische Sonderamt der Diktatur zurück (82
bis 79 v. Chr.). Mit Pompeius kam dann ein neuer, prakti-
kablerer Typ revolutionärer Machtpositionen auf: das von
Anfang an für mehrere Jahre bewilligte außerordentliche
Heereskommando (ab 77 v. Chr.) – aus diesem Typ ging
über Caesar (ab 58 v. Chr.) und das Triumvirat des Jahres 43
v. Chr. die Monarchie des Augustus hervor. Schließlich der
Senat: auch er wurde von der Krise in Mitleidenschaft gezogen. Denn die von ihm verfochtene reaktionäre Politik war

das Hauptziel der revolutionären Angriffe; er sah sich daher genötigt, Gegenterror auszuüben. Die Waffe, die er sich zu diesem Zwecke schuf, hieß «äußerster Senatsbeschluß» (*senatus consultum ultimum*), die Erklärung des Ausnahmezustandes, die den amtierenden Magistraten, zumal den Konsuln, diktatorische Vollmachten verlieh, die insbesondere das Provokationsrecht außer Kraft setzte. So lautete jedenfalls die Sprachregelung des Senats; die revolutionären Kräfte hingegen versagten dem neuen Notstandsrecht die Anerkennung und erklärten das *senatus consultum ultimum* für ungesetzlich. Das prominenteste Opfer dieser Kontroverse wurde Cicero, der auf Grund eines *senatus consultum ultimum* einige Anhänger des Putschisten Catilina hatte hinrichten lassen.

Die hier nur umrißhaft angedeutete Deformation der republikanischen Verfassung, gewissermaßen ihre pathologische Phase, vollzog sich durchaus nicht kontinuierlich und mit gleichmäßiger Intensität. Sie ging vielmehr ruckartig oder besser in Schüben vonstatten, und zwischen den Schüben schien die Entwicklung über Jahre und Jahrzehnte hin stillzustehen. Der bis dahin schlimmste Schub fand in den achtziger Jahren des ersten Jahrhunderts v. Chr. statt, in der Zeit, da Cicero heranwuchs und sich zum Redner ausbildete: auf den Krieg gegen die italischen Bundesgenossen, die am Bürgerrecht teilhaben wollten (91–88 v. Chr.), folgten die furchtbaren Auseinandersetzungen der konservativen und der revolutionären Kräfte, der von Sulla geführten Senatsaristokratie und der Gefolgschaft des Marius und Cinna (88–81 v. Chr.). Die Greuel dieser Jahre verlangsamten den revolutionären Prozeß: die Furcht vor einer Wiederholung saß so tief, daß man sich scheute, zur Waffe zu greifen, daß ein Menschenalter lang ein nahezu ungestörter Bürgerfrieden herrschte. Damals, zumal in den siebziger und sechziger Jahren, funktionierte die republikanische Verfassung mit Volksversammlung, Magistratur und Senat, als ob nichts gewesen wäre, als ob sich die revolutionären Kräfte verflogen hätten. In eben dieser Periode der Scheinruhe vollzog sich Ciceros kometenhafter Aufstieg zum Konsulat.

3

Die Angehörigen des regierenden Adels, der Nobilität, pflegten die Voraussetzungen zu erben, deren sie für ihre politische Laufbahn bedurften: das erforderliche Vermögen und zumal eine hinlängliche Gefolgschaft, die Klientel. Sie wuchsen ohne Studium oder systematischen Unterricht in ihre Aufgaben hinein: als Zuhörer auf dem Forum, angeleitet durch gelegentliche Hinweise von seiten des Vaters oder väterlicher Freunde. Dem jungen Adligen, der sich in diese ganz und gar von der Tradition und Konvention beherrschte Ordnung einzufügen wußte, stand, vorausgesetzt, er hatte das jeweils vorgeschriebene Mindestalter erreicht, der Zugang zu allen Ämtern einschließlich des Konsulats offen, auch wenn er nur durchschnittlich oder unterdurchschnittlich begabt war.

Wer hingegen wie Cicero nicht schon von Hause aus der Nobilität angehörte, befand sich in einer völlig anderen Situation. Zwar war die Nobilität kein reiner Geburts-, sondern ein Amtsadel: kein gesetzliches Verbot hinderte den Nicht-Adligen, sich um die Ämter und hiermit um Zutritt zum Senat und um die nunmehr erbliche Position eines Angehörigen der Aristokratie zu bewerben. Wer dieses Wagnis unternahm, galt bei den Standesherren als *homo novus* («Neuling»); er mußte auf die größten praktischen Schwierigkeiten zumal dann gefaßt sein, wenn sein Ehrgeiz auch vor der höchsten Stufe der Ämterkarriere, dem Konsulat, nicht zurückschreckte. Eine Chance hatten überhaupt nur Angehörige des zweithöchsten

Standes, der Ritterschaft; außerdem bedurfte man der Protektion, zumindest der Duldung durch einflußreiche Kreise der Nobilität. Vor allem aber mußte man durch Leistung kompensieren, was man nicht bereits durch Geburt empfangen hatte: man mußte sich einen Namen und einen hinlänglichen Anhang zu verschaffen suchen. Hierfür standen dem Neuling mehrere Möglichkeiten offen. Er konnte, wenn er ein sehr großes Vermögen besaß, durch üppige Festspiele Aufmerksamkeit auf sich ziehen; er konnte sich außerdem, wenn er das Zeug dazu hatte, als Offizier, als Rechtsberater oder als Gerichtsredner verdient machen: um die gesamte Bürgerschaft, um einzelne Bürger, um auswärtige Gemeinden und Nationen.

Cicero, von ritterlicher Abkunft, erhielt und verschaffte sich die bestmögliche Ausbildung seiner Zeit. Er war eine durchaus unsoldatische Natur, er gab wenig auf juristische Tüfteleien. Hätte er als Grieche unter Griechen gelebt, dann hätte ihn seine Begabung, die ihn ebenso zu theoretischer Abstraktion befähigte wie zu anspruchsvollem literarischem Schaffen, wohl geradewegs zur Philosophie geführt; er wäre vielleicht das Haupt der Akademie, der Schule Platons, geworden. Doch in Rom, wo nur praktisches Wirken zählte, mußte er sich nach einem anderen Beruf umsehen; er wählte *den* Weg, der an seinen Intellekt die höchsten Anforderungen stellte, und wurde Gerichtsredner. Hierbei wahrte er sich indes die Freiheit zu «unnützer» Theorie, indem er eifrig die Vorlesungen griechischer Philosophen besuchte: zunächst in Rom, später in Athen.

In den achtziger Jahren, während des marianisch-sullanischen Bürgerkrieges, hielt er sich zurück; er trat erst öffentlich auf, als das Blutvergießen beendet war und Sulla begonnen hatte, den Staat zu reorganisieren. Schon sein erster großer Fall, die Verteidigung des Sex. Roscius aus Ameria, ein

Plädoyer in einem Mordprozeß mit politischem Hintergrund (80 v. Chr.), ließ die Linie erkennen, die er während der ganzen Zeit seines Aufstiegs – von geringen Schwankungen abgesehen – einhalten sollte: er war konservativ gesinnt (oder «optimatisch», wie man damals sagte) und bekannte sich zur überlieferten Ordnung; er zeigte sich andererseits zu Reformen bereit und suchte insbesondere gegen jeglichen Machtmißbrauch, gegen Korruption und Brutalität einzuschreiten. Sein mittlerer Kurs stützte sich vor allem auf die Ritterschaft, d. h. auf die Hochfinanz; er warb um Verständnis sowohl bei den gemäßigten Optimaten als auch bei den Anhängern der revolutionären Strömung, den sogenannten Popularen. So arbeitete er sich dank seiner Eloquenz, seines taktischen Geschicks und seines immensen Fleißes innerhalb eines Jahrzehnts zum ersten Anwalt Roms empor; er gewann Gefolgsleute und adlige Protektion; er durchlief die Ämterkarriere und erreichte im Jahre 63 v. Chr. das Konsulat.

Cicero war durch die Macht seines Geistes an die Spitze des römischen Staates gelangt; er stand nunmehr im Zenit seines Erfolgs. Die schier übermenschliche Anstrengung des Aufstiegs hatte ihn indes ein eigentümliches Verhältnis zu der politischen Ordnung gewinnen lassen, die er jetzt an maßgeblicher Stelle repräsentierte – ein Verhältnis, das ihn dann zeit seines Lebens beherrscht hat, von dem er sich nicht mehr zu lösen vermochte. Er stand der Adelsrepublik einerseits mit Distanz gegenüber – weil seine altadlige Umgebung ihn spüren ließ, daß sie ihn, den Neuling, nicht für voll nahm, und weil ihn sein Intellekt befähigte, auf klare Begriffe zu bringen, was diese Umgebung nur als ererbte Routine kannte. Auf der anderen Seite aber hatte er sich ungewöhnlich tief an die überlieferte Ordnung gebunden; er hing ihr geradezu mit Inbrunst an. Was so viel Schweiß und Mühe gekostet hatte, mußte eben seinen Preis wert sein, ja Cicero glaubte sich dem überlieferten System gegenüber zu Dankbarkeit verpflichtet, gerade weil es ihm so viele Schwierigkeiten bereitet hatte – schließlich war es ihm gelungen, diese Schwierigkeiten zu meistern, und so hatte ihm das System einen Genuß seiner Geistesgaben verschafft, der ihm sonst niemals zuteil geworden wäre. Außerdem verleitete ihn seine theoretische Begabung, seine Fähigkeit zur Reduktion aufs Grundsätzliche, Ideal und Wirklichkeit ineinszusehen, die Wirklichkeit für besser oder verbesserungsfähiger zu halten als sie war: Gegenstand seines politischen Glaubens war nicht die todkranke, vom Krebs der Korruption zerfressene *res publica*, die ihn umgab, sondern ein aus besseren Zeiten vergangener Jahrhunderte abgeleitetes Wunschbild.

4

Es war Cicero nicht vergönnt, die Früchte seiner Anstrengungen zu ernten: seinem Aufstieg an die Spitze des Staates folgte fast schlagartig eine zwei Jahrzehnte während Periode der Enttäuschungen und Demütigungen, einer quälenden, von ihm selbst halb eingestandenen, halb verkannten Ohnmacht. Diese an ein Drama gemahnende Wende war in letzter Instanz dadurch bedingt, daß er sich nunmehr mit ganz anderen Gegenkräften konfrontiert sah. Bis zu seinem Konsulat hatte er sich durchweg auf das ungestörte Funktionieren der republikanischen Verfassung verlassen können; seine Ämterkarriere und alles werbende Bemühen um sie vollzogen sich im Horizont der überlieferten, von Sulla wenigstens dem äußeren Anschein nach wiederhergestellten Ordnung. Nach seinem Konsulat aber kam er mit den Gewalten jenseits dieser Ordnung in Berührung: mit den auf ihre Truppen sich stützenden Revolutionsführern und deren stadtrömischen Handlan-

gern, d.h. mit jener Garnitur, die durch Bandenterror und
Obstruktion sowohl die Volksversammlung als auch den Senat in dem von den Machthabern gewünschten Sinne lenkte,
und diesen Kräften war Cicero, der Nicht-Soldat, der Legiti-
mist, der zutiefst an die Richtigkeit und Unabänderlichkeit
der tradierten Normen glaubte, keineswegs gewachsen. Daß
gerade er diese Wende durchlitt und durchlebte, daß gerade
er von den Konflikten der fünfziger und vierziger Jahre bedrängt wurde wie die äußerste Klippe einer Felseninsel von
der Sturmflut, war durch das höchst merkwürdige Zusam-
mentreffen zweier gänzlich voneinander unabhängiger Grö-
ßen – seiner Konsulatspolitik und der militärischen Erfolge
eines anderen – bedingt.

Die sich auflösende, dem Untergang geweihte Republik
brachte nicht nur die großen Täter hervor, die den Wandel
bewirkten, sondern auch manche kleine, Zwerge gleichsam
oder besser Krüppel und fratzenhafte Mißgestalten: Aben-
teurer, Desperados, Vabanque-Spieler, tumultuarische Naturen. Und exakt im Konsulatsjahr Ciceros hielt die berüch-
tigtste Existenz dieser Art ihre Stunde für gekommen: Catilina, ein Sproß aus altem Adel, ehemaliger Prätor, der, nachdem er sich zweimal vergebens ums Konsulat beworben hatte,
mit Gewalt die Macht an sich zu bringen hoffte; er scharte
Bankrotteure und Entwurzelte jeder Art um sich; er machte
Miene, teils insgeheim und von innen her, durch Meuchel-
mord und Brand, teils offen und von außen, durch aufrührerische Banden in militärischer Formation, das morsche Staatsgefüge über den Haufen zu werfen und die Senatsaristokratie
zu entmachten. Cicero, das Staatsoberhaupt, zeigte sich diesem Angriff durch seine Unerschrockenheit und sein takti-
sches Geschick vollauf gewachsen: es gelang ihm, die Existenz
der Verschwörung durch unanfechtbare Zeugnisse zu beweisen (so daß ihm niemand ernstlich vorwerfen konnte, er habe

Unschuldige bekämpft) und eine Reihe der gefährlichsten Mitglieder zu liquidieren.

Gerade dieser innenpolitische Sieg Ciceros und der von ihm geführten konservativen Kräfte bewirkte mit der Paradoxie einer tragischen Ereignisverkettung, daß der Untergang der Republik beschleunigt wurde und Cicero selbst in den Strudel der revolutionären Auseinandersetzungen geriet. Denn Rom errang, während Cicero ganz darin aufging, seine Laufbahn durch ein glanzvolles Konsulat zu krönen, größte militärische Lorbeeren: im Osten, in Kleinasien und Syrien. Diese Lorbeeren dankte es Pompeius, einem Manne also, dessen Laufbahn – ganz anders als die Ciceros – von Anfang an aus verfassungsrechtlichen Abnormitäten bestanden hatte. Denn ihm war schon zweimal die höchste Ehre des römischen Feldherrn, die Feier eines Triumphes über einen äußeren Feind, zuteil geworden, ehe er sein erstes ordentliches Amt, und zwar kein geringeres als das Konsulat, bekleidete – man könnte demnach behaupten, daß er dort angefangen habe, wo der republikanische Politiker aufzuhören pflegte. Er aber war nun zwar ein hervorragender Feldherr und Organisator; er war jedoch seinem Wesen nach alles andere als ein Revolutionsführer, er war unfähig und auch nicht gewillt, von der Macht, die er de facto besaß, zur Durchsetzung seiner Ziele Gebrauch zu machen. Er hatte eine Kette großangelegter Operationen – gegen die das ganze Mittelmeer heimsuchende Seeräuberplage, gegen Mithridates von Pontos, Roms gefährlichsten Gegner seit Hannibal, und andere orientalische Herrscher – erfolgreich abgeschlossen; er kehrte im Jahre 62 v. Chr. nach Italien zurück; er verlangte für seine Truppen die damals übliche Form der Altersrente: Land, Bauernstellen. Dem Senat aber hatte der erfolgreiche Kampf gegen Catilina so viel Selbstvertrauen (zu viel, wie sich bald erweisen sollte) gegeben, daß er Pompeius Schwierigkeiten machte, daß er sich dessen Forderungen starrsinnig widersetzte. Pompeius sah sich daher gezwungen, die helfende Hand zu ergreifen, die sich ihm darbot: die Hand Caesars, der ihm versprach, sich während seines bevorstehenden Konsulats für ihn einzusetzen, zur Not unter Anwendung von Gewalt. So taten sich Caesar, Pompeius und – als Dritter im Bunde – Crassus, der reichste Römer seiner Zeit, zu der Koalition zusammen, die unter dem Namen des ersten Triumvirats in die Geschichte eingegangen ist: sie sicherten sich wechselseitig zu, einen gemeinsamen politischen Kurs zu befolgen und sich über alle wichtigen Fragen zu verständigen (60 v. Chr.). Von jetzt an war die Doppelbödigkeit aller Politik in Rom geradezu offenkundig: der Dreibund verfügte über Macht genug, die Republik zum Scheine bestehen zu lassen und den Staatsapparat durch Gefolgsleute nach Gutdünken zu benutzen.

Und Cicero? Ihm wollte nicht eingehen, was sich da in kürzester Zeit und nahezu lautlos vollzogen hatte; er glaubte, er sei noch stets imstande, einen selbständigen politischen Kurs im Sinne der überlieferten Ordnung zu steuern. Er suchte Anschluß an Pompeius, weil er hoffte, ihn auf seine Seite ziehen zu können, und machte sich dadurch der Senatsaristokratie verdächtig; er fand sich andererseits nicht dazu bereit, auf ein Anerbieten Caesars einzugehen und sich mit den Dreimännern zu verbünden. So geriet er lavierend und von Illusionen über die eigenen Möglichkeiten erfüllt zwischen die Parteien, unglaubwürdig der einen wie der anderen. Caesar brach seine Widerstandskraft, indem er ihn nötigte, ins Exil zu gehen; er mußte, nachdem er hatte zurückkehren dürfen, als Prozeßredner Handlangerdienste für die drei Machthaber leisten, wobei ihm die Schelte der Optimaten – «Überläufer» – schmerzlich in den Ohren klang. Am caesarisch-pompejanischen Bürgerkrieg (49–45 v. Chr.) beteiligte er sich – nach vergeblichen Versuchen, zwischen den Parteien zu vermitteln

– nur noch als mißmutiger Zuschauer. Spät erst reiste er nach Griechenland, ins Lager des Pompeius; zeitiger als andere Republikaner kehrte er nach Italien, in Caesars Herrschaftsbereich, zurück. Er mußte fast ein Jahr auf die Begnadigung durch den Diktator warten; er litt schwer am Untergang der Republik.

Erst einige Monate nach Caesars Ermordung (15. März 44 v. Chr.) schien sich Cicero noch einmal eine Chance für eine selbständige Politik zu eröffnen. Unter den Caesarianern war ein Hausstreit ausgebrochen: Antonius, Caesars erfahrenster Truppenführer und damals amtierender Konsul, weigerte sich, Oktavian, den noch nicht neunzehnjährigen Neffen, Adoptivsohn und Erben Caesars, den nachmaligen Kaiser Augustus, anzuerkennen. Oktavian verschaffte sich daraufhin durch Werbung bei den Veteranen seines Adoptivvaters ein eigenes Heer, eine Art Privatarmee, und verbündete sich mit den Republikanern, der Partei der Caesarmörder. Dieses paradoxe Geschäft, dessen Abschluß von niemandem so eifrig betrieben wurde wie von Cicero, brachte den Beteiligten eben das ein, dessen sie damals am dringendsten bedurften, um handeln zu können: den Republikanern eine Streitmacht, dem jungen Oktavian die Legitimation seines eigenmächtigen Vorgehens. Die Republikaner, jedenfalls Cicero, glaubten, Antonius sei der einzige Feind der Republik und Oktavian stehe ernstlich auf ihrer Seite; Oktavian hingegen gedachte nur so lange gegen Antonius zu kämpfen, bis dieser bereit sei, ihn als politischen Partner anzuerkennen. Die Rechnung Oktavians ging auf: einige Waffenerfolge, welche die republikanischen Kräfte gemeinsam mit ihm gegen Antonius errangen, ließen es Antonius als geraten erscheinen, mit Oktavian zu paktieren; Oktavian schwenkte um und vereinbarte mit Antonius und dessen Bundesgenossen Lepidus eine Militärdiktatur, das sogenannte zweite Triumvirat. Zu den Vereinbarungen gehörte

eine Liste von Republikanern, die für ihren Widerstand mit
dem Leben bezahlen sollten, hierunter an exponierter Stelle
Cicero, der Todfeind des Antonius – Cicero fiel am 7. Dezember 43 v. Chr. unter den Streichen der Schergen. Im Jahre darauf wurden die letzten republikanischen Streitkräfte, die
Truppen der Caesarmörder Brutus und Cassius, bei Philippi
in Makedonien geschlagen – die Republik war endgültig beseitigt, und aus der Militärdiktatur ging im Jahre 31 v. Chr.
die Monarchie des Augustus hervor.

5

Cicero hat sich, wie ein Blick auf seine politische Wirksamkeit
im ganzen lehrt, offensichtlich in dem Falle befunden, daß die
Voraussetzungen seiner Größe, seine Wortgewalt, sein Glaube
an die Sendung der römischen Republik, dieser Größe unüber-
schreitbare Grenzen setzten: er besaß die Eigenschaften eines
bürgerlichen Politikers; er bedurfte, um sich zu entfalten, des
festen Rahmens der überlieferten Verfassung und der durch
sie verbürgten Institutionen. Er war kein «Täter», d. h. er
wurde durch seine heiligsten Überzeugungen daran gehindert,
die gegebene Ordnung in eine persönliche Machtstellung zu
überführen: sich ihr zunächst, während des Aufstiegs, anzu-
bequemen, um sie dann, nach Erreichung des höchsten Amtes, über den Haufen zu werfen. Seine Tragik bestand wohl
zuallererst darin, daß er das moralische Potential, die Regene-
rationsfähigkeit der Senatsaristokratie hoffnungslos über-
schätzte – er, der Haltung nach ein Reformer, hatte das Unglück, in eine Zeit von Revolutionären geboren zu werden,
von Männern, die das Gegebene nicht reinigend zu bewahren
suchten, die es vielmehr zerschlugen, um so den Weg für
etwas Neues freizumachen.

Cicero hatte freilich eine zu reiche Natur, um angesichts der übermächtigen Gewalten, die ihn quälten und bedrückten, einfach zu resignieren. Er wurde durch sein politisches Debakel auf ein Feld gedrängt, für das er begabt war wie keiner seiner Zeitgenossen: auf das Feld der staatstheoretischen, überhaupt der philosophischen Schriftstellerei. Mit den Werken der fünfziger Jahre – De oratore, De re publica, wahrscheinlich auch De legibus («Über den Redner», «Über den Staat», «Über die Gesetze») – versuchte er, in gedanklicher Konstruktion zu vollziehen, was die Wirklichkeit ihm vorenthielt. Diese Schriften waren demnach eine Art Ersatzhandlung – immerhin die Ersatzhandlung eines Genies. Sie erneuerten das platonische Wunschbild der Einheit von Macht und Geist; sie schilderten in einer konkreten Utopie, welche Form des Zusammenlebens den Römern auf Grund ihrer besten Traditionen gemäß sei, mit einem maßgeblichen Manne an der Spitze, dem *princeps*, der nicht Monarch, sondern der erste Bürger zu sein hatte – zweifellos hätte sich Cicero selber gern in dieser Rolle gesehen. In die Schriften De re publica und De legibus ist überdies so viel geschichtliche Wirklichkeit eingegangen, daß sie zu den wichtigsten Quellen für die republikanische Staatsordnung Roms gehören; man könnte beinahe behaupten, erst Ciceros Drang, sich der römischen Überlieferung mit den Begriffen der griechischen Staatsphilosophie zu bemächtigen, habe diese Überlieferung, das Triebwerk eines der mächtigsten und dauerhaftesten Staaten der Weltgeschichte, unsterblich gemacht.

Mit der Schriftenmasse, die Cicero einige Zeit später, unter der Diktatur Caesars, in einem wahren Schaffensrausch hervorbrachte (46–44 v. Chr.), hat es eine andere Bewandtnis: dort ist nicht mehr der Staat die beherrschende Mitte der philosophischen Reflexion, sondern das Glück des Einzelnen. Diese neue Thematik bedingte, daß sich auch der Autor in einer neuen Rolle präsentierte: nicht der Politiker, sondern der gebildete Literat hatte nunmehr das Wort. Er wandte sich an seine Landsleute, ihnen die griechische Philosophie in ihrer Ganzheit zu übermitteln; er wollte beweisen, daß die lateinische Sprache geeignet sei, die subtilsten Erkenntnisse der Griechen wiederzugeben, und das römische Publikum fähig, sie sich anzueignen. Diesem Bildungsgedanken sollte jedenfalls die philosophische Enzyklopädie dienen, in die sich die meisten, wenn auch nicht alle Werke jener Jahre einordnen lassen – der Plan zu dem großen Unternehmen reifte eben erst allmählich, während der Arbeit an einigen kleineren Gelegenheitsschriften. Innerhalb des Ausgeführten nimmt die Ethik die erste Stelle ein; mit dieser Materie befassen sich insbesondere die Tusculanae disputationes («Gespräche in Tusculum») sowie die dem Sohne gewidmete Abhandlung De officiis («Über die Pflichten»). Andere Schriften gelten der Erkenntnistheorie und der Theologie; die Absicht, auch die Physik einzubeziehen, gedieh über Vorarbeiten nicht hinaus. Cicero hat mit dieser staunenswerten Leistung weit mehr bewirkt, als er vermuten konnte: er hat mit ihr die Fundamente für eine philosophische Tradition in lateinischer Sprache gelegt, die das römische Reich um mehr als ein Jahrtausend überdauert, deren prägender Einfluß sich über das Mittelalter und die frühe Neuzeit hinweg bis ins 18. Jahrhundert erstreckt hat.

6

Ciceros rednerisches Œuvre entstammt einem Zeitraum von nahezu vier Dezennien: die früheste Rede ist im Jahre 81 v. Chr. verfaßt; die spätesten gehören dem Jahre 43 v. Chr. an. Er habe, versichert Cicero selbst, erst im Vollbesitz seiner Fähigkeiten begonnen, als Sachwalter aufzutreten. Die erhaltenen Reden bestätigen dieses Urteil; der Überschwang, den die ersten Erzeugnisse noch gelegentlich bekunden, war nach wenigen Jahren abgetan, und spätestens seit dem Prozeß gegen Verres, den erpresserischen Statthalter Siziliens (70 v. Chr.), läßt die ciceronische Beredsamkeit keine innere Entwicklung mehr erkennen. Cicero hat in seinen jüngeren Jahren sowohl Zivil- als auch Strafsachen übernommen; nachdem er es zu Rang und Ansehen gebracht hatte, beschränkte er seine Anwaltstätigkeit auf Strafprozesse. Dort trat er stets als Verteidiger auf; er hat nur ein einziges Mal, im Prozeß gegen Verres, die Anklage geführt. Die Prätur (66 v. Chr.) gab ihm zum ersten Male Gelegenheit zu einer politischen Rede; weitere Ansprachen, die er teils an den Senat, teils an die Volksversammlung gerichtet hat, entstammen dem Konsulat, der Zeit nach der Rückkehr aus dem Exil und dem letzten Lebensjahr.

Die moderne Philologie pflegt die Reden Ciceros nach chronologischen Gesichtspunkten zu gliedern. Die erste Phase ist mit der Zeit des Aufstiegs identisch; ihr gehören alle Reden an, die vor dem Jahre 63 v. Chr. entstanden sind. Die zweite Phase umfaßt das Konsulat und die Zeit, in der sich Cicero vergebens bemühte, die Konsulatspolitik zu rechtfertigen (63–59 v. Chr.). Hierauf folgen die trüben Jahre nach der Rückkehr aus dem Exil; Cicero mußte sich damals den Weisungen des Dreibundes fügen (57–52 v. Chr.). Die vierte Stelle nimmt die kleine Gruppe der sogenannten Caesar-Reden ein, das heißt der Reden, die Cicero während der Diktatur Caesars und vor dem Diktator gehalten hat (46–45 v. Chr.). Einen letzten Höhepunkt erreichte Ciceros Eloquenz im Kampf gegen Antonius (44–43 v. Chr.); die vom Verfasser selbst geprägte Bezeichnung «Philippische Reden» verweist auf das griechische Vorbild, auf die Ansprachen, mit denen Demosthenes zum Widerstand gegen Philipp von Makedonien aufgerufen hatte.

Diese fünf Phasen sind jeweils durch einschneidende Ereignisse, oft auch durch längere Intervalle voneinander getrennt; sie unterstanden je verschiedenen Voraussetzungen, da sich Ciceros eigene Position und die politischen Verhältnisse überhaupt von Mal zu Mal gewandelt hatten. Das rednerische Œuvre spiegelt diesen Gang der Ereignisse; die Reden der einzelnen Phasen sind jeweils durch eine bestimmte Atmosphäre und, da Cicero sich oft wiederholte, durch gemeinsame Motive miteinander verbunden.

Die Reden der Aufstiegszeit zeigen die größte Mannigfaltigkeit; ihr von Ehrgeiz erfüllter Verfasser ergriff ohne Zögern den reichen Stoff, den die Umwelt ihm darbot. Während des Konsulats kam die Thematik der ciceronischen Beredsamkeit gleichsam zu sich selbst: der strebsame Neuling hatte gesprochen, wie es sich für seine noch bescheidene Stellung geziemte; mit der Leitung des höchsten Staatsamtes änderte sich die Perspektive, und Cicero wuchs nunmehr reichlich Gelegenheit zu, seine politischen Grundsätze zu verkünden. So nahm jetzt das Denken und Handeln der eigenen Person die beherrschende Mitte ein. Diese Tendenz steigerte sich unter dem Regime der Dreimänner zu einem Übermaß an Subjektivität; Denken und Handeln klafften damals auseinander, und die wortreichen Reden jener Jahre sind von Schönfärberei und Selbsttäuschung erfüllt. Die Caesar-Reden zeigen wieder ein angemessenes Verhältnis zur Wirklichkeit; sie wollen einzelnen Personen helfen und suchen aus den je gegebenen Umständen das Mögliche herauszuholen. In den Philippiken endlich aktualisierte sich noch einmal Ciceros gesamte politische Vorstellungswelt. Dem Redner kam nunmehr die bedeutsame Rolle wirklich zu, die er stets erstrebt und nicht selten sich eingebildet hatte: sein letzter Kampf war zugleich der letzte Kampf des souveränen, in freier Entscheidung handelnden Senats.

Cicero hat seine Reden gründlich ausgearbeitet, ehe er sie veröffentlichte. In der Antike kannte man mitunter noch die ursprünglichen Fassungen, die ohne Ciceros Willen in Umlauf gekommen waren. So hatte man zum Beispiel das Plädoyer für Milo nachgeschrieben, während Cicero sprach; wie antike Gewährsleute bezeugen, unterschied sich dieser Text erheblich von dem Meisterwerk, das Cicero hernach am Schreibtisch daraus gemacht hat. Bei den insgesamt 58, zum Teil durch Lücken entstellten Reden, die auf uns gekommen sind, handelt es sich mit Sicherheit stets um die endgültige Fassung. Bisweilen vermag man noch zu erkennen, daß die Bearbeitung beträchtlich vom ursprünglichen Wortlaut abweicht. Die Reden gegen Catilina zum Beispiel enthalten Äußerungen, die Cicero schwerlich schon im Jahre 63 v.Chr. getan hat; er hat sie offensichtlich erst im Jahre 60 v.Chr. eingefügt, als er die Reden seines Konsulatsjahres für die schriftliche Publikation vorbereitete.

Dieser Band enthält eine Auswahl von zehn Reden. Der Text entstammt der vom Herausgeber hergestellten Gesamtübersetzung in sieben Bänden. Da nur vollständige Werke Aufnahme finden sollten, konnten die beiden umfänglichsten Erzeugnisse der ciceronischen Eloquenz, die allein schon je einen oder zwei Bände gefüllt hätten, die Reden gegen Verres und die Philippiken, nicht berücksichtigt werden. Im übrigen aber sucht die Auswahl alle die Stücke zu vereinigen, deren forensische oder literarische Qualitäten in besonderem Maße das Interesse des heutigen Lesers beanspruchen dürfen. Hierbei ist jede Periode der ciceronischen Beredsamkeit durch mindestens ein Beispiel repräsentiert – abgesehen von der letzten, in der sich Cicero ganz und gar auf den Kampf gegen Antonius, auf die 14 Philippiken, beschränkt hat. Für die Phase des Aufstiegs steht das unerschrockene Plädoyer, mit dem Cicero vor der düsteren Kulisse unmittelbar nach dem

Siege Sullas für den angeblichen Vatermörder Sex. Roscius
aus Ameria eintrat. Von den Reden der Konsulatszeit durften
die Catilinarien nicht fehlen: der Kampf gegen Catilina sollte
sich ja als der Wendepunkt in Ciceros politischer Karriere und
zugleich als der Anfang jener Entwicklung erweisen, die über
den Pakt der Dreimänner Caesar-Pompeius-Crassus zum Untergang der Republik geführt hat. Außerdem aber wurden –
mit den Reden für Murena und für den Dichter Archias – zwei
Plädoyers aufgenommen, in denen Cicero seine philosophisch-
literarische Bildung elegant und geistvoll den jeweiligen
forensischen Zwecken dienstbar zu machen weiß. Die Zeit
zwischen Exil und Bürgerkrieg wiederum ist nicht durch die
eher trüben Produkte der eigenen Selbstüberschätzung repräsentiert, sondern durch zwei hiervon unberührte Glanz-
punkte: durch das köstliche, sittengeschichtlich ergiebige
Plädoyer für den charmanten Leichtfuß Caelius und durch das
wuchtige Gegenstück hierzu, das Cicero für den Bandenführer
Milo aufgesetzt hat. Von der vierten Phase endlich, von den
Jahren der cäsarischen Diktatur, zeugt das letzte Stück dieser
Sammlung: die Rede, mit der sich Cicero bei Caesar vor versammeltem Senat für die Begnadigung des Republikaners
Marcellus bedankt hat.

Zur Biographie Ciceros

Zeittafel

v. Chr.		v. Chr.	
106	Geburt des Pompeius	106	Geburt Ciceros
100	Geburt Caesars		
91–89	Bundesgenossenkrieg	bis 82	Lehrjahre in Rom:
89–85	1. mithridatischer Krieg		Jurisprudenz
88–82	Marianisch-sullanischer		Rhetorik
	Bürgerkrieg		Philosophie
82–79	Diktatur Sullas	81–79	Erste Anwaltstätigkeit

		45	Tod der Tochter Tullia
44	Ermordung Caesars			
44–43	Mutinensischer Krieg	44–43	Kampf gegen Antonius («Philippische Reden»)
43	Bündnis des Antonius, Lepidus und Oktavian (2. Triumvirat)	43	Ermordung Ciceros

REDE FÜR SEX. ROSCIUS AUS AMERIA

Einleitung

Die Rede für Sextus Roscius aus Ameria ist Ciceros erstes Plädoyer in einem Kriminalprozeß (*causa publica*); sie entstand im Jahre 80 v. Chr., während der Diktatur Sullas. Sie dokumentiert die Neuordnung, die Sulla der römischen Strafgerichtsbarkeit hatte zuteil werden lassen.

Die Ahndung schwerer Verbrechen gehörte ursprünglich zu den Kompetenzen der Volksversammlung. Im 2. Jahrhundert v. Chr. kamen Geschworenengerichte auf; sie wurden zunächst für einzelne Fälle und sodann für die ständige Behandlung bestimmter Deliktskategorien niedergesetzt (*quaestiones perpetuae*). Die sullanische Reform schaffte das Volksgericht ab; die Kriminaljustiz oblag jetzt nur noch den Gerichtshöfen, die jeweils für einzelne Verbrechen, wie Hochverrat, Amtserschleichung, Erpressung usw., zuständig waren. Den Vorsitz führte ein Prätor oder ein eigens bestellter sogenannter *iudex quaestionis*. Die Mitglieder der Gerichtshöfe, im allgemeinen etwa dreißig bis sechzig an der Zahl, wurden für jeden einzelnen Prozeß aus der Richterliste ausgelost. Die Zusammensetzung der Richterliste war lange Zeit ein Gegenstand heftigen politischen Streites. C. Gracchus nahm den Senatoren das Privileg des Geschworenenamtes und übertrug es auf die Ritter (122 v. Chr.); Sulla stellte den ursprünglichen Zustand wieder her; ein Gesetz des Jahres 70 v. Chr. verteilte das Amt zu gleichen Teilen an die drei Rangklassen der Senatoren, Ritter und Ärartribunen. Die Geschworenengerichte arbeiteten nach dem Prinzip der Popularanklage; das heißt sie wurden nur tätig, wenn ein unbescholtener römischer Bürger Anzeige erstattete (*nomen deferre, nominis delatio*); ihre Annahme begründete für den Anzeigenden die Pflicht, als Ankläger (*accusator*) zu fungieren.

Sex. Roscius wurde beschuldigt, seinen Vater ermordet zu haben; für dieses Verbrechen, einen Verwandtenmord (*parricidium*), war der Gerichtshof für Mordsachen (*quaestio inter sicarios et de veneficiis*) zuständig. Der Bürgerkrieg hatte die ordentliche Gerichtsbarkeit zum Erliegen gebracht; das Verfahren gegen Roscius war die erste Mordsache, die nach dem Siege Sullas anhängig wurde. Die Rolle des Anklägers hatte ein gewisser Erucius übernommen; Vorsitzender des Mordgerichts war der Prätor M. Fannius; über die Zahl und Zusammensetzung des Richterkollegiums, das der sullanischen Ordnung gemäß aus Senatoren bestand, ist nichts Näheres bekannt.

Der Prozeß gegen Roscius ist das Produkt von Zeitereignissen, die eines der dunkelsten Kapitel der römischen Geschichte ausmachen. Sulla hatte nach der Entscheidungsschlacht am collinischen Tor (Oktober 82 v. Chr.) seine politischen Gegner, die Anhänger des Marius und Cinna, pauschal für vogelfrei erklärt; bald darauf ließ er die Namen der Geächteten auf Tafeln veröffentlichen (*proscribere, proscriptio*). Wer proskribiert war, durfte von jedermann getötet werden; seine Nachkommen waren von den öffentlichen Ämtern ausgeschlossen; sein Vermögen verfiel dem Staate. Die konfiszierten Werte wurden auf dem Forum versteigert; die gewerblichen Aufkäufer von Staatsgut (*sectores*) fanden ein reiches Betätigungsfeld.

Ciceros Plädoyer für Roscius bekundet, welche Mißbräuche die sullanischen Proskriptionsgreuel mit sich brachten. Der Vater Sex. Roscius wurde einige Monate nach dem 1. Juni 81 v. Chr., dem gesetzlichen Schlußtermin für die Proskriptionen

und Vermögenseinziehungen, ermordet. Zwei mit ihm ver-
feindete Verwandte, T. Roscius Capito und T. Roscius Magnus, unterrichteten den Freigelassenen L. Cornelius Chrysogonus, einen Günstling Sullas, von diesem Ereignis. Chrysogonus veranlaßte, daß der Name des Ermordeten, eines treuen
Anhängers der sullanischen Partei, nachträglich auf die Pro-
skriptionsliste gesetzt wurde; er erstand das bedeutende Vermögen des Geächteten für einen Spottpreis und ließ seinen
Helfern, den beiden Rosciern, reichlichen Lohn zuteil werden.
Der Sohn Roscius flüchtete nach Rom zu einflußreichen Gön-
nern des Vaters. Chrysogonus und seine Komplizen fühlten
sich ihrer Beute nicht mehr sicher; sie suchten den jungen
Roscius durch eine Anklage wegen Vatermordes zu beseitigen.
Der Schuldvorwurf beruhte auf überaus schwachen Indizien;
die Gegner glaubten jedoch, daß niemand sich getrauen werde,
den Angeklagten zu verteidigen und das verbrecherische
Komplott aufzudecken, an dem ein Chrysogonus beteiligt
war. Diese Rechnung ging nicht auf. Zwar mochte kein An-
gehöriger des Adels sich selbst des heiklen Falles annehmen;
man sorgte jedoch durch die Anwaltschaft Ciceros für hinlänglichen Schutz.

Ciceros Plädoyer geht mit Recht davon aus, daß die Ent-
kräftung des Tatvorwurfs ebenso leicht wie unwesentlich sei.
Der Sachverhalt läßt, wie er von Cicero geschildert wird, in
der Position des Angeklagten allenfalls *eine* schwache Stelle erkennen: man vermag nicht einzusehen, weshalb Roscius die
beiden Sklaven, die einzigen verfügbaren Tatzeugen (77 f.
119 ff.), nicht unmittelbar nach dem Mord befragt und das
Ergebnis der Befragung in einem Protokoll festgehalten hat.
Doch offenbar war der Ankläger auf diesen Punkt nicht eingegangen; so bestand wohl auch für Cicero kein Anlaß, das Versäumnis des Roscius zu erklären. Im übrigen kam alles darauf
an, die Intrige der Gegner, ihre Voraussetzungen und Ziele,

in das rechte Licht zu setzen, hierbei Mut zu zeigen und die Richter zu einer ebenso mutigen Entscheidung zu bestimmen. Diesem Zweck dienen insbesondere die Partien, in denen Cicero den mächtigen Chrysogonus von Sulla isoliert: der Diktator habe von dem verbrecherischen Komplott nicht das mindeste gewußt (21 f. 25 f. 91. 110. 127. 130 f.). Demselben Zweck dient weiterhin der deutliche Hinweis, daß sich das von Sulla wiedereingesetzte Regiment des Adels nur behaupten könne, wenn es sich mit Entschiedenheit von dem Treiben eines Chrysogonus und seiner Helfer distanziere (135 ff.).

Vor allem bestimmt die Absicht, aufs Ganze zu gehen, die Auswahl und Anordnung des Stoffes. Ciceros Rede befolgt in ihrem äußeren Aufbau das konventionelle Schema der Rhetorik; sie gliedert sich in die Einleitung (1–14), die Schilderung des Sachverhaltes (15–29), den Überblick über die Themen der Beweisführung (29–36), die Beweisführung selbst (37–142) und den Epilog (143–154). Die Kunst des Anwalts zeigt sich an der Art, wie dieses Schema verwendet wird, zumal an dem wichtigsten und längsten Abschnitt der Rede, an der Beweisführung. Cicero zerlegt das Komplott der Gegner in drei je verschiedene Anteile; er unterscheidet die Anklage des Erucius, die Skrupellosigkeit der beiden Roscier und die Macht des Chrysogonus (35 f.). Diese drei Funktionen sind für die Beweisführung maßgeblich. Die erste Stufe der Argumentation weist die Vorwürfe des Erucius zurück (37–82); die zweite und dritte erheben eine Art Widerklage gegen die Hintermänner: die beiden Roscier werden als die wahrhaft Tatverdächtigen entlarvt (83–123), und Chrysogonus erweist sich als der ‹Schirmherr› des ganzen Unternehmens (124–142). Der parallele Aufbau der beiden ersten Abschnitte steigert die Suggestivkraft dieser Klimax: Cicero befaßt sich jeweils zunächst mit der Frage des Tatmotivs (38–73 und 84–91) sowie mit der Möglichkeit der Teilnahme an der Ausführung des Mordes (74–82 und 92–104); der zweite Abschnitt bringt in einer weiteren Partie Indizien aus dem Verhalten nach der Tat, die auf die beiden Roscier als die wahren Mörder weisen (105–123).

Wie die Disposition des Ganzen, so unterstützt auch die geschickte Vorbereitung wichtiger Bewertungsmaßstäbe das Ziel, die Einstellung der Richter in dem von Cicero gewünschten Sinne zu beeinflussen. Zumal die Schilderung des Sachverhaltes ist auf die Zwecke der Argumentation hin angelegt. So befaßt sich Cicero alsbald mit der politischen Einstellung des Vaters Roscius (15 f.); diese Partie, deren Funktion zunächst nicht erkennbar ist, trägt zumal im dritten Abschnitt der Beweisführung ihre Früchte (125 ff.). Noch raffinierter weiß Cicero den Charakter des Angeklagten als gegebene Größe hinzustellen: daß der junge Roscius ein biederer Landwirt sei, der sich in dem hauptstädtischen Treiben nicht auskenne, wird zuerst als Ansicht der Gegner referiert (20); hernach macht der Mangel an Gewandtheit, die zurückgezogene Lebensweise des Roscius eines der Leitmotive aus, das Cicero mehrere Male zu Schlußfolgerungen benutzt (39. 42 ff. 74 ff. 88. 92 ff.).

Der Stil sowie mancher rhetorische Exkurs zeigen jugendlichen Überschwang; Cicero hat sich später selbst von der besonders manierierten Partie 71 f. distanziert (Orator 107).

Das Plädoyer war erfolgreich; der Angeklagte wurde freigesprochen (Plutarch, Cicero 3,6). Cicero gehörte seither zu den ersten Anwälten Roms (Brutus 312. De officiis 2,51).

1 Ich möchte annehmen, ihr Richter, ihr seid erstaunt, weshalb gerade ich mich erhoben habe, da doch zahlreiche Redner von erstem Rang und Angehörige des höchsten Adels auf ihren Plätzen bleiben: ich, der ich diesen Männern, was Alter, Können oder Ansehen betrifft, durchaus nicht gewachsen bin. Alle, deren Anwesenheit bei diesem Prozesse ihr bemerkt, glauben zwar, man müsse ein durch ein neuartiges Verbrechen begangenes Unrecht abwehren; doch es selbst abzuwehren, wagen sie wegen der Ungunst der Zeiten nicht. So sind sie anwesend, weil sie ihrer Pflicht genügen wollen, schweigen aber, weil sie der Gefahr auszuweichen suchen.

2 Da hätte denn ich von allen den größten Mut? Keineswegs. Oder bin ich mir desto mehr meiner Pflicht bewußt als die anderen? Nicht einmal dieses Verdienst möchte ich in dem Maße beanspruchen, daß ich es anderen gern entzogen sähe. Was also hat mich mehr als sonst jemanden bestimmt, die Sache des Sextus Roscius zu übernehmen? Nun: ihr seht hier Leute von höchstem Einfluß und Ansehen versammelt; wenn von denen jemand gesprochen und sich, wie es in diesem Prozeß unvermeidlich ist, über die politischen Verhältnisse geäußert hätte, dann wäre die Meinung aufgekommen, er habe
3 viel mehr gesagt, als er tatsächlich gesagt hätte. Ich hingegen kann alles, was ausgesprochen werden muß, offen aussprechen; denn es ist völlig unmöglich, daß meine Rede in gleichem Maße bekannt wird und sich in der Öffentlichkeit verbreitet. Zudem kann bei den übrigen wegen ihres adligen Ranges und ihres Ansehens kein Wort unbekannt bleiben, noch läßt ihr Alter und ihre Einsicht zu, daß man ihnen einen unbedachten Ausspruch zugute hält. Doch wenn ich mich einmal allzu freimütig äußere, dann braucht es weiter kein Aufsehen zu erregen, weil ich mich noch nicht politisch be-

tätigt habe[1], oder man kann es meiner Jugend nachsehen –
wiewohl ja jetzt nicht nur der Grundsatz der Nachsicht, sondern auch die Gewohnheit, sich zu unterrichten, aus unserem
Staate entschwunden ist.

Ein weiterer Grund liegt darin, daß man die übrigen wohl   4
derart um Fürsprache gebeten hat, daß sie ihrer Meinung nach
tun konnten, was sie wollten, ohne ihre Pflicht zu verletzen.
Mir aber redeten Männer zu, deren Freundschaft, fördernde
Hilfe und allgemeines Ansehen größten Einfluß auf mich haben: ich durfte weder über das Wohlwollen hinwegsehen, das
sie mir erwiesen haben, noch das Gewicht ihrer Person miß-
achten noch schließlich ihre Absichten hintansetzen.

So erklärt sich, daß ich in diesem Prozeß die Fürsprache   5
übernommen habe: ich bin nicht ausgewählt, als verstünde
gerade ich mit dem größten Geschick zu reden, sondern ich
bin von allen übriggeblieben, weil ich es mit dem geringsten
Risiko tun kann. So empfängt Sextus Roscius zwar keinen
ausreichend starken Schutz zu seiner Verteidigung; er ist aber
wenigstens nicht gänzlich preisgegeben.

Vielleicht fragt ihr euch, welcher Schrecken, welches Maß
von Furcht so zahlreiche und so bedeutende Männer an der
Bereitschaft zu hindern vermag, in gewohnter Weise für Leben und Gut eines Mitbürgers einzutreten. Es ist nicht ver-
wunderlich, daß ihr darüber noch im unklaren seid. Denn mit
Bedacht haben die Ankläger die Umstände, die dieses Verfahren in Gang gesetzt haben, mit keinem Worte erwähnt.

Worum es sich hierbei handelt? Um das Vermögen des Va-   6
ters dieses Sextus Roscius hier, das einen Wert von sechs Mil-
lionen Sesterzen hat. Ein junger Mann, der gegenwärtig wohl
die größte Macht in unserem Staate hat, L. Cornelius Chrysogonus, will es für 2000 Sesterzen von L. Sulla, dem Helden und
erlauchten Manne (ich nenne ihn, um ihn zu ehren), gekauft
haben. Dieser Mensch ist ohne jedes Recht über ein so großes

und stattliches Fremdvermögen hergefallen, und nun glaubt
er, daß das Leben des Sextus Roscius diesem Vermögen im
Wege steht und den Genuß beeinträchtigt. Deshalb sinnt er
euch an, ihr Richter, seiner Seele jeden Argwohn zu benehmen
und jede Furcht zu beseitigen. Denn er meint, es sei unmöglich, daß er, solange Sextus Roscius unbehelligt bleibt, den
stattlichen und bedeutenden Besitz dieses unschuldigen Mannes behält; ist Roscius jedoch abgeurteilt und verbannt, so
hofft er, was er durch Missetat erworben hat, durch Üppigkeit verschwenden und aufzehren zu können. Er verlangt, daß
ihr ihm diesen Stachel aus der Seele nehmt, der ihn Tag und
Nacht peinigt und sticht, und daß ihr euch bei dieser Beute,
die er sich auf so niederträchtige Weise angeeignet hat, zu
Helfern erklärt.

7   Wenn euch die Forderung gerecht und anständig erscheint,
ihr Richter, so möchte ich eine Gegenforderung stellen, die
gering und, wie ich glaube, um einiges gerechter ist. Erstens
verlange ich von Chrysogonus, daß er sich mit unserem Hab
und Gut begnüge und sich nicht an Blut und Leben vergreife.
Zweitens verlange ich von euch, ihr Richter, daß ihr euch der
Missetat Verwegener widersetzt, daß ihr das Unglück Schuld-
loser lindert und anläßlich des Verfahrens gegen Sextus Roscius eine Gefahr beseitigt, die sich gegen die Allgemeinheit
8   richtet. Gesetzt, es fände sich ein Grund für die Beschuldi-
gung oder ein Tatverdacht oder überhaupt ein noch so gering-
fügiger Umstand, der den Anschein erweckt, daß jene Leute
sich bei ihrer Anzeige von irgendeinem sachlichen Gesichtspunkt leiten ließen; gesetzt schließlich, ihr könntet außer der
genannten Beute irgendeine andere Ursache entdecken: es
sollte mir recht sein, daß das Leben des Sextus Roscius ihrem
Belieben überantwortet wird. Wenn es sich aber nur darum
handelt, daß es diesen Nimmersatten an nichts fehlt, wenn der
Kampf jetzt nur darum geht, daß die Verurteilung des Sextus

Roscius sozusagen die Krönung der fetten und stattlichen
Beute bildet, ist dann nicht unter all der Schmach die ärgste
die, daß sie euch für geeignet halten, durch euren eidlich be-
schworenen Spruch zu erlangen, was sie zuvor durch Missetat
und Gewalt sich selbst zu verschaffen pflegten? Ihr seid wegen
eurer angesehenen Stellung aus der Bürgerschaft in den Senat[2],
wegen eurer Strenge aus dem Senat in diesen Gerichtshof erwählt, und euch dürfen Meuchelmörder und Banditen ansinnen, daß sie nicht nur den Strafen entgehen, die sie für ihre
Missetaten mit Schaudern von euch befürchten müßten, sondern sich gar mit Beute geschmückt und bereichert aus diesem
Prozeß davonmachen?

Ich erkenne, daß ich über diese Dinge, so ungeheuerlich 9
und scheußlich wie sie sind, nicht treffend genug sprechen,
nicht eindringlich genug Klage führen, nicht freimütig genug
meine Stimme erheben kann. Denn dem treffenden Ausdruck
steht mein geringes Können, der Eindringlichkeit mein ju-
gendliches Alter, dem Freimut die Ungunst der Zeiten im
Wege. Hierzu kommen äußerste Befangenheit (sie ist mir von
meiner angeborenen Schüchternheit auferlegt) und eure
Würde, die Macht der Gegner und die Gefahren des Sextus
Roscius. So bitte ich euch denn inständig, ihr Richter: hört
aufmerksam und mit gütiger Nachsicht auf meine Worte.

Im Vertrauen auf eure Gewissenhaftigkeit und Weisheit 10
habe ich eine größere Bürde auf mich genommen, als ich, wie
ich erkennen muß, tragen kann. Doch wenn ihr mir diese
Bürde ein wenig erleichtern wollt, dann werde ich sie tragen,
ihr Richter, so gut ich kann, mit beharrlicher Mühe; solltet
ihr mich aber im Stich lassen (was ich nicht hoffe), so will ich
mich trotzdem nicht selbst aufgeben und, was ich übernommen habe, durchführen, so weit ich kann. Wenn ich es jedoch
nicht ganz durchführen kann, so ist es mir lieber, ich breche
unter der Last der Verpflichtung zusammen, als daß ich, was

mir einmal zu guten Treuen auferlegt ist, aus Treulosigkeit
von mir werfe oder aus Kleinmut fahren lasse.

11   Auch an dich, M. Fannius, möchte ich eine inständige Bitte
richten: wie du dich schon früher dem römischen Volke erzeigt hast, als du in eben diesem Gerichtshof den Vorsitz inne-
hattest, so widme dich uns und dem römischen Volke auch
jetzt. Du siehst, welche Menschenmenge zu dieser Verhandlung zusammengeströmt ist; du erkennst, was alle Welt erwartet, wie sehr man auf scharfe und strenge Urteile erpicht
ist. Nach langer Unterbrechung ist dies das erste ordentliche
Verfahren wegen Mordes, das wieder stattfindet, nachdem in
der Zwischenzeit die gemeinsten und ungeheuerlichsten Met-
zeleien begangen worden sind: man erwartet allgemein, daß
diese von dir geleitete Untersuchung so verlaufen wird, wie
erwiesene Untaten und das tägliche Blutvergießen es verdie-
12 nen. Was sonst bei Strafprozessen die Ankläger vorzubringen
pflegen, bringen dieses Mal wir vor, die wir uns verteidigen:
wir bitten dich, M. Fannius, und euch, ihr Richter, schreitet
mit äußerster Schärfe gegen Verbrechen ein, leistet Leuten,
die vor nichts zurückschrecken, mit größter Energie Widerstand, bedenkt, wohin es kommt, wenn ihr nicht in diesem
Prozeß eure Einstellung kundtut: die frevelhafte, tolldreiste
Gier der Menschen würde so zügellos hervorbrechen, daß
nicht nur insgeheim, sondern hier auf dem Forum, vor deinem
Tribunal, M. Fannius, zu euren Füßen, ihr Richter, zwischen
den Bankreihen hier Mordtaten stattfänden.

13   Denn was anderes sucht man in diesem Prozeß zu erreichen,
als daß derartiges erlaubt sei? Es klagen die an, die sich über
das Vermögen dieses Mannes hergemacht haben; es verteidigt
sich der, dem sie außer seinem Unglück nichts übrigließen.
Es klagen die an, für die es vorteilhaft war, daß der Vater des
Sextus Roscius ermordet wurde; es verteidigt sich der, dem
der Tod des Vaters nicht nur Trauer, sondern auch Armut

brachte. Es klagen die an, die alles darauf anlegten, diesen
Mann hier umzubringen; es verteidigt sich der, der sogar zu
dieser Verhandlung mit einer Schutzwache kam, um nicht
hierselbst vor euren Augen niedergemacht zu werden. Und
schließlich: es klagen die an, deren Bestrafung das Volk fordert; es verteidigt sich der einzige, der von dem ruchlosen
Morden dieser Gesellen übriggeblieben und noch am Leben
ist.

Und um euch die Erkenntnis zu erleichtern, ihr Richter,   14
daß die Wirklichkeit meine Behauptungen an Niedertracht
noch überbietet, will ich euch den Sachverhalt, wie er sich zugetragen hat, von Anfang an darlegen. Ihr werdet dann desto
besser imstande sein, das jammervolle Schicksal dieses gänzlich unschuldigen Menschen, das verwegene Treiben der Ankläger und den elenden Zustand unseres Staatswesens zu erfassen.

Sextus Roscius, der Vater des Angeklagten, war Bürger von   15
Ameria[3]. Herkunft, vornehme Geburt und Vermögen ver-
schafften ihm mühelos nicht nur in seiner Heimatstadt, sondern auch in deren Umgebung den ersten Platz; überdies genoß er die Gunst und Freundschaft von Männern des höchsten Adels. Denn mit den Metellern, Serviliern und Scipionen
verband ihn nicht nur wechselseitige Gastlichkeit, sondern
sogar stetiger vertrauter Umgang – übrigens erwähne ich
diese Familien, wie recht und billig, ihrer angesehenen und
glanzvollen Stellung wegen. So sind denn diese Verbindungen
das einzige, was Roscius dem Sohne von allen seinen Glücks-
umständen hinterließ. Denn das Vermögen besitzen Räuber
aus der eigenen Familie, die es mit Gewalt an sich gerissen
haben; doch Ehre und Leben des Unschuldigen nehmen die
entfernteren und näheren Freunde des Vaters in Schutz.

Der ältere Roscius war jederzeit dem Adelsregiment förder-   16
lich gewesen, und er hat sich zumal während der jüngsten

Wirren, als Vorrangstellung und Leben aller Adligen in Gefahr schwebten, mehr als andere in jener Gegend mit tätigem
Eifer und dem Gewicht seiner Person für ihre Partei und Sache
verwendet. Denn er glaubte, es sei recht, für deren Ansehen
zu kämpfen, durch die er selbst als der Angesehenste unter
seinen Mitbürgern galt. Nachdem der Sieg errungen war und
wir die Waffen niedergelegt hatten, als man die Leute, die
Gegner gewesen sein sollten, für vogelfrei erklärte und allerorten aufgriff, da weilte er oft in Rom und verkehrte täglich auf
dem Forum und vor aller Augen; man hatte deshalb eher den
Eindruck, daß ihn der Sieg des Adels mit Freude erfüllte, als daß
er befürchtete, ihm könne hieraus ein Unglück erwachsen.

17   Er war seit jeher mit zwei Rosciern aus Ameria verfeindet.
Den einen sehe ich auf der Anklägerbank sitzen; von dem anderen erfahre ich, daß er drei Güter des Angeklagten besitzt.
Hätte sich der ältere Roscius vor diesen Feinden ebenso
schützen können, wie er sie zu fürchten pflegte, er wäre noch
am Leben. Er fürchtete sie nämlich nicht ohne Grund, ihr
Richter. Denn die beiden (sie heißen T. Roscius; der eine hat
den Beinamen Capito, der anwesende wird Magnus genannt)
sind Leute dieses Schlages: der erstere gilt als alterfahrener
und namhafter Gladiator, der zahlreiche Siege erkämpft hat;
doch dieser hier hat ihn unlängst zu seinem Fechtmeister er-
koren, und wenn er, soviel ich weiß, vor der Mordschlacht
nur ein Anfänger war, so hat er nunmehr mühelos den eigenen

18   Lehrer durch verbrecherischen Wagemut übertroffen[4]. Denn
als der jüngere Sextus Roscius sich in Ameria aufhielt, der
T. Roscius hier jedoch in Rom, als der Sohn ständig auf den
Gütern weilte und sich dem Wunsche des Vaters gemäß der
Verwaltung des Besitzes und dem Leben auf dem Lande verschrieben hatte, T. Roscius aber sich oft in Rom befand, da
wurde der ältere Sextus Roscius, wie er von einer Einladung
zurückkehrte, in der Nähe der pallacinischen Bäder[5] ermor-

det. Ich denke, schon dieser Umstand läßt nicht im ungewissen, wen der Verdacht der Untat trifft; doch wenn die Sache selbst nicht sonnenklar erweist, was sich bis jetzt nur aus Verdachtsgründen ergibt, dann mögt ihr glauben, daß der Angeklagte nicht frei ist von Schuld.

Als Sextus Roscius ermordet war, überbringt als erster ein [19] gewisser Mallius Glaucia die Nachricht nach Ameria, ein kleiner Mann, ein Freigelassener, als Schutzbefohlener dem Anhang des T. Roscius hier zugehörig, und er überbringt sie nicht in das Haus des Sohnes, sondern des Feindes T. Capito, und obwohl Roscius nach der ersten Nachtstunde ermordet wurde, kommt dieser Bote mit dem ersten Morgengrauen nach Ameria: in zehn Stunden legte er nächtlicherweile 56 Meilen eilends im Reisewagen zurück[6]. Denn er wollte nicht nur als erster dem Feinde die ersehnte Botschaft übermitteln, sondern auch das Blut des Feindes, so frisch wie möglich, und die Waffe, die man kurz zuvor aus der Leiche herausgezogen hatte, vorweisen.

Vier Tage nach diesen Ereignissen wird die Sache dem Chry- [20] sogonus im Lager des L. Sulla vor Volaterrae[7] hinterbracht; man weist auf die Größe des Vermögens hin; man erwähnt die Qualität des Landbesitzes (der ältere Roscius hinterließ nämlich dreizehn Güter, die fast sämtlich an den Tiber grenzen) und die Hilflosigkeit und Verlassenheit des Sohnes; sie legen dar, daß Sextus Roscius, der Vater des Angeklagten, ein so angesehener und beliebter Mann, ohne Schwierigkeit umgebracht worden sei: da könne man mit ganz leichter Mühe auch diesen unvorsichtigen und tölpelhaften und in Rom unbekannten Menschen aus dem Wege räumen; sie versprechen hierzu ihre Dienste. Ich will euch nicht länger hinhalten, ihr Richter: der Pakt wird geschlossen.

Als man der Ächtungen mit keinem Worte mehr gedachte, [21] als auch die zurückkehrten, die sich zuvor gefürchtet hat-

ten, und schon glaubten, alle Gefahr überstanden zu haben,
da trägt man den Namen des Sextus Roscius in die Listen der
Geächteten ein, eines Mannes, der sich mit größtem Eifer für
den Adel eingesetzt hatte; Chrysogonus wird Käufer des Vermögens; drei, und zwar die allerbesten Güter werden dem
Capito zu eigen übergeben, und er besitzt sie heute noch; auf
alle übrigen Reichtümer stürzt sich der T. Roscius hier, im
Namen des Chrysogonus, wie er selbst zugibt.

22   Dieses alles, ihr Richter, hat sich, wie mir zuverlässig bekannt ist, ohne Wissen des L. Sulla zugetragen. Er renkt wieder ein, was vergangen ist, und rüstet sich zugleich für das,
was dem Anschein nach bevorsteht; nur er hat die Mittel,
Frieden zu stiften, und die Macht, Krieg zu führen; alle richten ihre Blicke einzig auf ihn; er allein vermag alles zu lenken;
er ist durch so viele und wichtige Obliegenheiten beansprucht,
daß er nicht einmal frei aufatmen kann: da ist es wirklich kein
Wunder, wenn ihm etwas entgeht, zumal ja viele ein scharfes
Auge auf seine Beschäftigungen haben und eine Gelegenheit
zu erhaschen suchen, um, sobald er zur Seite blickt, irgend
etwas von dieser Art ins Werk zu setzen. Mag er überdies
noch so sehr vom Glück begünstigt sein[8] (wie er es wirklich
ist): trotz aller Glücksumstände kann es keinen Menschen
geben, der nicht in einer großen Gefolgschaft einen schurki-
schen Sklaven oder Freigelassenen hätte.

23   Unterdessen kommt unser T. Roscius, der Treffliche, als
Verwalter des Chrysogonus nach Ameria; er macht sich über
die Güter des Angeklagten her; er jagt den Unglücklichen,
von Trauer Gebrochenen, der noch nicht einmal allem Brauch
für das Begräbnis des Vaters Genüge getan hatte, mittellos
aus seinem Haus, vertreibt ihn Hals über Kopf vom Herd der
Vorfahren und von seinen Penaten[9], ihr Richter; er wird selbst
Herr des riesigen Vermögens. Und er, der mit seinem eigenen
Gut sehr kärglich gewirtschaftet hatte, treibt, wie es zu gehen

pflegt, unmäßigen Aufwand mit fremdem; vieles beförderte er in aller Öffentlichkeit in sein Haus; mehr noch schaffte er heimlich beiseite; nicht weniges schenkte er mit freigebiger, verschwenderischer Hand seinen Gehilfen; den Rest verkaufte er in einer Versteigerung.

Bei den Bürgern von Ameria rief dieses Vorgehen solche 24 Empörung hervor, daß sie die ganze Stadt mit Klagen und Seufzern erfüllten. Denn vieles hatte sich gleichzeitig vor ihren Augen abgespielt: der grausige Tod des Sextus Roscius, eines Mannes, der auf der Höhe des Lebens stand, die schmachvolle Armut seines Sohnes, dem dieser gemeine Räuber da nicht einmal den Zugang zum Grabe des Vaters von einem so stattlichen Besitz übrigließ, der schändliche Vermögenskauf, die Besitzergreifung, die Diebes- und Raubzüge, die Schenkungen. Jedermann war bereit, lieber alles zu wagen als ansehen zu müssen, wie T. Roscius auf dem Besitz des Sextus Roscius, dieses trefflichen und ehrenwerten Mannes, prahlerisch den Herrn spielte.

Und so kommt alsbald ein Beschluß der Ratsherren zu- 25 stande: die zehn Vorsteher[10] sollten zu L. Sulla reisen und ihn davon unterrichten, was für ein Mann Sextus Roscius gewesen sei; sie sollten über das Verbrechen und die Rechtswidrigkeiten dieser Leute Klage führen und Sulla bitten, er möchte die Ehre des Toten und das Vermögen des unschuldigen Sohnes retten. Und vernehmt bitte den Wortlaut des Beschlusses. – (Der Beschluß der Ratsherren.) – Die Abgesandten kommen in das Lager. Es stellt sich heraus, ihr Richter, was ich schon früher gesagt habe: daß diese schändlichen Verbrechen ohne Wissen Sullas geschehen sind. Denn sofort befaßt sich Chrysogonus persönlich mit den Abgesandten und ordnet auch Leute von Rang mit der Bitte an sie ab, keinen Zutritt zu Sulla zu suchen, und mit dem Versprechen, er werde alle ihre Wünsche erfüllen.

26   Er war aber von solcher Furcht erfüllt, daß er lieber gestorben wäre, als daß Sulla von diesen Dingen erfahren hätte. Er
versicherte, er werde den Namen des Sextus Roscius aus den
Listen tilgen und dem Sohne die Güter frei von fremden
Rechtstiteln übergeben, und obendrein versprach T. Roscius
Capito, der zu den zehn Abgesandten gehörte, daß man es
wirklich so halten wolle. Die altmodischen Leute, die sich ihre
Mitmenschen so vorstellten, wie sie selbst waren, schenkten
diesen Reden Glauben; sie kehrten nach Ameria zurück, ohne
ihre Sache vorgetragen zu haben. Und jene Schurken begann-
nen damit, daß sie die Angelegenheit von Tag zu Tag hinaus-
zögerten und auf einen anderen Termin verschoben; dann
nahmen sie sich mehr Zeit, taten nichts und trieben ein ge-
meines Spiel; schließlich stellten sie, wie leicht begreiflich,
dem Leben unseres Sextus Roscius nach; denn sie waren der
Meinung, daß sie das fremde Vermögen nicht länger würden
behalten können, wenn der wahre Eigentümer unbehelligt
bliebe.

27   Sobald Roscius diese Anschläge bemerkte, tat er, wie
Freunde und Verwandte ihm rieten: er flüchtete nach Rom
und begab sich in den Schutz der Caecilia, der Schwester des
Nepos und Tochter des Baliaricus, die ich ehrenhalber hier
erwähne. Der Vater hatte sehr oft in ihrem Hause verkehrt.
Bei dieser Frau, ihr Richter, ist auch jetzt noch, als wolle sie
ein Beispiel geben, eine Stätte der einstigen Hilfsbereitschaft
geblieben, und so hat man sie allgemein schon immer beurteilt. Sie nahm Sextus Roscius, wie er mittellos, aus seinem
Hause verjagt und von seinem Besitze vertrieben, vor den
Waffen und Drohungen der Räuber flüchtete, bei sich auf und
lieh dem hart bedrängten und schon allgemein aufgegebenen
Freunde ihre Hilfe. Ihre Mannhaftigkeit, Treue und Wach-
samkeit hat es zuwege gebracht, daß Roscius lebend zu den
Angeklagten zählt statt ermordet zu den Geächteten.

Denn jene Schurken erkannten, daß das Leben des Sextus **28**
Roscius mit größter Sorgfalt bewacht wurde und sich ihnen
keine Möglichkeit bot, den Mord zu begehen; da faßten sie
den verbrecherischen und dreisten Entschluß, Roscius wegen
Verwandtenmordes anzuzeigen und sich hierfür einen einge-
fleischten Ankläger zu beschaffen, der es fertigbrächte, in
dieser keinerlei Verdachtsgründe bietenden Sache irgendwelche Behauptungen aufzustellen, kurzum, sie beschlossen,
da ihnen ein begründeter Schuldvorwurf verwehrt war, einfach die Zeitumstände als Waffe zu benutzen. So etwa redeten
diese Menschen: da so lange keine Prozesse mehr stattgefunden hätten, müsse der erste, dem man wieder den Prozeß
mache, verurteilt werden; Roscius aber werde wegen der
Macht des Chrysogonus keine Fürsprecher finden; niemand
werde über den Vermögensverkauf und den erwähnten Pakt
ein Wort verlieren; schon die Bezeichnung Verwandtenmord
und die Abscheulichkeit dieses Verbrechens müßten genügen,
Roscius, der ja gänzlich unverteidigt wäre, ohne Schwierigkeit zu beseitigen. Von diesem Plane oder besser von diesem **29**
wahnsinnigen Vorhaben besessen, lieferten sie den Untergang
dessen, den sie selbst wider ihren Wunsch nicht umzubringen
vermochten, in eure Hände.

Worüber soll ich mich zuerst beklagen, oder von welchem
Punkt soll ich hauptsächlich ausgehen, ihr Richter, oder was
für Hilfe soll ich mir ausbitten, und von wem? Soll sich mein
Flehen auf die unsterblichen Götter verlassen, oder auf das
römische Volk, oder auf euch, die ihr gegenwärtig die höchste
Gewalt ausübt? Der Vater ist meuchlings ermordet, das Haus **30**
von den Feinden besetzt, das Vermögen entrissen, in Besitz
genommen, geplündert, das Leben des Sohnes bedroht, ein
häufiges Ziel heimtückischer Waffen. Welches Verbrechen
fehlt wohl noch in dieser Zahl von Schandtaten? Trotzdem
steigern und vergrößern sie das Maß ihrer Schuld mit weite-

ren Freveln; sie ersinnen einen unglaublichen Vorwurf; sie
verschaffen sich mit dem Geld des Roscius Belastungszeugen
und Ankläger; sie stellen den Unglücklichen vor die Wahl, ob
er lieber dem T. Roscius seinen Kopf hinhalten oder in einen
Ledersack eingenäht[11] in ärgster Schande sein Leben verlieren wolle. Sie glaubten, es würde ihm an Fürsprechern fehlen.
Jawohl, stimmt; aber jemand, der ein offenes Wort spricht,
der ihn in Treuen verteidigt (was in dieser Sache genügt), der
31 fehlt wahrhaftig nicht, ihr Richter. Und vielleicht tat ich,
durch meine Jugend verleitet, unbedacht daran, mich dieses
Falles anzunehmen. Doch da ich mich einmal seiner angenommen habe, will ich dafür eintreten und Hilfe leisten, selbst
wenn mir, beim Herkules, allerorten Drohungen, Schrecknisse
und Gefahren jeder Art bevorstehen. Es ist ausgemacht und
beschlossen, alles, was meiner Meinung nach zur Sache gehört, nicht nur auszusprechen, sondern auch gern, beherzt
und offen auszusprechen; es kann nichts eintreten, ihr Richter, was so bedeutend wäre, daß die Furcht eine größere Macht
32 über mich auszuüben vermöchte als die Treue. Denn wer ist
so kaltherzig, daß er, wenn er dieses Treiben sieht, schweigen
und gleichgültig zusehen kann? «Ihr habt meinen Vater umgebracht, obwohl er nicht geächtet war; ihr habt den Ermordeten in die Liste der Geächteten aufgenommen; ihr habt
mich gewaltsam aus meinem Hause vertrieben; ihr besitzt
mein Vermögen. Was wollt ihr mehr? Seid ihr mit Schwert
und Spieß auch noch zur Gerichtsbank gekommen, um hier
entweder zu morden oder eine Verurteilung zu erwirken?»
33 Wir haben kürzlich C. Fimbria in unserem Staate gehabt,
den allerskrupellosesten und zugleich (wie alle zugeben, die
nicht selbst unsinnig sind) unsinnigsten Menschen. Er sorgte
dafür, daß man während der Bestattung des C. Marius dem
Q. Scaevola eine Wunde beibrachte, dem unsträflichsten und
angesehensten Manne in unserer Bürgerschaft. Doch hier ist

nicht die Gelegenheit, viel zum Lobe des Scaevola zu sagen, noch kann man mehr sagen, als das römische Volk selbst in der Erinnerung bewahrt. Diesem Scaevola also machte Fimbria den Prozeß, nachdem er erfahren hatte, daß jener möglicherweise am Leben bleibe. Da fragte man ihn, was für eine Anklage er denn gegen den erheben wolle, dessen Verdienste man nicht einmal ganz angemessen zu loben wisse, und der Mensch soll, irrsinnig wie er war, geantwortet haben: «Daß er sich den Dolch nicht ganz in den Leib stoßen ließ.» Eine größere Schmach hat das römische Volk nicht erlebt, außer dem Tode dieses Mannes, einem Ereignis, von dessen Folgen alle heimgesucht und hart getroffen wurden; die er hatte retten wollen, indem er sich ins Mittel legte, von denen wurde er selbst getötet[12].

Ist nicht dieses Stück hier dem Ausspruch und der Tat des 34 Fimbria ganz ähnlich? Ihr klagt Sextus Roscius an. Warum? Weil er euren Fängen entronnen ist, weil er sich nicht ermorden ließ. Jene Tat erscheint schmachvoller, weil sie einem Scaevola angetan wurde; diese ist unerträglich, weil sie von einem Chrysogonus begangen wird. Denn bei den unsterblichen Göttern, wo bedarf es denn in dieser Sache einer Verteidigung? Welcher Punkt benötigt den Scharfsinn eines Sachwalters oder stellt an die Kunst eines Redners besondere Anforderungen? Wir wollen einmal den Fall im Ganzen behandeln, ihr Richter, ihn uns vor Augen stellen und genau betrachten; dann werdet ihr am ehesten erkennen, worauf es bei dem ganzen Prozeß ankommt, worüber ich sprechen muß und wonach ihr euch zu richten habt.

Es sind, soweit ich die Sache beurteilen kann, drei Dinge, 35 die zu dieser Stunde gegen Sextus Roscius sprechen: der Schuldvorwurf der Gegner, ihre Skrupellosigkeit und ihre Macht. Die Erfindung des Schuldvorwurfs übernahm der Ankläger Erucius; den Anteil der Skrupellosigkeit verlangten die

beiden Roscier für sich; Chrysogonus aber, der das meiste
vermag, kämpft mit der Waffe seiner Macht. Über alle diese
36 Punkte habe ich, wie mir deutlich ist, zu sprechen. Doch wie?
Nicht auf gleiche Weise über alles. Denn der erste Punkt gehört zu meinen Obliegenheiten; die beiden übrigen aber hat
das römische Volk euch auferlegt: ich muß den Schuldvorwurf zunichte machen; ihr seid verpflichtet, der Skrupellosigkeit die Stirn zu bieten und die verderbliche und unerträgliche
Macht derartiger Individuen bei der ersten Gelegenheit zu
beseitigen und zu unterdrücken.

37   Sextus Roscius wird beschuldigt, seinen Vater ermordet zu
haben. Eine verbrecherische und ruchlose Tat, ihr unsterblichen Götter! Sie ist von der Art, daß es scheint, als seien in
einer Übeltat sämtliche Verbrechen enthalten! Denn wenn,
wie ein vortrefflicher Ausspruch weiser Männer lautet, oft
schon ein Blick die Kindespflicht verletzt, welche Strafe ließe
sich ersinnen, die schwer genug für den wäre, der dem Vater
den Tod bereitet hat? Für den er selbst nach göttlichem und
menschlichem Recht in den Tod gehen müßte, wenn die Um-
38 stände es erfordern sollten. Bei einer so großen, so abscheulichen, so außergewöhnlichen Untat (sie ereignet sich so selten, daß man sie, wenn man irgend davon hört, für so etwas
wie ein Wunder und Unglückszeichen ansieht), auf was für
Beweise muß sich da der Ankläger deiner Meinung nach
stützen, C. Erucius? Muß er nicht die außergewöhnliche Skrupellosigkeit des Angeschuldigten dartun und seine wüsten Ge-
wohnheiten und seinen bestialischen Charakter und seinen allen Lastern und Schandtaten ausgelieferten Lebenswandel und
schließlich, daß alles an ihm dem Verderben verfallen und zerrüttet ist? Von alledem hast du dem Sextus Roscius nichts zur Last
gelegt, nicht einmal, um nur Vorwürfe gegen ihn zu erheben.

39   Sextus Roscius hat seinen Vater ermordet. Was für ein
Mensch? Ein verdorbener und von Taugenichtsen verleiteter

junger Mann? Er ist über vierzig Jahre alt. Dann ist er also
ein eingefleischter Meuchelmörder, ein verwegener Mensch,
und war oft in Bluttaten verwickelt. Aber dergleichen hat der
Ankläger, wie ihr vernommen habt, nicht einmal zu behaupten versucht. Demnach haben Vergnügungssucht, ungeheure
Schulden und zügellose Leidenschaften den Mann zu diesem
Verbrechen angestiftet. Indes, von dem Vorwurf der Vergnügungssucht hat Erucius ihn gereinigt, indem er sagte, jener
habe fast niemals auch nur an einer Gasterei teilgenommen.
Zudem ist er nie etwas schuldig geblieben. Was für Leidenschaften kann ferner jemand haben, der nach des Anklägers
eigenen, als Vorwurf gemeinten Worten stets auf dem Lande
gewohnt und vom Ackerbau gelebt hat: eine solche Lebensweise ist in höchstem Maße von Leidenschaft entbunden und
mit Pflichtbewußtsein verbunden.

Was also hat dem Sextus Roscius diese furchtbare Wahn-   40
sinnstat eingegeben? «Er mißfiel dem Vater», behauptet der
Ankläger. Er mißfiel dem Vater? Aus welchem Grunde? Denn
notwendigerweise muß dieser Grund sogar gerecht, erheblich
und offenkundig gewesen sein. Wie es nämlich einerseits un-
glaubhaft ist, daß der Sohn dem Vater den Tod bereitet, ohne
sehr viele und sehr gewichtige Gründe zu haben, so ist es andererseits unwahrscheinlich, daß der Vater den Sohn gehaßt
habe, ohne daß zahlreiche, erhebliche und zwingende Gründe
vorlagen. Wir wollen also wieder zu demselben Punkt zurück-   41
kehren und die Frage stellen, was denn für schwere Charak-
terfehler der einzige Sohn gehabt habe, um derentwillen
er dem Vater hätte mißfallen sollen. Aber es ist ja deutlich:
er hatte keinen. Also war der Vater verrückt, da er seinen
leiblichen Sohn ohne Grund haßte? Aber nein: er war so
besonnen wie nur irgend jemand. In der Tat, dieser Punkt
ist also schon deutlich: wenn weder der Vater verrückt
noch der Sohn grundverdorben war, dann hatte weder der

Vater Grund zu hassen, noch der Sohn, das Verbrechen zu
begehen.

42   «Ich weiß nicht», erklärt der Ankläger, «was der Grund
des Hasses war; ich erkenne jedoch, daß Haß bestanden hat.
Denn der Vater verlangte früher, als er noch zwei Söhne hatte,
daß der eine, der inzwischen verstorben ist, ihn allezeit be-
gleite; diesen hier hatte er auf seine Landgüter verbannt.» Was
dem Erucius in seiner schlechten und läppischen Anklagerede
zustieß, das begegnet auch mir bei meiner ausgezeichneten
Sache: Erucius wußte nichts ausfindig zu machen, womit er
den erlogenen Schuldvorwurf hätte bekräftigen können; ich
vermag nicht zu entdecken, wie ich so unbedeutende Dinge
43   entkräften und widerlegen soll. Denn was sagst du da, Erucius? So viele, so schöne, so ertragreiche Güter hätte Sextus
Roscius seinem Sohne zur Bewirtschaftung und Verwaltung
überlassen, um ihn zu verbannen und zu bestrafen? Was? Wie
steht es mit den Hausvätern, die Kinder haben, zumal mit
Menschen jenes Schlages in den Landstädten? Sehen sie es
nicht als höchstes Ziel ihrer Wünsche an, daß ihre Söhne sich
ganz und gar dem Dienst am Familienbesitz ergeben und alle
Mühe und allen Eifer auf die Bewirtschaftung der Güter wen-
44   den? Hatte Sextus Roscius den Sohn etwa mit der Maßgabe
aus seiner Nähe verwiesen, daß er auf dem Lande leben und in
einer Meierei die Notdurft des Leibes empfangen sollte, daß
ihm jegliche Bequemlichkeit entzogen wäre? Wie? Es steht
fest, daß er nicht nur die Bewirtschaftung der Güter geleitet,
sondern auch bestimmte Güter schon zu Lebzeiten des Vaters
auf eigene Rechnung genutzt hat, und du willst dennoch dieses Leben auf dem Lande als Verbannung und Verweisung bezeichnen? Du siehst, Erucius, wie sehr sich deine Beweisführung von der Sache selbst und von der Wahrheit entfernt. Was
die Väter nach altem Brauch tun, das tadelst du, wie wenn es
etwas Unerhörtes wäre; was aus Gewogenheit entspringt, das

schiltst du, als sei es aus Haß geschehen; was der Vater seinem
Sohne zugestand, um ihn auszuzeichnen, das hat er nach deinen Worten getan, um zu strafen. Du bist dir hierüber durch-   45
aus nicht im unklaren, doch fehlt es dir dermaßen an Beschuldigungen, daß du glaubst, du müßtest nicht nur mir widersprechen, sondern auch dem natürlichen Lauf der Dinge, dem
Brauch der Leute und den allgemein verbreiteten Ansichten.

Doch nein: als er noch zwei Söhne hatte, da ließ er den einen nicht von seiner Seite, bei dem anderen brachte er es über
sich, daß er auf dem Lande lebte. Ich bitte, Erucius, nimm's
mir nicht übel; meine Worte sind nicht als Vorwurf, sondern
als Belehrung gemeint. Das Glück mag es dir versagt haben,   46
daß der Vater feststeht, von dem du abstammst, durch den
du erfahren könntest, wie väterlicher Sinn gegenüber Kindern
beschaffen ist. Doch jedenfalls hat dich die Natur mit einem
reichlichen Maß menschlicher Güte beschenkt; hinzu kommt
dein Bildungseifer, so daß du auch in der Welt des Geistes
kein Fremdling bist. Um nun auf Theaterstücke zu kommen:
hast du denn etwa den Eindruck, daß jener alte Mann bei Caecilius den Eutychus, den bäuerlich-einfachen Sohn, weniger
liebt als den anderen, den Chaerestratus [13] (denn so heißt er
ja wohl)? Meinst du, daß er den einen ehrenhalber mit sich in
die Stadt genommen, den anderen zur Strafe auf das Land verwiesen hat? «Was schweifst du ab? Rede kein albernes Zeug!»   47
wirst du sagen. Als ob ich Mühe hätte, beliebig viele Leute
namentlich zu nennen, meine Tribusgenossen [14] oder Nachbarn, um meine Beispiele nicht von weit her zu holen: sie alle
wünschen, daß sich gerade die Kinder, von denen sie das meiste halten, ihr Leben lang als Landwirte betätigen. Doch es
ist anstößig, sich auf bekannte Leute zu berufen. Denn einerseits kann man nicht wissen, ob sie genannt werden wollen;
andererseits kennt ihr niemanden besser als diesen Eutychus,
und jedenfalls macht es keinen Unterschied, ob ich diesen jun-

gen Mann aus der Komödie nenne oder jemanden aus der Mark
von Veji[15]. Denn meines Erachtens haben die Dichter diese
Dinge erdacht, damit wir in der Fremdheit der Masken einen
Spiegel unserer eigenen Sitten und ein anschauliches Abbild
48 unseres täglichen Lebens sähen. Also denn, sei so freundlich,
wende dich der Wirklichkeit zu und erwäge, welchen Beschäftigungen Familienväter das größte Lob spenden, und
zwar nicht nur in Umbrien und den benachbarten Gegenden,
sondern auch in den alten Landstädten hier in der Nähe: wahrhaftig, du wirst alsbald erkennen, daß du dem Sextus Roscius,
nur weil du um Vorwürfe verlegen warst, höchstes Lob als
Vergehen und Schuld zur Last gelegt hast. Und nicht nur,
weil es die Väter wünschen, geben sich die Kinder dieser Tätigkeit hin, sondern sehr viele, die ich kenne und, wenn ich
mich nicht irre, auch ein jeder von euch, sind selbst von be-
geistertem Eifer für die Landwirtschaft entbrannt, und sie
halten dieses Leben auf dem Lande, das deiner Meinung nach
notwendigerweise Schmach und Schande mit sich bringt, für
höchst ehrbar und angenehm.

49   Was meinst du, welchen Eifer und welche Sachkunde gerade unser Sextus Roscius in Dingen der Landwirtschaft zeigt?
Wie ich von seinen Verwandten, sehr angesehenen Leuten,
erfahre, verstehst du dich nicht besser auf dein Anklägerge-
werbe als er auf das seine. Indes, ich möchte meinen, es steht
ihm jetzt frei, sein Gewerbe zu vergessen und von seinem
Eifer abzulassen. Denn so hat es Chrysogonus beschlossen,
der ihm kein einziges Landgut übrigließ. Das ist zwar beklagenswert und schmählich, doch er wird es mit Gleichmut tragen, ihr Richter, wenn er durch euch Leben und Ehre behalten
kann; unerträglich aber ist es, wenn er wegen der Vortreff-
lichkeit und der großen Zahl seiner Güter auch noch diesen
Verlust erleiden soll und wenn ihm nichts so sehr schadet,
als daß er diese Güter mit Eifer bewirtschaftet hat. Als ob es

noch nicht genug des Jammers wäre, daß er sie für andere bewirtschaftet hat, nicht für sich! Da man ihm doch schon daraus einen Vorwurf macht, daß er sie überhaupt bewirtschaftet
hat.

Wahrhaftig, Erucius, du wärest ein lächerlicher Ankläger, 50
wenn du in jenen Zeiten gelebt hättest, da man die Männer,
die Konsuln werden sollten, vom Pflug herberief. Denn dir
gilt eine leitende Stellung in der Landwirtschaft als Schande:
da hättest du gewiß den berühmten Atilius, den die Abgesandten antrafen, wie er mit eigener Hand Samen streute[16],
für einen ganz schmählichen und ehrlosen Gesellen gehalten.
Doch beim Herkules, unsere Vorfahren dachten ganz anders
über ihn und über die anderen Männer, die so waren wie er,
und so haben sie den Staat, den sie uns hinterlassen haben, aus
dem kleinsten und schwächsten zum größten und mächtigsten
gemacht. Denn sie pflegten mit Eifer ihre eigenen Äcker zu
bebauen und sich nicht voller Gier an fremden zu vergreifen;
so haben sie durch Land und Städte und Völker den Staat und
das Reich und den Ruhm des römischen Volkes vergrößert.
Ich trage diese Dinge nicht in der Absicht vor, daß man sie 51
mit dem vergleiche, was wir jetzt untersuchen; ich wünsche
nur, daß man folgendes einsieht: bei unseren Vorfahren haben
die besten und berühmtesten Männer, deren Pflicht es war,
allezeit das Steuerruder des Staates in der Hand zu halten,
gleichwohl ein beträchtliches Maß an Mühe und Zeit auf den
Ackerbau gewandt; da muß man doch einem Menschen verzeihen, der zugibt, daß er ein Landmann ist; denn er hat ja
beharrlich und unablässig auf dem Lande gelebt; er hätte insbesondere nichts tun können, was dem Vater willkommener
oder ihm selbst angenehmer oder nach richtigen Maßstäben
ehrenhafter gewesen wäre.

Nicht wahr, Erucius: darin also zeigt sich der bitterböse 52
Haß, mit dem der Vater den Sohn verfolgte, daß er ihn auf dem

Lande leben ließ. Gibt es sonst noch etwas? «Jawohl, es gibt
noch etwas», behauptet er, «der Vater trug sich mit der Absicht, den Sohn zu enterben.» Ich horche auf: jetzt bringst du
etwas vor, was zur Sache gehört. Denn auch du wirst zugeben,
denke ich, daß jene anderen Punkte geringfügig und läppisch
sind: «Er ging nie gemeinsam mit seinem Vater zu einem
Gastmahl!» Allerdings nicht; er kam ja nicht einmal in eine
Stadt, es sei denn ganz ausnahmsweise. «Fast niemand lud
ihn zu sich ein.» Kein Wunder; denn weder lebte er in Rom,
53 noch konnte er mit einer Gegeneinladung aufwarten. Doch
dergleichen ist Firlefanz, wie auch du begreifst; wir wollen
daher den Punkt betrachten, den wir schon berührt haben;
denn man könnte durchaus nichts entdecken, was mit größerer Gewißheit auf Haß schließen läßt. «Der Vater gedachte
den Sohn zu enterben.» Ich verzichte darauf, nach dem Grund
zu fragen; ich frage nur, wie du davon Kunde erlangt hast;
gleichwohl hättest du alle Gründe nennen und aufzählen sollen, und ein zuverlässiger Ankläger, der den Vorwurf eines so
schweren Verbrechens erhebt, hätte die Pflicht gehabt, sämtliche Laster und Verfehlungen des Sohnes darzulegen und zu
erklären, wie es der Vater, hierdurch erbittert, über sich gewonnen habe, die natürlichsten Regungen zu besiegen, sich
jene tiefeingewurzelte Liebe aus dem Herzen zu reißen, kurzum, zu vergessen, daß er der Vater sei: ich glaube nicht, daß
sich derlei ohne schwere Verfehlungen des Sohnes je hätte ereignen können.

54   Doch ich erlaube dir, diese Dinge zu übergehen, obwohl
du durch dein Schweigen einräumst, daß nichts dergleichen
vorlag. Den einen Punkt aber, daß der Vater den Sohn habe
enterben wollen, mußt du wenigstens glaubhaft machen. Was
also bringst du vor, weshalb wir diese Behauptung als Tatsache hinnehmen sollen? Der Wahrheit gemäß kannst du
nichts sagen; so denke dir wenigstens gehörig etwas aus, da-

mit du nicht geradezu das zu tun scheinst, was du ungeniert
tust: du machst dich über das Schicksal dieses Unglücklichen
und über die Würde dieser trefflichen Männer lustig. Er
wollte seinen Sohn enterben. Weshalb? «Ich weiß es nicht.»
Hat er ihn denn enterbt? «Nein.» Wer hinderte ihn daran?
«Er hatte nur die Absicht.» Er hatte die Absicht? Mit wem
sprach er darüber? «Mit niemandem.» Wie anders kann man
die Rechtsprechung und die Gesetze und eure Hoheit zu
seinem Broterwerb und zu seinem Ergötzen mißbrauchen als
dadurch, daß man so Anklage erhebt und Vorwürfe ausspricht,
die man nicht nur nicht glaubhaft machen kann, sondern nicht
einmal glaubhaft zu machen versucht? Niemandem unter uns 55
ist unbekannt, Erucius, daß du mit Sextus Roscius nicht verfeindet bist; alle sehen, weshalb du hier als sein Feind auf-
trittst; sie wissen, daß dich das Geld des T. Roscius hierzu
bestimmt hat. Wie steht es also? Wenn du schon auf Gewinn
erpicht warst, du hättest wenigstens glauben sollen, daß das
Ansehen dieser Männer und das Remmische Gesetz[17] etwas
wert sein müssen.

Es ist nützlich, daß es viele Ankläger in der Bürgerschaft
gibt, damit Furcht die Verwegenheit zügelt; es ist indessen
nur unter der Bedingung nützlich, daß uns die Ankläger nicht
rundheraus zum besten haben. Jemand ist rechtschaffen, indes, obwohl er sich nichts hat zuschulden kommen lassen, er
ist nicht frei von Verdacht: es mag bedauerlich sein; ich habe
trotzdem irgendwie Verständnis für den Mann, der ihn anklagt. Denn er hat Gesichtspunkte, die er nennen kann, um
anzuschuldigen und Argwohn hervorzurufen; es hat daher
nicht den Anschein, als wolle er sich unverhohlen belustigen
und wissentlich falsche Anklage erheben. Daher lassen wir 56
alle es willig geschehen, daß es möglichst viele Ankläger gibt.
Denn einen Unschuldigen kann man, wenn er angeklagt wird,
freisprechen, doch einen Schuldigen kann man, wenn er nicht

angeklagt wird, nicht verurteilen; es ist aber weniger schädlich, einen Unschuldigen freizusprechen als einen Schuldigen
nicht zur Rechenschaft zu ziehen.

Den Gänsen wird von Amts wegen Nahrung ausgeschrie-
ben[18], und Hunde werden auf dem Kapitol gefüttert, damit
sie anschlagen, wenn Diebe kommen. Doch sie können die
Diebe nicht herauskennen, schlagen aber trotzdem an, wenn
nachts Leute auf das Kapitol kommen, und weil so etwas verdächtig ist, machen sie, obwohl sie Tiere sind, lieber nach der
Seite hin einen Fehler, die ungefährlicher ist. Sollten jedoch
die Hunde auch bei Tage bellen, wenn Leute kommen, um
den Göttern einen Gruß zu entbieten, dann müßte man ihnen
die Schenkel brechen, meine ich, weil sie auch dann scharf
57 sind, wenn keinerlei Verdachtsgrund besteht. Ganz ähnlich
steht es mit den Anklägern. Die einen von euch sind Gänse,
die nur zetern und keinen Schaden tun können; die anderen
sind Hunde, die sowohl zu bellen wie zu beißen vermögen.
Wir sehen, daß man euch Nahrung gewährt; ihr aber müßt
eure Angriffe vor allem gegen die richten, die es verdienen.
Das ist dem Volk das Liebste. An zweiter Stelle mögt ihr,
wenn ihr wollt, auch dann bellen, wenn die Wahrscheinlichkeit besteht, daß sich jemand vergangen hat, auf bloßen Verdacht hin; auch das kann man gutheißen. Wenn ihr es aber
so treibt, daß ihr jemandem vorwerft, er habe seinen Vater
ermordet, und nicht sagen könnt, weshalb oder wie, und einfach
bellt, ohne einen Verdachtsgrund zu haben, dann wird euch
zwar niemand die Schenkel brechen, doch werden euch diese
Männer hier, wenn ich sie recht kenne, jenen Buchstaben auf die
Stirn prägen, dem ihr so gram seid, daß ihr sogar alle Kalenden
hasset[19], und sie werden es so energisch tun, daß ihr hernach
nichts anderes mehr anklagen könnt als euer eigenes Schicksal.
58 Was hast du mir zu verteidigen gegeben, trefflicher Ankläger? Was aber diesen Männern hier, Verdacht zu schöpfen?

«Er fürchtete, enterbt zu werden.» Ich höre; doch niemand erklärt, weshalb er das fürchten mußte. «Der Vater hatte die Absicht.» Mach das glaubhaft. Es ist nichts damit: du kannst nicht zeigen, wen er um Rat gefragt, wem er's mitgeteilt hat, wie es euch in den Sinn kam, dergleichen zu vermuten. Wenn du derart Anklage erhebst, Erucius, gibst du dann nicht offen zu: «Ich weiß, was ich bekommen habe; was ich sagen soll, weiß ich nicht; ich habe mich einzig danach gerichtet, daß Chrysogonus versicherte, niemand werde sich für diesen Mann als Fürsprecher verwenden; über den Güterkauf und über diesen Pakt da werde unter den gegenwärtigen Umständen niemand ein Wort vorzubringen wagen»? Diese falsche Voraussetzung hat dich zu deinem Gaunerstück verleitet; beim Herkules, du hättest nicht das Wort ergriffen, wenn du vermutet hättest, daß dir jemand antworten würde.

Es war der Mühe wert, wenn ihr es bemerkt habt, ihr Richter, seine Nachlässigkeit während der Anklage zu beobachten. 59 Als er bemerkte, was für Leute hier auf den Bänken saßen, da hat er sich, glaube ich, erkundigt, ob dieser oder jener die Verteidigung übernehmen wolle; von meiner Person hat er nicht einmal eine leise Ahnung gehabt, weil ich bisher noch in keinem öffentlichen Prozeß als Redner aufgetreten bin. Als er von denen, die zu sprechen verstehen und gewöhnlich auftreten, niemanden entdecken konnte, da begann er sich so nachlässig zu betragen, daß er sich setzte, wann es ihm einfiel, dann wieder auf und ab ging, bisweilen auch seinen Sklaven herbeirief, um ihm, glaube ich, die Sorge für das Essen aufzutragen; kurzum, er benahm sich in eurer Sitzung und vor dieser Versammlung hier, als befände er sich in tiefster Einsamkeit.

Schließlich beendete er seine Rede; er setzte sich. Ich erhob 60 mich. Er schien aufzuatmen, da ja kein anderer sprechen würde. Ich begann zu reden. Ich habe beobachtet, ihr Richter,

daß er so lange Späße machte und sich mit anderen Dingen
beschäftigte, als ich nicht Chrysogonus nannte; kaum hatte
ich ihn berührt, da richtete der Mensch sich auf; er schien zu
erstaunen. Ich erkannte, was ihn stach. Abermals und ein
drittes Mal nannte ich den Namen. Hernach rannten unablässig Leute hin und her; sie sollten, denk' ich, dem Chrysogonus mitteilen, es sei jemand unter den Bürgern, der es
wage, seinem Wunsche zuwiderzuhandeln und zu sprechen;
die Sache laufe anders, als er angenommen habe; der Vermögenskauf werde aufgedeckt; man spiele dem Pakt in übel-
ster Weise mit; man setze sich über seinen Einfluß und seine
Macht hinweg; die Richter hörten aufmerksam zu; das Volk
sei über die Sache empört. Hierin hast du dich also getäuscht,
Erucius, und du siehst, daß alles ins Gegenteil ausgeschlagen
ist, daß man Sextus Roscius zwar nicht nachdrücklich genug,
aber doch mit Freimut verteidigt; du erkennst, daß man für
ihn eintritt, statt ihn, wie du glaubtest, preiszugeben; die
ihn erwartungsgemäß hätten ausliefern sollen, die siehst du
Recht sprechen. So laß uns denn endlich wieder deine altge-
wohnte Schlauheit und Umsicht zugute kommen; gib zu, daß
du in der Erwartung und Annahme hierher gekommen bist,
hier werde ein Raubüberfall stattfinden, kein Strafprozeß.

Es handelt sich in dieser Sache um Verwandtenmord; der
Ankläger wußte keinen Grund anzugeben, weshalb der Sohn
seinen Vater getötet habe. Bei den geringsten Verfehlungen
und jenen leichten Vergehen, die ziemlich häufig und fast
schon alltäglich sind, wird zu allermeist und an erster Stelle
untersucht, welches Motiv die Übeltat veranlaßt habe; Erucius aber meint, daß man dergleichen bei einem Verwandtenmord nicht zu untersuchen brauche. Bei diesem Verbrechen,
ihr Richter, pflegt man auch dann nicht blindlings zu glauben,
wenn es den Anschein hat, daß zahlreiche Motive in dieselbe
Richtung weisen und miteinander in Einklang stehen; auch

wägt man den Fall nicht mit flüchtiger Mutmaßung, noch hört man auf einen unzuverlässigen Zeugen, noch entscheidet man die Sache nach der Befähigung des Anklägers. Da ist es unumgänglich, zahlreiche zuvor begangene Missetaten, die völlig zerrütteten Verhältnisse dieses Menschen und vor allem seine außergewöhnliche Brutalität zu erweisen, ja nicht nur Brutalität, sondern Raserei und Wahnsinn schlimmsten Grades. Wenn alle diese Umstände gegeben sind, dann müssen gleichwohl bestimmte Spuren des Verbrechens vorhanden sein: wo, auf welche Weise, mit welchen Gehilfen, zu welcher Zeit die Missetat begangen wurde. Wenn derlei Spuren nicht in großer Zahl deutlich vor Augen liegen, wahrhaftig, dann kann man eine so verbrecherische, so gräßliche, so ruchlose Tat gar nicht glauben. Denn das Band der Menschlichkeit ist stark; viel vermag die Gemeinschaft des Blutes. Die Natur selbst widerstrebt derartigen Vermutungen; es ist das sicherste Unglückszeichen und Merkmal böser Vorbedeutung, wenn jemand in menschlicher Erscheinung und Gestalt die wilden Tiere so sehr an Roheit übertrifft, daß er *die* auf schmachvollste Weise des Lichtes beraubt, denen er den Anblick dieses so lieblichen Lichtes verdankt. Denn auch bei den wilden Tieren pflegen Geburt und Aufzucht und das Naturgesetz selbst die Artgenossen zu verbinden. 63

Vor nicht allzu vielen Jahren, so wird berichtet, habe sich ein gewisser T. Caelius aus Terracina[20], ein nicht unbekannter Mann, nach dem Essen zur Ruhe begeben, und mit ihm zwei erwachsene Söhne, die sein Zimmer teilten; da sei er des Morgens ermordet aufgefunden worden. Man konnte weder einen Sklaven ermitteln noch einen Freien, auf den der Tatverdacht hätte fallen können; die beiden Söhne aber behaupteten (man beachte ihr Alter!), sie hätten die Sache nicht einmal bemerkt, obwohl sie in nächster Nähe gelegen hatten. Da wurden die Söhne wegen Verwandtenmordes angezeigt. Denn was konnte 64

verdächtiger sein? Keiner hätte etwas gemerkt? Andererseits
sollte jemand gewagt haben, das Zimmer zu betreten, ausgerechnet zu der Zeit, da sich dort zwei erwachsene Söhne befanden, die leicht etwas merken und Notwehr üben konnten?
Es war außerdem niemand da, auf den ein Verdacht fallen
65 konnte. Doch man machte den Richtern deutlich, daß man
die jungen Leute bei offener Tür schlafend vorgefunden habe;
da wurden sie freigesprochen und jeden Verdachtes enthoben.
Denn kein Mensch mochte glauben, daß jemand Schlaf finden
könne, der unmittelbar zuvor alles göttliche und menschliche
Recht durch ein ruchloses Verbrechen entweiht habe. Denn
wer eine solche Tat begangen hat, der kann sich nicht frei
von Sorge der Ruhe hingeben, ja er kann nicht einmal furcht-
los atmen.

66		Wie uns die Dichter berichten, hat es Söhne gegeben, die,
um den Vater zu rächen, die Mutter mit dem Tode bestraften,
und es heißt insbesondere, daß sie hiermit die Befehle und
Wahrsprüche der unsterblichen Götter befolgten: ist euch bewußt, wie ihnen dennoch die Furien zusetzen und nicht dulden, daß sie irgend zur Ruhe kommen, weil sie nicht einmal,
indem sie ihrer Kindespflicht genügten, frei bleiben konnten
von Missetat[21]? So ist es, ihr Richter: eine mächtige Kraft,
ein mächtiger Zwang, eine mächtige heilige Bindung geht aus
von dem Blut des Vaters und der Mutter; der Makel, den man
sich hieran zuzieht, läßt sich niemals beseitigen, ja er dringt
bis zum Kern der Seele vor, so daß schlimmste Raserei und
67 Besessenheit die Folge ist. Denn ihr dürft nicht glauben, daß
es zugeht, wie ihr es oft auf der Bühne seht: daß die brennen-
den Fackeln der Furien die einer gottlosen und verbrecherischen Tat Schuldigen verfolgen und in Bestürzung versetzen.
Die eigene Tücke und das eigene Grauen quält einen jeden
am meisten; das eigene Verbrechen verfolgt ihn und schlägt
ihn mit Wahnsinn; die eigenen bösen Gedanken und Gewis-

sensregungen erschrecken ihn: das sind die Furien, die den Gottlosen unablässig zusetzen; sie wohnen in der eigenen Brust und fordern Tag und Nacht von den Kindern, Auswür- fen der Verruchtheit, Buße für die Eltern.

Die Ungeheuerlichkeit dieser Missetat ist die Ursache, daß 68 man sie nicht zu glauben vermag, wenn nicht ein geradezu handgreiflicher Verwandtenmord aufgedeckt wird, wenn nicht eine schmähliche Jugend, wenn nicht ein von allen La- stern beschmutztes Leben, wenn nicht mit Schimpf und Schande verschwendeter Aufwand, wenn nicht zügellose Ver- wegenheit, wenn nicht eine solche Tolldreistigkeit erwiesen wird, daß sie nicht mehr weit von Wahnsinn entfernt ist. Hierzu muß noch Haß des Vaters kommen, Furcht vor väter- licher Züchtigung, schlechte Freunde, eingeweihte Sklaven, eine passende Gelegenheit, ein für den Anschlag günstig ge- wählter Ort; fast möchte ich behaupten, daß die Richter die vom väterlichen Blut besudelten Hände sehen müssen, wenn sie eine so schlimme, eine so entsetzliche, eine so bittere Tat glauben sollen. Je weniger man sie demnach vermuten darf, 69 wenn sie nicht dargetan wird, desto härter muß man sie be- strafen, wenn sie unumstößlich bewiesen wird.

Sosehr sich daher aus vielerlei Dingen ersehen läßt, daß unsere Vorfahren nicht nur durch Waffengewalt, sondern auch durch weise Planung mehr vermochten als andere Völker: am allermeisten ergibt sich dieser Schluß wohl daraus, daß sie wider die Gottlosen eine einzigartige Strafe ersannen. Denn bedenkt, wie viel klüger sie sich hierbei erzeigten als diejeni- gen, die sonst auf der Welt für die Weisesten gelten. Die Bür- 70 gerschaft von Athen soll, solange sie die Oberherrschaft inne- hatte, die größte Einsicht besessen haben; doch der weiseste aus dieser Gemeinde, so sagt man, war Solon, der Mann, der die heute noch geltenden Gesetze schrieb. Einst fragte man ihn, warum er keine Strafe für den vorsehe, der den Vater er-

mordet habe. Er antwortete, er habe geglaubt, daß niemand
so etwas tun würde. Man sagt, er handelte weise, da er eine
zuvor noch nie begangene Tat auch nicht mit Strafe bedrohte,
um den Anschein zu vermeiden, als wolle er nicht abschrecken,
sondern anstiften. Wie viel weiser handelten unsere Vorfahren! Sie sahen ein, daß nichts so heilig ist, daß verwegener
Sinn es nicht irgendeinmal entweiht, und sie ersannen eine
einzigartige Strafe für Verwandtenmörder, um diejenigen, die
nicht schon das Band der Natur zur Pflicht zu bestimmen vermöge, durch die Härte der Strafe von der Missetat abzu-
schrecken: sie setzten fest, daß man den Verwandtenmörder
bei lebendigem Leibe in einen Ledersack einnähe und so in
den Fluß werfe[22].

71 Welch einzigartige Weisheit, ihr Richter! Scheint es nicht
so, als hätten sie diesen Menschen aus der Welt geschafft und
fortgeräumt, da sie ihm auf einmal Himmel, Sonne, Wasser
und Erde entziehen? So daß er, der Mörder dessen, durch den
er selbst entstanden ist, alles entbehren muß, woraus alles entstanden sein soll? Sie wollten nicht, daß man seine Leiche den
wilden Tieren vorwerfe, damit wir nicht mit Bestien zu tun
bekämen, die die Berührung mit einem solchen Verbrechen
noch furchtbarer gemacht habe; sie wollten nicht, daß man
derartige Missetäter ohne Umstände nackt in den Fluß werfe,
damit sie nicht ins Meer hinabtrieben und so gerade den Stoff
besudelten, der, wie man glaubt, alles Schuldbefleckte reinigt.
Kurzum, unsere Vorfahren ließen ihnen auch an den wertlose-
sten und gewöhnlichsten Dingen der Welt keinerlei Anteil.

72 Denn was ist so allgemein, wie die Luft für die Lebenden, die
Erde für die Toten, das Meer für die Umhertreibenden, das
Ufer für die Gestrandeten? Die Verwandtenmörder hingegen
bleiben zwar am Leben, solange sie können, doch sie dürfen
die Himmelsluft nicht einatmen; sie sterben zwar, doch keine
Erde bedeckt ihr Gebein; sie werden von den Fluten umher-

geworfen, doch niemals benetzt; schließlich stranden sie, doch nicht einmal an den Felsenklippen kommen die Toten zur Ruhe.

Eine so beispiellose Strafe ist für diese Missetat festgesetzt, und du, Erucius, meinst, du könnest den Vorwurf einer solchen Missetat so trefflichen Männern glaubhaft machen, wenn du nicht einmal ein Motiv dafür vorbringst? Selbst wenn du Roscius vor den Käufern seines Vermögens anklagtest und wenn Chrysogonus Vorsitzender des Gerichtes wäre, hättest du sorgfältiger vorbereitet kommen sollen. Was begreifst du 73 nicht: worüber verhandelt wird, oder vor wem verhandelt wird? Es wird über Verwandtenmord verhandelt, eine Tat, die man nicht ohne zahlreiche Motive zu begehen vermag, und es wird vor sehr erfahrenen Männern verhandelt, die wissen, daß sich niemand auch nur die geringste Übeltat ohne Motiv zuschulden kommen läßt.

Doch meinetwegen – du kannst kein Motiv vorbringen. Da müßte ich zwar auf der Stelle der Sieger sein, doch ich will mich meines Rechtes begeben und dir im Vertrauen auf die Unschuld des Angeklagten zugestehen, was ich in einer anderen Sache nicht zugestehen würde. Ich frage dich also nicht, weshalb Sextus Roscius seinen Vater getötet hat; ich frage, wie er ihn getötet hat. Hiernach frage ich dich, C. Erucius: Wie? Und ich will es so mit dir halten: ich will dir, obwohl ich an der Reihe bin, Gelegenheit geben, zu antworten oder mich zu unterbrechen oder auch zu befragen, wann du nur willst. Wie hat er ihn getötet? Hat er ihn selbst erstochen 74 oder gab er anderen den Auftrag, ihn zu töten? Wenn du erklärst: «Er selbst», so erwidere ich: er war nicht in Rom. Wenn du behauptest, er habe die Tat durch andere ausführen lassen, dann frage ich: Durch wen? Durch Sklaven oder Freie? Wenn durch Freie, durch was für Leute? Durch Leute von dort, aus Ameria, oder durch Banditen hier aus der Stadt?

Wenn durch Leute aus Ameria: wer sind sie? Warum bleiben
sie ungenannt? Wenn durch Leute aus Rom: wie hatte Roscius sie kennengelernt, der seit vielen Jahren nicht nach Rom
gekommen war und sich niemals länger als drei Tage dort aufhielt? Wo traf er mit ihnen zusammen? Wie hat er mit ihnen
verhandelt? Auf welche Weise vermochte er sie zu überreden?
«Er gab Geld.» Wem gab er es? Durch wen gab er es? Woher
nahm er es oder wieviel gab er? Nicht wahr, mit Hilfe derartiger Spuren dringt man doch gewöhnlich zum Ursprung
der Missetat vor?

Und erinnere dich bitte zugleich, was für ein Bild du von
der Lebensweise des Roscius entworfen hast: er sei ein grober
und bäuerischer Mensch; er habe sich nie mit jemandem un-
75 terredet und sich nie in einer Stadt aufgehalten. Hierbei übergehe ich, was mir als Hauptbeweis für die Unschuld des Angeklagten dienen könnte: daß der ländliche Brauch, das kärg-
liche Brot, diese rauhe und ungehobelte Lebensweise derartige
Missetaten nicht hervorzubringen pflegen. Wie es unmöglich
ist, auf jedem Acker jede Art von Früchten oder Bäumen an-
zutreffen, so erzeugt nicht jede Lebensweise jede Art von Untaten. In der Stadt kommt Verschwendungssucht auf; aus der
Verschwendungssucht muß Habgier entstehen, aus der Habgier Skrupellosigkeit hervorbrechen, und hieraus entspringen
alle Verbrechen und Missetaten; diese ländliche Lebensweise
hingegen, die du bäuerisch nennst, ist die Schule der Sparsamkeit, der Besonnenheit, der Gerechtigkeit.

76 Doch ich lasse diese Dinge auf sich beruhen. Ich frage nur
hiernach: durch wen konnte dieser Mensch, der, wie du sagst,
nie unter Menschen weilte, durch welche Menschen konnte
er, zumal er abwesend war, eine so schlimme Tat in solcher
Heimlichkeit vollbringen lassen? Vieles ist falsch, ihr Richter,
was man gleichwohl als Verdachtsgrund vorbringen kann;
doch wenn sich aus den Umständen dieses Falles Verdacht

schöpfen läßt, dann will ich eingestehen, daß Schuld dahinter-
steckt. Sextus Roscius wird in Rom ermordet, während sich
der Sohn bei Ameria auf dem Lande aufhält. Er schickte wohl
einem Banditen einen Brief, er, der in Rom niemanden kannte.
Er ließ jemanden zu sich kommen. Wen oder wann? Er
schickte einen Boten. Wen oder zu wem? Er stiftete jemanden
an, durch Geld, durch Gunst, durch Erwartungen, durch Versprechungen. Nichts von alledem läßt sich auch nur erdenken,
und trotzdem verantwortet man sich hier wegen Verwandtenmordes.

Eines bleibt noch übrig: er könnte die Tat durch Sklaven   77
begangen haben. Ihr unsterblichen Götter, was ist das für eine
jammervolle und unglückliche Geschichte! Wie? Sextus Roscius soll das nicht tun dürfen, wodurch sich der Unschuldige
bei einem solchen Vorwurf zu retten pflegt: daß er seine Sklaven zum peinlichen Verhör ausliefert[23]! Ihr, die ihr seine Ankläger seid, habt alle seine Sklaven; Sextus Roscius hat aus
seinem zahlreichen Gesinde keinen einzigen Leibburschen für
die tägliche Bedienung behalten dürfen. Ich berufe mich jetzt
auf dich, P. Scipio, und auf dich, M. Metellus; mit eurem Beistand, auf euer Betreiben hin hat Sextus Roscius seine Gegner
mehrere Male aufgefordert, ihm zwei der vom Vater ererbten
Sklaven für ein peinliches Verhör zu überlassen: erinnert ihr
euch, wie T. Roscius sich weigerte? Wie? Wo sind diese Sklaven? Sie sind im Gefolge des Chrysogonus, ihr Richter; bei
ihm stehen sie in Wert und Ansehen. Sie sollen peinlich vernommen werden, so lautet auch jetzt noch mein Antrag und
bittet und fleht der Angeklagte. Doch ihr, was tut ihr? War-   78
um weigert ihr euch?

So mögt ihr, wenn ihr dazu imstande seid, auch jetzt noch
zweifeln, ihr Richter, wer Sextus Roscius ermordet hat: der
Sohn, dem sein Tod Armut und Nachstellungen gebracht hat,
dem nicht einmal die Befugnis eingeräumt wird, den Tod des

Vaters durch Vernehmungen zu untersuchen, oder die Ankläger, die der Untersuchung ausweichen, die das Vermögen
in Besitz haben, die in Bluttaten und von Bluttaten leben. In
dieser Sache ist alles beklagenswert und schmachvoll, ihr Richter; gleichwohl kann man nichts anführen, was bitterer und
ungerechter wäre als dies: es ist dem Sohne verwehrt, die
Sklaven des Vaters über den Tod des Vaters zu befragen! Soll
er nicht einmal so lange Herr seiner Leute sein, als bis er sie
über den Tod des Vaters befragt hat? Ich werde auf diesen
Punkt zurückkommen, und zwar ziemlich bald; die ganze Sache hat mit den Rosciern zu tun, und über deren skrupelloses
Verhalten werde ich, wie angekündigt, sprechen, sobald ich
die Beschuldigungen des Erucius zunichte gemacht habe.

79   Jetzt wende ich mich noch an dich, Erucius! Hierüber kann
es keinen Streit zwischen uns geben: wenn Sextus Roscius
für diese Missetat in Betracht kommt, dann hat er sie entweder selbst und mit eigener Hand ausgeführt, was du in
Abrede stellst, oder durch Gehilfen: durch Freie oder Sklaven.
Etwa durch Freie? Wo du nicht zu erklären vermagst, wie er
sich mit ihnen habe treffen, und nicht, wie er sie habe verleiten können? Und nicht wo, und nicht durch wen, und
nicht durch was für Aussichten oder um welchen Preis? Ich
dagegen erkläre: Sextus Roscius hat von alledem nichts getan, ja er hatte nicht einmal die Möglichkeit hierzu; denn er
war seit vielen Jahren nicht in Rom, noch verließ er je ohne
Grund seine Güter. So blieb dir anscheinend nur die Auskunft, Sklaven vorzutäuschen: hierzu hättest du, wie in einen
Hafen, deine Zuflucht nehmen können, nachdem alle anderen
Verdachtsgründe dich zurückgetrieben hatten; dort aber
stößt du derart gegen eine Klippe, daß du nicht nur den
Schuldvorwurf von unserem Manne hier abprallen siehst,
sondern auch erkennst, wie jeglicher Verdacht auf euch selbst
zurückfällt.

Doch was nun? Auf welche Ausflucht verfällt der Ankläger 80
in seiner Verlegenheit um Beweise? Er sagt: «Die Zeiten
waren derart, daß man allenthalben straflos Menschen tötete;
daher hattest du wegen der großen Zahl der Mordgesellen
unschwer die Möglichkeit, die Tat auszuführen.» Bisweilen
kommt es mir so vor, Erucius, als wollest du für *einen* Lohn
zwei Dinge erreichen, als sei die Absicht, uns mit dem Prozeß
nur ein kaltes Bad zu verabfolgen, die eigentliche Anklage
aber schlechtweg gegen die zu richten, von denen du deinen
Lohn empfangen hast. Was sagst du da? Man tötete allenthalben? Wer und durch wen? Bedenkst du nicht, daß Abschneider dich auf diesen Platz gestellt haben? Und was folgt
daraus? Ist uns denn unbekannt, daß sich in jener Zeit ungefähr dieselben Leute als Abschneider von Hälsen betätigten,
die Abschneider von Beuteln waren[24]? Damals liefen sie Tag 81
und Nacht bewaffnet umher; sie waren ständig in Rom; sie
gaben sich die ganze Zeit über mit Beutezügen und Bluttaten
ab, und jetzt wollen sie gar dem Sextus Roscius die bitterböse Rechtlosigkeit jener Zeiten zur Last legen? Und wollen
glauben, man werde aus der großen Zahl von Meuchelmördern, der sie selbst als Anführer und Häuptlinge angehörten,
diesem Manne hier einen Vorwurf machen? Der sich nicht
nur nicht in Rom aufhielt, sondern überhaupt nicht wußte,
was sich in Rom ereignete, weil er, wie du selbst zugibst,
ständig auf dem Lande lebte.

Ich fürchte, euch zu belästigen oder den Anschein zu er- 82
wecken, als mißtraute ich eurem Begriffsvermögen, wenn ich
noch länger über so durchsichtige Dinge rede. Die Anschuldigung des Erucius ist, glaube ich, gänzlich entkräftet. Denn
ihr erwartet ja wohl nicht, daß ich dieses Zeug da widerlege,
das er über Unterschleif[25] und derlei phantastische Dinge an-
zubringen wußte: uns war es bis zu diesem Zeitpunkt unbekannt und neu, und ich habe den Eindruck, daß er seine

Ausführungen einer anderen Rede entnommen hat, die er gegen einen anderen Angeklagten aufgesetzt hatte. Denn sie hingen weder mit dem Schuldvorwurf des Verwandtenmordes noch mit der Person dessen, der sich hier verteidigt, irgendwie zusammen. Da Erucius seine Anwürfe nur mit dürren Worten kundgetan hat, genügt es auch, sie mit dürren Worten zu bestreiten. Wenn er sich noch etwas für die Zeugenvernehmung aufgespart haben sollte, so wird er uns auch dort, wie im Hauptvortrag, besser vorbereitet finden, als er dachte.

83   Ich komme jetzt zu dem Punkt, auf den mich nicht Ehrgeiz führt, sondern Pflichttreue. Denn wenn ich als Ankläger auftreten wollte, dann würde ich mir andere Persönlichkeiten aussuchen, deren Anklage meinem Ruf Gewinn bringen könnte. Ich bin jedoch fest entschlossen, nichts dergleichen zu tun, solange es mir freisteht, zu verteidigen oder anzuklagen. Denn meiner Meinung nach verdient der den größten Respekt, der sich durch eigene Tüchtigkeit eine höhere Stellung errungen hat, nicht wer auf Kosten und durch das Unglück eines anderen aufgestiegen ist. Wir wollen endlich aufhören, in den Dingen zu stöbern, die nichts hergeben; suchen wir die Missetat dort, wo sie ist und wo sie sich ausfindig machen läßt! Du wirst sofort erkennen, Erucius, wie zahlreich die Verdachtsmomente sind, durch die ein begründeter Schuldvorwurf erwiesen wird, obwohl ich gar nicht alles aussprechen und die einzelnen Punkte nur oberflächlich berühren will. Ich würde nämlich überhaupt nicht auf die Sache eingehen, wenn es nicht notwendig wäre, und daß ich es ungern tue, mag man daraus schließen, daß ich mich nicht länger damit befassen werde, als das Heil des Angeklagten und meine Pflicht gebieten.

84   Du konntest bei Sextus Roscius kein Motiv finden; aber ich finde eines bei T. Roscius. Jawohl, ich beschäftige mich

jetzt mit dir, T. Roscius, da du ja dort sitzest und offen zugibst, daß du Gegner bist. Um Capito wollen wir uns hernach kümmern, wenn er, wie dem Vernehmen nach geplant ist, als Zeuge auftritt; er wird dann auch über seine anderen Lorbeeren[26] Auskunft erhalten, von denen er sich einbildet, daß ich sie nicht einmal vom Hörensagen kenne.

Der berühmte L. Cassius[27], nach Ansicht aller Römer ein überaus gewissenhafter und weiser Richter, pflegte in Strafverhandlungen immer wieder zu fragen, wer denn etwas von der Tat gehabt habe. So geht es nun einmal zu im Leben der Menschen: niemand versucht ohne Aussicht auf Gewinn eine Missetat ins Werk zu setzen. Diesen Mann als Vorsitzenden 85 und Richter zu haben, scheuten und sträubten sich alle, gegen die ein Prozeß anhängig gemacht wurde. Denn er war allerdings ein Freund der Wahrheit; er schien jedoch von Natur weniger zum Mitleid geneigt als auf Strenge bedacht.

In diesem Prozeß hier hat zwar ein Mann den Vorsitz, der der Frechheit mit äußerster Energie und der Unschuld mit größter Milde begegnet; ich würde mich aber auch dann ohne Bedenken auf die Verteidigung des Sextus Roscius einlassen, wenn der genannte Richter, dieser Ausbund der Unnachsichtigkeit, in Person die Untersuchung führte, oder auch vor Richtern von der Art des Cassius, vor deren bloßem Namen noch jetzt erbebt, wer sich vor Gericht verantworten muß. Da sie nämlich sähen, daß in dieser Sache die Ankläger ein 86 stattliches Vermögen besitzen, der Angeklagte jedoch in äußerster Dürftigkeit lebt, würden sie gar nicht fragen, welchen Nutzen die Tat gehabt habe, sondern würden, da dieser Punkt offensichtlich ist, den Schuldvorwurf und den Verdacht sofort an die Beute knüpfen statt an die Armut. Wenn nun noch hinzukommt, daß du zuvor mittellos warst, was folgt daraus? Daß du habgierig, daß du ein skrupelloser Bursche, daß du der ärgste Feind des Ermordeten warst? Muß man da

nach dem Motiv fragen, das dich zu dieser schlimmen Tat
verleitet haben könnte? Ließe sich denn irgend etwas hiervon
bestreiten? Mit der Mittellosigkeit dieses Menschen steht es
so, daß er sie gar nicht verhehlen kann und daß sie desto
mehr in die Augen sticht, je mehr er sie geheimzuhalten
87 sucht. Deine Habgier trägst du offen zur Schau: du hast ja
mit einem wildfremden Menschen über das Vermögen eines
Mitbürgers und Verwandten einen Pakt abgeschlossen. Wie
skrupellos du bist, das kann, um anderer Dinge nicht zu gedenken, jedermann daraus ersehen, daß sich aus der ganzen
Bande, das heißt aus einer solchen Zahl von Meuchelmördern,
außer dir niemand fand, der sich zu den Anklägern gesetzt
und sich nicht nur gezeigt, sondern gar aufgedrängt hätte.
Schließlich mußt du zugeben, daß du mit Sextus Roscius
verfeindet warst und große Vermögensstreitigkeiten hattest.
88 Bleibt uns da noch ein Zweifel, ihr Richter, wer den Sextus
Roscius mit größerer Wahrscheinlichkeit ermordet hat: dem
sein Tod Reichtum, oder dem er Bettelarmut eingebracht
hat? Der *vorher* mittellos war, oder der *nachher* zum Aller-
ärmsten geworden ist? Der von Habgier entbrannt feindselig
über die Seinen herfällt, oder der sein Leben stets so geführt
hat, daß er keinerlei Handelsgewinn kannte, sondern nur den
durch eigene Arbeit errungenen Lohn? Der von allen Auf-
käufern der skrupelloseste ist, oder der, mit dem Forum und
den Gerichten nicht vertraut, nicht nur die Gerichtsbänke,
sondern die ganze Stadt verabscheut? Schließlich, ihr Richter,
was meiner Meinung nach den Ausschlag gibt: war hierzu
sein Feind eher imstande oder sein Sohn?
89 Wenn du, Erucius, bei dem Angeklagten so zahlreiche und
so erhebliche Umstände ermittelt hättest, wie lange würdest
du sprechen! Wie würdest du dich in die Brust werfen! Beim
Herkules, die Zeit würde dir eher ausgehen als die Worte.
Denn schon in den einzelnen Punkten steckt so viel Stoff,

daß man jeweils ganze Tage dafür verwenden könnte. Auch ich könnte es; denn wenn ich mir auch nichts ungerechtfertigt zuspreche, so viel spreche ich mir nicht ab, daß ich glaubte, du könntest wortreicher reden als ich.

Aber ich würde wohl, da es zahlreiche Verteidiger gibt, zum großen Haufen gerechnet werden; dich aber hat jenes Cannae zu einem recht tüchtigen Ankläger gemacht: wir sahen viele Tote, nicht am Trasimenischen, sondern am Servilischen See[28]. «Wer wurde dort nicht vom Schwerte der Phryger verwundet[29]?» Es tut nicht not, alle die Curtier, Marier und Memmier aufzuzählen, die das Alter bereits aus den Schlachten abberufen hat, schließlich selbst ihren greisen Priamus, den Antistius, den nicht nur das Alter, sondern auch die Gesetze zu kämpfen hinderten[30]. Sodann die Leute, die niemand mehr nennt, unbekannt wie sie waren: unzählige gab es, die wegen Meuchel- oder Giftmordes Anklage erhoben. Soviel an mir liegt, könnten sie alle noch leben. Denn es ist kein Schade, wenn es da die meisten Hunde gibt, wo auf sehr viele aufgepaßt und vieles bewacht werden muß.

Doch wie es zu gehen pflegt: die Wut und das Getümmel des Krieges bewirken oft vielerlei ohne Wissen des Feldherrn. Während der Mann, der den Oberbefehl in Händen hatte, mit anderen Dingen beschäftigt war, da pflegten unterdessen manche ihre eigenen Wunden[31]: als ob der Staat in ewige Nacht gehüllt wäre, so hitzig machten sich diese Leute in der Dunkelheit zu schaffen und kehrten das Unterste zuoberst; ich muß mich wundern, daß sie nicht auch die Bänke verbrannt haben, um keine Spur von den Gerichten übrigzulassen. Denn sowohl die Ankläger wie die Richter haben sie beseitigt. Die Sache hat *ein* Gutes: sie führten sich so auf, daß sie, auch wenn sie wollten, nicht alle Zeugen töten könnten; denn ohnehin wird es, solange die Menschheit lebt,

nicht an jemandem fehlen, der sie anklagt, und solange der
Staat besteht, werden Prozesse stattfinden.

Doch wie ich soeben sagte: sowohl Erucius könnte, wenn
er in dem Sachverhalt die genannten Punkte auf seiner Seite
fände, beliebig lange darüber reden, als auch ich, ihr Richter,
habe jetzt diese Möglichkeit; doch es ist meine Absicht, wie
ich schon früher gesagt habe, flüchtig darüber hinwegzu-
gehen und jeden einzelnen Umstand nur oberflächlich zu berühren. Jedermann soll einsehen, daß ich mich nicht beeifere
anzuklagen, sondern meiner Pflicht als Verteidiger genüge.

92 Ich sehe also, daß sehr viele Gründe vorhanden sind, die
den Mann zur Tat verleiten konnten; wir wollen jetzt prüfen,
ob er irgend die Möglichkeit hatte, das Verbrechen auszuführen. Wo wurde Sextus Roscius ermordet? In Rom. Wie?
Und du, T. Roscius, wo warst du damals? In Rom. Doch was
tut's: auch viele andere waren in Rom. Als ob es jetzt darum
ginge, *wer* aus einem so großen Personenkreis den Mord begangen hat, und nicht vielmehr diese Frage zur Erörterung
stünde: ob ein in Rom Ermordeter mit größerer Wahrscheinlichkeit von jemandem ermordet wurde, der sich zur Zeit der
Tat ständig in Rom aufhielt, oder von jemandem, der Rom
viele Jahre überhaupt nicht betreten hat.

93 Auf denn: wir wollen auch die übrigen Möglichkeiten betrachten. Es gab damals, wie Erucius schon erwähnt hat,
Meuchelmörder in Menge, und man konnte straflos Menschen töten. Wie? Aus was für Leuten bestand denn diese
Menge? Ich möchte meinen: entweder aus denen, die sich
mit Güterkäufen abgaben[32], oder aus denen, die von den
Erstgenannten für die Ausführung eines Mordes gedungen
wurden. Wenn du an die denkst, die sich über fremden Besitz
hermachten: du gehörst zu dieser Zahl; denn du bist durch
unser Vermögen reich geworden. Wenn du jedoch an die
denkst, die man, will man sie mit dem gelinderen Ausdruck

bezeichnen, Banditen nennt, so prüfe doch, wessen Obhut und Schutz sie unterstehen: glaube mir, du wirst einen der Genossen deines Paktes entdecken. Und was du auch an Einwänden vorbringst, miß sie an unserer Rechtfertigung; so läßt sich am leichtesten die Lage des Sextus Roscius mit der deinen vergleichen.

Denn du kannst sagen: «Was folgt daraus, daß ich mich 94 ständig in Rom aufhielt?» Ich kann erwidern: «Doch ich befand mich überhaupt nicht dort.» «Ich gebe zu, daß ich Aufkäufer bin, aber viele andere sind dasselbe.» «Doch ich bin, wie du selbst erklärst, Landwirt und Bauersmann.» «Wenn ich mich unter die Schar der Meuchelmörder gemischt habe, dann bin ich nicht sofort selbst ein Meuchelmörder.» «Doch ich, der ich nicht einmal einen Meuchelmörder kenne, bin wahrhaftig weit entfernt von einem derartigen Vorwurf.» So lassen sich sehr viele Umstände anführen, aus denen man ersehen kann, daß du die beste Gelegenheit hattest, das Verbrechen auszuführen. Ich übergehe diese Dinge nicht nur deshalb, weil ich dich selbst nicht gern anklage, sondern desto mehr noch, weil ich fürchte, man könnte meine Rede auf mehrere Leute beziehen, wenn ich mich bei jenen Bluttaten aufhalten wollte, die damals auf dieselbe Weise ausgeführt wurden wie der Mord an Sextus Roscius.

Wir wollen uns jetzt noch, wie das übrige, flüchtig an- 95 sehen, was du nach dem Tode des Sextus Roscius getan hast, T. Roscius: es liegt so offen zutage, daß ich, so wahr mir Gott helfe, ihr Richter, nur widerwillig darüber spreche. Denn ich fürchte eines, T. Roscius, du magst sein, wie du willst: ich könnte den Eindruck hervorrufen, daß ich den Angeklagten habe retten wollen, ohne überhaupt auf dich Rücksicht zu nehmen. Wenn ich mich hiervor fürchte und irgendwie auf dich Rücksicht zu nehmen wünsche, soviel mir nur unbe-

schadet meiner Pflicht möglich ist, dann besinne ich mich
wieder eines anderen; denn mir kommt deine dreiste Stirn
zum Bewußtsein. Alle deine Genossen sind geflohen und
halten sich versteckt, damit es so scheine, als ginge es in diesem Prozeß nicht um ihre Beute, sondern um die Missetat
des Angeklagten; du aber hättest zu allermeist diese Rolle
hier für dich beansprucht, dich in die Verhandlung einzumischen und neben dem Ankläger zu sitzen? Hierdurch erreichst du nichts anderes, als daß alle Welt deine Frechheit
und Unverschämtheit durchschaut.

96   Als Sextus Roscius ermordet war, wer hat da als erster die
Nachricht nach Ameria hinterbracht? Mallius Glaucia, den
ich schon früher genannt habe, dein Schutzbefohlener und
Gefolgsmann. Was lag daran, daß gerade er hinterbrachte,
was dich am allerwenigsten etwas anging, wenn du nicht
schon vorher einen Anschlag gegen das Leben und Vermögen
des Roscius geplant und wenn du mit keinem Menschen irgendeinen Pakt wegen der verbrecherischen Tat und ihres Lohnes
geschlossen hättest? «Mallius hinterbrachte die Nachricht
von sich aus.» Ich bitte dich: was lag ihm daran? Kam er etwa
nicht um dieser Sache willen nach Ameria und berichtete er
zufällig als erster, was er in Rom vernommen hatte? Weshalb
kam er nach Ameria? «Ich kann nicht wahrsagen», meint
T. Roscius. Doch ich werde die Sache schon dahin bringen,
daß es keiner Wahrsagekunst mehr bedarf. Aus welchem
Grunde hat Mallius zuerst dem T. Roscius Capito die Nachricht hinterbracht? Obwohl Sextus Roscius in Ameria Haus,
Weib und Kinder, obwohl er dort so viele nähere und ent-
ferntere Verwandte hatte, mit denen er sich vortrefflich vertrug: aus welchem Grunde wurde es so eingerichtet, daß
dieser Mann, dein Schutzbefohlener, der Bote deines Verbrechens, die Nachricht zuallererst dem T. Roscius Capito
hinterbrachte?

Sextus Roscius wurde ermordet, als er von einer Einladung 97
zurückkehrte; es war noch nicht wieder hell, und man wußte
es in Ameria. Was bedeutet diese unglaubliche Fahrt, was
die große Geschwindigkeit und Eile? Ich frage nicht, wer ihn
getötet hat; du brauchst nichts zu befürchten, Glaucia! Ich
untersuche dich nicht, ob du zufällig eine Waffe bei dir gehabt
hast; ich forsche nicht nach. Ich glaube nicht, daß es etwas
für mich ausmacht: da ich herausbringe, wer seine Ermordung geplant hat, kümmert mich nicht, von wessen Hand er
getötet wurde. Ich greife nur diesen Punkt heraus, den mir
dein offenkundiges Verbrechen und der klare Sachverhalt an
die Hand gibt: wo oder woher hörte Glaucia davon? Wie
brachte er die Angelegenheit so schnell in Erfahrung? Nehmen
wir an, er habe sofort davon gehört: welcher Umstand zwang
ihn, in einer Nacht eine so große Wegstrecke zurückzulegen?
Welche Not bedrängte ihn so sehr, daß er, wenn er aus eigenem Entschluß nach Ameria reiste, zu dieser Zeit aus Rom
aufbrach und sich während der ganzen Nacht keine Ruhe
gönnte?

Muß man bei so durchsichtigen Dingen noch nach einer 98
Beweisführung fragen oder zu einer Mutmaßung greifen?
Glaubt ihr nicht, was ihr gehört habt, mit den Augen wahrzunehmen, ihr Richter? Seht ihr nicht, wie jener Unglückliche, sein Schicksal nicht ahnend, von der Einladung zurückkehrt, seht ihr nicht den Hinterhalt, den man ihm gelegt hat,
nicht den plötzlichen Überfall? Erscheint nicht bei der Bluttat Glaucia vor euren Augen? Ist nicht der T. Roscius dabei?
Drängt er nicht mit eigener Hand seinen Automedon[33] in den
Wagen, den Boten seines bitter schmerzlichen Verbrechens
und seines frevelhaften Sieges? Bittet er ihn nicht, er solle
die Nacht durchwachen, sich um seines Ansehens willen alle
Mühe geben, dem Capito so schnell wie möglich die Nachricht überbringen?

99   Weshalb wollte er denn, daß Capito zuerst davon erführe?
Ich weiß es nicht; ich sehe nur, daß Capito Teilhaber an dem
Vermögen ist; ich sehe, daß er die drei schönsten Güter von
100   dreizehn in seinem Besitz hat. Ich höre außerdem, daß man
jetzt nicht zum ersten Male einen derartigen Verdacht gegen
Capito hegt, daß er schon viele schimpfliche Lorbeeren da-
vongetragen hat, daß jedoch dieser hier der erste ist, den
man ihm mit Bändern geschmückt aus Rom überbracht hat[34],
daß es keine Art gibt, einen Menschen zu töten, auf die er
nicht schon einige getötet hat: viele mit der Waffe, viele mit
Gift. Ich weiß auch jemanden zu nennen, der von ihm wider
den Brauch der Vorfahren noch nicht sechzig Jahre alt von
der Brücke in den Tiber gestürzt worden ist[35]. Diese Dinge
wird er zu hören bekommen, falls er als Zeuge auftritt, oder
richtiger: sobald er auftritt; denn ich weiß, daß er auftreten
101   wird. Er mag nur kommen und seine Niederschrift entfalten,
von der ich ihm beweisen kann, daß Erucius sie verfaßt hat;
es heißt, er habe sie dem Sextus Roscius entgegengestreckt
und gedroht, er wolle alles, was darin stehe, als Zeugnis aussagen. Ein hervorragender Zeuge, ihr Richter! Ein fester
Charakter, wert, daß man auf ihn gespannt ist! Ein ehrbares
Leben, und zwar von der Art, daß ihr mit Freuden euer be-
schworenes Urteil von dem Zeugnisse dieses Mannes abhängig macht! Wahrhaftig, wir würden die Missetaten dieser
Schufte nicht so deutlich bemerken, wären sie nicht selbst
mit Blindheit geschlagen vor Eigennutz, Habgier und Verwegenheit.
102   Der eine entsandte unmittelbar nach dem Mord einen be-
flügelten Boten nach Ameria zu seinem Genossen oder vielmehr seinem Lehrmeister: wenn alle verbergen wollten, daß
sie wüßten, wer mit dieser Missetat zu tun habe, er selbst
würde gleichwohl schon hierdurch sein Verbrechen vor aller
Augen ausbreiten. Der andere wird, wenn es den unsterb-

lichen Göttern gefällt, sogar Zeugnis gegen Sextus Roscius
ablegen: als ob es jetzt darum ginge, ob man seinen Behauptungen glauben darf, und nicht darum, ob seine Taten bestraft werden müssen. Deshalb hat es der Brauch der Vorfahren so eingerichtet, daß auch bei den geringsten Angelegenheiten die angesehensten Leute kein Zeugnis über eine
Sache ablegen dürfen, die sie selbst angeht. Africanus weist 103
durch seinen Beinamen darauf hin, daß er ein Drittel des
Erdkreises bezwungen hat; gleichwohl hätte er kein Zeugnis
abgelegt, wenn seine eigene Sache verhandelt worden wäre –
denn so etwas wage ich nicht gegen einen solchen Mann
vorzubringen: wenn er Zeugnis abgelegt hätte, wäre ihm
nicht geglaubt worden. Betrachtet nun, wie sehr sich alles
zum Schlechteren gewandelt und verändert hat. Während es
um ein Vermögen und um einen Mord geht, ist ein Aufkäufer und Bandit willens, Zeugnis abzulegen, das heißt jemand, der Käufer und Besitzer eben des Vermögens ist, um
das es sich hier handelt, und der die Ermordung des Mannes
veranlaßte, dessen Tod jetzt untersucht wird.

Wie, bester Mann? Du hast etwas, was du vorbringen 104
kannst[36]? Höre auf mich: gib acht, daß du dir nicht schadest;
es geht um eine Sache, die auch für dich von großer Bedeutung ist. Vieles hast du frevelhaft, vieles dreist, vieles unverschämt angefangen, eines aber sehr dumm, und wahrhaftig
aus eigenem Entschluß, nicht nach dem Sinn des Erucius: du
hattest keinen Grund, dort zu sitzen. Denn niemand stützt
sich auf einen stummen Ankläger, noch auf einen Zeugen,
der sich von der Anklagebank erhebt. Hierzu kommt, daß
eure Habsucht gleichwohl etwas geheimer und versteckter
wäre. Doch jetzt: was wünschte da jemand von euch zu vernehmen? Denn eure Handlungen sind derart, daß man den
Eindruck hat, ihr handeltet absichtlich zu unseren Gunsten
und euch selbst zuwider.

105   Weiter denn, ihr Richter, wir wollen die Ereignisse betrachten, die unmittelbar folgten. Der Tod des Sextus Roscius
wurde dem Chrysogonus nach Volaterrae in das Lager des
L. Sulla gemeldet, ehe nur vier Tage seit seiner Ermordung
vergangen waren. Fragt man auch jetzt noch, wer diese Botschaft gesandt hat? Ist nicht durchsichtig, daß es derselbe
war, der sie nach Ameria gesandt hatte? Chrysogonus trägt
Sorge, daß der Besitz des Sextus Roscius alsbald verkauft
wird – er, der weder Person noch Sache kannte. Doch wie
kam er auf den Gedanken, die Güter einer ihm unbekannten
Person haben zu wollen, die er in seinem ganzen Leben nicht
gesehen hatte? Wenn ihr etwas derartiges hört, ihr Richter,
dann pflegt ihr sofort zu sagen: «Ein Mitbürger oder Nachbar muß es gesagt haben; meist sind es diese Leute, die Anzeige erstatten; durch sie werden die meisten verraten.»
106   Doch hier braucht ihr euch nicht auf einen Verdacht zu verlassen. Denn ich werde euch die Sache nicht so auseinandersetzen: «Es ist wahrscheinlich, daß die beiden Roscier dem
Chrysogonus die Nachricht hinterbracht haben. Sie waren
nämlich schon vorher mit Chrysogonus befreundet. Denn
die Roscier hatten zwar viele von den Vorfahren überkommene Beziehungen zu Sachwaltern und Gastfreunden; sie
pflegten und achteten jedoch keine einzige mehr, sondern
begaben sich in die Obhut und den Schutz des Chrysogonus.»
107   Alles dies könnte ich der Wahrheit gemäß versichern, doch
bedarf es in dieser Sache keiner Mutmaßung: wie ich mit
Bestimmtheit weiß, geben sie selbst zu, daß sich Chrysogonus
auf ihre Veranlassung hin mit dem Vermögen befaßt hat.
Wenn ihr den Mann, der für eine Anzeige einen Anteil erhalten hat, vor euch seht, werdet ihr da noch zweifeln können,
ihr Richter, wer die Anzeige erstattet hat? Wer sind also die
Leute, denen Chrysogonus wegen dieses Vermögens einen
Anteil gewährt hat? Zwei Roscier. Etwa außerdem noch je-

mand? Nein, ihr Richter. Ist somit noch zweifelhaft, daß dem
Chrysogonus diese Beute von denen dargebracht wurde, die
von ihm einen Teil der Beute erhielten?

Gut denn, beurteilen wir das Verhalten der Roscier jetzt 108
einmal vom Standpunkt des Chrysogonus aus! Wenn die
Roscier in dieser Schlacht nichts Wesentliches geleistet hatten, weshalb erhielten sie dann von Chrysogonus so große
Belohnungen? Wenn sie ihm die Sache lediglich mitteilten,
genügte es da nicht, ihnen Dank zu sagen, oder gar, damit es
recht großzügig hergehe, eine Erkenntlichkeit zu gewähren?
Warum werden dem Capito auf der Stelle drei so wertvolle
Güter übergeben? Warum besitzt der T. Roscius alles übrige
mit Chrysogonus gemeinsam? Ist nicht durchsichtig, ihr
Richter, daß Chrysogonus, von der Sachlage unterrichtet,
hiermit den Rosciern einen Raubanteil bewilligte?

Capito kommt mit den übrigen neun Vorstehern als Ge- 109
sandter ins Lager. Gerade aus dieser Gesandtschaft könnt ihr
auf seine gesamte Lebensführung, sein Wesen und Benehmen
Schlüsse ziehen: haltet ihn für einen vortrefflichen Mann, ihr
Richter, wenn euch nicht deutlich wird, daß es keine Pflicht,
keine Satzung gibt, und sei sie noch so heilig und unverletz-
lich, die seine verbrecherische Tücke nicht entweiht und an-
getastet hätte. Er verhindert, daß Sulla erfährt, was vorge- 110
fallen war; er teilt dem Chrysogonus die Entschlüsse und
Absichten der übrigen Gesandten mit; er fordert ihn auf,
Sorge zu tragen, daß die Sache nicht vor Zeugen verhandelt
werde; er legt dar, daß Chrysogonus einen bedeutenden Besitz einbüße, er selbst aber sein Leben aufs Spiel setze, falls
der Vermögensverkauf rückgängig gemacht würde; er treibt
den einen an; er täuscht die anderen, die mit ihm abgesandt
waren; er bedeutet dem einen ohne Unterlaß, er solle sich in
acht nehmen; er gaukelt den anderen hinterlistig Trugaus-
sichten vor; im Bunde mit dem einen schmiedet er Ränke

gegen die anderen; er teilt dem einen die Entschlüsse der anderen mit; er handelt mit dem einen seinen Anteil aus; er verwehrt den anderen ständig jeglichen Zutritt zu Sulla, da er sich von einigem Aufschub Erfolg verspricht. Schließlich verzichteten die Gesandten, indem er ihnen gut zuredete, seinen Einfluß geltend machte und sich verbürgte, auf den Zutritt bei Sulla; durch sein Wort, oder richtiger, durch seinen Wortbruch getäuscht, brachten sie statt eines sicheren Erfolges eine unbegründete Aussicht nach Hause zurück: ihr könnt es von ihnen selbst erfahren, wenn sich der Ankläger herbeilassen sollte, sie als Zeugen aufzubieten.

111 Wie die Vorfahren glaubten, beging man in privaten Angelegenheiten die ärgste Schändlichkeit, wenn man einen Auftrag, um sich zu bereichern oder einen Vorteil zu erlangen, mit hinterhältigen Absichten ausgeführt, ja sogar, wenn man sich hierbei nur ein wenig nachlässig verhalten hatte. Daher wurde die Klage aus dem Auftragsverhältnis zugelassen, die keinen geringeren Schimpf einbringt als die Diebstahlsklage[37] – wie ich glaube, aus folgendem Grund: bei den Geschäften, die wir selbst nicht wahrnehmen können, tritt die Zuverlässigkeit von Freunden an die Stelle unserer eigenen Mühewaltung, und wer es hieran fehlen läßt, der bekämpft eine dem Schutze aller dienende Einrichtung und zerstört, soviel an ihm liegt, die menschliche Lebensgemeinschaft. Denn es ist unmöglich, daß wir alle unsere Angelegenheiten selbst besorgen; ein jeder eignet sich für etwas anderes. So werden freundschaftliche Beziehungen angeknüpft: wechselseitige
112 Dienste sollen das Wohl der Gemeinschaft fördern. Warum übernimmst du einen Auftrag, wenn du ihn entweder nachlässig ausführen oder zu deinem eigenen Vorteil mißbrauchen willst? Warum bietest du dich mir an und beeinträchtigst und hintertreibst durch erheuchelte Dienstfertigkeit mein Wohl? Pack dich; ich lasse die Sache durch einen anderen er-

ledigen. Du nimmst *die* Pflichtenlast auf dich, die du glaubst
tragen zu können: sie erscheint denen am meisten beschwer-
lich, die selbst am wenigsten leichtfertig sind. Deshalb also
ist ein Verschulden dieser Art schimpflich, weil es zwei sehr
ehrwürdige Dinge verletzt: die Freundschaft und die Treue.
Denn fast niemand gibt einem anderen Aufträge als seinem
Freunde, noch traut er jemandem, es sei denn, er hält ihn für
treu. Nur ein ganz verworfener Mensch ist somit fähig, zugleich die Freundschaft aufzulösen und den zu täuschen, der
nicht geschädigt worden wäre, hätte er nicht jemandem sein
Vertrauen geschenkt.

So steht es also? Bei den geringsten Angelegenheiten wird   113
ein nachlässiger Beauftragter notwendigerweise auf Grund
einer Klage verurteilt, die größten Schimpf einbringt? Doch
bei einer so wichtigen Sache soll jemand unter die ehrenhaften
Leute oder auch nur unter die Lebenden gerechnet werden,
dem die Ehre eines Toten, das Vermögen eines Lebenden anvertraut und überantwortet sind und der gleichwohl dem
Toten Schande, dem Lebenden Armut gebracht hat? Bei den
geringsten Privatangelegenheiten ist sogar die nachlässige
Erledigung eines Auftrags einem Schuldvorwurf und ent-
ehrenden Verfahren ausgesetzt, weil, wenn es ordentlich zugehen soll, zwar der Auftraggeber, nicht aber der Beauftragte
nachlässig sein darf. Doch wenn jemand bei einer so wichtigen
Sache, die im Namen der Bürgerschaft ausgeführt und ins
Werk gesetzt wurde, nicht irgendeinem privaten Vorteil
fahrlässig zuwidergehandelt, sondern heimtückisch sogar die
Heiligkeit der Gesandtschaft verletzt und geschändet hat,
was für eine Strafe soll er dann eigentlich erhalten, oder in
was für einem Verfahren soll er abgeurteilt werden?

Gesetzt, Sextus Roscius hätte den Capito nach privatem   114
Recht beauftragt, sich mit Chrysogonus zu vergleichen und
ein Abkommen zu treffen und hierauf nötigenfalls sein Ehren-

wort zu geben, gesetzt, Capito hätte die Ausführung versprochen und sich auch nur im geringsten an diesem Handel bereichert, würde er dann nicht auf Grund eines richterlichen Urteils das Erlangte zurückerstatten und seiner Ehrenrechte

115 verlustig gehen? Doch in Wirklichkeit hat nicht Sextus Roscius ihn hiermit beauftragt, sondern, was viel schwerer wiegt, Sextus Roscius selber wurde mitsamt seiner Ehre, seinem Leben und seinem ganzen Besitz dem T. Roscius namens der Bürgerschaft von den Ratsherren aufgetragen, und hieran hat sich T. Roscius nicht um irgendeine Kleinigkeit bereichert, sondern er vertrieb den Sextus Roscius gänzlich von seinem Besitz, er handelte für sich selbst drei Güter aus, er achtete den Willen der Ratsherren und sämtlicher Bürger genau so gering wie sein eigenes Wort.

116 Betrachtet nunmehr das Weitere, ihr Richter: ihr sollt erkennen, daß sich keine Missetat ausdenken läßt, durch die sich dieser Schuft nicht entehrt hat. Bei geringeren Angelegenheiten bringt es die größte Schande ein, seinen Teilhaber zu betrügen, und zwar ebensoviel Schande wie die Tat, über die ich soeben sprach [38]. Nicht zu Unrecht. Denn wer mit einem anderen gemeinsame Sache macht, glaubt sich einen Beistand zu verschaffen: wessen Treueversprechen kann ihm denn noch als Zuflucht dienen, wenn er durch das Treueversprechen dessen geschädigt wird, dem er sich anvertraut hat? Man muß nämlich die Vergehen am härtesten bestrafen, die zu verhüten am schwierigsten ist. Gegen Fremde können wir uns abschirmen; den Blicken Nahestehender zeigt sich notwendigerweise vieles in größerer Offenheit; wie aber vermögen wir uns vor einem Teilhaber in acht zu nehmen? Denn wenn wir ihm mit Zurückhaltung begegnen, verletzen wir die uns rechtlich auferlegte Treuepflicht. Mit Recht glaubten also die Vorfahren, daß man jemanden, der seinen Teilhaber betrog, nicht unter die ehrenhaften Männer rechnen dürfe.

T. Roscius jedoch hat nicht den einzigen Teilhaber eines 117
wirtschaftlichen Unternehmens betrogen, eine Tat, die sich,
so schwer sie ist, immerhin irgendwie ertragen läßt, sondern
er hat neun hochangesehene Männer, die Teilhaber an derselben Obliegenheit, Gesandtschaft, Amtspflicht und Vollmacht, verleitet, getäuscht, im Stich gelassen, den Gegnern
ausgeliefert, durch Tücken und Treuebrüche jeder Art betrogen; sie aber konnten von seinem Verbrechen nichts
ahnen, sie durften vor dem Teilhaber an ihrer Amtspflicht
keine Scheu tragen, sie bemerkten seine Bosheit nicht, sie
trauten seinen lügenhaften Worten. Und so stehen jetzt die
angesehensten Männer wegen der Heimtücke dieses Schurken
in dem Verdacht, sie seien nicht behutsam und vorsichtig
genug gewesen; er aber, der zu Anfang ein Verräter war,
dann ein Überläufer, der den Gegnern zuerst die Entschlüsse
der Teilhaber mitteilte, dann gar eine Teilhaberschaft mit den
Gegnern abschloß, dieser Mann, im Besitze von drei Gütern,
will sagen dem Lohn seines Verbrechens, sucht auch uns zu
schrecken und Furcht einzuflößen.

In einem derartigen Leben, ihr Richter, unter diesen zahlreichen und argen Schändlichkeiten werdet ihr auch die Missetat entdecken, die hier zur Verhandlung steht. Ihr müßt näm- 118
lich die Untersuchung so führen: wo ihr viele aus Habgier,
viele aus Verwegenheit, viele aus Heimtücke begangene Taten bemerkt, dort, unter so vielen Schändlichkeiten, mögt ihr
auch den Schlupfwinkel eines Verbrechens vermuten. Indes
ist dieses Verbrechen durchaus nicht in einem Schlupfwinkel
verborgen: es zeigt sich offen und vor aller Augen, und man
kann daher nicht nur aus den Übeltaten, die dem Capito erwiesenermaßen anhaften, auf das Verbrechen schließen, sondern den Beweis auch auf das Verbrechen stützen, wenn über
irgendeine seiner Übeltaten Zweifel bestehen sollten. Ich bitte
euch, ihr Richter, woran fehlt es denn noch! Ist es glaublich,

daß jener Fechtmeister sein Schwert schon gänzlich aus der
Hand gelegt hat oder der Schüler hier seinem Lehrer auch nur
im geringsten an Geschicklichkeit nachsteht[39]? Und gleich
groß ist ihre Habsucht, ähnlich ihre Gewissenlosigkeit, von
derselben Art ihre Unverschämtheit, verwandt ihre Dreistigkeit.

119   Denn wie ihr die Zuverlässigkeit des Lehrers erkannt habt,
so mögt ihr jetzt den Gerechtigkeitssinn des Schülers erkennen. Ich sagte schon früher, daß man die beiden zu wiederholten Malen gebeten habe, zwei Sklaven für eine peinliche
Vernehmung herauszugeben. Du, T. Roscius, hast dich stets
geweigert. Ich frage dich: waren es die Männer, die dich baten, nicht wert, Gehör zu finden, oder hattest du kein Mitleid mit dem Manne, für den sie baten, oder hieltest du die
Bitte selbst für ungerechtfertigt? Denn es baten dich die angesehensten und lautersten Männer aus unserer Bürgerschaft
(ich nannte sie schon früher); sie haben ein solches Leben geführt und werden vom römischen Volke so hoch geachtet, daß
jedermann jedes ihrer Worte für recht und billig hält. Sie
baten aber für den elendesten und unglücklichsten Menschen,
der sogar sich selbst bereitwillig der Folter übergäbe, damit
nur über den Tod seines Vaters Untersuchung gehalten
würde.

120   Ferner richtete man eine derartige Bitte an dich, daß es keinen Unterschied machte, ob du sie abschlugst oder die Missetat offen eingestandest. Ich frage dich, warum du sie unter
diesen Umständen abgeschlagen hast. Als Sextus Roscius getötet wurde, waren die Sklaven an Ort und Stelle. Ich meinerseits möchte sie selbst weder beschuldigen noch rechtfertigen;
da jedoch ihr, wie ich sehe, ihrer Herausgabe zum Verhör ent-
gegenarbeitet, erregt ihr Argwohn; da sie vollends gerade bei
euch in hoher Achtung stehen, ist wahrhaftig der Schluß unvermeidlich, daß sie etwas wissen, dessen Eingeständnis für

euch verderblich wäre. «Es ist ungerecht, Sklaven gegen ihre
Herren zu verhören.» Aber man verhört sie nicht gegen ihre
Herren; denn Sextus Roscius ist der Angeklagte; wenn man
sie demnach über ihn verhört, dann verhört man sie nicht
gegen ihre Herren; denn ihr behauptet ja, ihre Herren zu sein.
«Sie begleiten Chrysogonus.» Ich glaube es; Chrysogonus ist
über ihre Bildung und Lebensart entzückt, und so wünscht
er, daß sie sich unter seine Bürschchen mischen, die sich auf
allerlei Vergnügungen und allerlei Kunststücke verstehen und
aus zahlreichen Dienerschaften erlesenster Art ausgewählt
sind[40] – diese Gesellen, die nicht viel mehr sind als Handlanger, aus Ameria, aus der Zucht eines bäuerlichen Haus-
vaters. Nein, ihr Richter, wirklich nicht: es ist nicht wahr- 121
scheinlich, daß Chrysogonus die Bildung und feine Art dieser
beiden liebgewonnen, noch, daß er bei einer Vermögensange-
legenheit ihre Sorgfalt und Zuverlässigkeit erkannt hat. Hier
ist ein dunkler Punkt, den man zu verbergen sucht; doch je
geflissentlicher ihn die Ankläger verdecken und verstecken,
desto deutlicher und augenfälliger kommt er zum Vorschein.

Wie? So lehnt denn Chrysogonus die Vernehmung der bei- 122
den ab, um eine mit eigener Hand begangene Missetat zu verbergen? Keineswegs, ihr Richter. Meiner Meinung nach paßt
nicht alles für alle, und ich für mein Teil möchte bei Chrysogonus nichts derartiges vermuten, noch kommt es mir erst
jetzt in den Sinn, mich so zu äußern. Denn wie ihr euch erinnert, habe ich den Fall zu Anfang folgendermaßen eingeteilt: in den Schuldvorwurf, dessen gesamte Darlegung dem
Erucius anvertraut, und in Skrupellosigkeit, deren Anteil den
Rosciern auferlegt ist. Alles, was sich hier an Gewalttat, Verbrechen und Mord findet, muß gewiß den Rosciern zugewie-
sen werden. Von der Person des Chrysogonus aber behaupte
ich, daß ihre allzu große Geltung und Gewalt uns in einer
ganz unerträglichen Weise entgegensteht und daß sie von

euch, die ihr hierzu befugt seid, nicht nur geschwächt, son-
123 dern sogar bestraft werden muß. Ich beurteile die Sache so:
wer die Vernehmung derer verlangt, die erwiesenermaßen zugegen waren, als der Mord geschah, der wünscht, daß die
Wahrheit aufgedeckt wird; wer sie jedoch verweigert, der gesteht, mag er es mit Worten nicht wagen, gleichwohl durch
sein Verhalten seine Missetat.

Ich erklärte zu Anfang, ihr Richter, ich wolle nicht mehr über
das Verbrechen der Ankläger sagen, als die Sache verlange
und dringende Not erheische. Denn man könnte noch viele
Umstände beibringen und einen jeden mit zahlreichen Beweisen erörtern. Doch ich kann, was ich wider Willen und er-
zwungenermaßen tue, weder lange noch gründlich tun. Was
sich durchaus nicht übergehen ließ, das habe ich flüchtig berührt, ihr Richter; was jedoch auf Verdachtsgründen beruht
und was ich, finge ich erst an, darüber zu sprechen, mit aus-
führlicheren Worten auseinandersetzen müßte, das überlasse
ich eurem Scharfsinn und euren Mutmaßungen.

124   Ich komme nun zu Chrysogonus, zu diesem Goldnamen [41],
unter dessen Schutz sich die ganze Bande versteckt hielt; doch
ich vermag nicht herauszufinden, ihr Richter, wie ich darüber
reden, noch, wie ich schweigen soll. Wenn ich nämlich
schweige, dann lasse ich den allerwichtigsten Teil beiseite;
wenn ich jedoch rede, dann fürchte ich, daß sich nicht nur er
(was mir gleichgültig ist), sondern auch mehrere andere getroffen fühlen. Es steht indes so, daß ich ganz und gar der
Meinung bin, über die Frage der Aufkäufer im allgemeinen
kein Wort verlieren zu müssen; dieser Fall hier ist nämlich
völlig neu und einzigartig.

125   Chrysogonus ist der Käufer des Vermögens von Sextus Roscius. Wir wollen zunächst diesen Punkt prüfen: aus welchem
Grunde wurde das Vermögen dieses Mannes verkauft, oder
wie konnte es überhaupt verkauft werden? Und zwar frage

ich hiernach nicht mit der Absicht, ihr Richter, zu sagen, es
sei eine Schmach, daß man das Vermögen eines unschuldigen
Menschen verkauft habe. Denn wenn man für diese Dinge ein
Ohr hätte und sie frei äußern könnte, so ließe sich einwenden:
Sextus Roscius war kein so bedeutender Mann in unserem
Staate, daß wir ihn zu allererst beklagen müßten. Mir geht
es jedoch um diese Frage: wie konnte man eigens auf Grund
des Gesetzes über die Ächtung, mag es sich um ein Valerisches
oder Cornelisches Gesetz handeln (ich weiß es nicht und verstehe nichts davon)[42], wie konnte man eigens auf Grund dieses Gesetzes das Vermögen des Sextus Roscius verkaufen?
Es heißt nämlich, der Wortlaut sei folgender: «Es soll das Ver- 126
mögen derer verkauft werden, die geächtet sind» – hierzu
zählt Sextus Roscius nicht – «und derer, die als Angehörige
feindlicher Schutztruppen gefallen sind.» Solange es überhaupt Schutztruppen gab, gehörte Sextus Roscius zu den
Schutztruppen Sullas; nach Einstellung der Feindseligkeiten
wurde er im tiefsten Frieden, während er von einer Einladung
heimkehrte, in Rom getötet. Wenn die Tötung gesetzlich war,
dann, gestehe ich, war auch der Vermögensverkauf gesetzlich.
Wenn jedoch feststeht, daß Sextus Roscius wider sämtliche
Gesetze, die alten sowohl wie die neuen[43], getötet wurde,
dann frage ich, nach welchem Recht oder Grundsatz oder Gesetz man das Vermögen verkauft hat.

    Du fragst, gegen wen sich diese Worte richten, Erucius? 127
Nicht gegen den, den du möchtest und meinst; denn die Person Sullas hat mein Vortrag von Anfang an und hat die eigene
hervorragende Tüchtigkeit zu jeder Zeit gerechtfertigt. Ich
sage: dies alles hat Chrysogonus getan; er hat erlogen, er hat
vorgegeben, Sextus Roscius sei ein schlechter Bürger gewesen; er hat behauptet, der Mann sei auf seiten der Feinde gefallen; er hat nicht zugelassen, daß die Abgesandten aus Ameria L. Sulla über den Stand der Dinge unterrichteten.

Endlich habe ich sogar den Verdacht, daß überhaupt kein
Verkauf des Vermögens stattgefunden hat – was sich alsbald,
128 wenn ihr es gestattet, ihr Richter, zeigen wird⁴⁴. Ich möchte
nämlich meinen, daß das Gesetz eine Frist nannte, bis zu der
Ächtungen und Verkäufe möglich waren, und zwar den ersten
Juni. Man sagt, einige Monate später sei der Mann getötet
und sein Vermögen verkauft worden. Wahrhaftig, das Vermögen kam entweder gar nicht in die staatlichen Rechnungsbücher, und dieser Schurke treibt mit uns sein Spiel viel
neckischer, als wir ahnen, oder die Rechnungsbücher wurden
irgendwie gefälscht; denn es steht fest, daß man das Vermögen nicht auf Grund eines Gesetzes hat verkaufen können.

Doch ich erkenne, ihr Richter, daß ich vor der Zeit nach
diesen Dingen forsche und geradezu einen Fehler begehe, indem ich mich um Kleinigkeiten kümmere, statt mich, wie ich
sollte, für den Kopf des Sextus Roscius einzusetzen. Denn *er*
fühlt sich nicht wegen des Geldes bedrückt; er kümmert sich
nicht um irgendeinen Vermögensvorteil; er glaubt, er könne
seine Armut mit Leichtigkeit ertragen, wenn er nur von dem
schmählichen Verdacht und erlogenen Schuldvorwurf befreit
129 sei. Doch ich bitte euch, ihr Richter: vernehmt das wenige,
das mir noch zu sagen bleibt, in der Annahme, ich spräche
teils für mich selbst, teils für Sextus Roscius. Denn was mir
persönlich schmachvoll und unerträglich erscheint und was
meines Erachtens alle treffen kann, wenn wir nicht auf der Hut
sind, das trage ich für mich selber vor, wie meine Empfindung
und mein Schmerz mir gebieten; was sich jedoch über Fall
und Lage von dieses Mannes Schicksal sagen läßt und was
er selbst zu seinen Gunsten vorgebracht wissen will und mit
welchem Los *er* sich begnügt, ihr Richter, das werdet ihr alsbald, am Schluß unserer Rede, vernehmen.

130 Ich möchte aus eigenem Antrieb, unabhängig von Sextus
Roscius, folgendes von Chrysogonus erfahren. Erstens: war-

um wurde das Vermögen eines vortrefflichen Bürgers verkauft? Sodann: warum wurde das Vermögen eines Mannes
verkauft, der weder geächtet noch auf seiten der Feinde gefallen war, während sich das Gesetz nur gegen diese Gruppen
richtete? Sodann: warum wurde es geraume Zeit nach der im
Gesetz vorgeschriebenen Frist verkauft? Sodann: warum
wurde es für einen so geringen Preis verkauft? Wenn er alle
diese Vorwürfe, wie nichtsnutzige und unredliche Freigelassene zu tun pflegen, auf seinen Schutzherrn abwälzen möchte,
so erreicht er gar nichts; denn es ist allgemein bekannt, daß
der Umfang der Geschäfte vielen vieles zu tun erlaubte, was
L. Sulla zum Teil nicht billigte, zum Teil nicht wußte. So ist 131
es also gut und recht, daß manches hiervon unbekannt und
straflos bleibt? Nein, ihr Richter, aber es ist unvermeidlich.
Denn auch der allgütige und allmächtige Jupiter, dessen
Wille und Befehl dem Himmel, der Erde und den Meeren gebietet, fügt oft durch allzu heftige Stürme oder entfesselte Un-
gewitter oder allzu große Hitze oder unerträgliche Kälte den
Menschen Schaden zu, zerstört Städte, vernichtet Ernten, und
wir glauben gleichwohl, daß nichts von alledem um des Verderbens willen nach göttlichem Ratschluß geschehe, sondern
unmittelbar durch die furchtbare Gewalt der Elemente verursacht werde; andererseits aber sehen wir, daß uns die Güter,
die wir nutzen, das Licht, das wir genießen, die Luft, die wir
atmen, von ihm gewährt und zugeteilt werden. Da wundern
wir uns, ihr Richter, daß Sulla mancherlei nicht habe bemerken können, als er allein dem Staat gebot und den Erdkreis
beherrschte und nunmehr die Hoheit des Reiches, die er mit
den Waffen wiederhergestellt hatte, durch Gesetze beschützte?
Dann müßte ja wunderbar sein, daß menschlicher Verstand
nicht erreicht hat, was göttliche Kraft nicht bewirken kann.
Indes, ich will auf sich beruhen lassen, was bereits vollendete 132
Tatsache ist. Die Dinge aber, die sich jetzt in diesem Augen-

blick ereignen, haben sie nicht, wie jedermann erkennen kann, allein Chrysogonus zum Regisseur und Drahtzieher? Er hat dafür gesorgt, daß Anzeige gegen Sextus Roscius erstattet wurde, er, zu dessen Ehre Erucius nach seinen eigenen Worten Anklage erhebt ...[45].

In der Pallacina-Straße[46]. (Der Ort, wo Roscius gespeist hatte.) Er war in größter Furcht. (Nämlich vor Sulla.) Dennoch biegt er ab und sagt, er habe ... (das heißt er lenkt den Verdacht auf einen anderen. Chrysogonus behauptete nämlich: «Ich habe die Güter des Roscius nicht aufgeteilt, weil ich fürchtete, man möchte mir sein Vermögen abnehmen, sondern weil ich Bauherr war, deshalb habe ich einen Teil davon auf meinen Besitz von Veji überschrieben.») Durch die Güter Grundsicherheiten zur Verfügung. (Durch die Güter, da sich die Gelegenheit dazu bot, wie man zu sagen pflegt: «Stell mir das Buch zur Verfügung.») Hierzu möchte ich die Reden dieser Leute hören! (In diesem Kapitel schürt er Haß gegen die Macht des Chrysogonus: er nennt der Reihe nach die Arten seiner Vergnügungen; daß er mehrere Besitzungen und Sklaven habe; alles dies, sagt er, sei die Beute seiner Raubzüge.)

... und sie glauben, ein passendes und gehörig eingerichtetes Landhaus zu besitzen, wenn es im Sallentiner- oder Bruttierland[47] liegt, von wo sie kaum dreimal im Jahr eine Nachricht erhalten können.

133   Der andere aber kommt dir vom Palatin[48] und aus seinem eigenen Haus in die Stadt herab; er hat zu seinem Vergnügen einen anmutigen und unmittelbar vor den Toren der Stadt befindlichen Besitz, außerdem mehrere Güter, die samt und sonders sehr schön sind und in der Nähe liegen. Sein Haus ist vollgepfropft mit korinthischem und delischem Geschirr, wozu eine stadtbekannte Kochmaschine gehört[49]: er hat sie neulich für einen so hohen Preis erstanden, daß Vorübergehende,

die die vom Ausrufer genannten Zahlen hörten, glaubten, man verkaufe ein Grundstück. Was meint ihr, was sich außerdem an zisieliertem Silber, an Teppichen, an Gemälden, an Statuen, an Marmor bei ihm befinden muß? Doch wohl eine solche Menge, wie sie sich nur immer aus vielen prächtigen Haushaltungen während einer Zeit wüster Räubereien in einem einzigen Hause aufhäufen ließ. Und was soll ich erst über die Sklavenschar, die er besitzt, über ihre Zahl und ihre verschiedenartigen Berufe sagen? Ich will gar nicht von den [134] gewöhnlichen Fertigkeiten reden, von den Köchen, Bäckern, Sänftenträgern; für Herz und Sinne hält er sich so viele Leute, daß die ganze Nachbarschaft tagsüber vom Klang der Stimmen, Saiten und Flöten und nachts von den Gelagen erschallt.

Bei einer solchen Lebensführung, ihr Richter, was für ein Aufwand, welche Verschwendung wird da wohl eurer Meinung nach Tag für Tag getrieben? Was für Gelage finden da erst statt! Anständige, möchte ich glauben, in einem solchen Hause – wenn man so etwas noch für ein Haus halten darf, und nicht für eine Zuchtstätte der Liederlichkeit und für eine Herberge sämtlicher Laster. Der hohe Herr persönlich: ihr [135] seht, ihr Richter, wie er sich mit zurechtgemachtem und gestriegeltem Haar überall auf dem Forum umhertummelt, geleitet durch eine große Schar von Bürgern[50]; ihr seht, wie er auf alle herabblickt, wie er niemanden mehr über sich glaubt, wie er sich allein für reich, sich allein für mächtig hält. Wenn ich jedoch anführen wollte, ihr Richter, was er treibt und was er im Sinne hat, dann könnte, fürchte ich, ein noch etwas Unerfahrener vermuten, ich hätte die Absicht, die Sache und den Sieg des Adels zu verunglimpfen. Allerdings könnte ich, wenn mir dort etwas mißfiele, mit Fug und Recht Vorhaltungen machen; denn ich fürchte nicht, daß jemand annimmt, ich sei der Sache des Adels abgeneigt gewesen.

136   Wer mich kennt, weiß: als sich, was ich am liebsten gesehen hätte, eine friedliche Übereinkunft nicht erreichen ließ, da habe ich mich mit meiner geringen und schwachen Kraft vor allem dafür eingesetzt, daß die Sieger würden, die es auch geworden sind. Denn konnte nicht jedermann erkennen, daß die Gemeinheit mit der Ehre um den Besitz der Macht stritt? In diesem Kampf brachten es nur verkommene Bürger fertig, sich nicht denen anzuschließen, deren Unversehrtheit sowohl die Ehre im Inneren wie die Geltung nach außen hin zu wahren vermochte. Ich bin froh, ihr Richter, und es erfüllt mich mit großer Freude, daß dieses Ziel erreicht ist und ein jeder Stellung und Rang zurückerhalten hat, die ihm gebühren, und ich weiß, daß dies alles durch die Gnade der Götter, durch die Hingabe des römischen Volkes, durch den Unternehmungsgeist und die Befehlsgewalt und das gesegnete Wirken des
137   L. Sulla vollbracht ist. Daß man die bestraft hat, die mit allen Mitteln Widerstand leisteten, darf ich nicht tadeln; daß man den tapferen Männern Ehre erwies, die sich während der Kriegshandlungen durch ihren Einsatz auszeichneten, lobe ich. Es ist meine Überzeugung, daß um dieses Zieles willen gekämpft worden ist, und ich bekenne, mich aus diesem Grunde der Sache des Adels verschrieben zu haben. Wenn es aber darum ging und man deshalb zu den Waffen gegriffen hat, damit sich das ärgste Gesindel an fremdem Vermögen bereichern und über eines jeden Besitz herfallen könne, und wenn es nicht nur verboten ist, derlei durch die Tat zu verhindern, sondern gar, es mit Worten zu geißeln, dann ist das römische Volk in diesem Krieg wahrhaftig nicht wiedererschaffen und aufs neue gegründet, sondern geknechtet und unterdrückt worden.

138   Doch es verhält sich ganz anders; nichts von alledem trifft zu, ihr Richter. Der Sache des Adels widerfährt kein Schade, wenn ihr euch solchem Gesindel entgegenstellt, sondern sogar

eine Auszeichnung. Denn wer die jetzigen Verhältnisse tadeln
will, der beklagt sich darüber, daß Chrysogonus so mächtig
sei; wer sie loben will, legt dar, daß man ihm diese Macht
nicht zugestanden habe. Und jetzt darf niemand mehr so töricht oder so unverschämt sein zu behaupten: «Ich wünschte,
es wäre erlaubt; dann hätte ich dies gesagt» – du darfst es ja
sagen!; «ich hätte dies getan» – du darfst es tun; niemand
hindert dich!; «ich hätte dies beschlossen» – beschließe es
nur richtig; alle werden es billigen!; «ich hätte dies Urteil
gesprochen» – alle werden dich loben, wenn du richtig und
ordentlich urteilst.

Solange es unumgänglich war und die Sache selbst dazu 139
nötigte, hatte ein einziger alle Gewalt in seiner Hand; als jedoch dieser Mann die Wahlen der Magistrate geleitet[51] und
eine gesetzliche Ordnung eingeführt hatte, da wurde einem
jeden der ihm zukommende Wirkungskreis und Einfluß zurückgegeben. Wenn diejenigen, die ihre Stellung wiederer-
langt haben, sie auch behalten wollen, so steht es in ihrer
Macht, sie auf immer einzunehmen. Wenn sie jedoch diese
Mordtaten und Raubzüge und diesen ungeheuren und ver-
schwenderischen Aufwand entweder sich selbst zuschulden
kommen lassen oder bei einem anderen gutheißen, dann – ich
möchte, schon um kein ungünstiges Vorzeichen zu geben,
nichts Schlimmeres gegen sie äußern; ich sage nur so viel:
wenn unsere adligen Herren nicht wachsam und gütig, nicht
tatkräftig und mitfühlend sind, dann müssen sie ihre Vorrechte den Männern abtreten, die diese Eigenschaften haben.
Deshalb mögen sie endlich aufhören zu behaupten, jemand 140
habe schlecht gesprochen, wenn er wahrheitsgemäß und mit
Freimut sprach; sie mögen aufhören, mit Chrysogonus gemeinsame Sache zu machen, mögen aufhören zu glauben, daß
ihnen Abbruch geschieht, wenn er eine Schlappe erleidet; sie
mögen bedenken, ob es nicht schmählich und jammervoll ist,

wenn diejenigen, die den Glanz des Ritterstandes nicht zu
dulden vermochten[52], die Tyrannei des nichtsnutzigsten Sklaven ertragen können[53].

Diese Tyrannei tummelte sich bisher in anderen Bezirken,
ihr Richter, doch ihr seht ja, welchen Weg sie sich jetzt bahnt
und welches Ziel sie sich auserkoren hat: die Pflichttreue, den
Eid, eure Gerichte, das einzige fast, das im Staate noch unver-
141 sehrt und unangetastet geblieben ist. Glaubt Chrysogonus,
daß er auch hier etwas vermöge? Will er auch hier mächtig
sein? Eine jammervolle und bittere Sache! Beim Herkules, ich
bin darüber nicht deshalb empört, weil ich fürchtete, er könne
etwas erreichen; sondern daß er es gewagt hat, daß er hoffte,
bei solchen Männern etwas zum Verderben eines Unschuldigen erreichen zu können, darüber beklage ich mich.

Hat der sehnlich erwartete Adel dazu den Staat mit Waffengewalt zurückgewonnen, daß Freigelassene und Sklaven-
bürschchen den Besitz vornehmer Leute und unser Vermögen
142 nach Herzenslust heimsuchen können? Wenn es *darum* ging,
dann bekenne ich meinen Irrtum, daß ich der Sache der Adligen den Vorzug gab, bekenne meine Torheit, daß ich's mit
ihnen hielt – obwohl ich's ohne Waffe tat, ihr Richter. Wenn
jedoch ihr Sieg der Ehre und dem Vorteil des Staates und des
römischen Volkes dienen soll, dann muß allen Rechtschaffenen und Angehörigen des Adels meine Rede in höchstem
Maße willkommen sein. Wenn aber jemand glaubt, sowohl er
selbst wie die Sache leide durch die Mißbilligung eines Chrysogonus Schaden, der kennt die Sache nicht, sich selbst aber
kennt er vortrefflich. Denn die Sache gewinnt Strahlkraft,
wenn allen Schurken die Stirne geboten wird. Wer aber den
Chrysogonus begünstigt und sich mit ihm durch gemeinsame
Zwecke verbunden glaubt, dieser Schuft leidet Schaden; denn
er schließt sich von der Teilhabe an dieser glanzvollen Sache
aus.

Doch alle diese Bemerkungen gehen, wie ich schon früher [143] sagte, auf meine Rechnung; das Wohl des Staates und mein Schmerz und das Unrecht dieser Leute haben mich hierzu genötigt. Sextus Roscius hält nichts von alledem für schmachvoll, er klagt niemanden an, er beschwert sich überhaupt nicht wegen seines Vermögens. Der Mann, unkundig unserer Sitten, ein Bauer und Landmann, glaubt, alles das, was nach eurer Worten im Namen Sullas getan wurde, sei nach Herkommen, Gesetz und allgemeinverbindlichem Recht geschehen; von Schuld befreit und von furchtbarer Anklage losgesprochen, so wünscht er von euch zu scheiden. Wenn er dieses schmäh- [144] lichen Verdachtes enthoben ist, dann will er es, wie er sagt, mit Gleichmut ertragen, seines gesamten Vermögens enthoben zu sein.

Dich aber, Chrysogonus, bittet er flehentlich: wenn er von dem stattlichen Vermögen seines Vaters nichts für sich behalten, wenn er dich in keiner Sache betrogen hat, wenn er dir in bestem Glauben all sein Eigen abgetreten, zugezählt und zugewogen hat, wenn er dir die Kleidung, die er an seinem Leibe trug, und den Ring von seinem Finger übergeben hat, wenn er von allem, was er besaß, nur sein nacktes Leben und sonst nichts für sich beansprucht hat, dann erlaube ihm, dem Unschuldigen, mit der Hilfe seiner Freunde sein Dasein in Armut zu fristen. Du besitzest meine Güter; ich lebe von [145] dem Mitleid anderer: ich gebe es zu, weil ich gefaßt bin und weil es sich nicht ändern läßt. Mein Haus steht dir offen; mir ist es verschlossen: ich ertrage es. Du verfügst über mein zahlreiches Gesinde; ich habe keinen einzigen Sklaven: ich dulde es und glaube, es ertragen zu müssen. Was willst du noch? Warum verfolgst du mich, warum greifst du mich an? Worin glaubst du deine Absichten durch mich behindert? Wo wirke ich deinem Vorteil entgegen? Wieso stehe ich dir im Wege? Wenn du um der Beute willen einen Menschen töten

willst: du hast die Beute genommen; was verlangst du mehr?
Wenn aus Feindschaft: was für eine Feindschaft hegst du gegen den, dessen Güter du eher besaßest, als du ihn selbst
kennenlerntest? Wenn aus Furcht: du fürchtest etwas von
dem, der, wie du siehst, nicht imstande ist, aus eigener Kraft
ein so schreckliches Unrecht abzuwehren? Wenn du aber deshalb, weil das einst Sextus Roscius gehörige Vermögen jetzt
dir gehört, diesen seinen Sohn zu vernichten suchst, zeigst du
dann nicht Furcht vor etwas, was du weniger als andere zu
befürchten brauchst[54]: daß den Kindern der Geächteten ir-
gendwann einmal das väterliche Vermögen zurückerstattet
werden könnte?

146   Du tust Unrecht, Chrysogonus, wenn du dir für deinen
Kauf mehr durch den Untergang dieses Mannes erhoffst, als
durch die Taten, die L. Sulla vollbracht hat. Wenn du aber
gar keinen Grund hast, weshalb du diesen Elenden in solch
Unglück stürzen wolltest, wenn er dir außer seinem Leben
all sein Eigen übergab und sich nicht einmal zur Erinnerung
etwas aufhob, was dem Vater gehört hatte, bei den unster-
lichen Göttern!, was ist das für eine furchtbare Grausamkeit,
was für ein bestialischer und entsetzlicher Charakter! Welcher Wegelagerer war je so schonungslos, welcher Seeräuber
so brutal, daß er, wenn er den Fang unverkürzt ohne Blutvergießen bekommen konnte, lieber eine blutige Beute wegge-
147 nommen hätte? Du weißt: dieser Mann besitzt nichts, wagt
nichts, vermag nichts, hat nie etwas gegen deinen Vorteil im
Schilde geführt, und trotzdem fällst du über ihn her, den du
weder zu fürchten brauchst noch hassen mußt, und dem, wie
du siehst, überhaupt nichts übriggeblieben ist, was du ihm
wegnehmen könntest. Oder du müßtest es für eine Schmach
halten, daß du ihn bekleidet im Gericht sitzen siehst, da du
ihn doch nackt wie einen Schiffbrüchigen von seinem Besitz
vertrieben hast. Als ob du nicht wüßtest, daß er Kost und

Kleidung von Caecilia empfängt, der Tochter des Baliaricus und Schwester des Nepos, einer sehr angesehenen Frau: sie hat einen erlauchten Vater, hochgeachtete Onkel[55], einen mit allen Vorzügen gezierten Bruder, und gleichwohl hat sie, ein Weib, es durch ihre Mannhaftigkeit erreicht, daß sie, soviel Ehre sie durch die bedeutende Stellung ihrer Verwandten empfing, diesen durch eigenes Verdienst keine geringere Auszeichnung zuteil werden ließ.

Oder scheint es dir ein schmähliches Unterfangen, daß er 148 mit Umsicht verteidigt wird? Glaube mir, wenn alle Gastfreunde ihm beizustehen und ihn mit Freimut zu verteidigen wagten, wie es den freundschaftlichen Beziehungen und dem Einfluß seines Vaters entspräche, dann würde er durch eine stattliche Zahl von Leuten verteidigt; wenn sie andererseits sämtlich euer Tun ahnden wollten, wie es der Größe des Unrechts und der Tatsache entspräche, daß durch die Gefahr dieses Mannes hier zugleich das Wohl des Staates bedroht wird, dann wäre es euch, beim Herkules, nicht erlaubt, auf diesem Platz da zu bleiben. Wie die Dinge jetzt stehen, wird er so verteidigt, daß die Gegner wahrhaftig keinen Grund haben, sich gekränkt zu fühlen noch glauben können, sie müßten der Macht unterliegen.

Die häuslichen Angelegenheiten werden von Caecilia er- 149 ledigt; den Bereich des Forums und des Gerichtes hat, wie ihr seht, ihr Richter, M. Messalla übernommen: wenn er schon alt und kräftig genug wäre, würde er selbst für Sextus Roscius sprechen. Da ihm jedoch sein Alter und die Schüchternheit, die sein Alter ziert, das Sprechen unmöglich machen, hat er mir den Prozeß überlassen; denn er wußte, daß ich ihm gewogen und verpflichtet sei. Er selbst hat durch seine Beharrlichkeit und Umsicht, durch seinen Einfluß und seine Sorgfalt erreicht, daß das Leben des Sextus Roscius der Gewalt der Aufkäufer entzogen und dem Spruch der Richter anvertraut wurde. So gehört es sich, ihr Richter: für diesen Adel stand der größte Teil der Bürgerschaft in Waffen; es ging darum, diejenigen Adligen wieder in ihre Rechte einzusetzen, die tun würden, was ihr Messalla tun seht, die das Haupt eines Unschuldigen schützen, die sich dem Unrecht widersetzen, die ihre Macht lieber zum Heil als zum Verderben eines Mitbürgers bekunden würden. Wenn alle, die von gleich hoher Abkunft sind, sich so verhielten, dann geriete der Staat weniger durch sie und sie selbst weniger durch allgemeine Unzufriedenheit in Bedrängnis.

150   Indes, wenn wir von Chrysogonus nicht erreichen können, ihr Richter, daß er mit unserem Gelde zufrieden sei und unser Leben schone, wenn er sich nicht bestimmen läßt, uns nicht auch noch dieses allen gemeinsame Sonnenlicht rauben zu wollen, nachdem er uns all unser Eigen genommen hat, wenn es ihm nicht genügt, seine Habgier mit Geld zu sättigen, er vielmehr noch seiner Grausamkeit Blut darbringen muß, dann bleibt für Sextus Roscius nur *eine* Zuflucht übrig, ihr Richter, nur *eine* Hoffnung, dieselbe, die auch für das Wohl der Gesamtheit noch übrigbleibt: eure einstige Güte und Barmherzigkeit. Wenn die fortbesteht, dann ist unsere Rettung auch jetzt noch möglich. Wenn aber die Schonungslosigkeit, die jetzt gerade im Inneren des Staates gewütet hat, auch eure Gesinnung verhärtet und verbittert (was wahrhaftig niemals geschehen kann), dann ist es aus, ihr Richter, dann ist es besser, sein Dasein unter den wilden Tieren hinzubringen als inmitten dieser fürchterlichen Roheit zu leben.

151   Seid ihr dazu aufgespart, seid ihr dazu erwählt, daß ihr die verurteilt, die Aufkäufer und Banditen nicht umzubringen vermochten? So machen es gewöhnlich gute Feldherren: zu Beginn einer Schlacht stellen sie dort, wohin sich ihrer Meinung nach die Flucht der Feinde richten wird, Soldaten auf, denen die aus der Linie Entflohenen unversehens in die Hände

fallen sollen. Ohne Zweifel, in ähnlicher Weise glauben diese Vermögenskäufer, daß ihr, so treffliche Männer, hier sitzt, um die ihrer Gewalt Entflohenen aufzufangen. Die Götter mögen verhüten, ihr Richter, daß dieses Gericht, das die Vorfahren als Staatsrat bezeichnet wissen wollten, für eine Schutzwache der Aufkäufer gehalten werde! Erkennt ihr etwa nicht,   152
ihr Richter, daß es nur darum geht, die Kinder der Geächteten auf beliebige Weise zu beseitigen, und daß man den Anfang hiervon mit eurem Eid und der Gefahr des Sextus Roscius zu machen sucht? Ist zweifelhaft, wer mit der Missetat zu tun hat, da ihr auf der einen Seite einen Aufkäufer, Feind, Meuchelmörder und jetzt auch Ankläger seht, auf der anderen aber einen mittellosen, von seinen Verwandten geschätzten Sohn, an den sich keine Schuld, ja nicht einmal ein Verdacht heften konnte? Bemerkt ihr etwa, daß dem Roscius etwas anderes im Wege stehe, als daß das Vermögen seines Vaters verkauft wurde?

Wenn ihr aber *die* Aufgabe übernommen habt und hierzu   153
eure Dienste anbietet, wenn ihr zu *dem* Zweck hier sitzt, daß man euch die Kinder derer vorführe, deren Vermögen verkauft wurde, dann seid auf der Hut, bei den unsterblichen Göttern! Es könnte den Anschein haben, ihr Richter, daß man durch euch eine neue und viel schonungslosere Ächtung ins Werk gesetzt hat. Die frühere richtete sich gegen die Männer, die sich nicht scheuten, zu den Waffen zu greifen, und trotzdem wollte der Senat sie nicht verantworten; denn er wollte den Eindruck vermeiden, daß eine staatliche Maßnahme Härteres durchgesetzt habe, als durch den überkommenen Brauch vorgesehen ist. Diese Ächtung aber träfe die Kinder der ehedem Geächteten und die Wiege unmündiger Knaben: wenn ihr sie nicht durch diesen Prozeß von euch weist und verwerft, bedenkt doch, bei den unsterblichen Göttern!, wohin es dann eurer Meinung nach mit unserem Staate kommen muß!

154   Verständige Männer, die so viel Ansehen und Macht haben
wie ihr, sind verpflichtet, dem Staate zuallererst bei den Angelegenheiten zu helfen, durch die er am schwersten Not leidet. Jeder von euch erkennt, daß das römische Volk, dem man
einst größte Milde gegenüber seinen Feinden zuerkannte,
jetzt durch Schonungslosigkeit gegen seine eigenen Bürger
Not leidet. Entfernt die Schonungslosigkeit aus der Bürgerschaft, ihr Richter, duldet nicht, daß sie länger in diesem
Staate wütet! Denn sie enthält nicht nur das Übel, daß sie so
viele Bürger auf die grausigste Weise ausgerottet hat: sie hat,
da man sich an die Widerwärtigkeiten gewöhnte, auch den
barmherzigsten Menschen das Mitleid genommen. Denn
wenn wir zu jeder Stunde sehen und hören, daß etwas Grau-
siges geschieht, dann mögen wir die mildeste Sinnesart haben:
unser Herz verliert, wenn die bedrückenden Ereignisse sich
ständig wiederholen, jegliches Empfinden für Menschlichkeit.

DIE CATILINARISCHEN REDEN

Einleitung

Über den Putschversuch Catilinas berichten die vier ciceronischen Reden und die Monographie Sallusts, ferner die Griechen Plutarch, Appian und Cassius Dio. Daher sind wenige Ereignisse der untergehenden römischen Republik so gut bekannt wie diese Episode, die das letzte Vierteljahr von Ciceros Konsulat (63 v. Chr.) ausfüllte. Allerdings befassen sich die Quellen vor allem mit den äußeren Begebenheiten; der Hintergrund der sozialen Nöte, der das Abenteurertum Catilinas ermöglicht hat, zeigt sich nur umrißhaft und in einseitiger Perspektive.

Ciceros Reden schließen sich zu zwei Paaren zusammen. Das erste Paar gibt die Ansprachen wieder, die Cicero am 7. und 8. November, die eine im Senat, die andere vor dem Volke, gehalten hat. Es befaßt sich mit Catilina selbst; das gemeinsame Thema ist Ciceros Bestreben, Catilina zu offenem staatsfeindlichen Handeln zu nötigen. Das zweite Paar gilt dem stadtrömischen Anhang Catilinas, seiner Entdeckung und Bestrafung. Cicero richtete die erste dieser beiden Ansprachen am Abend des 3. Dezember an das römische Volk; die zweite trug er in der Senatssitzung vom 5. Dezember vor. Die beiden Senatsreden sind argumentierender Art, da sie unmittelbar auf die Entscheidungen anderer einwirken wollen; in den beiden Volksreden herrscht der Bericht über Geschehenes vor. Cicero scheint alle vier Ansprachen gründlich umgearbeitet zu haben, als er im Jahre 60 v. Chr. eine Ausgabe seiner Konsulatsreden vorbereitete.

L. Sergius Catilina (geb. 108 v. Chr.) entstammte einem alten Patriziergeschlecht. Der Werdegang vermittelt ein dü-
steres Bild von den Verhältnissen, die ihn ermöglicht haben.
Während der sullanischen Proskriptionen betätigte sich Catilina als Mordscherge der siegreichen Aristokratie. Im Jahre
73 v. Chr. stand er wegen der Schändung einer Vestalin vor
Gericht. Er durchlief gleichwohl die Ämterkarriere; im Jahre
68 v. Chr. erreichte er die Prätur. Die Statthalterschaft in
Afrika (67/66 v. Chr.) diente ihm zu skrupelloser Ausbeutung
der Provinzialen. Jetzt begann der Staatsapparat ihm Schwierigkeiten zu machen: er durfte sich nicht um das Konsulat
des Jahres 65 v. Chr. bewerben, und an der Kandidatur für das
folgende Jahr hinderte ihn der Erpressungsprozeß, den man
gegen ihn anstrengte. Er wurde allerdings nicht verurteilt,
da er den Ankläger und die Richter bestochen hatte. Während
dieser Zeit (66/65 v. Chr.) wirkte er bei einem Komplott gegen die Staatsführung mit. Die Ziele und Hintergründe dieser Umtriebe, der sogenannten 1. catilinarischen Verschwörung, sind undurchsichtig; man behauptete, Crassus und Caesar hätten das Unternehmen gefördert. Die Anschläge schei-
terten; weder Catilina noch andere Beteiligte wurden vor Gericht gestellt. Im Sommer 64 v. Chr. bewarb sich Catilina um
das Konsulat. Er verband sich mit C. Antonius, der dasselbe
Ziel erstrebte, zu gemeinsamer Wahlkampagne; Crassus und
Caesar finanzierten den Stimmenkauf. Die skrupellosen Wahl-
umtriebe führten zu Verhandlungen im Senat; eine Invektive
Ciceros, die «Rede im Kandidatengewand» (*Oratio in toga
candida;* bis auf einige Fragmente verloren), deckte schonungslos die dunkle Vergangenheit und die umstürzlerischen
Absichten der beiden Mitbewerber auf. Die Senatsaristokratie sah sich nunmehr veranlaßt, die Kandidatur Ciceros,
der sie zunächst mit Reserve begegnet war, nachdrücklich
zu fördern; Cicero und Antonius wurden gewählt. Im

Sommer 63 v. Chr. bewarb Catilina sich abermals um das Konsulat. Er verschaffte sich Anhänger; er verhieß Schuldenerlaß; er warf sich zum Haupt der Besitzlosen auf. Cicero bemühte sich vergebens, einen Senatsbeschluß gegen Catilina herbeizuführen; andererseits verliefen die Wahlen ohne Zwischenfall, und Catilina wurde zum zweiten Male abgewiesen.

Catilina bereitete nunmehr den gewaltsamen Umsturz vor. Ende Oktober spitzten sich die Ereignisse zu. Anonyme Briefe warnten vor Mordanschlägen, die gegen führende Männer des Senats geplant seien; Cicero, durch einen Spitzel über die Absichten der Catilinarier unterrichtet, gab in der Senatssitzung vom 21. Oktober bekannt, daß der offene Aufruhr am 27. Oktober in Etrurien beginnen solle. Der Senat beschloß daraufhin den Ausnahmezustand und erteilte den Konsuln unbeschränkte Vollmacht (*senatus consultum ultimum*)*. Der Aufstand begann, wie von Cicero angekündigt; C. Manlius, ebenfalls ein ehemaliger Sullaner, übernahm das Kommando. Catilina, der wohl noch stets einflußreiche Stützen im Senat hatte, blieb in Rom und spielte den Unschuldigen. In der Nacht vom 5. zum 6. November hielt er eine Beratung ab; man beschloß die Ermordung Ciceros. Das Attentat scheiterte, da Cicero gewarnt war. In der Senatssitzung, die daraufhin einberufen wurde (7. November), erschien zu allgemeiner Überraschung auch Catilina; er wollte offensichtlich bekunden, daß er an dem Aufstand in Etrurien nicht beteiligt sei und zu Unrecht staatsfeindlicher Umtriebe bezichtigt werde. Er verlangte sogar, daß der Senat über ihn abstimme; er wolle sich, wenn man ihn schuldig spreche, für den Staat opfern und in die Verbannung gehen.

Auf diesem Stand der Dinge beruht die erste Rede. Cicero mußte von mehreren Prämissen ausgehen, die den Spielraum

* Siehe hierüber die Einführung, S. 15.

des Möglichen erheblich einschränkten. Die entschiedenen
Optimaten* drangen auf energisches Handeln. Die Popularen* lehnten Maßnahmen gegen Catilina ab, solange es an
untrüglichen Beweisen fehlte. Eine weitere Gruppe von Senats-
mitgliedern war aus Skepsis oder Vorsicht noch nicht zu durch-
greifenden Beschlüssen bereit. Cicero konnte sich daher auf
das Ansinnen Catilinas nicht einlassen, noch wollte er von
seinem Ausnahmerecht Gebrauch machen und auf eigene Verantwortung gegen Catilina vorgehen. Andererseits war er
überzeugt, daß sich Catilina von dem Aufstand in Etrurien
nicht mehr distanzieren könne, und er sah mit Recht den
Schwebezustand, den der Gegner aufrechtzuerhalten suchte,
für bedrohlicher an als eine klare Trennung der Fronten. Aus
alledem ergab sich Ciceros Entscheidung, von rechtlichem
Zwang abzusehen und alle Mittel des moralischen Drucks
gegen Catilina einzusetzen: er sollte genötigt werden, die
Maske fallen zu lassen und sich zu seinen Truppen zu begeben. Der Bluff gelang; Catilina erlag dem Druck und reiste
ab. Die ausgearbeitete Rede mag die ursprüngliche Impro-
visation stark verändert haben; immerhin meidet auch sie
einen planen Aufbau; Cicero trägt von verschiedenen Seiten
her leidenschaftliche Angriffe vor, die sämtlich dem Zweck
dienen, Catilina den weiteren Aufenthalt in der Stadt unmöglich zu machen.

Am Morgen des 8. November, wenige Stunden nach Catilinas Abreise, hielt Cicero vor dem römischen Volk die zweite
Rede. Die beiden einander entgegengesetzten Auffassungen,
von denen er bereits im Senat ausgegangen war, kehren hier
in situationsbedingter Abwandlung wieder. Dem Verlangen
nach sofortiger Bestrafung Catilinas, erklärt Cicero, habe er
aus mancherlei Gründen nicht nachgeben dürfen (3 f.); andererseits sei der Vorwurf unberechtigt, daß er sich zu einem

* Siehe hierüber die Einführung, S. 18.

Machtwort habe hinreißen lassen: er habe Catilina nicht «hinausgeworfen», das heißt das umstrittene Ausnahmerecht benutzt, die ungesetzliche Strafe der Verbannung über ihn zu verhängen, er habe ihn vielmehr «fortgeschickt» (12–15). Den eigentlichen Gegenstand der Rede macht die catilinarische Bewegung und ihre mutmaßliche Gefährlichkeit aus. Catilina ging, doch mancher Gefolgsmann blieb in Rom; diese Tatsache dämpft, wie Cicero nicht völlig verhehlen kann, die Freude über den Erfolg (4–6). Andererseits braucht man die Scharen, die in offenem Aufruhr stehen, nicht sonderlich zu fürchten. Cicero bedenkt den Führer und seinen Anhang zunächst mit einer kräftigen Invektive (7–10). Später sucht er mit etwas minder emotionalen Begriffen die Kräfte zu analysieren, die sich um Catilina gesammelt haben; hierbei werden sechs Gruppen von Gefolgsleuten unterschieden (17–23). Gegen die Machtmittel des römischen Staates, so lautet das Fazit, vermöge dieser buntscheckige Haufe nichts auszurichten (24–26). Diese Partie ist besonders aufschlußreich für die Einstellung, mit der Cicero und die von ihm repräsentierte Senatsaristokratie der sozialen Krise begegneten: man war lediglich darauf bedacht, den Staatsapparat und die bestehenden Besitzverhältnisse gegen zerstörerische Kräfte zu behaupten; man nahm jedoch keinerlei Anlaß, sich über die Ursachen der catilinarischen Bewegung Gedanken zu machen und zu fragen, wie sich dem Übel von Grund auf abhelfen lasse.

Mit der dritten Rede wandte sich Cicero am Abend des 3. Dezember an das römische Volk. Sie enthält in ihrem Kern den Bericht über einen gelungenen Coup: es war Cicero geglückt, die Catilinarier, die in der Hauptstadt auf eine Gelegenheit zum Losschlagen warteten, zu entlarven und vor dem Senat durch Urkunden und Geständnisse des Hochverrats zu überführen; der Senat hatte beschlossen, die Schuldigen in

Haft zu nehmen (3–15). Um diesen Hauptabschnitt rankt
sich einiges Beiwerk, das sich zum Teil als Zutat der späteren
Ausarbeitung zu erkennen gibt: der vernichtende Schlag gegen die Catilinarier bekundet sichtbarlich die Hilfe der Götter (18–22); andererseits hat Cicero so Großes vollbracht, daß
man ihn, den Retter, als zweiten Stadtgründer betrachten
darf; zum Lohn hofft er auf das ehrende Andenken der Mitbürger und auf ihren tätigen Schutz, falls ihn die inneren
Feinde wegen seiner Politik bedrängen sollten (1f. 23–29).

Am 5. Dezember fragte Cicero den Senat, was mit den Ver-
hafteten geschehen solle. An sich war er durch das *senatus consultum ultimum* ermächtigt, überführte Hochverräter ohne ein
ordentliches Gerichtsverfahren hinrichten zu lassen, eine
Maßnahme, die sich um so mehr empfahl, als der römische
Staat offenbar nicht mehr imstande gewesen wäre, politische
Gefangene für längere Zeit hinter Schloß und Riegel zu halten.
Andererseits bestritten die Popularen die Legitimität des vom
Senat verhängten Ausnahmezustandes, und das Problem, das
sich Cicero schon bei der ‹Verbannung› Catilinas gestellt
hatte, kehrte um so dringlicher wieder, als es sich dieses Mal
um die Todesstrafe handelte. Cicero suchte sich dem Di-
lemma zu entwinden, indem er den Senat befragte und so das
Quasi-Urteil einer Behörde erwirkte, die noch weniger zu
standrechtlichen Maßnahmen befugt war als er selbst. Die
vierte Rede beruht auf einer bestimmten Situation während
der Senatsdebatte: D. Iunius Silanus, der zum Konsul für das
Jahr 62 v. Chr. gewählt war, hatte für die Todesstrafe plä-
diert, Caesar hingegen empfohlen, die Verbrecher zu lebens-
länglicher Haft zu verurteilen (7f.). Cicero gibt zu, daß Caesars Vorschlag ihm größeren Schutz gegen populare Angriffe
gewähre (9–11); der Senat solle sich indes bei seiner Entscheidung allein durch das Wohl des Staates, nicht durch die Rücksicht auf seine Person bestimmen lassen (1–3). Die staatsfeind-

lichen Kräfte seien nicht imstande, die Vollstreckung zu verhindern – Cicero nimmt diesen Hinweis zum Anlaß, seinen
politischen Lieblingsgedanken von der Einigkeit aller Stände
und Gruppen ausführlich darzulegen (14–19). Auch bei der
vierten Rede lassen zumal Anfang und Schluß die Bearbeitung
des Jahres 60 v. Chr. erkennen; sie spiegeln deutlich den popularen Druck, dem sich Cicero damals ausgesetzt sah.

Die Debatte des 5. Dezember wurde durch den Antrag Catos entschieden; der Senat verhängte mit großer Mehrheit
die sofortige Todesstrafe; Cicero verkündete am späten Abend
den Vollzug. In den ersten Monaten des Jahres 62 v. Chr.
wurden die Scharen Catilinas aufgerieben, und Catilina selbst
fand im Kampfe den Tod. Cicero aber mußte trotz des taktischen Geschicks, das er bewiesen hatte, für die Folgen seiner
senatstreuen Politik einstehen; schon während der letzten
Wochen seines Konsulats begann die populare Agitation;
fünf Jahre später diente die Hinrichtung der Catilinarier als
Vorwand für seine Verbannung (58/57 v. Chr.).

Die Catilinarischen Reden haben mit Recht seit jeher als ein
Höhepunkt von Ciceros brillanter Eloquenz gegolten. Andererseits treten dort zum ersten Male die Grenzen und Schwächen des bedeutenden Verfassers unübersehbar hervor: das
maßlose Selbstlob und die kolossale Überschätzung eines epi-
sodischen Ereignisses, das chimärische Wunschbild von der
Einigkeit aller Stände und jene simplifizierende Schwarzweiß-
malerei, die den bewegenden Kräften einer aus den Fugen ge-
ratenen Zeit mit den Kategorien der «Rechtschaffenen» (*boni*)
und der «Bösewichter» (*improbi*) gerecht zu werden glaubte.
Diese Schwächen sind indes in erheblichem Maße nichts als
der individuelle Ausdruck einer allgemeinen Verlegenheit,
der fundamentalen Verlegenheit einer Übergangsepoche, die
ihre eigenen Ziele noch nicht kannte. Die Catilinarischen
Reden dokumentieren endlich wider die Absicht ihres Urhe-

bers ein gänzlich ausgehöhltes, unmittelbar vor dem Zusammenbruch stehendes Staatsgefüge; sie danken ihr Dasein der
Illusion, daß sich ein System durch Umsicht, Geschick und
durch die Meisterschaft des Wortes retten lasse, in dem catilinarische Existenzen ein Politikum, und nicht vielmehr den
Gegenstand einer Polizeiaktion ausmachen.

Wie lange noch, Catilina, willst du unsere Geduld mißbrau- 1
chen? Bis wann soll deine Tollheit uns noch verhöhnen? Wie
weit wird zügellose Dreistigkeit sich noch vermessen? Er-
schütterte dich nicht der nächtliche Posten auf dem Palatin,
nicht die Wachen in der Stadt, nicht die Furcht des Volkes,
nicht die Zusammenkunft aller Rechtschaffenen, nicht diese
fest verwahrte Stätte der Senatssitzung[1], nicht die Mienen
und Blicke der Anwesenden? Spürst du nicht, daß deine Anschläge aufgedeckt sind? Siehst du nicht, daß die Kenntnis
aller derer, die hier sind, deine Verschwörung bereits gebändigt hat? Was du in der letzten, was in der vorletzten Nacht[2]
getan, wo du dich befunden, wen du herbeigerufen, was für
einen Entschluß du gefaßt hast, wer von uns, glaubst du,
wüßte das nicht?

Welche Zeiten, welche Sitten! Der Senat bemerkt's, der 2
Konsul sieht's; doch dieser Mann lebt. Er lebt? Schlimmer
noch: er kommt gar in den Senat, er nimmt teil am Staatsrat,
seine Augen bezeichnen und bestimmen einen jeden von uns
für den Mord. Doch wir mutigen Männer glauben dem Staatswohl Genüge zu tun, wenn wir dem Wüten und den Waffen
dieses Gesellen ausweichen. Zum Tode hätte man dich schon
längst, Catilina, auf Befehl des Konsuls abführen, auf dich das
Verderben lenken sollen, das du gegen uns alle seit langem
anstiften willst. Der Oberpriester P. Scipio, ein Mann von 3
größtem Ansehen, hat, ohne eine Amtsgewalt zu besitzen,
Ti. Gracchus getötet, der nur mit Maßen an der Staatsver-
fassung zu rütteln suchte[3]; da sollen wir, die Konsuln, Catilina ertragen, der mordend und brennend die Welt zu verwüsten trachtet? Denn auf die allzu fernen Ereignisse möchte
ich mich nicht einlassen: daß C. Servilius Ahala den Sp. Maelius, wie er einen Umsturz anzettelte, mit eigener Hand ge-

tötet hat[4]. Es gab sie einst, es gab in unserem Staatswesen
diese Entschlossenheit; tatkräftige Männer zügelten den
schädlichen Bürger mit härteren Strafen als den bittersten
Feind.

Wir haben einen Senatsbeschluß wider dich, Catilina, wirk-
sam und scharf; dem Staate fehlt nicht der Rat noch die Vollmacht dieser Versammlung: wir, ich gestehe es offen, wir,
die Konsuln, lassen es fehlen. Einst beschloß der Senat, der
Konsul L. Opimius solle Sorge tragen, daß der Staat keinen
Schaden leide. Keine Nacht verging: getötet war, da einiger
Verdacht aufrührerischer Umtriebe bestand, C. Gracchus, der
Sohn, Enkel und Abkömmling hochberühmter Männer; erschlagen war mitsamt seinen Kindern der ehemalige Konsul
M. Fulvius[5]. Durch einen ähnlichen Senatsbeschluß wurde
der Staat den Konsuln C. Marius und L. Valerius überantwortet: hat daraufhin der Tod, die Strafe des Staates, den
Volkstribunen L. Saturninus und den Prätor C. Servilius auch
nur einen Tag warten lassen[6]? Wir indessen dulden bereits
den zwanzigsten Tag[7], daß die Klinge der vom Senat erteilten
Vollmacht abstumpft. Denn wir haben ja einen derartigen
Senatsbeschluß; er liegt jedoch verriegelt in der Kanzlei; er
steckt wie ein Schwert in der Scheide. Hiernach hättest du
auf der Stelle tot sein sollen, Catilina. Du aber lebst, und du
lebst nicht, um von deiner Verwegenheit abzulassen, sondern
um dich darin bestärkt zu fühlen. Ich wünsche milde zu sein,
versammelte Väter, ich wünsche andererseits, daß es nicht
heißt, ich hätte mich in einer derartigen Notlage des Staates
unachtsam verhalten; doch nunmehr muß ich mich selbst der
Untätigkeit und Fahrlässigkeit bezichtigen.

5   Ein Heerlager ist in Italien, in den Pässen Etruriens[8] gegen
das römische Volk aufgeschlagen; von Tag zu Tag wächst
die Zahl der Feinde; doch den Befehlshaber dieses Lagers und
Anführer der Feinde sehn wir innerhalb der Mauern und gar

im Senat, wie er täglich von innen her einen verderblichen
Schlag gegen den Staat ausheckt. Wenn ich jetzt befehle,
Catilina, man solle dich verhaften, man solle dich hinrichten,
dann muß ich wohl befürchten, daß auch nur ein Rechtschaffener sagt, ich hätte allzu scharf durchgegriffen, und nicht
vielmehr, daß alle behaupten, ich hätte zu spät gehandelt.
Doch mich veranlaßt ein bestimmter Grund, noch nicht zu
tun, was schon längst hätte getan sein sollen. Du wirst erst
dann hingerichtet, wenn sich niemand mehr ausfindig machen
läßt, so schlecht, so verworfen, so sehr dir ähnlich, daß er nicht
zugäbe, dies sei zu Recht geschehen. Solange jemand für dich   6
einzutreten wagt, wirst du leben, und du wirst so leben, wie
du jetzt lebst: von meinen zahlreichen und starken Mannschaften niedergehalten, so daß du keine Hand gegen den
Staat zu rühren vermagst. Vieler Augen und Ohren werden
dich, ohne daß du es merkst, wie bisher beobachten und
überwachen.

Denn worauf wartest du noch weiter, Catilina, wenn nicht
die Finsternis der Nacht die ruchlosen Zusammenkünfte in
Dunkel hüllen noch ein Privathaus die Stimmen deiner Verschwörung in seinen Wänden bergen kann, wenn alles ans
Licht kommt, alles hervorbricht? Ändere nunmehr deinen
Plan, hör auf mich; entschlage dich des Mordens und Bren-
nens. Man hat dich überall gefaßt, alle deine Anschläge sind
für uns so klar wie der Tag; du magst sie dir jetzt mit meiner
Hilfe ins Gedächtnis zurückrufen.

Erinnerst du dich: ich erklärte am 21. Oktober im Senat,   7
C. Manlius, der Gefolgsmann und Helfer deiner Verwegenheit, werde an einem bestimmten Tage die Waffen erheben,
und dieser Tag werde der 27. Oktober sein. Habe ich mich
etwa getäuscht, Catilina, nicht nur, was den ungeheuerlichen,
so scheußlichen und so unglaublichen Sachverhalt angeht,
sondern, worüber man sich noch viel mehr wundern muß,

hinsichtlich des Termins? Ich erklärte ebenfalls im Senat, du
habest die Ermordung des Adels auf den 28. Oktober anberaumt – damals sind zahlreiche maßgebliche Männer unseres
Staates aus Rom entwichen, nicht so sehr, um sich selbst in
Sicherheit zu bringen, als um deine Anschläge zu vereiteln.
Kannst du leugnen, daß du an diesem Tage nichts gegen den
Staat zu unternehmen vermochtest, weil meine Mannschaften, meine Bereitschaft dich umstellt hatten? Da du versicher-
test, du seiest nach dem Fortgang der übrigen auch mit der
Ermordung von uns zufrieden, die wir zurückgeblieben wa-
8 ren? Wie? Als du glaubtest, du könnest Präneste[9] genau am
1. November durch einen nächtlichen Handstreich einneh-
men, hast du da gemerkt, daß die Kolonie auf meinen Befehl
durch meine Posten, Mannschaften und Wachen gesichert
war? Du tust nichts, du planst nichts, du denkst nichts, ohne
daß ich's erfahre und sogar sehe und genau bemerke.

Mustere endlich mit mir zusammen die vorletzte Nacht;
dann wirst du vollends einsehen, daß ich schärfer für die
Sicherheit des Staates wache als du für sein Verderben. Ich
erkläre, daß du während der vorletzten Nacht in der Sichel-
machergasse[10], und zwar (ich will mich deutlich ausdrücken)
im Hause des M. Laeca, erschienen bist; dort fanden sich noch
mehrere Genossen deines wahnwitzigen Frevels ein. Wagst
du zu leugnen? Was schweigst du? Ich werde dich überführen,
wenn du leugnest. Ich sehe nämlich einige hier im Senat sit-
9 zen, mit denen du dort zusammengetroffen bist. Bei den unsterblichen Göttern! Wo auf der Welt befinden wir uns? Was
haben wir für einen Staat? In welcher Stadt leben wir? Hier,
hier in unserer Mitte, versammelte Väter, in dieser ehrwür-
digsten und bedeutendsten Ratsversammlung des Erden-
runds, gibt es Leute, die auf unser aller Verderben, die auf den
Untergang dieser Stadt und gar des Erdkreises sinnen. Ich,
der Konsul, sehe sie und frage sie nach ihrer Meinung über

die Sicherheit des Staates, und ich verwunde sie, die man mit dem Schwerte niedermachen sollte, noch nicht einmal mit meinem Wort.

Du befandest dich also in jener Nacht bei Laeca, Catilina, du verteiltest die Gebiete Italiens, du setztest fest, wohin ein jeder sich begeben solle, du suchtest aus, wen du in Rom zurücklassen, wen du mit dir nehmen wolltest, du grenztest die Stadtviertel für die Brandlegung ab, du beteuertest, du selbst wollest Rom nunmehr verlassen, du erklärtest, du werdest jetzt nur dadurch ein wenig aufgehalten, daß ich noch lebte. Es fanden sich zwei römische Ritter, die dich von dieser Sorge befreien wollten und die sich anheischig machten, mich in derselben Nacht kurz vor Tagesanbruch auf meinem Ruhebett zu ermorden. Dies alles erfuhr ich, kaum 10 daß eure Versammlung sich aufgelöst hatte. Ich sicherte und verwahrte mein Haus durch verstärkte Wachen; ich schloß die aus, die du mir zur morgendlichen Begrüßung[11] sandtest. Ich hatte bereits vielen Männern von hohem Rang vorausgesagt, wer um diese Zeit zu mir kommen würde, und eben diese kamen auch.

Da es so steht, Catilina, führe aus, was du begonnen hast; verlaß endlich die Stadt; die Tore sind geöffnet; brich auf! Allzu lange schon wartet dein manlisches Lager auf dich, auf den Feldherrn. Nimm auch alle deine Leute mit, oder jedenfalls möglichst viele; säubere die Stadt. Du befreist mich von großer Furcht, wenn sich nur die Mauer zwischen mir und dir befindet. In unserer Mitte kannst du nicht länger weilen; ich ertrage, ich dulde, ich gestatte es nicht! Den unsterblichen 11 Göttern und zumal dem Jupiter Stator hier[12], dem ältesten Hüter der Stadt, gebührt großer Dank, daß wir so oft schon diesem Scheusal, einer derart entsetzlichen und derart staatsgefährlichen Geißel entronnen sind. Doch das gesamte Staatswohl darf nicht noch öfters durch eine Person in Bedrängnis

geraten. Du stelltest mir nach, Catilina, als ich zum Konsul
bestimmt war; damals habe ich mich nicht durch staatliche
Wachen, sondern durch meine persönliche Vorsicht geschützt.
Während der letzten Konsulwahlen hast du mich, den Konsul,
und deine Mitbewerber[13] auf dem Marsfelde ermorden wollen; ich habe deine ruchlosen Absichten mit einer Wachmann-
schaft von Freunden unterdrückt, ohne von Amts wegen zu
den Waffen zu rufen. Schließlich hast du mich wieder und
wieder bedroht; ich aber habe mich dir aus eigener Kraft
widersetzt, obwohl ich sah, daß mein Verderben großes Unheil für die Allgemeinheit nach sich ziehen würde.

12   Jetzt greifst du schon offen das gesamte Staatswesen an;
die Tempel der unsterblichen Götter, die Dächer der Stadt,
das Leben aller Bürger, ganz Italien weihst du dem Untergang
und der Verwüstung. Ich wage noch nicht zu tun, was das
Erste wäre und was meiner Amtsgewalt und den Grundsätzen
der Vorfahren entspräche. Ich will daher das tun, was weniger
streng, aber nützlicher für das Gemeinwohl ist. Denn wenn
ich deine Hinrichtung befehle, so wird die übrige Schar der
Verschworenen in unserem Staate zurückbleiben; wenn du
jedoch abziehst, wozu ich dich schon lange auffordere, dann
entleert sich die Stadt auch von dem Haufen deiner Genossen,
von dem verderblichen Abschaum unseres Gemeinwesens.

13   Was ist, Catilina? Zögerst du, wo ich's befehle, das zu tun,
was du schon aus eigenem Entschluß tun wolltest? Der Konsul befiehlt dem Staatsfeinde, sich aus der Stadt zu entfernen.
Du fragst mich: «Doch nicht in die Verbannung?» Das befehle ich nicht; doch wenn du mich fragst: ich rate es dir.
Denn was könnte dir in dieser Stadt noch behagen? Außer
deiner Schwurgemeinschaft verworfener Menschen gibt es
dort niemanden, der dich nicht fürchtet, der dich nicht haßt.
Welches Schandmal ist deinem Familienleben nicht eingebrannt? Welcher Schimpf privaten Umgangs haftet nicht an

deinem Ruf? Welche Ausschweifung blieb fern von deinen
Augen, welche Untat je von deinen Händen, welcher Schmutz
von deiner ganzen Person? Welchem Jüngelchen, das du in
die Lockungen der Laster verstrickt hattest, trugst du nicht
zum verwegenen Streich das Schwert oder zur schnöden Lust
die Fackel voraus? Was weiter? Du hattest kürzlich durch den   14
Tod deiner vorigen Gattin Platz für eine neue Hochzeit gemacht: hast du nicht noch ein anderes unglaubliches Verbrechen auf dieses Verbrechen getürmt[14]? Ich lasse es auf sich
beruhen und dulde gern, daß man es verschweigt: es soll
nicht heißen, daß in unserer Bürgerschaft eine so entsetzliche
Missetat vorgekommen oder unbestraft geblieben sei. Ich
lasse auf sich beruhen, daß dir der völlige Zusammenbruch
deines Vermögens droht (du wirst es an den nächsten Iden
spüren[15]); ich wende mich den Dingen zu, die nicht mit der
persönlichen Schmach deiner Laster, nicht mit den häuslichen
Schulden und Schändlichkeiten zusammenhängen, die vielmehr das Ganze des Staates und unser aller Leben und Wohlfahrt berühren.

Kann dir dieses Licht oder die Luft dieses Himmels beha-   15
gen, Catilina? Du weißt doch: niemand ist unter den Anwesenden, der nicht wüßte, daß du am 31. Dezember im
Konsulatsjahr des Lepidus und Tullus bewaffnet auf dem
Komitium standest, daß du dir eine Bande verschafft hattest,
um die Konsuln und die ersten Männer im Staate zu ermorden,
daß sich deinem verbrecherischen Wahnsinn nicht ein Entschluß oder eine Furchtanwandlung von deiner Seite, sondern
das gnädige Geschick des römischen Volkes widersetzt hat[16]?
Und schon sehe ich auch von diesen Dingen ab: sie sind ja
nicht unbekannt, noch fehlt es an späteren Missetaten. Wie
oft hast du versucht, mich zu ermorden, als ich zum Konsul
bestimmt war, wie oft erst, seit ich Konsul bin! Wie vielen
Angriffen von dir – sie waren so geführt, daß sie unvermeid-

lich schienen – bin ich mit einer kleinen Biegung und, wie
man sagt, nur mit dem Körper[17] entronnen! Du erreichst
nichts, bringst nichts zuwege, und doch hörst du nicht auf,
16 es zu versuchen und zu wollen. Wie oft schon wurde dir dein
Dolch aus den Händen entwunden, wie oft entglitt er dir von
ungefähr und fiel zu Boden! Ich weiß nicht, mit welchen Be-
schwörungen du ihn geweiht und verzaubert hast, daß du
glaubst, du müßtest ihn in die Brust des Konsuls stoßen.

Doch jetzt erst, wie sieht dein Leben aus! Denn nunmehr
will ich so mit dir reden, als sei ich nicht von dem Haß erfüllt,
den ich dir schulde, sondern von Mitleid, das dir niemand
schuldet. Du bist soeben in den Senat gekommen. Wer in
dieser zahlreichen Versammlung, aus dem großen Kreise deiner Freunde und Bekannten hat dich begrüßt? Das ist seit
Menschengedenken noch niemandem zugestoßen; du aber
wartest auf den Schimpf der Worte, da dich das Schweigen,
das strengste Urteil, vernichtet hat? Wie? Daß man bei deiner
Ankunft die Bänke geräumt hat, daß alle ehemaligen Konsuln,
die du schon oft zum Tode bestimmt hattest, diesen Teil der
Bänke leer und unbenutzt ließen, sobald du Platz nahmst, wie
glaubst du dich vollends damit abfinden zu sollen?

17 Beim Herkules, wenn meine Sklaven mich derart fürchteten, wie dich alle deine Mitbürger fürchten, ich würde denken, daß ich mein Haus verlassen müsse: du aber hältst es
nicht für nötig, die Stadt zu verlassen? Und wenn ich sähe,
ich sei bei meinen Mitbürgern zu Unrecht einem so schweren
Verdacht und Unwillen ausgesetzt, ich würde lieber auf den
Anblick der Mitbürger verzichten als mich den feindlichen
Blicken eines jeden aussetzen: du aber gibst im Bewußtsein
deiner Verbrechen zu, daß du die allgemeine Abneigung,
berechtigt wie sie ist, schon lange verdient hast, und du zögerst, deren Anblick und Gegenwart zu meiden, deren Gedanken und Empfindungen du kränkst? Wenn deine Eltern

dich fürchteten und haßten und du dich auf keine Weise mit
ihnen aussöhnen könntest, du würdest dich, meine ich, wohin
es auch sei, vor ihren Blicken verkriechen. Nun aber haßt und
fürchtet dich das Vaterland, der gemeinsame Ursprung von
uns allen, und es befindet, daß du schon seit langem an nichts
denkst als an seine Vernichtung: willst du weder seine Meinung achten noch sein Urteil befolgen noch vor seiner Macht
erzittern?

Das Vaterland, Catilina, spricht so zu dir und erhebt ge- 18
wissermaßen schweigend seine Stimme: «Seit einigen Jahren
schon ist kein Verbrechen zustande gekommen außer durch
dich, keine Schandtat ohne dich; allein bei dir blieb der Mord
an vielen Bürgern, blieben Mißhandlung und Plünderung der
Bundesgenossen frei und ungestraft; du hast es vermocht,
Gesetze und Prozesse nicht nur geringzuachten, sondern zu
zerschmettern und zu vernichten[18]. Deine früheren Taten
habe ich, obwohl sie unerträglich waren, ertragen, wie ich
konnte. Doch daß ich jetzt allein deinetwegen von Furcht
erfüllt bin, daß man sich vor Catilina ängstigt, was immer
sich regt, daß sich offenbar kein Anschlag gegen mich ersinnen läßt, bei dem dein Frevelmut nicht beteiligt wäre: das
ist vollends unerträglich. Geh daher fort und nimm mir diese
Furcht, wenn sie begründet ist, damit ich nicht überwältigt
werde, wenn unbegründet, damit ich endlich einmal aufhören
kann, mich zu fürchten.»

Wenn das Vaterland so, wie ich sagte, zu dir spräche, müßte 19
es nicht sein Ziel erreichen, auch wenn es keine Gewalt anzuwenden vermöchte? Wie? Hast du dich nicht selbst in Haft
begeben und erklärt, du wolltest, um keinen Verdacht zu erregen, bei M'.Lepidus wohnen? Der nahm dich nicht auf; du
aber wagtest auch zu mir zu kommen und batest, ich solle
dich in meinem Hause bewachen. Von mir erhieltest du ebenfalls die Antwort, ich könne mich mit dir unter einem Dache

keineswegs sicher fühlen; ich sei schon in großer Gefahr, weil
wir uns innerhalb derselben Mauern befänden. Da gingst du
zum Prätor Q. Metellus. Der wies dich ab, und du zogst zu
deinem Genossen M. Metellus, einem trefflichen Manne; ohne
Frage glaubtest du, er sei imstande, dich besonders gewissenhaft zu bewachen, mit größtem Spürsinn zu bespitzeln und
ungewöhnlich streng zu bestrafen[19]. Doch wie fern muß jemand wohl dem Gefängnis und den Fesseln stehen, der sich
20 schon selber der Haft für würdig hält! Unter diesen Umständen zögerst du, Catilina, wenn du schon nicht mit Gleichmut
zu sterben weißt, wenigstens in irgendein Land zu gehen und
dein Leben, das du zahlreichen gerechten und verdienten
Strafen entzogen hast, der Flucht und der Einsamkeit anzuvertrauen?

Du sagst: «Berichte hierüber dem Senat.» Denn das forderst du, und du erklärst, du wollest gehorchen, wenn diese
Versammlung beschließe, sie halte es für richtig, daß du in
die Verbannung gehst. Ich werde ihm nicht berichten; das
widerspräche meiner Wesensart. Und doch will ich dir zeigen,
was die Anwesenden von dir denken. Verlaß die Stadt, Catilina, erlöse den Staat von seiner Bedrängnis, geh in die Verbannung, wenn es dir auf dieses Wort ankommt. Wie steht's?
Beobachtest du, bemerkst du, wie diese hier schweigen? Sie
lassen es zu, sie bleiben still. Was wartest du auf ein ausge-
sprochenes Gebot, wenn du den unausgesprochenen Willen
21 erkennst? Doch wenn ich dasselbe zu P. Sestius, einem vortrefflichen jungen Manne, wenn ich es zum wackeren M.
Marcellus gesagt hätte[20], mit vollem Recht wäre der Senat
hier im Tempel gegen mich, den Konsul, handgreiflich und
tätlich geworden. Bei dir aber verhalten sie sich ruhig, Catilina – also stimmen sie zu; sie dulden es – also beschließen
sie; sie schweigen – also rufen sie laut. Und das gilt nicht nur
für die, deren Gebot dir offenbar viel, doch deren Leben dir

sehr wenig bedeutet: es gilt auch für die römischen Ritter, hochangesehene und vortreffliche Männer, und für die übrigen wackeren Bürger, die sich um den Senat versammelt haben. Du konntest soeben ihre große Zahl sehen und ihren Willen erkennen und ihre Rufe vernehmen. Ich vermag kaum noch ihre Fäuste und Waffen von dir fernzuhalten; ich werde sie ohne Mühe überreden, dich bis zum Tore zu geleiten, wenn du all dies verläßt, was du schon seit langem zu verwüsten suchst.

Doch was rede ich? Dich sollte je etwas beugen, du könntest je dich bessern, du sännest irgend auf Flucht, du dächtest irgend an Verbannung? Ach, gäben dir die unsterblichen Götter diesen Vorsatz ein! Indes, ich sehe schon: wenn du, von meinen Worten eingeschüchtert, dich entschließest, in die Verbannung zu gehen, welch ein Sturm von Anfeindungen steht uns bevor! Vielleicht nicht sofort, während die Erinnerung an deine Freveltaten noch frisch ist, wohl aber in späterer Zeit. Doch dieser Preis ist mir nicht zu hoch, wenn es sich nur um mein persönliches Unglück handelt und keine Gefahren für den Staat daraus erwachsen. Von dir hingegen kann man nicht verlangen, daß deine Laster dich erschüttern, daß du die Strafen der Gesetze fürchtest, daß du der Notlage des Staates ein Opfer bringst. Denn so bist du nicht geartet, Catilina, daß dich Scham von einer Schandtat oder Furcht von einer Gefahr oder vernünftiges Denken von Raserei zurückhielte. Daher, wie ich schon oft gesagt, brich auf, und wenn du gegen mich, deinen Feind, wie du behauptest, gehässige Vorwürfe aufrühren willst, so geh geradewegs in die Verbannung: wenn du das tust, so werde ich nur mit Mühe das Gerede der Leute ertragen; wenn du auf Befehl des Konsuls in die Verbannung gehst, so werde ich mit genauer Not die Last der Anfeindungen aushalten. Willst du jedoch meinem Ansehen und Ruhm einen Dienst erweisen, so rücke mit-

22

23

samt deinem üblen Verbrecherhaufen aus, begib dich zu Manlius, sammle die heillosen Mitbürger um dich, sondere dich
von den Rechtschaffenen ab, überziehe dein Vaterland mit
Krieg, überhebe dich in ruchlosen Raubzügen: dann ist offenbar, daß ich dich nicht in die Fremde hinausgetrieben, sondern aufgefordert habe, zu den Deinen zu gehen.

24   Indes, was fordere ich dich auf? Ich weiß doch bereits, daß
du Leute hast vorausziehen lassen, die mit ihren Waffen bei
Forum Aurelium[21] auf dich warten sollen; ich weiß, daß du
mit Manlius einen bestimmten Tag festgesetzt und vereinbart hast; ich weiß, daß du jenen Silberadler[22] vorausschick-
test, für den in deinem Hause ein verruchtes Heiligtum eingerichtet war und der, wie ich überzeugt bin, dir und allen
deinen Leuten Verderben und Unheil bringen wird. Wie solltest du auch längere Zeit ohne ihn auskommen: du pflegtest
ihn anzubeten, wenn du dich zum Blutvergießen aufmachtest;
du hast oft deine ruchlose Rechte von seinem Altar zum Bür-
25 germord gewandt. Du wirst endlich einmal dorthin gehen,
wohin dich deine hemmungslose und rasende Leidenschaft
schon seit langem zieht; denn dein Vorhaben erfüllt dich
nicht mit Schmerz, sondern mit einer ganz unglaublichen
Lust. Zu diesem Wahnsinn hat dich die Natur geschaffen,
dein Wille geübt, das Schicksal aufbewahrt. Nie war dir der
Friede erwünscht, nicht einmal der Krieg – außer einem verbrecherischen. Du hast dir eine Bande von Schurken verschafft; sie ist aus verworfenen Gesellen und aus Leuten zusammengewürfelt, die nicht nur jede Schicksalsgunst, sondern
26 auch alle Hoffnung verlassen hat. Welches Glücksgefühl
wirst du dort genießen, in welchen Freuden schwelgen, in
welcher Lust taumeln, wenn du inmitten der großen Zahl der
Deinen keinen einzigen ehrlichen Mann hören oder sehen
mußt! Aus Hang zu diesem Leben hast du dich in den Stra-
pazen geübt, die man dir nachsagt: du liegst auf der Erde,

nicht nur um auf Unzucht zu lauern, sondern auch um ein Verbrechen zu begehen; dein Wachen stellt nicht allein dem Schlaf der Ehemänner nach, sondern ebenso dem Vermögen friedliebender Leute. Dort kannst du sie nun zeigen, deine berühmte Fähigkeit, Hunger, Kälte und allerlei Entbehrungen zu ertragen; du wirst schon merken: in kurzer Zeit bist du gänzlich entkräftet davon. So viel habe ich erreicht, als ich 27 dich vom Konsulate vertrieb: du vermagst nur noch als Verbannter den Staat zu belästigen, statt ihn als Konsul zu erschüttern[23], und was du auf verbrecherische Weise angezettelt hast, das wird man eher einen Raubzug nennen als einen Krieg.

Jetzt möchte ich mich, versammelte Väter, in eindringlicher Bitte gegen eine nahezu berechtigte Klage des Vaterlandes verwahren; seid so gütig, hört genau auf das, was ich sage, und prägt es tief eurem Herzen und Gedächtnisse ein. Wenn nämlich das Vaterland, das mir weit teurer ist als mein Leben, wenn ganz Italien, wenn das gesamte Staatswesen so zu mir spräche: «M. Tullius, was tust du? Willst du zulassen, daß dieser Mann davongeht? Du hast doch zuverlässig erfahren, daß er ein Staatsfeind ist; du siehst, daß er den Krieg leiten wird; du spürst, daß ihn das Lager der Feinde als seinen Feldherrn erwartet – den Urheber des Verbrechens, das Haupt der Verschwörung, den Aufwiegler von Sklaven und heillosen Elementen der Bürgerschaft! Gewiß wird man meinen, du habest ihn nicht aus der Stadt hinaus, sondern gegen die Stadt losgeschickt! Willst du nicht befehlen, ihn ins Gefängnis zu führen, ihn zum Tode zu schleppen, ihn die äußerste Strafe erleiden zu lassen? Was hindert dich eigentlich? Der 28 Brauch der Vorfahren? Aber in diesem Staate haben doch sehr oft Männer ohne Amtsgewalt verderbliche Bürger hingerichtet! Oder die Gesetze, die man über die Todesstrafe an römischen Bürgern erlassen hat[24]? Aber in dieser Stadt haben

doch niemals Leute, die der Verfassung untreu wurden, die
Vorrechte der Bürger behalten! Oder fürchtest du die Anfeindungen der Folgezeit? Das römische Volk hat dich, der
sein Ansehen nur sich selbst verdankt, ohne empfehlenden
Stammbaum so frühzeitig über alle Ämterstufen hinweg zur
höchsten staatlichen Gewalt erhoben; da erweisest du ihm
wahrhaftig einen vortrefflichen Dank, wenn du wegen der
Anfeindungen oder aus Furcht vor einer Gefahr die Wohl-
29   fahrt deiner Mitbürger geringachtest. Doch wenn du irgend
gehässige Vorwürfe scheust: du brauchst den Vorwurf der
Strenge und Unerschrockenheit nicht stärker zu fürchten als
den der Untätigkeit und Fahrlässigkeit. Oder meinst du etwa,
wenn der Krieg Italien verwüstet, die Städte heimsucht, die
Häuser in Brand steckt, dann werde dich nicht eine wahre
Feuersbrunst des Hasses niedersengen?»

Auf diese ehrwürdige Rede des Vaterlandes und auf die
Ansichten derer, die ebenso denken, will ich mit wenigen
Worten antworten. Wenn ich es für das Beste hielte, Catilina
mit dem Tode zu bestrafen, versammelte Väter, so hätte ich
diesem Banditen nicht eine einzige Stunde den Genuß des
Lebens vergönnt. Denn Männer von höchstem Rang, sehr
angesehene Bürger, haben sich durch das Blut des Saturninus,
der Gracchen, des Flaccus und anderer in früherer Zeit keineswegs befleckt [25], sondern sogar Ehre verschafft; ich brauchte
daher gewiß nicht zu befürchten, daß ich später einmal allzu
viele Anfeindungen ernten würde, wenn ich diesen Mord-
brenner unserer Bürgerschaft hinrichten ließe. Falls mir aber
noch so große Anfeindungen bevorstehen sollten, so war es
doch stets meine Einstellung, Haß, den mir meine Tatkraft
zuzog, für Ruhm, nicht für Haß zu halten.

30   Indes, einige in dieser Versammlung sehen nicht, was uns
droht, oder lassen sich nicht merken, was sie sehen; sie haben
die Hoffnung Catilinas durch milde Meinungsäußerungen

genährt und der entstehenden Verschwörung durch ihren Unglauben zu Kräften verholfen. Deren Einfluß hätte nicht nur gewissenlose, sondern auch unerfahrene Leute in großer Zahl bestimmt, von einer grausamen und tyrannischen Tat zu reden, wenn ich Catilina bestraft hätte[26]. Er gelange jetzt in das Lager des Manlius, wohin es ihn ja zieht; dann wird, denke ich, niemand mehr so töricht sein, die vollzogene Verschwörung nicht zu bemerken, niemand so gewissenlos, ihr Bestehen zu leugnen.

Wenn ferner nur der eine hingerichtet wird, so läßt sich dadurch, meine ich, dies Verderben unseres Staates zwar für kurze Zeit aufhalten, jedoch nicht für immer aufheben. Wenn er aber davoneilt, seine Leute mitnimmt und auch die übrigen gestrandeten Existenzen, die er überall aufgelesen hat, an einer Stelle um sich schart, dann kann man nicht nur das gegenwärtige Verderben, das derart in unserem Staate wuchert, sondern auch die Wurzel und Ursache jeglichen Übels beseitigen und vertilgen. Denn schon lange umgeben uns die Gefahren und Fallstricke dieser Verschwörung, versammelte Väter, aber irgendwie sind alle Verbrechen, die längst bestehende Raserei und Tollheit, erst in der Zeit meines Konsulats herangereift und ausgebrochen. Wenn jetzt nur der eine aus dem großen Komplott beseitigt wird, dann kommt es uns vielleicht für kurze Zeit so vor, als seien wir von der Sorge und Furcht befreit; die Gefahr aber wird haftenbleiben und tief im Mark und in den Eingeweiden unseres Gemeinwesens weiterschwären. Oft spüren Schwerkranke, wenn die Fieberhitze sie schüttelt, zunächst Erleichterung, sobald sie kaltes Wasser trinken; doch werden sie hernach viel stärker und heftiger heimgesucht. Ebenso steht es mit der Krankheit im Inneren unseres Staates: wenn man sie nur durch die Bestrafung Catilinas zu lindern sucht, so wird sie sich durch die übrigen, die am Leben bleiben, erheblich verschlimmern.

31

32 Daher sollen die Frevler entweichen, sich von den Rechtschaffenen absondern und an *einer* Stelle versammeln, kurz,
wie ich schon oft gesagt, sie seien durch die Mauer von uns
geschieden; sie mögen aufhören, dem Konsul in seinem Hause
nachzustellen, das Tribunal des Stadtprätors zu umdrängen[27],
in Waffen die Kurie[28] zu belagern, Brandpfeile und Fackeln
für die Einäscherung der Stadt heranzuschaffen; mit einem
Wort, ein jeder trage es an der Stirn geschrieben, wie er über
den Staat denkt.

Ich versichere euch, versammelte Väter, wir, die Konsuln,
werden so viel Umsicht, ihr so viel Einfluß, die römischen
Ritter so viel Tatkraft und alle Rechtschaffenen eine so einhellige Gesinnung zeigen, daß ihr nach dem Abzug Catilinas
alles aufgeklärt und ans Licht gebracht, unterdrückt und
33 geahndet seht. Im Zeichen dieser prophetischen Worte zieh
aus, Catilina, in den verbrecherischen und ruchlosen Krieg –
zum Heil des gesamten Staates, zu deinem Unglück und Verderben sowie zum Untergang derer, die sich mit dir durch
Verbrechen und Mordtaten jeder Art verbunden haben. Jupiter! Dein Bild wurde unter denselben Wahrzeichen wie diese Stadt von Romulus gestiftet[29], und wir nennen dich mit
Recht den Schirmer von Stadt und Reich: du wirst diesen
Mann mitsamt seinen Genossen von den Tempeln, deinen
eigenen und den übrigen, von den Dächern und Mauern der
Stadt, vom Leben und Besitz aller Bürger fernhalten; du wirst
die Widersacher der Wohlgesinnten, die Feinde des Vaterlandes, die Freibeuter Italiens, die sich durch das Band des
Verbrechens und einen frevlerischen Pakt miteinander verschworen haben, im Leben und im Tode mit ewigen Strafen
heimsuchen.

Endlich, Quiriten! L. Catilina raste vor Verwegenheit, 1
schäumte vor Frevelmut, sann ruchlos auf das Verderben des
Vaterlandes, bedrohte euch und diese Stadt mit Feuer und
Schwert – wir haben ihn aus der Stadt hinausgejagt oder fortgeschickt oder ihm, wie er freiwillig von dannen zog, mit unseren Worten das Geleit gegeben. Er ging weg, er entwich,
er verschwand, er stürzte davon. Jetzt kann das Scheusal und
Ungeheuer den Mauern der Stadt im Innern der Mauern kein
Verderben mehr bereiten. Und diesen einen Anführer des Aufruhrs im eigenen Lande haben wir unzweifelhaft besiegt. Denn
sein Dolch wird unsere Brust nicht mehr bedrohen; wir brauchen ihn nicht mehr zu fürchten, nicht auf dem Marsfelde,
nicht auf dem Forum, nicht in der Kurie[30], noch auch in unseren eigenen vier Wänden. Er hat seine günstige Stellung
verloren, da er aus der Stadt vertrieben ist. Wir können nunmehr gradheraus den gerechten Krieg gegen den Staatsfeind
führen, ohne daß jemand uns hindert. Kein Zweifel, wir haben
den Mann zugrunde gerichtet und glänzend besiegt, indem
wir ihn aus seinem verborgenen Hinterhalt in den offenen
Aufruhr trieben. Überdies, welche Betrübnis, glaubt ihr, 2
beugt ihn nieder und vernichtet ihn? Denn er trug ja nicht,
wie er wollte, ein blutiges Schwert davon; er ging fort, ohne
uns getötet zu haben; wir haben ihm die Waffe aus den
Händen gewunden; er ließ die Bürger unversehrt und die
Stadt unbeschädigt zurück. Jetzt liegt er zu Boden ge-
streckt, Quiriten, und er spürt, daß er niedergeworfen und
überwältigt ist, und wahrhaftig, oft wendet er seine Augen
nach dieser Stadt zurück, die zu seiner Trauer seinem Rachen entrissen wurde; sie aber, scheint mir, ist froh, daß
sie ein derartiges Unheil ausgespien und hinausgeworfen
hat.

3   Vielleicht denkt jemand so, wie alle denken sollten, und er macht mir gerade deshalb heftige Vorwürfe, weswegen meine Rede frohlockt und triumphiert: ich hätte einen derart gefährlichen Feind nicht laufen lassen, sondern verhaften sollen. Doch das liegt nicht an mir, Quiriten, sondern an den Verhältnissen. Schon längst hätte man L. Catilina töten und der schwersten Strafe ausliefern müssen: so forderten es von mir der Brauch der Vorfahren und die Strenge dieser Amtsgewalt und das Wohl des Staates. Aber wie viele, denkt ihr, hätten meine Anschuldigungen nicht geglaubt, wie viele sie aus Torheit angezweifelt, wie viele gar zu rechtfertigen gesucht, wie viele die Sache aus Gewissenlosigkeit begünstigt? Wäre ich ferner der Meinung gewesen, die Beseitigung L. Catilinas werde jede Gefahr von euch abwenden, ich hätte ihn schon längst beseitigt, um den Preis bitteren Hasses und selbst des
4   Lebens. Aber ich sah, daß nicht einmal ihr damals alle von der Sache überzeugt waret und daß ich, von Anfeindungen bedrängt, seine Genossen nicht verfolgen könne, wenn ich ihn, wie er es verdiente, mit dem Tode bestraft hätte; ich führte daher eine Lage herbei, die es euch ermöglicht, offen gegen den klar erkannten Feind zu kämpfen.

Wie sehr man ihn meiner Meinung nach als Feind außerhalb der Stadt fürchten muß, Quiriten, das könnt ihr daraus ersehen: ich bedaure es, daß er die Stadt mit allzu geringer Begleitung verlassen hat! Ach, hätte er doch alle seine Scharen mitgenommen! Er nahm mir den Tongilius mit, der noch ein Knabe war, als er sich in ihn verliebte, ferner den Publicius und Minucius, deren Wirtshausschulden den Staat bestimmt nicht hätten erschüttern können. Doch was für Männer ließ er zurück, mit welchen Schulden, wie mächtig, wie hochgeboren!
5   Wenn ich daher die gallischen Legionen in Betracht ziehe und die Aushebung, die Q. Metellus in der picenischen und gallischen Mark durchgeführt hat[31], und die Truppen,

die wir Tag für Tag bereitstellen, dann habe ich für jene Armee nur Verachtung übrig: sie ist zusammengewürfelt aus hoffnungslosen alten Männern[32], aus bäurischer Genußsucht, aus Verschwendern vom Lande, aus Leuten, die lieber Gerichtstermine verabsäumen wollten als diese Armee. All diesen brauche ich nicht die Schlachtreihe unserer Truppen, sondern nur das Edikt des Prätors[33] zu zeigen: sie brechen ohnmächtig zusammen.

Doch ich sehe manch einen auf dem Forum sein Wesen treiben, bei der Kurie stehen und gar den Senat besuchen; sie glänzen von Pomade und schimmern in Purpur; von denen wär' es mir lieber, Catilina hätte sie als seine Soldaten mitgenommen. Wenn die hier bleiben, dann seid versichert: wir müssen uns nicht so sehr vor dem Heere fürchten als vor diesen, die dem Heere untreu wurden. Und wir müssen uns desto mehr vor ihnen fürchten, als sie spüren, daß ich von ihren Absichten weiß, und sich gleichwohl nicht beunruhigen lassen. Ich sehe, wem man Apulien zugeteilt hat, wer Etrurien erhielt, wer die picenische, wer die gallische Mark, wer den tückischen Anschlag auf die Stadt, das Morden und Brennen, für sich beansprucht hat. Sie merken, daß man mich von allen Entschlüssen der vorletzten Nacht[34] unterrichtet hat; ich habe sie gestern im Senat kundgemacht; Catilina selbst bekam Angst und lief davon: doch diese Leute, worauf warten sie? Wahrhaftig, sie irren sich gewaltig, wenn sie annehmen, daß meine bisherige Milde ewig dauern werde. 6

Was ich erhoffte, habe ich jetzt erreicht: ihr alle seht, daß man sich offen gegen den Staat verschworen hat, es sei denn, jemand bezweifelt, daß, wer Catilina gleicht, auch mit Catilina zusammenhält. Jetzt ist kein Platz mehr für Milde; die Lage selbst erheischt strenge Maßnahmen. Eines will ich auch jetzt noch gestatten: sie mögen fortgehen und davonziehen; sie sollen nicht zulassen, daß Catilina aus Sehnsucht nach

ihnen elend verschmachtet. Ich will den Weg weisen: er zog
auf der aurelischen Straße[35] davon; wenn sie geneigt sind,
sich zu beeilen, dann können sie ihn gegen Abend einholen.

7   Welch ein Segen für unser Gemeinwesen, wenn es sich dieses Abschaums der Stadt entledigt hat! Schon die Entfernung
Catilinas hat, wie mir scheint, unser Gemeinwesen aufgerichtet und gestärkt. Denn welches Unheil oder Verbrechen kann
man sich vorstellen und ausdenken, das er nicht geplant hätte?
Welcher Giftmischer läßt sich in ganz Italien ausfindig machen, der nicht zugäbe, daß er mit Catilina auf vertrautestem
Fuße stand? Und welcher Bandit, welcher Räuber, welcher
Halsabschneider, welcher Meuchelmörder, welcher Testa-
mentsfälscher, welcher Betrüger, welcher Schlemmer, welcher Verschwender, welcher Ehebrecher, welches verrufene
Frauenzimmer, welcher Jugendverderber, welcher verdorbene,
welcher verworfene Mensch? Welche Mordtat wurde in diesen Jahren ohne ihn begangen, welche frevelhafte Unzucht
8   nicht durch ihn? Und vollends, wer vermochte je die Jugend
derart an sich zu locken wie er? Zu einigen war er selbst in
schimpflichster Begierde entbrannt, bald gab er sich in schand-
barster Weise der Leidenschaft anderer preis; einigen verhieß
er Befriedigung ihrer Lüste, anderen den Tod der Eltern, indem er sie nicht nur dazu anstiftete, sondern auch tätige Hilfe
leistete. Jetzt erst, wie schlagartig hatte er nicht nur aus der
Stadt, sondern auch vom Lande eine ungeheure Anzahl verworfenen Gesindels zusammengebracht! Kein bankrotter
Schuldenmacher, nicht in Rom und nicht einmal in irgendeinem Winkel ganz Italiens, den er nicht in diesen unglaub-
9   lichen Bund des Verbrechens einbezogen hätte. Und damit
ihr die Vielfalt seiner Neigungen in ganz verschiedenen Be-
reichen ermessen könnt: niemand von einigem Draufgänger-
tum im Gladiatorenhaus, der nicht zugäbe, aufs engste mit
Catilina befreundet zu sein, kein Windbeutel und Schelm auf

der Bühne, der nicht vorbringen könnte, daß er fast zu den vertrautesten Genossen Catilinas gehört habe[36]. Und doch hat sich derselbe Mann durch die Ausübung von Unzucht und Verbrechen daran gewöhnt, Kälte und Hunger und Durst und durchwachte Nächte zu ertragen; seine Genossen rühmten daher seine Ausdauer; in Wahrheit verzehrte er die Mittel seiner Tatkraft und das Rüstzeug seiner Tüchtigkeit in Wollust und Wagemut.

Wenn ihm erst seine Anhänger folgen, wenn die Schandrotten heilloser Menschen die Stadt verlassen, welch ein Glück für uns, welch ein Segen für den Staat, welch glänzender Ruhmestitel meines Konsulats! Denn nicht gewöhnlich sind die Ausschweifungen dieser Gesellen, unmenschlich und unerträglich ihre verwegenen Absichten; sie sinnen auf nichts als auf Mord, auf Brand, auf Raubzüge. Ihr Vermögen haben sie verschwendet, ihre Güter verpfändet; ihre Geldmittel begannen sich schon längst, ihr Kredit vor einiger Zeit zu erschöpfen; doch die Genußsucht dauert an wie beim einstigen Überfluß. Wenn sie nur nach Gelagen und Dirnen bei Wein und Würfel trachteten, so wären sie zwar heillos, doch wären sie erträglich; wer aber kann dulden, daß Tagediebe den Tüchtigsten nachstellen, ausgemachte Toren den Einsichtsvollsten, Trunkenbolde den Mäßigen, Schlafmützen den Wachsamen? Da liegen sie mir bei ihren Schmäusen, schamlose Frauenzimmer in den Armen haltend, vom Weine schlaff, übersättigt von Speisen, mit Blumengewinden bekränzt, mit Salben bestrichen, durch Unzucht geschwächt, und so rülpsen sie mit ihren Reden Mord für die Wohlgesinnten und Feuersbrünste für die Stadt aus.

Ich bin überzeugt, daß ihnen ein Unheil droht und daß die Strafe, die ihre Gewissenlosigkeit, Nichtsnutzigkeit, Verruchtheit und Genußsucht schon lange verdient hat, entweder bereits unmittelbar bevorsteht oder jedenfalls herannaht. Wenn

mein Konsulat sie beseitigt (es kann sie ja nicht heilen), dann
sichert es den Fortbestand des Staates nicht für irgendeine
kurze Frist, sondern für viele Jahrhunderte. Denn es gibt kein
Volk mehr, das wir fürchten müßten, und keinen König, der
Rom mit Krieg überziehen könnte. Dem gesamten auswärtigen Machtbereich hat die Tatkraft eines Mannes[37] zu Wasser und zu Lande Frieden verschafft; der Krieg im Inneren
dauert an; hier drinnen lauert der Hinterhalt, hier steckt die
Gefahr, hier ist der Feind. Wir müssen gegen die Genußsucht,
gegen den Aberwitz, gegen das Verbrechen kämpfen. Für diesen Krieg biete ich mich als Führer an, Quiriten; ich nehme
die Feindschaft verworfenen Gesindels auf mich; was man
heilen kann, werde ich auf jede Weise heilen, was man fort-
schneiden muß, werde ich nicht bis zum Untergang des Staates bestehen lassen. Daher mögen sie verschwinden oder Ruhe
halten, oder, wenn sie in der Stadt und bei derselben Gesinnung verharren, dann sollen sie das gewärtigen, was sie verdienen.

12   Indes, Quiriten, noch behaupten manche, ich hätte Catilina
hinausgeworfen. Wenn ich das mit einem bloßen Wort erreichen könnte, ich würde eben die hinauswerfen, die so etwas
behaupten. Freilich, der schüchterne oder gar allzu folgsame
Mensch konnte die Rede des Konsuls nicht ertragen; er gehorchte, sobald man ihm befahl, in die Verbannung zu gehen.
Vielmehr habe ich gestern, nachdem ich beinahe bei mir zu
Hause ermordet worden wäre, den Senat in den Tempel des
Jupiter Stator berufen und die versammelten Väter von der
ganzen Sache unterrichtet. Als Catilina dort erschien, welcher
Senator hat ihn da angeredet, wer ihn gegrüßt, kurz wer ihn
nicht angeblickt wie einen verruchten Mitbürger oder vielmehr wie den ärgsten Feind? Ja die Häupter der Versammlung ließen gar den Teil der Bänke leer und unbenutzt, auf den
13   er seine Schritte gelenkt hatte. Da habe ich, der brutale Kon-

sul, der mit seinem Worte Bürger in die Verbannung schickt,
Catilina gefragt, ob er an der nächtlichen Versammlung bei
M. Laeca teilgenommen habe oder nicht. Zunächst schwieg
dieser tolldreiste Mensch, von seinem Gewissen überführt;
dann teilte ich das übrige mit: ich legte dar, was er in jener
Nacht getan, wo er sich aufgehalten, was er für die folgende
Nacht beschlossen und wie er den ganzen Kriegsplan festgesetzt habe[38]. Als er nicht weiter wußte, als er gefaßt war, da
fragte ich ihn, weshalb er zögere, das längst in Aussicht ge-
nommene Ziel aufzusuchen; mir sei ja bekannt, daß er Waffen
und Beile und Rutenbündel, daß er Trompeten und Feldzei-
chen, daß er den Silberadler vorausgeschickt habe, für den er
in seinem Hause sogar ein Heiligtum eingerichtet hatte[39].
Ich soll jemanden in die Verbannung geschickt haben, von   14
dem ich wußte, daß er bereits die Bahn des Krieges beschritten
hatte? Denn dieser Hauptmann Manlius, der in der Mark von
Faesulae[40] ein Lager aufschlug, der hat ja wohl in seinem eigenen Namen dem römischen Volke den Krieg erklärt, und
dieses Lager wartet jetzt nicht auf Catilina, seinen Anführer,
und er, der Hinausgeworfene, begibt sich, wie es heißt, in die
Verbannung nach Massilia[41], und nicht in das Lager.

Welch elende Aufgabe, den Staat zu leiten, und noch mehr,
ihn zu erhalten! Gesetzt, L. Catilina, von meinen Vorberei-
tungen, Mühen und gefahrvollen Maßnahmen umstellt und
lahmgelegt, bekommt jetzt plötzlich Angst, ändert seinen
Entschluß, läßt seine Leute im Stich, gibt die Kriegsabsichten
auf und wendet sich von der Bahn des Frevels und Krieges
zur Flucht und in die Verbannung: dann wird es heißen –
nicht, daß er von mir seiner verwegenen Waffenmacht beraubt, nicht, daß er durch meine Umsicht in Bestürzung und
Schrecken versetzt, nicht, daß er von seinem hoffnungsvoll
begonnenen Unternehmen abgebracht worden sei; man wird
vielmehr sagen, der Konsul habe ihn, den Schuldlosen, ohne

Urteil durch Gewalt und Drohungen in die Verbannung geschickt, und sicherlich wollen ihn manche, wenn er dies tut,
nicht für gewissenlos, sondern für unglücklich, und mich nicht
für einen sehr umsichtigen Konsul, sondern für einen höchst
15 grausamen Tyrannen angesehen wissen[42]! Doch der Preis ist
mir nicht zu hoch, Quiriten, den Sturm dieses falschen und
ungerechten Vorwurfes über mich ergehen zu lassen, wenn
ich nur von euch die Gefahr dieses scheußlichen und verruchten Krieges abwenden kann. Man sage meinetwegen, er sei
von mir hinausgeworfen worden, wenn er nur in die Verbannung geht.

Doch glaubt mir, er wird nicht dorthin gehen. Niemals
werde ich, nur um den Vorwürfen gegen mich das Gewicht
zu nehmen, die unsterblichen Götter bitten, Quiriten, ihr
sollet vernehmen, daß L. Catilina an der Spitze des feindlichen
Heeres stehe und sich in Waffen umhertummle; aber dennoch,
innerhalb von drei Tagen werdet ihr's vernehmen, und es
wird mir, fürchte ich, einst viel eher Anfeindungen einbringen,
daß ich ihn habe abziehen lassen, als daß ich ihn hinausgeworfen hätte. Doch es gibt Leute, die ihn, der davonzog, für
hinausgeworfen erklären: was würden die erst sagen, wenn
16 man ihn hingerichtet hätte? Indes, wer da behauptet, Catilina gehe nach Massilia, den erfüllt diese Aussicht nicht so
sehr mit Bedauern wie mit Besorgnis. Von diesen Leuten ist
niemand so mitleidig, daß er ihn nicht lieber zu Manlius als
zu den Massilioten gehen sähe[43]. Doch Catilina würde, auch
wenn er, beim Herkules, sein jetziges Unternehmen niemals
zuvor im Sinne gehabt hätte, trotzdem lieber als Räuber um-
kommen, statt als Verbannter sein Leben zu fristen. In Wahrheit
aber ist ihm noch nie etwas wider sein Sinnen und Trachten
zugestoßen, außer daß er Rom verließ, ohne mich ermordet
zu haben; da wollen wir lieber wünschen, daß er in die Verbannung geht, als uns darüber beschweren.

Doch warum reden wir so lange von diesem einen Feind? 17
Und zwar von dem Feind, der schon zugibt, daß er unser
Feind ist, und den ich nicht fürchte, weil er, wie ich es stets
gewollt habe, durch die Mauer von uns geschieden ist? Doch
über die heimlichen Feinde, die sich noch in Rom aufhalten,
die unter uns sind, sagen wir nichts? Diese Leute möchte ich,
wenn es irgend geschehen kann, nicht bestrafen, sondern
ihrer gesunden Vernunft zurückgeben und mit dem Staate
aussöhnen, und ich sehe nicht, warum das unmöglich sein
sollte, wenn sie jetzt auf mich hören wollen. Ich möchte euch
nämlich erklären, Quiriten, aus welchen Gruppen von Leuten
die Scharen Catilinas Zulauf erhalten; dann will ich, wenn
ich kann, ratend und redend einer jeden ein Heilmittel vorschlagen.

Eine Gruppe besteht aus den Leuten, die große Schulden, 18
aber noch größere Besitzungen haben; sie hangen daran und
bringen es durchaus nicht fertig, sich ihrer Schulden zu ent-
ledigen. Diese Art von Leuten ist hochangesehen (sie sind ja
vermögend), doch ihre Einstellung und ihr Ziel läßt jegliche
Scham vermissen. Du bist mit Grundstücken, mit Gebäuden,
mit Silber, mit Sklaven, mit allen Dingen versehen und reichlich ausgestattet, und du zögerst, deinen Besitz zu verringern,
deinen Kredit zu vergrößern? Denn worauf wartest du? Auf
den Krieg? Wie? Meinst du, deine Besitzungen seien inmitten
der allgemeinen Verwüstung unantastbar? Oder auf Tilgung
der Schulden? Der irrt sich, der das von Catilina erwartet[44];
ich werde die Schuldentilgung durchführen, aber auf dem
Wege der Versteigerung; denn wer Besitzungen hat, kann
auf keine andere Weise wieder gesunden. Wenn sie sich zeitiger hierzu entschlossen und nicht versucht hätten (was die
größte Torheit ist), die Zinsen mit den Erträgnissen ihrer
Güter zu bestreiten, dann hätten wir an ihnen sowohl ver-
mögendere als auch bessere Mitbürger. Ich glaube indes, daß

man sich vor diesen Leuten am wenigsten zu fürchten braucht:
sie lassen sich entweder von ihrer Meinung abbringen oder
sie werden, wenn sie daran festhalten, eher ihre Wünsche,
scheint mir, als ihre Waffen gegen den Staat richten.

19   Die zweite Gruppe besteht aus Leuten, die trotz ihrer
Schuldenlast nach Herrschaft streben, die Macht an sich bringen wollen und glauben, sie könnten in verworrener Lage des
Staates die Ämter erlangen[45], denen sie, wenn Ruhe herrscht,
entsagen müssen. Ihnen muß man offenbar folgendes raten –
eines nämlich und dasselbe wie allen anderen: sie mögen die
Hoffnung aufgeben, daß sie ihr Ziel erreichen werden; zuallererst passe ich selbst auf, bin auf dem Posten und sorge für
die Sicherheit des Staates; groß ist ferner die Zuversicht der
Wohlgesinnten, groß ihre Eintracht, groß auch ihre Truppen-
macht; schließlich werden die unsterblichen Götter dem un-
besiegten Volke, dem ruhmvollen Reich und der herrlichen
Stadt gegen ein so verruchtes Unternehmen tätige Hilfe leisten. Doch gesetzt, sie hätten einmal erreicht, was sie in ihrer
schlimmen Raserei begehren: glauben sie denn, sie könnten
in den Trümmern der Stadt und im Blute der Bürger, wie sie
es sich in ihrem verbrecherischen und frevelhaften Sinn gewünscht haben, Konsuln oder Diktatoren oder gar Könige
sein? Sehen sie nicht, daß sie etwas begehren, was sie, sobald
sie es erreicht haben, einem flüchtigen Sklaven oder einem
Gladiator überlassen müssen[46]?

20   Die dritte Gruppe ist schon vom Alter geschwächt, aber
wegen ihrer Geübtheit noch leistungsfähig; zu ihr gehört der
Manlius, an dessen Stelle jetzt Catilina tritt. Dies sind Leute
aus den Kolonien, die Sulla gegründet hat[47]. Zwar wohnen
dort, wie ich meine, im großen ganzen vorzügliche Bürger
und sehr tüchtige Männer; es gibt aber doch Siedler, die sich
von dem unverhofften und plötzlichen Gelde zu einem allzu
aufwendigen und unbescheidenen Wandel verleiten ließen.

Sie bauen, als wären sie steinreich; sie finden Gefallen an
Mustergütern, großem Gesinde, prächtigen Gastmählern,
und schon sind sie derart in Schulden geraten, daß sie Sulla
aus der Unterwelt herbeirufen müßten, wenn sie gerettet sein
wollten; sie haben auch einige Leute vom Lande, arme Schluk-
ker, zur gleichen Hoffnung auf die altgewohnten Raubzüge[48]
verleitet. Ich rechne sie beide zu derselben Gruppe von Räubern und Plünderern; doch ich rate ihnen dringend, von ihrer
Raserei, von dem Gedanken an Ächtungen und Diktaturen
abzulassen. Denn jene Zeiten haben unserem Gemeinwesen
eine so tiefe Wunde eingebrannt, daß, wie mir scheint, kein
Mensch und nicht einmal das Vieh gewillt ist, diese Dinge
hinzunehmen.

Die vierte Gruppe ist ein recht buntes und verworrenes 21
Gemisch. Diese Leute stecken schon seit langem in der Klem-
me, sie kommen nie empor; mit ihren alten Schulden, der
Folge teils von Unfähigkeit, teils von schlechter Geschäfts-
führung, teils auch von hohem Aufwand, stehen sie auf äußerst
wackligen Füßen. Sie sind von Terminen, Prozessen und Kon-
kursen zermürbt; es heißt, daß sie in großer Zahl von der
Stadt und vom Lande aus das Lager Catilinas aufsuchen. Ich
möchte meinen, diese Leute sind nicht so sehr schneidige Soldaten wie lahme Ausflüchtemacher. Sie mögen schnellstens
zusammenbrechen, wenn sie sich nicht halten können, doch
so, daß die Gesamtheit und selbst die nächsten Nachbarn
nichts davon merken. Denn das verstehe ich nicht, weshalb
sie, wenn sie nicht in Ehren leben können, mit Schande zugrunde gehen wollen oder warum sie glauben, sie gingen gemeinsam mit vielen weniger schmerzlich zugrunde als allein.

Die fünfte Gruppe besteht aus Meuchelmördern, Halsab- 22
schneidern und Kriminellen aller Art. Diese Leute will ich
nicht von Catilina abbringen; denn sie sind untrennbar mit
ihm verbunden, und sie sollen auch auf ihrem Raubzug zu-

grunde gehen, da sie so zahlreich sind, daß sie das Gefängnis[49] nicht fassen kann.

Die letzte Gruppe aber ist Catilinas eigenes Gewächs, der Zahl und besonders der Art und Lebensführung nach, seine Auserwählten, ja seine Herzens- und Busenfreunde. Ihr seht sie mit gestriegeltem Haar, schmucke Burschen, teils bartlos, teils mit stattlichem Barte; ihre Tunica hat Ärmel und reicht bis an die Knöchel hinab[50]; sie drapieren sich mit Stoff, statt eine Toga zu tragen; alle Tatkraft ihres Lebens und Ausdauer im Wachen entfaltet sich bei Mahlzeiten, die sich bis zum 23 frühen Morgen hinziehen. In diesen Kreisen tummeln sich alle Spieler, alle Ehebrecher, alle Lüstlinge und Wüstlinge. Diese jungen Leute, so hübsch und so verwöhnt, haben nicht nur gelernt, zu lieben und sich lieben zu lassen, zu tanzen und zu singen, sondern auch Dolche zu schleudern und Gift zu verspritzen. Wenn die nicht weggehen, wenn die nicht zugrunde gehen, so wißt: auch wenn Catilina zugrunde geht, wird in unserem Staatswesen immer noch diese Pflanzschule von Catilinariern bestehen. Indes, was haben diese Unglücklichen vor? Sie werden doch nicht ihre Frauenzimmer mit sich ins Lager nehmen? Doch wie können sie auf sie verzichten, zumal in diesen Nächten[51]? Wie aber werden sie den Apennin und den Frost und Schnee aushalten? Es sei denn, sie glauben, sie könnten den Winter deshalb leichter ertragen, weil sie gelernt haben, bei den Gelagen nackt zu tanzen.

24   Ein gar fürchterlicher Krieg; denn über diese Leibwache von Buhlknaben wird Catilina gebieten! Rüstet jetzt, Quiriten, gegen diese wahrhaft prächtigen Truppen Catilinas euren Landsturm und eure Heere! Und stellt zuerst diesem entnervten und angeschlagenen Banditen eure Konsuln und Feldherren entgegen; führt sodann wider die gestrandete und entkräftete Schar Schiffbrüchiger die Blüte und die Kraft ganz Italiens ins Feld. Gewiß werden ja auch die Mauern der Kolo-

nien und Landstädte den Waldschanzen Catilinas gewachsen
sein, und ich brauche nicht erst eure übrigen Mittel, Waffen
und Wehren mit der Dürftigkeit und Armut dieses Räubers
zu vergleichen.

Doch wenn wir auch diese Dinge beiseite lassen, die uns zu 25
Gebote stehen und ihm fehlen, den Senat, die römischen Ritter, die Stadt, die Staatskasse, die Steuereinkünfte, ganz Italien, sämtliche Provinzen, die auswärtigen Völker, wenn wir
also dies alles beiseite lassen und allein die Grundsätze vergleichen wollen, die miteinander ringen, dann können wir
gerade daran ablesen, wie tief die Gegner darniederliegen.
Denn auf dieser Seite kämpft die Gewissenhaftigkeit, dort der
Leichtsinn, hier die Keuschheit, dort die Unzucht, hier die
Treue, dort der Trug, hier die Pflicht, dort das Verbrechen,
hier die Beständigkeit, dort die Raserei, hier die Ehre, dort
die Schande, hier die Selbstbeherrschung, dort die Zügellosigkeit; kurz, hier streiten die Gerechtigkeit, die Mäßigung, die
Tapferkeit, die Umsicht und sämtliche Tugenden gegen das
Unrecht, die Üppigkeit, die Feigheit, die Planlosigkeit, gegen
sämtliche Laster; endlich schlägt sich der Überfluß mit der
Dürftigkeit, die vernünftige Einstellung mit der heillosen, das
gesunde Denken mit dem Aberwitz, überhaupt die wohlbe-
gründete Hoffnung mit völliger Verzweiflung. Wenn nun in
einem derartigen Kampf und Streit die Bemühungen der
Menschen erlahmen sollten, werden dann nicht die unsterblichen Götter selbst darauf dringen, daß diese glänzenden
Tugenden so viele und so schwere Laster überwinden?

Da dem so ist, Quiriten: verteidigt ihr, wie ich schon früher 26
gesagt habe, eure Häuser mit Wachen und Posten; ich habe
Sorge getragen und vorgesehen, daß die Stadt hinlänglich
durch Mannschaften gesichert ist, ohne daß ihr euch zu ängs-
tigen braucht und es eines allgemeinen Aufgebots bedürfte.
Alle eure Mitbürger in den Kolonien und Munizipien wurden

von mir über den nächtlichen Auszug Catilinas unterrichtet; sie können ohne Mühe ihre Städte und Bezirke verteidigen. Von den Gladiatoren glaubte Catilina, sie würden seine zuverlässigste Truppe sein; meine Amtsgewalt wird sie in Schranken halten, obwohl sie zuverlässiger sind als mancher Patrizier. Ich habe vorsorglich Q. Metellus in die gallische und picenische Mark vorausgesandt[52]; er wird den Mann überwältigen oder sich allen seinen Bewegungen und Unternehmungen in den Weg stellen. Was man aber sonst noch beschließen und eilends ausführen sollte, darüber will ich nunmehr dem Senat berichten, der, wie ihr seht, gerade einberufen wird.

27   Nun zu denen, die in der Stadt geblieben sind, ja von Catilina dort zurückgelassen wurden, der Stadt und euch allen zu schaden: sie sind Feinde, doch möchte ich sie, weil sie als Bürger geboren sind, immer wieder gewarnt haben. Meine bisherige Milde ist gewiß manchem zu weit gegangen; doch sie hat nur darauf gewartet, daß ans Licht käme, was verborgen war. In Zukunft kann ich nicht mehr außer acht lassen, daß dies mein Vaterland ist, daß ich der Konsul dieser Bürger hier bin und daß ich mit ihnen leben oder für sie sterben muß. Kein Wächter steht an den Toren, kein Posten lauert am Wege; wenn jemand fortgehen will: ich kann ein Auge zudrücken. Doch wer sich in der Stadt zu rühren wagt und wen ich nicht nur nach vollendeter Tat, sondern schon bei irgendeinem Beginnen oder Vorhaben gegen das Vaterland entdecke, der wird spüren: diese Stadt hat wachsame Konsuln, hat hervorragende Beamte, hat einen tatkräftigen Senat, hat Waffen, hat ein Gefängnis, von unseren Vorfahren zur Bestrafung verruchter und offenkundiger Verbrechen bestimmt[53].

28   Und all dies geht so vonstatten: die wichtigsten Dinge werden mit möglichst geringer Unruhe, die äußersten Gefahren

ohne allgemeines Aufgebot beigelegt; ein innerer und im eigenen Lande geführter Krieg, der grausamste und furchtbarste seit Menschengedenken, wird allein durch mich, den Führer und Feldherrn in der Toga[54], beseitigt. Ich will dabei so vorgehen, Quiriten, daß in unserer Stadt, wenn irgend möglich, nicht einmal ein Frevler die Strafe für sein Verbrechen erleiden muß. Doch vielleicht zwingt mich der Druck handgreiflicher Vermessenheit oder die dem Vaterlande drohende Gefahr, von meiner Milde abzugehen; dann will ich jedenfalls erreichen, was man sich wohl in einem so furchtbaren und tückischen Krieg kaum wünschen darf: kein Rechtschaffener soll zugrunde gehen und die Bestrafung weniger euch allen die Rettung verschaffen. Dies verspreche ich euch 29 nicht im Vertrauen auf meine eigene Umsicht noch überhaupt auf menschliches Planen, Quiriten; vielmehr haben mich zahlreiche und unbezweifelbare Zeichen der unsterblichen Götter zu dieser Erwartung und Auffassung geführt. Die schützen durch ihr Walten und Wirken ihre Tempel und die Dächer der Stadt, zwar nicht mehr, wie sie einst zu tun pflegten, weit weg gegen einen fremden und fernen Feind, sondern hier vor unseren Augen. Ihr müßt sie bitten, verehren und anflehen, Quiriten: sie möchten diese Stadt, nach ihrem Willen die schönste, blühendste und mächtigste, die es gibt, nunmehr, da alle Heere der Feinde zu Wasser und zu Lande überwunden sind, gegen den ruchlosen Anschlag zutiefst verworfener Bürger verteidigen.

1 Ihr seht, Quiriten: der Staat und euer aller Leben, euer Hab und Gut, eure Frauen und Kinder sowie dieser Wohnsitz des herrlichsten Reiches, die gesegnetste und schönste Stadt, all dies wurde am heutigen Tage durch die unsterblichen Götter, die euch ihre übergroße Liebe erzeigten, sowie durch meine Mühen, Vorkehrungen und Fährnisse der Flamme und dem Schwert und fast dem Rachen des Schicksals entrissen und 2 euch erhalten und wiedergegeben. Und gewiß ist uns der Tag unserer Rettung nicht minder angenehm und bedeutend als der Tag unserer Geburt, weil die Freude über unsere Rettung bestimmt, das Los aber, zu dem wir geboren werden, unbestimmt ist, und weil wir ohne Bewußtsein geboren, jedoch zu unserer Lust gerettet werden; dann aber muß wahrhaftig, da wir ja den Gründer dieser Stadt durch unser dankbares Urteil zu den unsterblichen Göttern erhoben haben[55], derjenige bei euch und euren Nachkommen in Ansehen stehen, der eben diese Stadt nach ihrer Gründung und Erweiterung gerettet hat. Denn wir haben das Feuer gelöscht, das fast schon die ganze Stadt, die Tempel und Heiligtümer, Häuser und Mauern von allen Seiten ergriff; wir haben ebenfalls die Schwerter zurückgestoßen, die gegen den Staat gezückt waren, und ihre 3 Spitzen von euren Kehlen weggeschlagen. Dies wurde im Senat ans Licht gebracht, bekanntgegeben und genau ermittelt, und zwar durch mich. So will ich nunmehr auch euch in Kürze unterrichten: ihr, die ihr noch in Unkunde und voller Erwartung seid, sollt wissen, welch ungeheuerliche Dinge aufgespürt und entdeckt wurden und mit welcher Klarheit und auf welche Weise.

Um zu beginnen: Catilina war vor einigen Tagen aus der Stadt davongeeilt, hatte jedoch die Genossen seines Verbrechens und eifrigsten Anführer dieses ruchlosen Krieges in

Rom zurückgelassen. Da habe ich stets achtgegeben und mich darum gesorgt, Quiriten, wie wir einen so schlimmen und so versteckten Anschlag überstehen könnten. Denn damals, als ich Catilina aus der Stadt hinauswarf (mich ängstigt nämlich der gehässige Sinn dieses Wortes nicht mehr, da ich mich mehr vor dem Anwurf fürchten muß, daß er lebend davongekommen sei), als ich ihn also entfernt wissen wollte, da glaubte ich, die übrige Schar der Verschwörer werde zugleich abziehen oder die Zurückgebliebenen seien ohne ihn schwach und kraftlos. Ich mußte jedoch gewahr werden, daß diejenigen noch unter uns weilten und in Rom zurückgeblieben seien, von denen ich wußte, daß sie am schlimmsten von Raserei und Bosheit erfaßt waren. Da verwendete ich alle Tage und Nächte darauf, zu erfahren und zu sehen, was sie trieben, was sie vorhätten. Denn da meine Rede euren Ohren wegen der unglaublichen Ausmaße des Verbrechens nicht sonderlich vertrauenswürdig erschien, wollte ich die Sache so fest in die Hand bekommen, daß ihr die Missetat unmittelbar vor Augen sähet und dann endlich mit ganzer Überzeugung für eure Rettung sorgtet.

Man berichtete mir nun, daß die Gesandten der Allobroger von P. Lentulus aufgewiegelt worden seien, sie sollten jenseits der Alpen und im diesseitigen Gallien Aufruhr erregen [56]; man habe sie nach Gallien zu ihren Landsleuten und auf demselben Wege mit Briefen und Aufträgen für Catilina abgefertigt, und als Begleiter sei ihnen T. Volturcius beigegeben, dem man Briefe an Catilina ausgehändigt habe. Da glaubte ich, die Gelegenheit sei für mich gekommen, daß die ganze Sache (was sehr schwierig war und was ich mir stets von den unsterblichen Göttern gewünscht hatte) nicht nur von mir, sondern auch vom Senat und von euch handgreiflich aufgedeckt würde. Ich rief daher gestern die Prätoren L. Flaccus und C. Pomptinus zu mir, zwei ungemein tüchtige und dem

Staat ganz ergebene Männer; ich legte den Sachverhalt dar; ich setzte ihnen auseinander, was geschehen solle. Sie aber, die dem Gemeinwohl gegenüber nur ausgezeichnete und vorbildliche Grundsätze kannten, übernahmen die Aufgabe ohne Weigerung und ohne Säumen. Und als es Abend wurde, gelangten sie insgeheim zur mulvischen Brücke[57] und besetzten dort auf zwei Seiten die angrenzenden Landgüter, und zwar so, daß sich der Tiber und die Brücke zwischen ihnen befanden. An diesen Platz hatten sie nun teils selbst, ohne bei jemandem Verdacht zu erregen, zahlreiche beherzte Männer mitgenommen, teils hatte ich einige ausgewählte junge Leute aus dem Bezirk von Reate[58], die mir ständig für den Schutz des Staates zu Diensten stehen, mit Schwertern bewaffnet dorthin gesandt.

6   Mittlerweile ging die dritte Nachtwache zu Ende[59]; da begannen die Gesandten der Allobroger mit großem Gefolge die mulvische Brücke zu überschreiten, und mit ihnen Volturcius. Man greift sie an; man zieht auf ihrer wie auf unserer Seite das Schwert. Nur die Prätoren waren eingeweiht; die übrigen wußten nichts. Da legen sich Pomptinus und Flaccus ins Mittel; man stellt den Kampf, der sich erhoben hatte, wieder ein. Alle Schriftstücke, welche der Zug bei sich führte, werden mit unversehrten Siegeln den Prätoren ausgehändigt; die Festgenommenen selbst führt man mir vor, als es eben zu tagen begann. Und ich ließ den gewissenlosesten Rädelsführer aller dieser Verbrechen, Gabinius Cimber, sofort zu mir rufen (er ahnte noch nichts); ebenso wurde dann L. Statilius herbeigeholt und nach ihm Cethegus. Lentulus aber kam erst sehr spät, wohl weil er wider seine Gewohnheit die Nacht zuvor bei der Ausfertigung der Briefe durchwacht hatte[60].

7   Als die Sache bekannt wurde, fanden sich morgens die Häupter unseres Staates, hochangesehene Männer, in großer Zahl bei mir ein. Sie empfahlen mir, ich solle die Schriftstücke

öffnen, ehe ich sie dem Senat vorlegte: es solle, falls sich nichts
darin fände, nicht heißen, ich hätte die Bürgerschaft unnötig
in solche Aufregung versetzt. Ich weigerte mich, in gefährlicher Lage des Staates dem Staatsrat vorzugreifen. Denn
auch wenn man nicht gefunden hätte, was mir angezeigt worden war, Quiriten, so glaubte ich doch nicht, mich in einer
derart großen Gefahr unseres Staates vor einem Übermaß an
Sorgfalt fürchten zu müssen.

Wie ihr gesehen habt, rief ich eilends den Senat zusammen;
man kam in großer Zahl. Und unterdessen beauftragte ich   8
auf Anraten der Allobroger alsbald den Prätor C. Sulpicius,
einen tüchtigen Mann, er solle aus dem Hause des Cethegus
herbeischaffen, was sich dort an Waffen fände, und wirklich
brachte er eine große Menge Dolche und Schwerter mit. Ich
führte Volturcius vor, ohne die Gallier; ich gab ihm auf Ge-
heiß des Senates das staatliche Sicherheitsversprechen[61]; ich
forderte ihn auf, ohne Furcht auszusagen, was er wisse. Da
erklärte er, nachdem er sich mit Mühe von seiner großen
Furcht erholt hatte: P. Lentulus habe ihm den brieflichen
Auftrag an Catilina übergeben, Catilina solle sich auf die
Hilfe der Sklaven stützen und möglichst bald mit seinem Heer
gegen die Stadt vorrücken; dies aber solle deshalb geschehen,
damit er zur Stelle sei, die Flüchtenden aufzufangen und sich
mit den Anführern in der Stadt zu vereinigen, sobald man die
Stadt an allen Ecken, wie es geplant und eingeteilt war, in
Brand gesteckt und ein unermeßliches Blutbad unter den
Bürgern angerichtet habe.

Die Gallier aber, die nunmehr hereingeführt wurden, sag-   9
ten aus, sie hätten von P. Lentulus, Cethegus und Statilius
eidliche Versprechen sowie Briefe an ihre Landsleute erhalten;
ferner sei ihnen von den Genannten und von L. Cassius[62] be-
fohlen worden, sie sollten möglichst bald Reiterei nach Italien
schicken; an Fußtruppen werde kein Mangel sein. Lentulus

aber habe ihnen versichert, er sei gemäß den sibyllinischen
Sprüchen und nach den Auskünften der Opferschauer jener
dritte Cornelius, an den die Herrschaft und Gewalt über diese
Stadt gelangen solle; vor ihm seien es Cinna und Sulla gewesen. Er habe auch behauptet, dieses Jahr sei vom Schicksal
für den Untergang von Stadt und Reich bestimmt; es sei das
zehnte nach der Freisprechung der vestalischen Jungfrauen,
nach dem Brande des Kapitols jedoch das zwanzigste. Über
diesen Punkt aber, erklärten sie, habe sich Cethegus mit den
übrigen gestritten, daß Lentulus und andere meinten, man
solle das Massaker und die Einäscherung der Stadt an den
Saturnalien durchführen, während Cethegus diese Frist für
allzu lang hielt[63].

Und um es kurz zu machen, Quiriten: ich befahl, die Brief-
tafeln hervorzuholen, die ein jeder ausgefertigt haben sollte.
Zuerst zeigte ich sie Cethegus; er erkannte sein Siegel. Ich
durchschnitt das Band[64]; ich verlas den Brief. Er hatte ihn
mit eigener Hand an Senat und Volk der Allobroger gerichtet:
er werde ausführen, was er ihren Gesandten zugesichert habe;
er bitte sie, ebenfalls zu tun, was ihre Gesandten ihm versprochen hätten. Cethegus hatte noch kurz zuvor irgend etwas über die Schwerter und Dolche vorgebracht, die bei ihm
entdeckt worden waren, und behauptet, er sei stets ein Liebhaber von gutem Eisengerät gewesen – da aber, nachdem der
Brief verlesen war, verstummte er plötzlich, gelähmt und
entmutigt durch sein böses Gewissen. Statilius wurde hereingeführt; er bestätigte sein Siegel und seine Hand. Man verlas
den ungefähr gleichlautenden Brief; Statilius war geständig.

Da zeigte ich Lentulus die Tafeln und fragte, ob er das
Siegel anerkenne. Er sagte: «Ja.» «Gewiß», erwiderte ich,
«es ist ein bekanntes Siegel, das Bildnis deines Großvaters,
eines hochangesehenen Mannes, der sein Vaterland und seine
Mitbürger über alles geliebt hat[65]; das Bild hätte dich, stumm

wie es ist, von einem solchen Frevel zurückrufen sollen.» Man 11
verliest einen Brief gleichen Sinnes an Senat und Volk der
Allobroger. Ich gab ihm Gelegenheit, ob er sich hierzu äußern
wolle. Und zuerst lehnte er ab; einige Zeit darauf aber, nachdem bereits der ganze Inhalt der Anzeige zu Protokoll gegeben und verlesen war, erhob er sich; er fragte die Gallier, was
er mit ihnen zu tun habe, weshalb sie in sein Haus gekommen
seien, und ebenso den Volturcius. Als die ihm kurz und fest
geantwortet hatten, durch wessen Vermittlung und wie oft
sie zu ihm gekommen seien, und ihn fragten, ob er ihnen nichts
über die sibyllinischen Sprüche gesagt habe, da zeigte er, in
seiner Verruchtheit plötzlich von Sinnen, welche Macht das
Gewissen hat. Denn obwohl er das hätte leugnen können, fand
er sich wider aller Erwarten auf einmal zum Geständnis bereit.
So ließ ihn nicht nur sein Talent und seine Redefertigkeit im
Stich, worin er stets stark war, sondern, unter dem Druck
des handgreiflich erwiesenen Verbrechens, ebenso seine Unverschämtheit und Gewissenlosigkeit, durch die er alle übertraf. Volturcius aber verlangte plötzlich, man möge den Brief 12
vorzeigen und öffnen, den Lentulus ihm, wie er sagte, für
Catilina mitgegeben habe. Und da geriet Lentulus in größte
Verwirrung; gleichwohl bestätigte er sein Siegel und seine
Hand. Der Brief war ohne Anrede und Absender, sondern
lautete so: «Wer ich bin, erfährst du von dem, den ich zu dir
sende. Erzeige dich als Mann und bedenke, wie weit du gegangen bist. Sieh zu, was du jetzt zu tun gezwungen bist, und
kümmere dich darum, daß du dir von jedermann Hilfe ver-
schaffst, auch von den Niedrigsten[66].» Darauf wurde Gabinius herbeigeführt; nachdem er sich zunächst auf unver-
schämte Antworten verlegt hatte, leugnete er schließlich
nichts mehr von dem, was die Gallier ihm vorwarfen. Und ich 13
war nun zwar der Meinung, Quiriten, die Briefe, Siegel,
Schriftzüge und schließlich das Geständnis eines jeden seien

ganz untrügliche Beweise und Anzeichen des Verbrechens;
allein für viel untrüglicher noch hielt ich dies: die Farbe des
Gesichts, die Blicke, die Mienen, das Schweigen. Denn die
Beschuldigten waren so bestürzt, starrten so auf den Boden,
sahen einander bisweilen so verstohlen an, daß man nicht
mehr den Eindruck hatte, sie würden von anderen angezeigt,
sondern sie zeigten sich selbst an.

Die Anzeigen waren zu Protokoll gegeben und verlesen,
Quiriten; da fragte ich den Senat, was für das Wohl von Staat
und Verfassung getan werden solle. Die maßgeblichen Mitglieder[67] gaben sehr scharfe und entschiedene Erklärungen ab,
denen sich der übrige Senat ohne Ausnahme anschloß. Und
da der Senatsbeschluß noch nicht aufgezeichnet ist, will ich
euch aus dem Gedächtnis mitteilen, Quiriten, was der Senat
14 für gut befunden hat. Zunächst dankt man mir mit sehr ehrenvollen Worten, daß durch meine Entschlossenheit, Umsicht
und Vorsorge der Staat von schlimmster Gefahr befreit worden sei. Dann erhalten die Prätoren L. Flaccus und C. Pomptinus berechtigtes und verdientes Lob: sie hätten mir mutig
und zuverlässig Hilfe geleistet. Und auch meinem tüchtigen
Kollegen wird Anerkennung ausgesprochen: er habe die Teil-
nehmer an dieser Verschwörung von seinen eigenen und den
staatlichen Angelegenheiten ferngehalten[68].

Und man beschloß weiterhin, daß P. Lentulus, nachdem er
sein Amt als Prätor niedergelegt habe, in Haft genommen
werden solle, und ebenso sollten C. Cethegus, L. Statilius und
P. Gabinius, die alle anwesend waren, in Haft gelangen, und
dasselbe wurde gegen L. Cassius verfügt, der für sich die Aufgabe beansprucht hatte, die Stadt in Brand zu stecken, gegen
M. Ceparius, dem, wie die Anzeige lautete, Apulien zugewie-
sen war, die dortigen Hirten aufzuwiegeln, gegen P. Furius,
der zu den von Sulla nach Faesulae gebrachten Siedlern gehört, gegen Q. Annius Chilo, der sich gemeinsam mit Furius

immer wieder bemüht hatte, die Allobroger zum Aufruhr zu
verleiten, sowie gegen den Freigelassenen P. Umbrenus, von
dem erwiesen war, daß er zuerst die Gallier zu Gabinius geführt hatte[69]. Der Senat ließ also eine solche Milde walten,
Quiriten, daß er glaubte, man könne die übrigen, sei der Staat
einmal gerettet, wieder zur Vernunft bringen, wenn man aus
einer derart weitreichenden Verschwörung und einer so großen Anzahl einheimischer Feinde nur die neun verworfensten
Gesellen bestrafe.

Und ferner wurde den unsterblichen Göttern für ihre ein-   15
zigartige Hilfe zu meiner Ehre ein Dankfest bewilligt, was mir
als erstem Zivilbeamten seit der Gründung der Stadt begegnet
ist[70], und es wurde mit dem Wortlaut beschlossen, «weil ich
die Stadt vor der Einäscherung, die Bürger vor dem Tode,
Italien vor dem Kriege bewahrt hätte». Wenn man dieses Dankfest mit den übrigen Dankfesten vergleicht, so zeigt sich der
Unterschied: die übrigen wurden wegen guter Verwaltung,
nur dieses aber wegen der Rettung des Staates festgesetzt.

Und das, was zuerst getan werden mußte, ist getan und
ausgeführt. Denn P. Lentulus hatte gewiß durch die vorge-
führten Beweise, durch seine Geständnisse, durch das Urteil
des Senates nicht nur die Vorrechte des Prätors, sondern auch
die des Bürgers verloren; gleichwohl legte er in aller Form
sein Amt nieder. Zwar hatte einst der hochberühmte C. Marius keinerlei Bedenken, den C. Glaucia, über den kein aus-
drücklicher Beschluß vorlag, als Prätor zu töten[71]; wir aber
wollten uns diesem Bedenken nicht aussetzen und P. Lentulus
erst bestrafen, wenn er Privatperson sei.

Da ihr nunmehr die ruchlosen Anführer eines überaus ver-   16
brecherischen und gefährlichen Krieges in Haft und Gewahrsam habt und die Stadt aus ihrer bedrängten Lage befreit ist,
dürft ihr glauben, Quiriten, daß jetzt die gesamte Macht Catilinas, alle seine Aussichten und Auskünfte zunichte geworden

sind. Als ich diesen Mann aus der Stadt vertrieb, da sah ich
voraus, Quiriten, daß ich nach seiner Entfernung weder den
Schlaf des P.Lentulus noch den Wanst des L.Cassius noch
auch das blindwütige Treiben des C.Cethegus würde fürchten müssen. Von ihnen allen war allein Catilina furchtbar,
doch nur, solange er sich im Mauerring der Stadt befand. Er
kannte alles, er hatte Zugang zu allem; er konnte die Leute
ansprechen, beeinflussen, aufwiegeln, und er wagte es. Er war
fähig, eine Untat zu planen, seinem Plane aber fehlte weder
die Zunge noch die Hand. Er hatte bereits bestimmte Leute
für die Ausführung bestimmter Aufgaben ausgesucht und eingeteilt. Doch wenn er einen Auftrag erteilt hatte, so hielt er
ihn noch nicht für erledigt; es gab nichts, wo er nicht selbst
dabei war und herzueilte, wachte und sich mühte; er ver-
17 mochte Kälte, Hunger und Durst zu ertragen. Dieser Mann
war so hart, so verwegen, so schlagfertig, so gewitzt, so wachsam bei der Freveltat, so umsichtig bei heillosen Unternehmungen: hätte ich ihn nicht aus seinem Hinterhalt an Ort und
Stelle in das Räuberdasein des Feldlagers getrieben, dann (ich
will sagen, was ich denke, Quiriten) wäre es mir nicht leicht
geworden, euch dieses schwer lastende Unheil vom Halse zu
schaffen. Er hätte für uns nicht erst die Saturnalien vorgesehen noch den Unglücks- und Schicksalstag des Staates so
lange zuvor angekündigt noch sich so ungeschickt verhalten,
daß sein Siegel, daß ein Brief von ihm als Zeuge des handgreiflichen Verbrechens abgefangen wird. Doch jetzt, während
seiner Abwesenheit, hat man diese Dinge so ausgeführt, daß
nie ein Diebstahl in einem Privathause so offen aufgedeckt
wurde, wie diese im ganzen Staatswesen verzweigte Verschwörung sichtbar enthüllt ist. Zwar habe ich, solange Catilina in der Stadt war, allen seinen Plänen entgegengearbeitet
und sie durchkreuzt; wäre er jedoch bis zum heutigen Tage
geblieben, so hätten wir, gelinde ausgedrückt, mit ihm kämp-

fen müssen, und wir hätten, solange dieser Feind in den Mauern weilte, den Staat niemals in solchem Frieden, solcher Ruhe,
solcher Stille aus derartigen Nöten befreien können.

Indes, die Ausführung von alledem durch mich ging so von- 18
statten, Quiriten, daß man glauben möchte, es sei durch das
Walten und Wirken der unsterblichen Götter vollbracht und
vorbereitet worden. Dies können wir einmal aus der Erwägung
ableiten, daß die Lenkung derart bedeutender Ereignisse wohl
kaum menschlichem Planen zu entspringen vermochte; zum
anderen aber ließen die Götter uns in dieser Notzeit so unmittelbar ihre Hilfe und ihren Beistand zuteil werden, daß
wir sie geradezu leibhaft wahrnehmen konnten. Ich will mich
gar nicht damit aufhalten, daß man zu nächtlicher Zeit von
Westen her den Feuerschein von Fackeln am Himmel bemerkt hat, ich will das Zucken der Blitze, die Erdbeben auf
sich beruhen lassen, ich will alles andere übergehen, was sich
während meines Konsulats in solcher Fülle begeben hat, daß
man glauben muß, die unsterblichen Götter hätten die jetzigen Ereignisse genau vorausgesagt. Doch wovon ich jetzt reden will, Quiriten, das darf man gewiß nicht unberührt noch
unbeachtet lassen.

Denn sicherlich erinnert ihr euch: als Cotta und Torquatus 19
Konsuln waren[72], da schlug an mehreren Stellen auf dem Kapitol der Blitz ein; die Götterbilder fielen zu Boden, und die
Statuen von Männern der Frühzeit stürzten um, und die eher-
nen Gesetzestafeln zerschmolzen, und auch er, der diese Stadt
gegründet hat, Romulus, wurde getroffen; ihr wißt, er stand
vergoldet auf dem Kapitol, wie er sich als kleiner Säugling
nach den Zitzen der Wölfin reckt. Damals fanden sich aus
ganz Etrurien die Opferschauer[73] ein, und sie erklärten, daß
Mord und Feuersbrunst, die Aufhebung der Gesetze, ein
Krieg unter Bürgern und im eigenen Lande sowie der völlige
Untergang von Stadt und Reich bevorstünden, wenn nicht

die unsterblichen Götter auf jede Weise versöhnt würden und
durch ihr Eingreifen geradezu das Schicksalswalten selbst ab-
20 änderten. Daher veranstaltete man damals gemäß diesen Auskünften Spiele von zehntägiger Dauer und unterließ nichts,
was geeignet war, die Götter zu versöhnen. Die Opferschauer
empfahlen auch, ein noch größeres Bild des Jupiter anzuferti-
gen und an erhöhter Stelle aufzurichten und im Gegensatz zu
früher nach Osten zu wenden. Und sie erklärten, wenn dieses
Standbild, das ihr dort seht, gen Sonnenaufgang und auf das
Forum und auf die Kurie blicke, so hofften sie, die Anschläge,
die man insgeheim gegen das Heil von Stadt und Reich an-
zettele, würden ans Licht kommen, so daß der Senat und das
Volk von Rom sie zu durchschauen vermöchten. Und die genannten Konsuln gaben die Errichtung des Standbildes in Auftrag; doch das Werk verzögerte sich derart, daß es weder
während der Amtszeit der früheren Konsuln noch in meinem
Konsulat vor dem heutigen Tage aufgestellt werden konnte.
21   Wer vermag da so der Wahrheit abhold, so eilfertig, so beschränkt zu sein, daß er leugnete, dies alles, was wir hier sehen, und zumal unsere Stadt werde durch den Willen und die
Macht der unsterblichen Götter gelenkt? Denn der Bescheid,
der ergangen war, lautete: Mord, Brand, der Untergang des
Staates werde vorbereitet, und zwar von Bürgern. Das schien
damals manchem wegen der Größe der Verbrechen unglaublich, doch ihr habt jetzt erkannt: ruchlose Bürger haben das
nicht nur geplant, sondern auch ins Werk gesetzt. Dies aber
hat doch wohl ganz offenkundig der Wille des Jupiter Opti-
mus Maximus verursacht, daß man am Morgen des heutigen
Tages auf meinen Befehl hin die Verschworenen und ihre Ent-
decker über das Forum zum Tempel der Concordia[74] geführt
und genau zur gleichen Zeit das Standbild aufgestellt hat. Es
war gerade aufgerichtet und zu euch und zum Senate hinge-
wandt, da ersahen der Senat und ihr, daß alle Pläne gegen

das Heil der Gesamtheit ans Licht gebracht und aufgedeckt waren.

Desto größere Verachtung und Bestrafung verdienen daher **22** diese Gesellen, die sich vorgenommen hatten, nicht nur eure Wohnungen und Häuser, sondern auch die Tempel und Heiligtümer der Götter mit verderblichem und verruchtem Brande heimzusuchen. Wenn ich behaupten wollte, ich hätte das verhindert, dann würde ich mir allzu viel anmaßen und wäre unausstehlich: der, der dort, Jupiter[75], hat es verhindert; er wollte, daß das Kapitol, er, daß die Tempel, er, daß die ganze Stadt, er, daß ihr alle gerettet würdet. Da die unsterblichen Götter mich führten, wurden mir diese Einsichten und Entschlüsse zuteil und gelangte ich zu diesen bedeutenden Beweisen. Und erst die Aufwiegelung der Allobroger! Auch wären Lentulus und die übrigen inneren Feinde wahrhaftig niemals so töricht gewesen, unbekannten Barbaren so gewichtige Dinge anzuvertrauen und ihnen Briefe auszuhändigen, hätten nicht die unsterblichen Götter diesen furchtbaren Frevelmut der Vernunft beraubt. Und schließlich gar: die Gallier kamen von einem kaum befriedeten Stamme; ihr Volk bleibt als einziges übrig, das in der Lage und nicht abgeneigt zu sein scheint, gegen das römische Volk Krieg zu führen. Müßt ihr nicht glauben, es sei nach göttlichem Ratschluß geschehen, daß diese Leute die Hoffnung auf Macht und größte Vorteile, die ihnen Patrizier von sich aus antrugen, ausgeschlagen und euer Heil ihrem eigenen Nutzen vorgezogen haben? Zumal sie uns ja nicht durch Kampf, sondern durch Schweigen überwinden konnten?

Deshalb, Quiriten, da das beschlossene Dankfest allen Göt- **23** tersitzen gilt, feiert diese Tage mit euren Frauen und Kindern. Denn schon oft hat man den unsterblichen Göttern mit Recht verdiente Ehrungen in großer Zahl dargebracht, doch, wahrhaftig, noch niemals mit größerem Recht. Denn ihr seid

der grausamsten und elendsten Vernichtung entrissen; ihr
seid ihr entrissen ohne Mord, ohne Blutvergießen, ohne Heer,
ohne Kampf; als Bürger in Zivil habt ihr gesiegt, einzig von
24 mir, dem Zivilbeamten, geleitet und befehligt. Denn verge-
genwärtigt euch alle die Auseinandersetzungen unter Bürgern, Quiriten, die, von denen ihr gehört habt, und besonders
die, an die ihr euch als Augenzeugen erinnert. L. Sulla über-
wältigte den P. Sulpicius: er hat C. Marius, den Schützer dieser Stadt, und viele tüchtige Männer teils aus dem Vaterland
verbannt, teils getötet. Der Konsul Cn. Octavius vertrieb seinen Kollegen mit Waffengewalt aus der Stadt: dieser ganze
Platz hier war mit Leichenhaufen und Bürgerblut bedeckt.
Hernach gewann Cinna zusammen mit Marius die Oberhand:
da sind vollends durch die Ermordung der angesehensten
Männer die Leuchten unserer Bürgerschaft ausgelöscht worden. Darauf nahm Sulla Rache für die Grausamkeit dieses Sieges: ich brauche nicht einmal zu erwähnen, mit welchem Verlust an Bürgern und zu welchem Verderben für den Staat.
M. Lepidus überwarf sich mit dem hochangesehenen und
überaus tüchtigen Q. Catulus: nicht so sehr sein eigener, wie
der Untergang der übrigen brachte dem Gemeinwesen
Trauer[76].

25   Doch diese Auseinandersetzungen bezweckten nicht den
Untergang, sondern die Veränderung des Staates. Denn die
Genannten wünschten nicht, daß kein Staat mehr bestehe,
sondern verlangten im bestehenden Staat die ersten zu sein,
noch wollten sie diese Stadt einäschern, sondern in dieser
Stadt Macht und Ansehen genießen. Und doch spitzten sich
alle diese Streitigkeiten, von denen keine die Vernichtung des
Staates anstrebte, derart zu, daß sie nicht durch die friedliche
Wiederherstellung der Eintracht, sondern durch Bürgermord
beigelegt wurden. Dieser Krieg aber war einerseits der weit-
aus größte und grausamste seit Menschengedenken, wie ihn

kein Barbarenreich je gegen das eigene Volk geführt hat; denn
Lentulus, Catilina, Cethegus und Cassius hatten für ihn das
Gesetz aufgestellt, daß jeder als Feind gelten solle, der nur in
der Sicherheit der Stadt die eigene Sicherheit finde. Doch
andererseits habe ich mich in diesem Kriege so verhalten,
Quiriten, daß ihr allesamt heil und bewahrt bliebt. Und während eure Feinde glaubten, nur so viele Bürger würden überleben, als dem unendlichen Blutbad entgingen, nur so viel
bleibe von der Stadt übrig, als die Flamme nicht habe erreichen können, habe ich Stadt und Bürger unangetastet und
unversehrt gerettet.

Für so Großes, Quiriten, will ich von euch keinen Lohn 26
meiner Tüchtigkeit, keine Zeichen meiner Ehre, kein Denkmal meines Ruhmes verlangen, sondern nur das ewige Andenken an diesen Tag. Ich möchte alle meine Triumphe, alle
Zierden meines Ansehens, Denkzeichen meines Ruhmes und
Anerkennungen meines Verdienstes in euren Herzen geborgen
und aufbewahrt wissen. Nichts Stummes vermag mich zu erfreuen, nichts Schweigendes, überhaupt nichts von der Art,
was auch weniger Würdige erlangen können. Mein Ruf wird
durch euer Andenken genährt, Quiriten; er wächst durch Gespräche, er verfestigt sich und erstarkt durch die geschichtliche Überlieferung. Ich bin auch überzeugt, daß ein und derselbe Tag, dessen Wirkung, wie ich hoffe, ewig währen wird,
die Erhaltung der Stadt und das Andenken an mein Konsulat
verbürgt, und daß zur gleichen Zeit in diesem Staat zwei Bürger hervorgetreten sind, von denen der eine die Grenzen eures
Reiches nicht durch Landstriche, sondern durch die Himmels-
gegenden festgesetzt[77], der andere die Wohnstatt und den
Sitz dieses Reiches gerettet hat.

Indes, meine Taten und die Leistungen derer, die auswär- 27
tige Kriege führten, unterscheiden sich nach ihrer Beschaffenheit und ihren Voraussetzungen: ich muß mit denen zusam-

men leben, die ich besiegt und bezwungen habe, doch jene ließen ihre Feinde getötet oder überwältigt zurück. Deshalb müßt ihr dafür sorgen, Quiriten, daß, wenn den anderen ihre Taten mit Recht Vorteil bringen, mir die meinigen nicht dereinst Schaden zufügen. Denn ich habe verhindert, daß die verbrecherischen und ruchlosen Absichten höchst verwegener Menschen euch schaden; ihr müßt verhindern, daß sie mir schaden. Indes, Quiriten, auch mir selbst können diese Burschen keinen Schaden mehr antun. Denn groß ist der Schutz bei den Wohlgesinnten, den ich mir für immer verschafft habe, groß das Ansehen unserer Verfassung, das stets stillschweigend für mich eintreten wird, groß ist auch die Macht des Gewissens – wer sie mißachtet, indem er mich verwunden will,

28 wird sich selbst verraten. Wir sind nämlich gesonnen, Quiriten, vor niemandes Verwegenheit zurückzuweichen und sogar von uns aus stets alle Böswilligen herauszufordern. Wenn sich die gesamte Stoßkraft der inneren Feinde, die ich von euch abgewandt habe, gegen mich allein kehrt, so müßt ihr zusehen, Quiriten, welche Lage ihr in Zukunft denen gewährleisten wollt, die sich für euer Wohl Anfeindungen und Gefahren jeder Art ausgesetzt haben; doch ich selbst, was kann ich noch zum Ertrag meines Lebens hinzugewinnen? Denn weder an Ehren, die ihr verleiht, noch an Ruhm für Verdienste

29 wüßte ich Höheres, wozu ich noch aufsteigen möchte. Das aber will ich wahrhaftig erreichen, Quiriten, daß ich die Taten meines Konsulats nach Beendigung des Amtes verteidige und hochhalte: falls ich mir durch die Rettung des Staates Mißgunst zugezogen habe, soll sie den Mißgünstigen selbst schaden, mir aber Ruhm einbringen. Überhaupt werde ich mich bei der Wahrnehmung staatlicher Belange so verhalten, daß ich stets bedenke, was ich geleistet habe, und dafür sorge, daß meine Taten als Erfolg meiner Tüchtigkeit, nicht als Ergebnis des Zufalls angesehen werden.

Es ist schon Nacht, Quiriten; betet daher zu Jupiter, der euch und diese Stadt beschirmt, und geht fort in eure Häuser und schützt sie, obwohl die Gefahr bereits abgewendet ist, ebenso wie in der vorigen Nacht durch Posten und Wachen. Ich werde dafür sorgen, Quiriten, daß ihr das nicht länger zu tun braucht und ihr auf immer in Frieden leben könnt.

1 Ich sehe, versammelte Väter, wie euer aller Mienen und Blicke auf mich gerichtet sind; ich sehe, wie euch nicht nur eure eigene und die Gefahr des Staates, sondern auch, für den Fall, daß diese gebannt ist, die meinige Sorge bereitet. Euer Mitgefühl mir gegenüber ist mir willkommen im Unglück und tröstlich im Schmerz, doch, bei den unsterblichen Göttern!, laßt davon ab und denkt, ohne euch um meine Rettung zu kümmern, an euch und eure Kinder. Wenn mir mein Konsulamt unter der Bedingung anvertraut ist, daß ich alle Bitternisse, alle Schmerzen und Martern ertrüge: ich will sie ertragen und nicht nur gefaßt, sondern auch mit Freuden, wenn nur meine Mühen euch und dem römischen Volke Ehre und

2 Heil einbringen. Ich bin der Konsul, versammelte Väter, für den nichts je sicher war vor tödlicher, tückischer Gefahr: nicht das Forum, von dem alle Gerechtigkeit ausgeht, nicht das Marsfeld, das durch die konsularischen Auspizien geweiht ist, nicht die Kurie, der höchste Hort aller Völker, nicht das Haus, jedermanns Zuflucht, nicht das Bett, zur Ruhe bestimmt, und endlich auch nicht dieser Ehrensitz[78]. Ich habe vieles verschwiegen, vieles ertragen, vieles zugestanden, vieles, während ihr in Furcht wart, durch meinen einsamen Schmerz geheilt. Wenn jetzt der Wille der unsterblichen Götter mein Konsulat so enden läßt, daß ich euch und das römische Volk dem jammervollsten Blutbad, eure Frauen und Kinder und die vestalischen Jungfrauen der bittersten Unbill, die Tempel und Heiligtümer sowie unser aller herrliche Vaterstadt der scheußlichsten Feuersbrunst, ganz Italien dem Krieg und der Verwüstung entreiße: jedes Geschick soll ertragen werden, das über mich allein verhängt ist. Denn wenn P. Lentulus, von den Wahrsagern verleitet, glaubte, sein Name sei schicksalhaft für das Verderben des Staates[79], warum soll ich

mich nicht freuen, daß mein Konsulat geradezu schicksalhaft
für die Rettung des römischen Volkes geworden ist?

Denkt daher an euch, versammelte Väter, sorgt für das   3
Vaterland, schützt euch, eure Frauen, Kinder und Vermögen,
verteidigt Ansehen und Heil des römischen Volkes; laßt ab,
mich zu schonen und auf mich Rücksicht zu nehmen. Denn
einmal darf ich hoffen, daß mir alle Götter, die diese Stadt
beschirmen, meinem Verdienste gemäß ihre Dankbarkeit erzeigen; zum anderen werde ich, falls mir etwas zustößt, gefaßt und bereitwillig sterben. Denn kein schimpflicher Tod
kann dem Tapferen zustoßen, kein allzu früher dem Konsular,
kein beklagenswerter dem Weisen. Doch bin ich nicht der
Fels, der sich nicht von der Trauer seines anwesenden Bruders,
des teuersten und geliebtesten, noch von den Tränen aller
derer rühren ließe, von denen ihr mich umgeben seht. Und
keineswegs wenden sich meine Gedanken nicht oft nach Hause zurück zu meiner niedergeschlagenen Gattin, zu meiner
vor Furcht vergehenden Tochter und zu meinem kleinen
Sohne, den mir das Gemeinwesen als Bürgen für mein Konsulat in Gewahrsam zu halten scheint, endlich zu meinem
Schwiegersohne, den ich dort stehen sehe, wie er den Ausgang
des heutigen Tages erwartet[80]. Alles dies beeindruckt mich,
doch nur in dem Sinne, daß ich wünsche, sie alle möchten
mit euch zusammen überleben, auch wenn mich irgendeine
Macht vernichten sollte, statt daß sowohl sie als auch wir
durch eine und dieselbe Katastrophe des Staates zugrunde
gehen.

Seid daher auf das Heil des Staates bedacht, versammelte   4
Väter, achtet auf die Stürme, die ringsum drohen, wenn ihr
euch nicht vorseht. Nicht Ti. Gracchus wird zur Aburteilung
und vor euer strenges Gericht geführt, weil er zum zweiten
Male Volkstribun werden wollte, noch C. Gracchus, weil er
versucht hat, die Landbevölkerung aufzuwiegeln, noch L.

Saturninus, weil er C. Memmius getötet hat[81]: wir haben die
in unserer Gewalt, die in Rom blieben, die Stadt in Brand
zu stecken, euch alle zu ermorden, Catilina aufzunehmen; wir
haben ihre Briefe, Siegel, Schriftzüge, schließlich das Geständnis jedes Einzelnen. Man stiftet die Allobroger zum Aufruhr
an, wiegelt die Sklaven auf, ruft Catilina herbei; man hat ein
Komplott von der Art geschmiedet, daß nach dem allgemeinen Blutbad nicht einmal mehr jemand übrigbleibt, der den
Namen des römischen Volkes beweinen und das Unglück
5 eines solchen Reiches beklagen könnte. Dies alles haben die
Anzeigenden berichtet, die Beschuldigten gestanden, habt
ihr bereits durch manches Urteil anerkannt. Denn erstens
habt ihr mich mit einzigartigen Worten eures Dankes versichert und befunden, daß durch meine Tüchtigkeit und Umsicht eine Verschwörung verworfener Menschen aufgedeckt
worden sei; ferner habt ihr P. Lentulus gezwungen, sein Amt
als Prätor niederzulegen; außerdem habt ihr beschlossen, ihn
und die übrigen Verurteilten in Haft zu nehmen; vor allem
habt ihr um meinetwillen ein Dankfest anberaumt, eine Ehre,
die vor mir keinem Zivilbeamten zuteil wurde[82]; schließlich
habt ihr am gestrigen Tage für die Gesandten der Allobroger
und für Titus Volturcius sehr hohe Belohnungen festgesetzt.
Alles dies berechtigt ohne jeden Zweifel zu der Annahme,
daß die von euch auch für schuldig befunden wurden, die ihr
mit Nennung des Namens in Haft gegeben habt.

6   Doch ich habe beschlossen, versammelte Väter, euch zu
befragen, als stünde noch alles offen: was ihr von der Tat
haltet und wie ihr über die Strafe urteilt. Ich will nur voraus-
schicken, worauf zu dringen der Konsul verpflichtet ist. Ich
sah schon seit langem, daß unser Staat von einer großen Raserei befallen sei, daß sich ein Umsturz zusammenbraue und
man Übles im Schilde führe, aber daß Mitbürger von uns eine
so große und verderbliche Verschwörung anzetteln, hätte ich

niemals gedacht. Jetzt müßt ihr, wohin auch eure Meinungen und Ansichten sich neigen mögen, vor Einbruch der Nacht einen Beschluß fassen[83]. Ihr seht, was für ein Verbrechen euch kundgetan wurde. Wenn ihr glaubt, nur wenige seien darin verwickelt, so irrt ihr euch sehr. Dieses Übel hat sich weiter verbreitet, als man denken möchte; es hat sich nicht nur über Italien ergossen, sondern auch die Alpen überstiegen und im verborgenen vorankriechend schon viele Provinzen erfaßt. Durch Aufschieben und Hinhalten kann man es keineswegs beseitigen; wie ihr euch auch entscheiden wollt, ihr müßt rasch durchgreifen.

Wie ich sehe, liegen bis jetzt zwei Anträge vor. Den einen 7 hat D. Silanus gestellt; er meint, diejenigen, die all dies hier zu vernichten suchten, seien mit dem Tode zu bestrafen. Den anderen hat C. Caesar vorgebracht[84]; er sieht von der Todesstrafe ab, will jedoch alle Härten sonstiger Strafmaßnahmen angewandt wissen. Ein jeder befleißigt sich äußerster Strenge, wie es seinem eigenen Ansehen und dem Gewicht der Sache entspricht. Silanus meint, wer uns allen, wer dem römischen Volk das Leben zu rauben, wer das Reich zu zerstören, wer den Namen des römischen Volkes auszulöschen versucht hat, der dürfe sich keinen Augenblick mehr des Lebens und der allen gemeinsamen Atemluft erfreuen, und hierbei erinnert er sich, daß diese Art von Strafe in unserem Staate oft über gewissenlose Bürger verhängt worden ist. Caesar berücksichtigt, daß die unsterblichen Götter den Tod nicht als Strafe, sondern als natürliche Notwendigkeit oder zur Ruhe von Mühsal und Elend eingerichtet haben. Deshalb haben Weise ihn niemals mit Sträuben, Standhafte oft sogar freudig auf sich genommen. Die Haft aber, und jedenfalls die lebenslängliche, ist sicherlich als äußerste Strafe eines ruchlosen Verbrechens vorgesehen. Caesar empfiehlt, die Häftlinge auf die Landstädte zu verteilen. Dieser Vorschlag brächte wohl Ungerechtigkeiten mit sich,

wenn man befehlen, Schwierigkeiten, wenn man bitten wollte. Doch man mag sich für ihn entscheiden, wenn er einleuch-
8 tet. Denn ich werde die Ausführung übernehmen und, wie
ich hoffe, Leute finden, die nicht glauben, im Namen ihrer
Würde ablehnen zu müssen, was ihr zum Wohle aller beschlossen habt. Caesar fügt eine hohe Buße für die Landstädte
hinzu, falls jemand die Verurteilten entkommen lassen sollte;
so umgibt er sie mit furchtbarer Bewachung, wie es dem Verbrechen verworfener Menschen angemessen ist. Er setzt fest,
daß niemand die Strafe derer, die er verurteilt wissen will,
über den Senat oder über die Volksversammlung mildern
dürfe; so beraubt er sie auch der Hoffnung, die allein den
Menschen im Elend zu trösten pflegt. Er empfiehlt außerdem,
ihr Vermögen einzuziehen; nur das nackte Leben läßt er diesen ruchlosen Menschen. Nähme er's ihnen, so würde er sie
durch die Pein eines Augenblicks von vieler Qual an Leib und
Seele und von der Buße für ihre Verbrechen befreien. Deshalb
hat man einst, damit den Gewissenlosen bei Lebzeiten ein
Schreckbild vor Augen stehe, angenommen, derartige Strafen
seien in der Unterwelt über die Frevler verhängt; denn offensichtlich erkannte man, daß ohne sie der Tod an sich nichts
Furchtbares habe.

9   Nun sehe ich, versammelte Väter, was für mich von Vorteil ist. Wenn ihr den Antrag des C. Caesar billigt, so werde ich
vielleicht, da er für diesen Beschluß eintritt und bürgt, die
Angriffe der Volksfreunde weniger zu fürchten haben; denn
er hat ja in der Politik den Weg eingeschlagen, der für volksfreundlich gilt. Billigt ihr jedoch den anderen, so erwachsen
mir möglicherweise größere Schwierigkeiten. Doch trotzdem
siege das Staatswohl über die Rücksicht auf meine Risiken.
Wir haben ja von Caesar, wie es sein eigenes Ansehen und der
Glanz seiner Vorfahren erheischte, ein Urteil, das gleichsam
als Bürge für seine dauernde Loyalität gegenüber dem Staate

dienen kann. Hier ist ersichtlich, wodurch sich die Leichtfertigkeit der Demagogen von einer wahrhaft volksfreund-
lichen Gesinnung unterscheidet, die für das Wohl des Volkes
Sorge trägt. Ich bemerke ja, daß mancher von denen, die für 10
volksfreundlich gelten wollen, fehlt; sie möchten eben nicht
über den Kopf römischer Bürger abstimmen. Und doch haben
sie vorgestern römische Bürger der Haft überantwortet und
mir zu Ehren ein Dankfest beschlossen; ferner haben sie am
gestrigen Tage den Anzeigern sehr hohe Belohnungen zuerkannt. Da ist doch niemandem mehr zweifelhaft, wie die über
den ganzen Fall und Sachverhalt urteilen, die für den Beschuldigten Haft, für den Untersuchenden eine Danksagung,
für den Anzeigenden eine Belohnung festsetzen. C. Caesar hingegen erkennt, daß für römische Bürger das Sempronische
Gesetz besteht, daß jedoch ein Staatsfeind keinesfalls Bürger
sein könne; endlich habe der Urheber des Sempronischen Gesetzes auf Befehl des Volkes selber dem Staate gebüßt[85]. Auch
glaubt er nicht, daß man eben den Lentulus, der doch mit
Geschenken um sich warf, noch einen Volksfreund nennen
könne, da er so schlimm, so grausam auf das Verderben des
römischen Volkes, auf den Untergang dieser Stadt bedacht
war. Caesar, ein Mann von größter Milde und Nachgiebigkeit,
zögert daher nicht, P. Lentulus immerwährender Finsternis
und Haft auszuliefern, und er sieht vor, daß in Zukunft niemand auf eine Straferleichterung für diesen Mann pochen und
später einmal zum Verderben des römischen Volkes als Volksfreund auftreten kann. Er fügt noch die Einziehung des Vermögens hinzu, damit alle Pein der Seele und des Leibes noch
von Dürftigkeit und Bettelarmut begleitet sei.

Wenn ihr daher in diesem Sinne entscheidet, so gebt ihr 11
mir einen Begleiter für die Volksversammlung mit, der ihr
teuer und angenehm ist; wenn ihr euch aber lieber der Meinung des Silanus anschließen wollt, so wird das römische Volk

mich und euch ohne Zögern von dem Vorwurf der Grausamkeit freisprechen, und ich werde beweisen, daß diese Entscheidung weit milder gewesen sei. Indes, versammelte Väter,
wie kann von Grausamkeit überhaupt die Rede sein, wenn
es ein derart ungeheuerliches Verbrechen zu bestrafen gilt?
Ich urteile nämlich nach meinem Empfinden. Denn so wahr
ich wünsche, mit euch zusammen in einem heilen Gemeinwesen zu leben: wenn ich diese Sache mit größerem Nachdruck verfolge, so lasse ich mich nicht von Härte bestimmen
(denn wer wäre milder als ich?), sondern von ungewöhnlicher
Menschlichkeit und Barmherzigkeit.

Ich glaube nämlich vor Augen zu sehen, wie diese Stadt,
die Leuchte des Erdenrundes und die Schutzburg aller Völker,
plötzlich in *einer* Feuersbrunst zusammenstürzt. Mein Geist
nimmt am Grabe unseres Vaterlandes die bejammernswerten
und unbegrabenen Leichenhaufen von Bürgern wahr; mir
schwebt der Anblick des Cethegus vor Augen und sein Taumel, wie er über eure Ermordung frohlockt. Wenn ich mir
vollends vorstelle, Lentulus sei König (dies hatte er sich, wie
er selbst gestand, von den Schicksalssprüchen erhofft), Gabinius sei sein Minister und Catilina erscheine mit dem Heer,
dann erschaudere ich über die wehklagenden Mütter, über
die fliehenden Mädchen und Knaben, die mißhandelten Jungfrauen der Vesta, und weil ich glaube, daß all dies überaus
jammervoll und bejammernswert ist, deshalb will ich denen
gegenüber, die das ins Werk setzen wollten, streng und scharf
verfahren. Denn ich möchte fragen: gesetzt, einem Familien-
vater hat ein Sklave die Kinder getötet, die Frau ermordet,
das Haus in Brand gesteckt – wenn er nun seine Sklaven nicht
mit äußerster Härte bestraft, gilt er dann für milde und mitleidig oder für höchst unmenschlich und grausam? Ich jedenfalls halte den für gefühllos und hartherzig, der nicht durch
die Qual und Marter des Schädigers seine eigene Qual und

Marter lindert. So werden auch wir für mitleidig gelten, wenn wir bei diesen Leuten mit äußerster Schärfe vorgehen, bei Leuten, die uns, unsere Frauen, unsere Kinder niedermetzeln wollten, die es unternahmen, das Haus eines jeden Einzelnen von uns und die gesamte Wohnstatt unseres Gemeinwesens zu vernichten, die es darauf anlegten, den Stamm der Allobroger auf den Überresten dieser Stadt und auf der Asche des niedergebrannten Reiches anzusiedeln. Wenn wir jedoch allzu milde sein wollen, so müssen wir den Makel auf uns nehmen, wir seien in tödlicher Gefahr für Vaterland und Mitbürger äußerst unbarmherzig gewesen.

Oder hat etwa jemand am vorgestrigen Tage L. Caesar, einen 13 überaus tüchtigen und vaterlandsliebenden Mann, für allzu hart gehalten? Erklärte er doch, der Mann seiner Schwester, einer vortrefflichen Frau, habe das Leben verwirkt, und der war anwesend und hörte zu! Erklärte er doch auch, schon sein Großvater sei auf Befehl des Konsuls hingerichtet und dessen noch nicht erwachsener Sohn, den der Vater als Unterhändler entsandt hatte, im Gefängnis getötet worden[86]. Was haben *die* Vergleichbares begangen; welches Komplott, den Staat zu vernichten, haben sie geschmiedet? Damals war in unserem Staate die Bereitschaft zum Geschenkemachen verbreitet, und es gab etwas Streit unter den politischen Richtungen. Und doch hat in jener Zeit der Großvater des Lentulus[87], ein erlauchter Mann, mit bewaffneter Hand den Gracchus verfolgt. Er trug damals sogar eine schwere Verwundung davon, damit das Ganze der Verfassung nicht irgendwie Schaden erleide; dieser Mann aber ruft die Gallier herbei, um die Grundlagen des Staates zu zerstören, er wiegelt die Sklaven auf, holt Catilina, weist dem Cethegus die Aufgabe zu, uns niederzumetzeln, und dem Gabinius, die übrigen Mitbürger zu ermorden, dem Cassius, die Stadt in Brand zu stecken, und dem Catilina, ganz Italien zu verwüsten und auszuplündern.

Ich möchte meinen, ihr solltet weniger den Anschein fürchten, ihr hättet bei einem so ungeheuerlichen und frevelhaften Verbrechen irgendwie zu streng geurteilt; wir müssen uns viel mehr davor hüten, daß man glaubt, wir hätten uns mit einer milden Strafe unbarmherzig gegen das Vaterland verhalten, als davor, wir seien durch die Strenge der Ahndung allzu scharf gegen die gefährlichsten Feinde vorgegangen.

14   Doch was ich da vernehme, versammelte Väter, kann ich nicht überhören. Mir kommen nämlich die Stimmen derer zu Ohren, die zu befürchten scheinen, ich sei nicht ausreichend mit Schutzmannschaften versehen, die Dinge, die ihr am heutigen Tage beschließt, durchzuführen. Alles ist vorgesehen, angeordnet und festgesetzt, versammelte Väter, teils durch äußerste Sorgfalt und Aufmerksamkeit von meiner Seite, und noch weit mehr durch die Bereitschaft des römischen Volkes, die Staatsgewalt aufrechtzuerhalten und die allgemeine Wohlfahrt zu schützen. Jedermann ist zur Stelle, jeden Standes, jeder Art und auch jeden Alters; dicht besetzt ist das Forum, dicht besetzt sind die Tempel rings um das Forum, dicht besetzt alle Eingänge dieser heiligen Stätte[88]. Denn diese Sache hat sich seit Gründung der Stadt als die einzige erwiesen, von der man allgemein eines und dasselbe denkt – außer jenen, die, den sicheren Untergang vor Augen, lieber alle darin einbeziehen als allein untergehen wollten.

15   Diese Leute nehme ich gern aus und sondere sie ab, und ich meine, daß man sie nicht für schlechte Mitbürger, sondern für äußerst gefährliche Feinde halten muß.

Doch die übrigen, bei den unsterblichen Göttern! In welcher Zahl, mit welcher Bereitschaft, mit welcher Tatkraft treten sie gemeinsam für das Wohl und die Ehre der Allgemeinheit ein! Was soll ich hier die römischen Ritter eigens erwähnen? Sie überlassen euch die Ordnungs- und Entschei-

dungsgewalt, doch wetteifern sie mit euch an Vaterlandsliebe.
Sie sind nach langjähriger Zwietracht mit unserem Stande zu
gemeinsamem und übereinstimmendem Handeln zurückgekehrt; der heutige Tag und dieses Ereignis hier verbindet sie
mit euch; wenn wir dieses Bündnis, das mein Konsulat gefestigt hat, in unserer Politik ständig aufrechterhalten, dann
versichere ich euch: in Zukunft wird kein die Bürger trennen-
des, inneres Übel mehr irgendeinen Teil unseres Staatswesens
antasten. Mit gleicher Bereitschaft, die Verfassung zu verteidigen, haben sich, wie ich sehe, die Ärartribunen eingefunden,
lauter tüchtige Männer, ebenso sämtliche Schreiber, die heute
zufällig in großer Zahl bei der Schatzkammer versammelt
waren und sich, wie ich sehe, von der Erwartung ihrer besonderen Aufgabe dem Gesamtwohl zugewandt haben[89]. Die 16
ganze Zahl der freigeborenen Bürger, auch der geringsten,
ist zur Stelle. Denn wem wären nicht diese Heiligtümer, der
Anblick der Stadt, der Besitz der Freiheit, endlich das Tages-
licht selbst und der gemeinsame Boden des Vaterlandes teuer,
ja süß und wonnevoll? Es verlohnt die Mühe, versammelte
Väter, die Bereitschaft der Freigelassenen zur Kenntnis zu
nehmen; sie haben den Vorzug unseres Bürgerrechts durch
eigene Tüchtigkeit erlangt und glauben aufrichtig, dies sei
ihre Heimat, die einige von hier und aus bestem Hause Stam-
mende nicht für ihre Heimat, sondern für eine feindliche Stadt
angesehen haben. Doch wozu erwähne ich diese Leute und
Gruppen, die der eigene Besitzstand, die das gemeinsame
Staatswesen, die endlich die Freiheit, das teuerste Gut, aufgerufen hat, für die Rettung des Vaterlandes einzutreten? Es
gibt keinen Sklaven, vorausgesetzt, daß ihm seine Unfreiheit
erträgliche Bedingungen gewährt, der nicht verabscheut,
wozu Bürger sich erdreisten, der nicht wünscht, daß all dies
hier Bestand hat, der nicht seinen guten Willen, so viel er
wagt und so viel er vermag, zum Gemeinwohl beisteuert.

17   Wenn also etwa jemanden von euch das Gerücht beeindruckt, ein Kuppler im Dienste des Lentulus laufe bei den Verkaufsläden umher und hoffe, Bedürftige und Unerfahrene gegen Bezahlung aufwiegeln zu können: man hat das zwar angezettelt und versucht; doch hat sich niemand in so erbärmlicher Lage oder von so verworfener Gesinnung gefunden, der nicht eben diesen Platz seines Schemels, seiner Betätigung und seines täglichen Broterwerbs, der nicht seine Schlafstatt und sein Bett, der nicht überhaupt den ruhigen Verlauf seines Lebens bewahrt wissen möchte. Wirklich, der größte Teil der Leute in den Verkaufsbuden, vielmehr (denn man muß sich eher so ausdrücken) dieser ganze Schlag schätzt nichts so sehr wie die Ruhe. Denn jeder Betrieb, jedes Handwerk und Verdienst erhält Auftrieb, wenn die Bürger sich drängen, und nährt sich von ruhigen Verhältnissen; da die Einkünfte zurückzugehen pflegen, wenn die Geschäfte schließen, was würde dann erst geschehen, wenn sie in Flammen aufgingen?

18   Da es so steht, versammelte Väter, fehlt es euch nicht an Schutz von seiten des römischen Volkes; seht ihr zu, daß man nicht glaubt, ihr lasset es dem römischen Volke gegenüber fehlen. Ihr habt einen Konsul, der aus zahlreichen Gefahren und Nachstellungen und vom Angesicht des Todes nicht um seines Lebens willen, sondern zu eurem Heil gerettet worden ist. Alle Stände bekunden gemeinsam durch Gesinnung, Bereitschaft und Rufe ihren Willen, die Staatsordnung zu wahren. Unser von den Fackeln und Geschossen einer ruchlosen Verschwörung bedrängtes gemeinsames Vaterland streckt euch bittflehend die Arme entgegen; euch vertraut es sich selber an, euch das Leben aller Bürger, euch die Burg und das Kapitol, euch die Altäre der Penaten, euch das ewige Feuer der Vesta dort[90], euch die Tempel und Heiligtümer aller Götter, euch die Mauern und Dächer der Stadt. Außerdem habt ihr am heutigen Tage über euer Leben, über das Schick-

sal eurer Frauen und Kinder, über das Hab und Gut aller, über euer Haus und euren Herd zu befinden. Ihr habt einen Leiter, der an euch denkt und sich selbst vergißt, eine Lage, die nicht immer gegeben ist; ihr habt auf eurer Seite alle Stände, alle Bürger, das gesamte römische Volk, das eines und dasselbe denkt – was wir bei einer innenpolitischen Angelegenheit am heutigen Tage zum ersten Male erleben. Bedenkt, unter welchen Mühen das Reich gegründet, durch welche Anstrengung die Freiheit gefestigt, durch welchen Segen der Götter unser Besitz vermehrt und vergrößert worden ist, und all dies hätte *eine* Nacht[91] beinahe zerstört. Daß dies in Zukunft niemals mehr von Bürgern nicht nur nicht vollbracht, sondern nicht einmal geplant werden kann, dafür muß man am heutigen Tage sorgen. Und dies habe ich nicht gesagt, um euch, die ihr mir in eurem Eifer fast vorauseilt, anzutreiben, sondern damit man sieht, daß ich mit meiner Stimme, die sich in unserem Staate als die erste erheben muß, meiner konsularischen Pflicht genüge.

Jetzt will ich, bevor ich auf den Beschlußantrag zurückkomme, einiges über mich sagen. Ich stelle fest, daß ich, so groß die Menge der Verschworenen ist (und ihr seht, sie ist sehr groß), eine ebenso große Zahl von Feindschaften auf mich genommen habe; aber sie ist, meine ich, ehrlos und schwach und verachtet. Wenn einmal dieser Haufe, von irgend jemandem in verbrecherischer Raserei aufgepeitscht, mehr vermögen sollte als eure und des Staates hoheitliche Gewalt, dann werde ich gleichwohl meine Taten und Entschlüsse niemals bereuen, versammelte Väter. Denn der Tod, mit dem diese Leute vielleicht drohen, steht jedem bevor; im Leben aber hat niemand so hohes Lob erlangt, wie ihr es mir durch eure Ehrenbeschlüsse zuerkannt habt; den anderen nämlich habt ihr stets wegen guter Leitung, mir allein wegen der Erhaltung des Staates eine Danksagung zugesprochen[92].

21   Mag jener Scipio berühmt sein, dessen Plan und Tatkraft
Hannibal zwang, nach Afrika zurückzukehren und Italien zu
verlassen; man mag den anderen Africanus durch höchstes
Lob auszeichnen, der die Städte Karthago und Numantia,
zwei Todfeindinnen unseres Reiches, vernichtet hat; man
mag Paullus für einen ausgezeichneten Mann halten, dessen
Triumphwagen Perseus, einst der mächtigste und erlauchteste
König, geziert hat; der Ruhm des Marius mag ewig währen,
der Italien zweimal von Besetzung und Furcht vor Sklaverei
befreit hat; man mag allen Pompeius voranstellen, dessen
Taten und Fähigkeiten dieselben Länder und Grenzen erreicht haben wie der Sonne Lauf[93]: Wahrhaftig, der Lobpreis
dieser Männer wird auch für unseren Ruhm etwas Raum
übriglassen – es sei denn, es wäre wichtiger, uns Provinzen
zu erschließen, in die wir ziehen können, als Sorge zu tragen,
daß auch die in der Ferne Weilenden wissen, wohin sie als
Sieger zurückkehren können.

22   Indes, in *einem* Punkte ist es mit einem auswärtigen Siege
besser bestellt als mit einem einheimischen: fremdländische
Feinde werden unterjocht und versklavt, oder sie glauben
sich, in Gnaden angenommen, der guten Behandlung wegen
verpflichtet; doch wer sich einmal aus der Zahl der Bürger,
durch irgendeine Wahnsinnsvorstellung betört, zum Feind
des Vaterlandes aufgeworfen hat, den kann man, wenn man
ihn gehindert hat, den Staat zugrunde zu richten, weder mit
Gewalt im Zaume halten noch durch gute Behandlung zur
Vernunft bringen. So sehe ich denn, daß ich einen Krieg ohne
Ende gegen verworfene Bürger auf mich genommen habe.
Aber ich bin fest überzeugt, daß ich und die Meinen sich
seiner leicht erwehren können, dank eurer und aller Rechtschaffenen Hilfe und dank der Erinnerung an derart schwere
Gefahren, die sich auf immer nicht nur in diesem, dem geret-
teten Volke, sondern im Gespräch und Gedächtnis aller Na-

tionen erhalten wird. Und wahrhaftig, es wird sich keine
Macht von solchem Ausmaß finden, die imstande wäre, das
Bündnis zwischen euch und den römischen Rittern und eine
derart große Übereinstimmung unter allen Rechtschaffenen
zu zerbrechen und ins Wanken zu bringen.

Da es so steht: für die Befehlsgewalt, für das Heer, für die   23
Provinz, auf die ich verzichtet habe[94], für den Triumph und
die übrigen Ruhmesauszeichnungen, die ich verschmäht habe,
um über der Stadt und eurem Heil zu wachen, für die Bande
der Gefolgschaft und Gastfreundschaft in der Provinz, die ich
freilich durch meinen Einfluß in der Stadt mit gleichem Eifer
erhalte wie anknüpfe, für alle diese Opfer also, für meine
einzigartige Bereitschaft euch gegenüber und für die von euch
bemerkte Umsicht, den Staat zu erhalten, verlange ich nichts
von euch als die Erinnerung an diese Zeit und an mein ganzes
Konsulat: solange die in eurem Gedächtnis haftet, werde ich
glauben, von der stärksten Mauer umgeben zu sein. Sollte
indes die Macht der Gewissenlosen wider meine Erwartung
die Oberhand gewinnen, so lege ich euch meinen kleinen Sohn
ans Herz[95]: er wird sich wahrlich in guter Obhut nicht nur
für seine Sicherheit, sondern auch für sein Ansehen befinden,
wenn ihr daran denkt, daß er der Sohn dessen ist, der durch
sein persönliches Wagnis all dies hier gerettet hat.

Entscheidet daher mit Umsicht und Tatkraft, wie ihr be-   24
gonnen habt, über euer und des römischen Volkes gesamtes
Wohl, über eure Frauen und Kinder, über Herd und Altar,
über Tempel und Heiligtümer, über die Häuser und Zinnen
der ganzen Stadt, über Herrschaftsmacht und Freiheit, über
das Heil Italiens, über das gesamte Staatswesen. Ihr habt
einen Konsul, der nicht zögert, eure Beschlüsse zu befolgen,
und der bis zu seinem letzten Atemzuge für das, was ihr fest-
setzt, einzutreten und sich selbst zu verbürgen vermag.

REDE FÜR L. MURENA

Einleitung

Die Rede für L. Murena, ein Verteidigungsplädoyer, gilt einem politischen Strafprozeß. Sie entstammt dem Konsulatsjahr Ciceros (63 v. Chr.). Die Verhandlung gegen Murena fand in der zweiten Hälfte des November statt; das ciceronische Plädoyer fällt somit in die Zeit zwischen der zweiten (8. November) und dritten Ansprache gegen Catilina (3. Dezember). Cicero hat einige Punkte des mündlichen Vortrags nicht in die Buchausgabe aufgenommen (57); die veröffentlichte Rede ist bis auf eine Lücke in der Beweisführung (72/73) und einige unerhebliche Verderbnisse (85) vollständig erhalten.

L. Licinius Murena hatte sich erfolgreich um das Konsulat des Jahres 62 v. Chr. beworben; er wurde alsbald wegen unerlaubter Wählerbeeinflussung *(ambitus)* angeklagt. Diese Deliktskategorie sollte den leidenschaftlichen Wettlauf um die Ämter zügeln, der zumal während der späten Republik überaus unerfreuliche Begleiterscheinungen mit sich brachte. Die Frühzeit hatte den krassesten Mißbrauch, den Stimmenkauf, mit der Todesstrafe bedroht; ein weiteres Gesetz verbot dem Bewerber, sich durch ein glänzendes Kleid kenntlich zu machen, ein drittes, auf den Märkten und in den Dörfern umherzuziehen. Alle diese Vorschriften scheinen indes wenig gefruchtet zu haben. Die geringe Wirkung der beiden späteren Gesetze läßt sich vor allem daran ablesen, daß der Bewerber nach seinem glänzenden Kleide *candidatus* und die Bewerbung nach dem Herumgehen *ambire* genannt wurde. Von diesem

Verbum wiederum leitete man zwei Begriffe ab: während *ambitio* die erlaubte Wahlbewerbung bezeichnete, diente *ambitus* als Terminus technicus für alle strafbaren Formen der Wählerbeeinflussung. Seit dem 2. Jahrhundert v. Chr. versuchte der Gesetzgeber immer wieder, gegen mancherlei Mißbräuche einzuschreiten; doch je rascher die Vorschriften einander folgten, desto deutlicher offenbarte sich die Ohnmacht des Rechts gegenüber der Korruption. Um das Jahr 115 v. Chr. wurde ein ständiger Gerichtshof (*quaestio*) für die Behandlung von *ambitus*-Fällen niedergesetzt*; die Jahre 81, 67 und 63 v. Chr. brachten gesetzliche Bestimmungen über Tatbestand, Strafe und Verfahren (*lex Cornelia, lex Calpurnia, lex Tullia de ambitu*). Diese Maßnahmen richteten sich vor allem gegen den organisierten Handel, der mit den Stimmen ganzer Wählergruppen getrieben wurde; ferner suchten sie für die Zeit der Bewerbung geschenkähnliche Vergünstigungen wie Festschmäuse und öffentliche Spiele zu unterbinden; schließlich verboten sie dem Bewerber, durch ein gemietetes Gefolge übertriebene Vorstellungen von seinem Prestige zu erwecken. Die Bestimmungen richteten sich im allgemeinen nur gegen die aktive Wählerbeeinflussung. Wer wegen *ambitus* verurteilt wurde, verlor das auf rechtswidrige Weise erwirkte Amt. Sulla schrieb außerdem vor, daß der Täter zehn Jahre von weiteren Amtsbewerbungen ausgeschlossen sein solle; das Calpurnische Gesetz gebot den lebenslänglichen Verlust der Senatorenwürde; die von Cicero eingebrachte *lex Tullia* bestrafte das Delikt mit zehnjähriger Verbannung aus Italien.

Der Murena-Prozeß war ein Streit unter Optimaten. Der berühmte Jurist Ser. Sulpicius Rufus hatte sich ebenfalls um das Konsulat des Jahres 62 v. Chr. beworben; seine Niederlage veranlaßte ihn, gegen den einen der erfolgreichen Rivalen

---

* Über die *quaestiones* siehe die Einleitung zur Rede für Sex. Roscius aus Ameria.

Anklage zu erheben. Ihm schloß sich M. Porcius Cato an, der schon damals ein hohes moralisches Ansehen genoß; er war wohl durch seine strengen, der stoischen Ethik verpflichteten Grundsätze zur Mitwirkung bestimmt worden. Als Nebenankläger traten ferner ein gewisser C. Postumus sowie ein jüngerer Ser. Sulpicius Rufus, ein Verwandter des Juristen, auf. Die Gegenseite hatte ebenfalls starke Kräfte aufgeboten: Murena wurde von Q. Hortensius Hortalus (Konsul 69 v. Chr.), M. Licinius Crassus (Konsul 70 v. Chr.) und Cicero verteidigt. Cicero ergriff als letzter das Wort; er befaßte sich vor allem mit der politischen Bedeutung des Prozesses. Die Verhandlung fand vor der zuständigen *quaestio de ambitu* statt; der Name des Vorsitzenden ist nicht bekannt.

In der Einleitung (1–10) spricht Cicero von sich selbst. Die Gegenseite hatte ihn hierzu genötigt; sie hatte gerügt, daß er sich zur Übernahme der Verteidigung habe bereit finden lassen. Cicero wiederum sucht diese Beschwerden als gegenstandslos zu erweisen. Derartige Vorgeplänkel über die moralische Position eines Anwalts, über seine sachlichen und persönlichen Motive, waren durchaus üblich; sie hatten vor allem bei politischen Prozessen ein erhebliches Gewicht. Der Hauptteil (11–83) folgt der dreigliedrigen Disposition der Anklage. Ein erster, sehr kurzer Abschnitt weist die Rügen zurück, mit denen man die Lebensführung Murenas bedacht hatte (11–14). Der zweite Abschnitt befaßt sich mit den Wahlchancen der beiden Rivalen (15–53). Die Gegner hatten sich dieses Themas angenommen, um darzutun, wie schlecht es mit den relativen Aussichten Murenas bestellt gewesen sei; sie konnten dann mit desto größerer Überzeugungskraft behaupten, daß er seinen Sieg mit unlauteren Mitteln erfochten habe. Cicero läßt diese nachträgliche Wahlprognose nicht auf sich beruhen; er zeigt mit großer dialektischer Kunst, daß die Anklage die von ihr ins Feld geführten Gegebenheiten unrichtig bewertet habe. Das Renommee der Herkunft, behauptet Cicero, sei auf beiden Seiten gleich (15–17); durch seine bisherige Laufbahn aber habe der Offizier Murena dem Juristen Sulpicius Rufus einen erheblichen Vorsprung abgewonnen (18–42). Zumal in dieser Partie läßt Cicero seinem Witz die Zügel schießen: er konfrontiert die öffentliche Bedeutung, die der Offiziers- und auch der Rednerlaufbahn zukomme, mit einer Karikatur der Rechtsgutachtertätigkeit: sie sei auf ihren Formelkram eingeschworen und gebe sich mit Gegenständen ab, die jedermann mühelos zu erfassen vermöge (22–30). Nach diesen erheiternden Darlegungen weiß Cicero gewichtigere Gründe für den Erfolg Murenas vorzubringen: Murena habe, anders als sein Rivale, während seiner Prätur großartige Spiele veranstaltet; er habe weiterhin, abermals im Gegensatz zu Sulpicius Rufus, eine Provinz verwaltet; er sei schließlich bei den Wahlen selbst von den Truppen seines Feldherrn Lucullus unterstützt worden, die sich damals nach ihrer Rückkehr aus dem 3. mithridatischen Kriege zum Triumph in Rom eingefunden hatten (37–42). Schließlich ergreift Cicero die Offensive; er bemängelt die Wahltaktik des Gegners. Statt mit ganzer Kraft die eigenen Aussichten zu verbessern, sei Sulpicius Rufus schon damals mit der Vorbereitung des *ambitus*-Prozesses beschäftigt gewesen. Durch diesen Beweis mangelnden Selbstvertrauens habe er sich viele Wähler abspenstig gemacht; die Stimmen seien bei der allgemeinen Furcht vor Catilina, der sich ebenfalls um das Konsulat bewarb*, zwangsläufig Murena zugute gekommen (43–52). Der dritte Abschnitt des Hauptteils gilt den eigentlichen Anschuldigungen (54–83). Cicero sucht zunächst die Tatsache zu entkräften, daß gerade ein Cato sie vorgebracht hat; Cato habe sich durch ein Übermaß an Tugend zu seiner Anklage verleiten lassen (61–66). Auf diese heitere Partie, die nicht ohne Ironie den

---

* Siehe die Einleitung zu den Catilinarischen Reden.

Rigorismus der stoischen Ethik durchnimmt, folgt die Widerlegung der Anklagepunkte; sie ist ziemlich kurz und nicht sonderlich überzeugend ausgefallen (67–77). Um so schlagender vermag Cicero die politische Verkehrtheit des Prozesses darzutun: wer wünsche, daß am 1. Januar nur ein Konsul sein Amt antreten könne, der arbeite Catilina und allen Feinden der Verfassung in die Hände (78–83). Das eindringliche Pathos dieser Ausführungen leitet über zum Epilog (83–90): Cicero appelliert an die Richter, bei der Entscheidung auf die dringenden Erfordernisse des Staatswohls bedacht zu sein.

Ciceros Darlegungen lassen vermuten, daß sich Murena – gelinde ausgedrückt – besser auf die Künste der Bewerbung verstanden hatte als sein korrekter Rivale Sulpicius Rufus. Andererseits wird er sich nicht erheblich vom damals Üblichen entfernt haben. Der von Cicero veröffentlichte Teil der Widerlegung befaßt sich mit ziemlich geringfügigen Vergehen: Murena habe sich von allzu vielen Leuten in die Hauptstadt einholen lassen, als er aus der Provinz zurückkehrte; er sei bei seinen täglichen Ausgängen von einem überaus großen Gefolge begleitet worden; man habe in seinem Namen Freiplätze für Schaustellungen verschenkt und zu Schmäusen eingeladen (67–77). Cicero hatte daher sicherlich die besseren Gründe auf seiner Seite, wenn er die Angelegenheit zuallererst nach Kriterien der politischen Zweckmäßigkeit beurteilt wissen wollte; während des Schwelens der catilinarischen Krise war die genaue Einhaltung aller *ambitus*-Vorschriften von geringerem Gewicht als die Frage, ob Rom am 1. Januar 62 eine schlagkräftige Regierung haben würde. Aus dieser grundsätzlichen Entscheidung ergab sich für Cicero die taktische Aufgabe, den Streit im eigenen Hause so zu behandeln, daß keine nachhaltige Verstimmung daraus erwuchs. Er enthielt sich daher aller persönlichen Angriffe; die heiter-ironischen Partien, die er der Jurisprudenz und der stoischen Ethik ge-

widmet hat, gelten vorgegebenen Systemzwängen, nicht in-
dividuellem Versagen. Cicero ließ allenfalls durchblicken, daß
die Anklage Weltfremdheit und Starrsinn bekunde; er nahm
jedoch auch diesen Vorwürfen die Spitze, indem er darauf bedacht war, seine Darlegungen mit dem Ethos der freundschaftlichen Verbundenheit und des Einverständnisses im
Wesentlichen zu durchdringen. Das Plädoyer verfehlte seine
Wirkung nicht; Murena wurde freigesprochen (Cicero, Pro
Flacco 98 und De domo sua 134).

Die Rede für Murena zeigt eine reiche Skala der Tönungen
und Haltungen; sie ist erfüllt von Witz, Schwung und Pathos.
Sie behandelt ein episodisches Ereignis aus dem Alltag der
Republik; gerade deshalb vermittelt sie ein überaus anschauliches Bild von dem Zusammenspiel der gesellschaftlichen Bedingungen, die das Triebwerk der republikanischen Verfassung in Gang hielten.

REDE FÜR L. MURENA

Ihr Richter! Ich habe an jenem Tage, da ich in geweihter [1]
Versammlung der Zenturien die Wahl des L. Murena zum
Konsul verkündete[1], nach Brauch und Satzung der Vorfahren
zu den unsterblichen Göttern gebetet, daß dieses Ereignis
mir und den Obliegenheiten meines Amtes, dem Gesamtvolk
und der Plebs von Rom zu Glück und Segen ausschlagen
möge. Dieselbe Bitte richte ich jetzt abermals an die unsterblichen Götter, um das Konsulat und zugleich das Heil desselben Mannes zu bewahren und daß eure Meinung und Entscheidung mit dem Willen und der Wahl des römischen Volkes übereinstimmen möchte und diese Tatsache euch und
dem römischen Volke Frieden, Ruhe und ungestörte Eintracht bringe. Wenn das feierliche und durch die Zeichen-
schau des Konsuls geheiligte Gebet der Komitien die Kraft
und Weihe enthält, wie die Hoheit unseres Staates sie erheischt: niemand anders als ich hat gebetet, daß dies auch den
Männern, denen unter meiner Leitung die Konsulwürde verliehen worden ist, zu Glück, Heil und Segen ausschlagen
möge. Da es so steht, ihr Richter, und da die Macht der un- [2]
sterblichen Götter entweder ganz oder jedenfalls zum Teil auf
euch übergegangen ist, empfiehlt jetzt derselbe Fürsprecher
einen Konsul eurem Ermessen, der ihn zuvor den unsterblichen Göttern empfohlen hat: er soll, von desselben Mannes
Stimme als Konsul ausgerufen und verteidigt, die Auszeichnung des römischen Volkes zu eurem und aller Bürger Heil
behalten dürfen.

Und da die Ankläger mir einen Vorwurf daraus machten,
daß ich in dieser Angelegenheit die Verteidigung mit Eifer
betrieben, und sogar, daß ich mich überhaupt der Sache angenommen habe, will ich einiges zu meinen Gunsten sagen,
ehe ich für L. Murena zu sprechen beginne. Es kommt mir

hierbei in dieser Stunde nicht so sehr darauf an, meine Hilfsbereitschaft zu rechtfertigen, als für das Heil dieses Mannes
einzutreten. Ich möchte euch nämlich meine Handlungs-
weise nur deshalb verständlich machen, um mit desto größerem Nachdruck die Ehre, den Ruf und die gesamte Existenz
Murenas gegen die Angriffe der Gegner in Schutz nehmen zu
können.

3   Und zuerst will ich M. Cato wegen meiner Hilfsbereitschaft
Antwort stehen; er unterwirft ja das Leben einem festen Maß-
stab der Vernunft und wägt mit größter Sorgfalt das Gewicht
aller Verpflichtungen ab. Cato erklärt, ich hätte nicht recht
daran getan, mich mit der Sache des L. Murena zu befassen:
ich sei Konsul, ich hätte das Gesetz wegen Amtserschleichung
eingebracht und mein Konsulat nach strengen Grundsätzen
gehandhabt. Sein Vorwurf bestimmt mich ernstlich, nicht nur
euch, ihr Richter, denen ich's am meisten schulde, von der
Richtigkeit meines Tuns zu überzeugen, sondern gerade auch
Cato, einen überaus bedachtsamen und gänzlich unbestechlichen Mann.

Von wem wird denn ein Konsul mit größerem Recht verteidigt, M. Cato, als von einem Konsul? Wer kann oder muß
mir im öffentlichen Leben näher stehen als der, dem ich bereits die Wahrnehmung der Staatsgeschäfte übergebe, nachdem ich selbst sie unter großen Mühen und Gefahren wahrgenommen habe? Bei einer Klage auf Herausgabe von Sachen,
die der Manzipation unterliegen, muß der die Prozeßgefahr auf
sich nehmen, der sich durch den Kaufvertrag hierzu verpflichtet hat[2]: wahrhaftig, dann sollte in einem Prozeß gegen einen
gewählten Konsul mit noch größerem Recht vor allem der
Konsul, der den Konsul ausgerufen hat, der Gewährsmann für
den Gunstbeweis des römischen Volkes und der Verteidiger
4   in der Prozeßgefahr sein. Und gesetzt, für diesen Sachverhalt
würde, wie es in einigen Gemeinden üblich ist, der Anwalt

von Staats wegen bestellt: dann gäbe man jemandem, der für das höchste Amt bestimmt ist, vor allem den zum Verteidiger, der, mit demselben Amte betraut, ebensoviel Ansehen wie Befähigung für sein Plädoyer mitbringt. Wenn jemand den Hafen verläßt, dann pflegen ihn die Leute, die bereits von der hohen See in den Hafen einfahren, mit größter Bereitwilligkeit darüber zu unterrichten, wie es sich mit der Witterung, mit den Piraten und der Route verhält; denn wir hegen von Natur aus für diejenigen Sympathie, die denselben Gefahren, wie wir sie überstanden haben, entgegengehen: was sollte ich dann wohl dem gegenüber empfinden, der, wie ich sehe, die schlimmsten Stürme der Politik auf sich nehmen muß, während ich nach schwerem Schlingern fast schon das Land erblicke? Ein guter Konsul sollte nicht nur bemerken, was jeweils geschieht, sondern auch voraussehen, was bevorsteht; ich will daher an anderer Stelle zeigen, wie viel für das Gemeinwohl davon abhängt, daß sich am 1. Januar zwei Konsuln der Staatsgeschäfte annehmen[3]. Wenn es sich so verhält, dann 5 müßte weniger die Pflicht mich persönlich auffordern, für die Zukunft eines befreundeten Mannes einzutreten, als der Staat den Konsul, sich für das allgemeine Wohl zu verwenden. Denn allerdings habe ich das Gesetz über Amtserschleichung eingebracht, jedoch gewißlich so, daß ich das schon längst bei mir selbst eingebrachte Gesetz über die Verteidigung bedrängter Bürger nicht aufhob. Wenn ich nämlich zugeben müßte, man habe Wahlgeschenke verteilt[4], und behauptete, diese Tat sei Rechtens, dann würde ich gewissenlos handeln, auch wenn ein anderer das Gesetz eingebracht hätte; da ich indes erkläre, das Gesetz sei nicht verletzt worden, wie sollte dann die Einbringung des Gesetzes meiner Verteidigung im Wege stehen?

Cato behauptet, ich handelte nicht mit gleicher Strenge, 6 wenn ich Catilina, während er innerhalb der Mauern den

Untergang des Staates anzettelte, durch Worte und fast durch
einen Machtspruch[5] aus der Stadt vertrieben hätte und jetzt
für L. Murena einträte. Ich aber habe den Part der Milde und
des Erbarmens, den mich die Natur selbst gelehrt hat, stets
gern ausgeübt; die Rolle des Ernstes und der Strenge jedoch
habe ich nicht begehrt, sondern auf mich genommen, da der
Staat sie mir übertrug, so wie es der Rang dieses Amtes in der
größten Bedrängnis der Mitbürger erheischte. Ich habe mich
damals, als die allgemeine Lage ein strenges Machtgebot verlangte, über meine Natur hinweggesetzt und so scharf durchgegriffen, wie ich genötigt wurde, nicht, wie ich wollte. Doch
jetzt, da mich alle Gründe zum Mitleid und zur Menschlichkeit auffordern: mit welcher Bereitschaft muß ich mich da
wohl von meinem Wesen und meiner Gewohnheit leiten lassen? Und vielleicht muß ich noch an einer anderen Stelle der
Rede[6] über meine Pflicht zur Verteidigung und deine Gründe
zur Anklage sprechen.

7   Indes, ihr Richter, nicht minder als der Vorwurf Catos hat
mich die Beschwerde des Ser. Sulpicius, eines sehr klugen und
hochangesehenen Mannes, beeindruckt; er sagte, er sei ganz
aufgebracht und erbittert darüber, daß ich, ohne an unsere
engen Freundschaftsbande zu denken, gegen ihn die Sache
des L. Murena vertrete. Es ist mein Wunsch, ihr Richter, ihn
zufriedenzustellen, und ihr sollt die Schiedsleute sein. Denn
es ist gewiß bedrückend, in Freundschaftsdingen berechtigte
Vorwürfe zu erhalten; doch auch, wenn man fälschlich bezichtigt wird, darf man sich nicht darüber hinwegsetzen.

Ich gestehe, Ser. Sulpicius, daß ich dir während deiner Amtsbewerbung, wie es unserer Freundschaft entsprach, jede Mühe und jeden Dienst geschuldet habe, und ich glaube auch,
daß ich allen Verpflichtungen nachgekommen bin. Während
deiner Bewerbung um das Konsulat fehlte es dir von meiner
Seite an nichts, was du von einem Freunde oder einem dir

gewogenen Manne oder einem Konsul verlangen konntest.
Diese Zeit ist vorbei; die Verhältnisse haben sich geändert.
Dies ist meine Ansicht, dies meine Überzeugung: im Kampf
gegen die Auszeichnung Murenas war ich dir so viel schuldig,
wie du von mir zu fordern wagtest; im Kampf gegen sein Heil
schulde ich dir nichts. Denn wenn ich mich für dich bemüht 8
habe, da du das Konsulat verfolgtest, so muß ich dir nicht in
gleicher Weise behilflich sein, da du Murena selbst verfolgst[7].
Und dies verdient nicht nur kein Lob, sondern ist sogar uner-
laubt, daß wir uns weigern, auch noch so Fremde zu verteidigen, wenn unsere Freunde Anklage erheben. Doch zwischen
mir und Murena besteht eine enge und langjährige Freundschaft, ihr Richter, und die kann Ser. Sulpicius im Kampf um
die Existenz nicht deshalb zunichte machen, weil sie im Streit
um eine Auszeichnung vor ihm zurücktreten mußte.

Wenn dieser Grund nicht bestünde, so hätte mich gleichwohl das Ansehen dieses Mannes oder die Würde des Amtes,
das er erlangt hat, mit dem ärgsten Schimpf der Anmaßung
und Roheit gebrandmarkt, falls ich einen derart bedrohlichen
Prozeß eines Mannes abgelehnt hätte, der es durch seine Verdienste und die Auszeichnungen des römischen Volkes zu
hoher Ehre brachte. Es ist mir nämlich nicht mehr gestattet
noch unbenommen, daß ich meine Mühe nicht darauf ver-
wende, den Leuten in ihren Bedrängnissen beizustehen. Denn
diese Dienstwilligkeit hat mir so großen Lohn eingebracht
wie niemandem zuvor, und da meine ich, nur ein ebenso ver-
schlagener wie undankbarer Mensch werde sich den Mühen,
die er während seines Strebens nach Ämtern auf sich nahm,
entziehen, sobald er sein Ziel erreicht hat. Wenn es freisteht 9
aufzuhören, wenn du dich verbürgst, daß ich's kann, wenn ich
keinen Schimpf der Trägheit, keine Rüge der Anmaßung,
keinen Vorwurf der Unmenschlichkeit auf mich nehme, dann
will ich wahrhaftig gern aufhören. Wenn es jedoch Bequem-

lichkeit verrät, Mühen zu meiden, Anmaßung, Bittsteller abzuweisen, und Gewissenlosigkeit, sich um die Freunde nicht
zu kümmern, dann ist diese Sache wirklich von der Art, daß
kein dienstwilliger, hilfsbereiter oder pflichtgetreuer Mann
sich ihr entziehen kann.

Und dies kannst du sehr leicht aus deinem eigenen Berufe
schließen, Servius. Denn du hältst dich für verpflichtet, auch
den Widersachern deiner Freunde, die dich in einer Rechtsfrage aufsuchen, Bescheid zu geben, und du meinst, es sei sogar schimpflich, wenn die Gegenpartei, während du als Beistand tätig bist, wegen eines Formfehlers den Prozeß verliert[8]: sei dann nicht so ungerecht zu glauben, daß, während
deine Quellen selbst deinen Feinden zugänglich sind, die meinigen auch den Freunden verschlossen sein müßten. Denn
wenn mich die Freundschaft mit dir von dieser Sache ferngе-
halten, wenn sich dasselbe mit Q. Hortensius und M. Crassus,
zwei erlauchten Männern, wenn es sich ebenso mit den übrigen begeben hätte, die, wie ich weiß, deine Gunst hoch ein-
schätzen, dann fände ein für das kommende Jahr gewählter
Konsul in dem Staate keinen Verteidiger, in dem nach dem
Willen unserer Vorfahren auch dem Geringsten niemals ein
Anwalt fehlen sollte. Ich jedenfalls, ihr Richter, hielte mich
selbst für niederträchtig, wenn ich dem Freunde, für hartherzig, wenn ich dem Bedrängten, für hochfahrend, wenn ich
dem Konsul nicht beistünde. Daher will ich, was der Freundschaft gebührt, ihr reichlich gewähren; ich werde mit dir nicht
anders verfahren, Servius, als wenn sich mein Bruder, der mir
das Teuerste ist, an jener Stelle dort[9] befände; was der Pflicht,
der Treue, der Rücksichtnahme zukommt, will ich so bemes-
sen, daß ich mir bewußt bin, gegen den Wunsch eines Freundes für einen bedrängten Freund zu sprechen.

Wie ich feststelle, ihr Richter, bestand die Anklage im ganzen aus drei Teilen, und hiervon galt der eine dem Tadel der

Lebensführung, der zweite einem Vergleich der Würdigkeit und der dritte den Vorwürfen der Amtserschleichung. Und von diesen drei Teilen war der erste, welcher der gewichtigste sein müßte, so kraftlos und geringfügig, daß die Gegner mehr eine Art Anklägerbrauch als ein wirklicher Anlaß zu Bezichtigungen bestimmt hat, sich über das Vorleben des L. Murena zu äußern.

Man warf ihm nämlich Asien vor; diese Provinz hat er indes nicht zu Vergnügen und Üppigkeit aufgesucht, sondern in mühevollem Kriegsdienst durchzogen. Hätte er nicht als junger Mann unter dem Oberbefehl seines Vaters gedient, so würde man annehmen, er habe den Feind oder das väterliche Kommando gefürchtet oder er sei vom Vater abgelehnt worden. Die jugendlichen Söhne pflegen doch mit Vorliebe den Triumphatoren zu Pferde voranzuziehen; hätte er es da meiden sollen, den Triumph des Vaters durch seine Kriegsauszeichnungen zu zieren und nach gemeinsam vollbrachten Taten sozusagen zugleich mit seinem Vater zu triumphieren[10]?

Indes, er war in Asien, ihr Richter, und er hat seinen Vater, [12] einen überaus tüchtigen Mann, in den Gefahren kräftig unterstützt, in den Bedrängnissen aufgerichtet und nach dem Siege beglückwünscht. Und wenn Asien einen gewissen Verdacht der Üppigkeit erregt: nicht Asien niemals gesehen, sondern in Asien enthaltsam gelebt zu haben, ist lobenswert. Daher hätte man Murena nicht das bloße Wort Asien vorwerfen sollen, woraus seiner Familie Lob, seinem Geschlecht ein bleibendes Andenken, seinem Namen Ehre und Ruhm erwachsen ist, sondern irgendeinen Schimpf und Makel, den er in Asien auf sich geladen oder aus Asien mitgebracht habe. Doch daß er in jenem Kriege diente, nicht nur dem schwersten, sondern auch dem einzigen, den das römische Volk damals führte, bekundet Tapferkeit, daß er's mit größtem Eifer unter dem Kommando des Vaters tat, die Liebe des Sohnes, daß der

Dienst mit dem Sieg und Triumph des Vaters endete, die Gunst des Schicksals. Jedenfalls ist hierbei für eine Verleumdung deshalb kein Platz, weil alles durch Lob besetzt ist.

13   Cato nennt L. Murena einen Tänzer. Das ist die Rüge eines scharfen Anklägers, wenn sie zu Recht vorgebracht wird, und die eines schmähsüchtigen Zänkers, wenn zu Unrecht. Daher ist es dir, der du solches Ansehen genießest, M. Cato, nicht erlaubt, dir ein Schimpfwort von der Gasse oder aus einem Streit von Possenreißern anzueignen und aufs Geratewohl den Konsul des römischen Volkes als einen Tänzer zu bezeichnen; du solltest vielmehr beachten, welchen Lastern der sonst noch ergeben sein muß, dem man so etwas mit Recht vorwerfen könnte. Fast niemand tanzt nämlich in nüchternem Zustande, es sei denn, er ist verrückt, noch in der Einsamkeit oder bei einer maßvollen und ehrbaren Gasterei. Der Tanz ist die äußerste Begleiterscheinung eines Mahles, das schon frühzeitig beginnt[11], einer reizvollen Gegend und vieler Sinnenfreuden. Du bringst mir das an, was mit Notwendigkeit unter allen Lastern das letzte ist, und läßt die Dinge beiseite, ohne die dieses Laster gar nicht auftreten kann? Kein schimpfliches Gelage, kein Liebesverhältnis, keine Zecherei, keine Wollust, keinerlei Verschwendung wird nachgewiesen, und da sich nicht finden läßt, was, wiewohl lasterhaft, Genuß genannt wird, glaubst du, bei einem Manne den Schatten der Üppigkeit entdecken zu können, bei dem du die Üppigkeit selbst nicht zu entdecken vermagst?

14   Nichts läßt sich also gegen das Vorleben des L. Murena vorbringen, rein gar nichts, sage ich, ihr Richter. Meine Verteidigung eines gewählten Konsuls kann davon ausgehen, daß man keinerlei Trug, keine Habgier, keinen Treuebruch, keine Hartherzigkeit, kein anmaßendes Wort in seinem Leben aufzustöbern weiß. Gut so; die Grundlage der Verteidigung ist fertig. Denn wir verteidigen einen Mann, dessen Anstand und

Rechtschaffenheit nicht unser Lob (hiervon will ich erst später Gebrauch machen), sondern fast schon das Geständnis seiner Feinde bewiesen hat. Da dies feststeht, habe ich desto bequemer Zugang zum Vergleich der Würdigkeit; dies war ja der zweite Teil der Anklage.

Ich sehe, Ser. Sulpicius, daß Abkunft, Charakter, Tätigkeitsdrang und alle übrigen Vorzüge, deren Besitz zur Bewerbung um das Konsulat berechtigt, dir größte Würdigkeit verleihen. Doch wie ich feststelle, kommen diese Vorzüge L. Murena in gleichem Maße zu, und so sehr in gleichem Maße, daß weder du ihn an Würdigkeit übertreffen kannst noch er dir an Würdigkeit etwas voraus hat. Du hast das Geschlecht des L. Murena geringschätzig behandelt und das deinige herausgestrichen. Wenn du hierbei beanspruchst, daß nur ein Patrizier aus guter Familie stamme, so nimmst du an, man müsse die Plebs wieder zum Auszug auf den Aventin veranlassen[12]. Doch wenn es hervorragende und angesehene plebejische Familien gibt: sowohl der Urgroßvater als auch der Großvater des L. Murena waren Prätoren; sein Vater aber errang durch die Prätur auf die glänzendste und ehrenvollste Weise einen Triumph; er hinterließ ihm also einen Rang, der ihm den Erwerb des Konsulats desto mehr erleichterte, als er, der Sohn, nur forderte, was man schon seinem Vater geschuldet hatte.

Dein Adel jedoch, Ser. Sulpicius, ist zwar sehr erlaucht; doch kennen ihn nur belesene und in der Geschichte bewanderte Leute einigermaßen, dem Volke hingegen und den Wählern ist er ziemlich dunkel. Dein Vater hatte nämlich den Rang eines Ritters; kein hervorragendes Lob verschaffte deinem Großvater Hochschätzung. Man kann daher die Erinnerung an deinen Adelsstand nicht dem frischen Gespräch der Leute, sondern nur alten Chroniken entnehmen. Deshalb pflege ich dich immer unserer Klasse[13] zuzurechnen: deine unermüdliche Tüchtigkeit hat erreicht, daß man dich des höchsten

Ansehens für würdig erachtete, obwohl du der Sohn eines römischen Ritters bist. Und ich habe niemals geglaubt, daß Q. Pompeius, ein Neuling und zugleich ein überaus tüchtiger Mann, weniger fähig war als M. Aemilius, ein Sproß aus höchstem Adel [14]. Denn es erfordert dieselbe Tatkraft und Begabung, seinen Nachkommen, wie Pompeius tat, einen Glanz des Namens zu hinterlassen, den man nicht ererbt hat, oder, wie Scaurus, das fast erstorbene Andenken an das Geschlecht durch eigene Leistung zu erneuern.

17   Indes, ich glaubte schon, ihr Richter, ich hätte durch meine Anstrengung erreicht, man werde einer großen Zahl von tüchtigen Männern keinerlei Vorwurf mehr aus ihrer unbekannten Herkunft machen; ich habe ja hierfür den Boden bereitet, indem ich nicht nur Männer wie Curius, Cato, Pompeius, überaus tüchtige Neulinge der früheren Zeit, in die Erinnerung zurückrief, sondern auch die der jüngsten Vergangenheit, einen Marius und Didius und Caelius [15]. Ich hatte aber die Schranken des Adelstitels nach so langer Pause durchbrochen, daß der Zugang zum Konsulat nunmehr wie bei unseren Vorfahren ebenso der Tüchtigkeit wie dem Adel freigegeben war; da glaubte ich nicht, daß die Ankläger über das Fehlen eines Stammbaumes reden würden, wenn der gewählte Konsul, Sproß einer alten und berühmten Familie, den Konsul und Sohn eines römischen Ritters zum Verteidiger habe. Denn auch bei mir traf es sich, daß ich mich zugleich mit zwei Patriziern bewarb; der eine war von äußerster Skrupellosigkeit und Verwegenheit, der andere ein sehr bescheidener und vortrefflicher Mann; gleichwohl übertraf ich Catilina an Würdigkeit, Galba [16] an Einfluß. Wenn man dem Neuling daraus einen Vorwurf machen müßte, so hätte es mir wahrhaftig weder an Feinden noch an Neidern gefehlt. Wir wollen also aufhören, über die Abkunft zu reden; sie ist bei beiden überaus angesehen; betrachten wir das übrige.

«Er bewarb sich zugleich um die Quästur, und ich wurde vor ihm gewählt[17].» Man muß nicht auf alles antworten. Denn niemandem von euch entgeht: da viele gleich würdig sind, aber nur einer die erste Stelle erhalten kann, halten sich Würdigkeit und Bekanntgabe der Wahl nicht an dieselbe Rangfolge, weil die Bekanntgabe Stufen hat, die Würdigkeit aber sehr oft bei allen gleich groß ist. Doch beider Quästur hatte durch das Los nahezu dasselbe Gewicht. Das Titische Gesetz wies dem Murena eine stille und ruhige Provinz zu, dir aber jene, bei der man, wenn die Quästoren losen, sogar in Spottrufe auszubrechen pflegt: Ostia, eine weniger einflußreiche und angesehene als mühevolle und beschwerliche Aufgabe[18]. Euer beider Name wurde während der Quästur nicht weiter genannt. Denn das Los gab eurer Tüchtigkeit kein Betätigungsfeld, auszugreifen und sich zu zeigen.

Man macht den übrigen Zeitraum zum Gegenstand des Vergleichs. Die beiden haben ihn auf die verschiedenste Weise verwendet. Servius unterzog sich mit uns dem Dienste hier in der Stadt: er gab Auskünfte, schrieb, setzte Urkunden auf, ein Geschäft, das viel Unruhe und Ärger mit sich bringt. Er erlernte das bürgerliche Recht, er wachte und arbeitete viel, er war vielen zur Hand; bei vielen bereitete ihm Dummheit Pein, mußte er Anmaßung ertragen, nahm er Widerspenstigkeit hin; er richtete sein Leben nach dem Gutdünken anderer ein, nicht nach seinem eigenen. Es ist ein großes und den Menschen willkommenes Verdienst, daß einer sich in *der* Wissenschaft abmüht, die vielen Nutzen bringt.

Was tat Murena inzwischen? Er war Legat bei einem äusserst tüchtigen und gescheiten Manne, bei dem hervorragenden Feldherrn L. Lucullus[19]. Er führte in dieser Stellung ein Heer, blies zum Angriff, lieferte Gefechte, trieb starke feindliche Truppen auseinander; er nahm die Städte teils im Handstreich, teils durch Belagerung; er durchzog dieses wohlha-

bende und zugleich weichliche Asien, ohne dort irgendeine
Spur von Habsucht und Üppigkeit zu hinterlassen; er führte
sich in diesem gewaltigen Kriege so, daß er viele bedeutende
Dinge ohne den Feldherrn vollbrachte, der Feldherr keines
ohne ihn. Und dies sage ich zwar in Anwesenheit des L.
Lucullus; es könnte jedoch so scheinen, als hätte er uns wegen unserer Bedrängnis die Erlaubnis gegeben, uns etwas
auszudenken. Indes, es ist alles durch amtliche Schreiben
bezeugt; dort hat L. Lucullus ihm so hohes Lob zuerkannt,
wie es ein Feldherr, der frei war von Ehrgeiz und Mißgunst,
einem anderen bei der Teilung des Ruhmes bewilligen
mußte.

21   Beide genießen größte Ehren, größtes Ansehen; den Wert
würde ich, wenn Servius es erlaubte, als völlig gleich veranschlagen. Aber er erlaubt es nicht; er bekrittelt den Heeres-
dienst, er greift die ganze Legatentätigkeit an; er glaubt, das
Konsulat sei die Frucht der Beharrlichkeit und der erwähnten
täglichen Bemühungen. «Du warst bei der Truppe», sagt er,
«so viele Jahre hast du das Forum nicht betreten; so lange
warst du abwesend, und jetzt, da du nach einer beträchtlichen
Zwischenzeit zurückgekehrt bist, willst du es mit denen an
Würdigkeit aufnehmen, die auf dem Forum ihre Wohnstatt
hatten?» Erstens zu dieser von uns geübten Beharrlichkeit,
Servius: du bedenkst nicht, wie viel Abneigung, wie viel
Überdruß sie bisweilen bei den Leuten hervorruft. Es hat mir
zwar großen Nutzen gebracht, daß mein Einfluß vor aller
Augen lag; gleichwohl habe ich nur unter großen Mühen verhindert, daß man meiner überdrüssig wurde, und du vielleicht ebenfalls; es hätte indes keinem von uns geschadet, wenn
man Gelegenheit gehabt hätte, uns zu vermissen.

22   Doch ich will dies auf sich beruhen lassen; ich kehre zum
Vergleich der Leistungen und Berufe zurück. Wie kann man
bezweifeln, daß Kriegsruhm zum Erwerb des Konsulats viel

mehr Gewicht verleiht als Ansehen im bürgerlichen Recht!
Du wachst vor Tagesanbruch, um deinen Klienten Bescheid
zu geben, er, um mit seinem Heer beizeiten das Marschziel
zu erreichen; dich weckt der Hahnenschrei, ihn der Klang der
Trompeten; du bereitest den Prozeß vor, er stellt die Schlachtreihe auf; du suchst zu verhindern, daß deine Klienten, er,
daß Städte und Lager überrumpelt werden; er weiß und kennt
sich aus, wie man feindliche Truppen, du, wie man Regenwasser
abwehrt[20]; er versteht sich darauf, die Grenzen auszuweiten,
du, sie zu ziehen[21]. Und begreiflicherweise – ich muß ja sagen,
was ich denke – geht die kriegerische Tüchtigkeit allem anderen vor. Sie hat dem römischen Volk seinen Namen, sie der
Stadt ewigen Ruhm verschafft; sie zwang den Erdkreis, sich
unserem Befehl zu beugen; alle städtischen Angelegenheiten,
alle unsere hervorragenden Bemühungen und das Ansehen
und die Beflissenheit auf dem Forum sind geborgen im Schutz
und in der Obhut kriegerischer Tüchtigkeit. Sobald sich auch
nur der Verdacht eines Aufruhrs regt, verstummen unsere
Künste auf der Stelle.

Und da du mir deine Rechtswissenschaft wie eine kleine 23
Tochter zu herzen scheinst, kann ich nicht zulassen, daß du
dich einem solchen Irrtum hingibst, dieses Etwas, das du mit
Eifer gelernt hast, für eine herrliche Sache zu halten. Andere
Vorzüge (so habe ich jedenfalls stets geurteilt), dein beherrsch-
tes und gesetztes Wesen, dein Gerechtigkeitssinn, deine Ver-
läßlichkeit und alles übrige geben dir Anspruch auf das Konsulat und jede ehrenvolle Stellung; daß du das bürgerliche
Recht erlernt hast, hiervon will ich nicht sagen, du habest
deine Mühe vergeudet, sondern vielmehr: von dieser Wissenschaft führt kein Weg zum Konsulat. Denn alle Berufe, die uns
die Gewogenheit des römischen Volkes verschaffen sollen,
müssen ein blendendes Ansehen und hochwillkommenen Nutzen mit sich bringen.

24   Das größte Ansehen genießen diejenigen, die sich durch
kriegerischen Ruhm auszeichnen; man glaubt nämlich, daß
sie alles verteidigen und schützen, was zum Reich und zur
bürgerlichen Sphäre gehört. Sie erweisen uns auch den größten Nutzen, da ihr Können und ihr Einsatz uns in den Stand
setzen, den Staat und auch die eigenen Angelegenheiten zu
handhaben. Bedeutsam und mit großem Ansehen verbunden
ist auch die Gabe der Rede, die oft bei der Konsulwahl den
Ausschlag gab: man ist fähig, durch seinen Rat und Vortrag
auf die Ansichten des Senats, des Volkes und der Richter einzuwirken. Von einem Konsul wird verlangt, daß er durch
seine Rede hin und wieder die von den Tribunen entfesselte
Raserei zu bändigen, das erregte Volk umzustimmen, dem
Geschenkemachen entgegenzutreten vermag. Es ist kein Wunder, daß um dieser Fähigkeit willen oft auch Nichtadlige die
Konsulwürde erreicht haben, zumal gerade sie vielfältige
Dankbarkeit, beständige Freundschaften und größte Gewogenheit hervorruft.

    Von alledem findet sich bei eurem Handwerk nichts, Sul-
25 picius. Erstens kann eine so enge Wissenschaft kein Ansehen
haben; es geht nämlich um kleine Dinge, die sich beinahe in
einzelnen Buchstaben und in Worttrennungen erschöpfen[22].
Zweitens mag dieses Fach bei unseren Vorfahren einige Bewunderung erregt haben: nachdem man eure Geheimnisse
verraten hat, ist es gänzlich der Verachtung und Geringschätzung anheimgefallen. Ob man prozessieren könne oder
nicht, wußten einst nur wenige; der Kalender war nämlich
nicht allgemein bekannt. Die Rechtskundigen hatten eine
große Macht; man bat sie auch um die Benennung von Tagen, als wären sie Astrologen. Da fand sich ein Schreiber, Cn.
Flavius; der hackte den Krähen die Augen aus, gab dem Volke
den Kalender bekannt, indem er die Tage einzeln auswendig-
lernte, und stahl sich just bei den vorsichtigen Rechtsgelehr-

ten deren Kenntnisse zusammen[23]. Sie erzürnten darob und
fürchteten, man könne ohne ihre Mitwirkung prozessieren,
da das Verzeichnis der Tage allgemein verbreitet und bekannt
sei; sie setzten daher bestimmte Formeln[24] auf, um sich selbst
in alle Angelegenheiten einzumischen.

Es könnte ja bestens so zugehen: «Das sabinische Grundstück gehört mir» – «Nein, mir» – daraufhin der Prozeß.
Doch sie wollten nicht. «Das Grundstück», heißt es, «das in
der Mark liegt, welche die sabinische genannt wird.» Reichlich umständlich, und bitte schön, was folgt? «Von dem behaupte ich, daß es nach dem Recht der Quiriten mein Eigentum ist.» Was dann? «Ich rufe dich, von dort aus und dort
dem Rechte gemäß um das Grundstück zu streiten.» Da
wußte der Beklagte nicht, was er einem derart gesprächigen
Streithahn hätte antworten sollen. Doch der Rechtsgelehrte
geht wie ein latinischer Flötenspieler[25] zu ihm hinüber: «Von
wo aus ich dem Rechte gemäß nach deinem Ruf um das
Grundstück streiten soll, von dort aus und dort rufe ich dich
meinerseits.» Damit dem Prätor nicht in der Zwischenzeit
zu wohl würde und er nicht nach Belieben einherredete, hat
man für ihn ebenfalls einen Spruch aufgesetzt, der in allem
übrigen und zumal hierin sehr sonderbar lautet: «Ich weise
in Anwesenheit der Umstände[26] beider Parteien diesen Weg;
beschreitet den Weg.» Zur Stelle war der Weise, der den Weg
zu beschreiten lehrte. «Kehrt den Weg zurück.» Und sie kehrten mit demselben Führer zurück. Das wirkte schon einst bei
den bärtigen Männern, meine ich, lächerlich: nachdem sie
richtig an Ort und Stelle angelangt waren, sollten sie fortgehen, um sofort dahin zurückzukehren, von wo sie fortgegangen
waren[27]. Mit denselben Albernheiten ist all dies Zeug aus-
straffiert: «Da ich deiner vor Gericht ansichtig werde» und
«Willst du dich erklären, aus welchem Grunde du das Eigentum beanspruchst[28]?» Solange diese Dinge geheim waren,

fragte man zwangsläufig die danach, die sich darauf verstanden; doch später, da sie allgemein bekannt wurden und man sie in Händen wendete und prüfte, da fand sich, daß sie aller Weisheit bar, aber randvoll von Trug und Torheit waren.

27   Denn während die Gesetze sehr vieles vorzüglich geregelt hatten, wurde das meiste hiervon durch die Einfälle der Rechtsgelehrten verdorben und verfälscht. Unsere Vorfahren wünschten, daß alle Frauen wegen der Unsicherheit ihres Urteils der Gewalt eines Vormundes unterstünden; doch *sie* erfanden Arten von Vormündern, die von der Gewalt der Frauen abhängen[29]. Die Vorfahren wünschten, daß der Ahnenkult nicht erlösche; doch *ihre* Erfindungsgabe brachte die mit Greisen geschlossenen Scheinehen auf, den Ahnenkult zu beseitigen[30]. Überhaupt gaben sie bei allen Fragen des bürgerlichen Rechts die Gerechtigkeit preis und hafteten am bloßen Wortlaut, wie sie zum Beispiel glaubten, alle Frauen, die eine Kaufehe[31] abschlössen, müßten Gaia heißen, weil sie diesen Namen als Beispiel in jemandes Schriften gefunden hatten. Auch dies kommt mir immer wieder sonderbar vor, daß es so vielen, so erfinderischen Leuten auch jetzt noch nicht gelungen ist festzusetzen, ob man ‹dritter Tag› oder ‹übermorgen›, ‹Richter› oder ‹Schiedsmann›, ‹Sache› oder ‹Streitgegenstand› sagen soll.

28   Deshalb verlieh diese Wissenschaft, wie ich sagte, niemals konsularisches Ansehen (sie besteht ja ganz und gar aus erkünstelten und erdichteten Dingen); doch noch viel weniger verlieh sie Einfluß. Denn was allen zugänglich ist und in gleicher Weise mir und meinem Gegner zu Gebote steht, das kann auf keine Weise einflußreich sein. Deshalb habt ihr nicht nur die Hoffnung, Verpflichtungen zu begründen, sondern sogar jenes «Darf ich um Rat fragen?»[32] eingebüßt, das es eine Zeitlang gegeben hat. Niemand kann in einer Wissenschaft für weise gehalten werden, die weder irgendwo außer-

halb Roms noch in Rom selbst etwas gilt, wenn Gerichts-
ferien sind. Als erfahren kann deshalb niemand angesehen
werden, weil sich bei etwas allgemein Bekanntem keiner vom
anderen zu unterscheiden vermag. Für schwierig aber gilt
die Sache deshalb nicht, weil sie auf sehr wenigen und keineswegs dunklen Schriftwerken beruht. Wenn ihr daher mich,
einen stark beschäftigten Menschen, erbosen solltet, so mache
ich mich anheischig, in drei Tagen ein Rechtsgelehrter zu
sein. Denn was auf Grund von Schriftformeln verhandelt
wird, ist alles schriftlich festgehalten, und doch ist nichts so
eng geschrieben, wo ich nicht einfügen könnte «worum es
sich handelt»[33]; was aber mündlich gefragt wird, darauf kann
man mit sehr geringem Risiko antworten. Wenn man das
Übliche antwortet, so sieht es aus, als habe man ebenso geantwortet wie Servius; wenn nicht, dann sieht es so aus, als kenne
und behandele man auch die umstrittenen Rechtsfragen.

Deswegen gebührt nicht nur dem Kriegsruhm vor euren   29
Floskeln und Prozeßformularen der Vorzug, sondern auch der
Rednerberuf übertrifft eure Routine bei weitem und erheblich durch sein Ansehen. Ich glaube daher, daß die meisten
zunächst weit mehr hierauf erpicht waren, doch hernach,
wenn sie dieses Ziel nicht zu erreichen vermochten, gerade
in den anderen Beruf abgesunken sind. Man sagt, unter den
griechischen Künstlern seien diejenigen Flötisten, die nicht
Zitherspieler werden konnten; ebenso sehen wir, daß diejenigen, die es nicht zum Redner gebracht haben, an die Rechtswissenschaft geraten. Sehr mühsam ist die Beredsamkeit, sehr
wichtig, sehr angesehen, doch vor allem von größtem Einfluß.
Denn von euch wird eine Art Heilmittel, von den Rednern
aber das Heil selbst erbeten. Außerdem werden eure Auskünfte und Bescheide oft durch ein Plädoyer über den Haufen
geworfen, und sie können ohne das Bollwerk einer Rede gar
keinen Bestand haben. Wenn ich es hierin schon weit genug

gebracht hätte, dann würde ich mich vorsichtiger zu ihrem
Lobe äußern; jetzt aber spreche ich nicht von mir, sondern
von denen, die bedeutende Redner sind oder waren.

30   Es gibt also zwei Fähigkeiten, die den Menschen zur höchsten Stufe des Ansehens verhelfen können, erstens die des
Feldherrn, zweitens die des guten Redners. Denn der eine
schützt die Vorzüge des Friedens, der andere wendet die
Fährnisse des Krieges ab. Sonstige gute Eigenschaften haben
zwar für sich selbst großen Wert: Gerechtigkeitssinn, Zuverlässigkeit, Taktgefühl, Ausgeglichenheit, und jedermann
weiß, daß du dich darin auszeichnest, Servius. Doch jetzt rede
ich über Berufe, die als Ausweis für ein Amt gelten, nicht über
den persönlichen Charakter. Alle diese Betätigungen werden
uns aus der Hand genommen, sobald irgendein neuer Aufruhr
das Kriegssignal zu blasen anhebt. Denn wie ein geistreicher
Dichter und sehr kompetenter Autor[34] sagt, «sobald Kämpfe
sich ankündigen, muß sie den Platz räumen» – nicht nur euer
wortreiches Scheinbild der Klugheit, sondern auch die Ge-
bieterin aller Dinge selbst, «die Weisheit; Gewalt entscheidet,
man verachtet den Redner» – nicht nur den langweiligen und
geschwätzigen, sondern auch «den guten; man schätzt den
furchtbaren Soldaten»; doch euer Beruf liegt gänzlich dar-
nieder. «Nicht dem Recht gemäß streiten sie», sagt der Dichter, «sondern fordern lieber mit dem Schwert ihr Eigen zurück.» Wenn es sich so verhält, dann sollte, meine ich, Sulpicius, der Markt dem Lager, die Muße dem Kriegsdienst, die
Feder dem Schwert, der Schatten dem Sonnenschein nach-
stehen, kurz, dann sollte in unserem Staate das für das erste
gelten, weswegen der Staat selbst der erste von allen ist.

31   Doch Cato erklärt, wir machten allzu große Worte darüber
und hätten vergessen, daß wir den ganzen mithridatischen
Krieg gegen Weiber geführt haben. Da bin ich ganz anderer
Meinung, ihr Richter; doch ich will darüber nur weniges

sagen; es kommt nämlich nicht entscheidend darauf an. Denn
wenn alle Kriege, die wir gegen die Griechen geführt haben,
Geringschätzung verdienen, dann mache man sich auch über
den Triumph lustig, den M'. Curius über König Pyrrhos errungen hat, und T. Flamininus über Philipp, M. Fulvius über
die Ätoler, L. Paullus über König Perseus, Q. Metellus über
Pseudophilippos, L. Mummius über die Korinther[35]. Doch
wenn diese Kriege schlimm waren und ihre siegreiche Beendigung hochwillkommen, weshalb verachtest du dann die
asiatischen Völker und zumal diesen Landesfeind? Indes, ich
ersehe aus den Aufzeichnungen der Vorzeit, daß das römische
Volk keinen größeren Krieg geführt hat als gegen Antiochos;
der damalige Sieger L. Scipio, der seinen Ruhm mit seinem
Bruder teilte, erwarb sich dieselbe Auszeichnung mit dem
Namen Asiens, wie jener sie nach der Niederwerfung Afrikas
durch seinen Beinamen zur Schau trug. In diesem Kriege er- 32
glänzte die hervorragende Tapferkeit des M. Cato, deines
Urgroßvaters; da er nach meiner Überzeugung von derselben
Art war, wie ich sie an dir kenne, wäre er niemals mit Scipio
dorthin gezogen, wenn er geglaubt hätte, er müsse gegen
Weiber kämpfen[36]. Auch hätte der Senat gar nicht mit P.
Africanus verhandelt, er solle als Legat mit seinem Bruder ins
Feld ziehen, wenn er nicht geglaubt hätte, es handele sich um
einen schweren und furchtbaren Krieg – Africanus selbst hatte
ja kurz zuvor Hannibal aus Italien vertrieben und aus Afrika
verjagt, Karthago niedergeworfen und so den Staat aus höchster Not befreit.

Doch wenn du genau bedenkst, was Mithridates vermochte
und was er erreicht hat und was für ein Mann er war, dann
stellst du diesen König ohne Frage an die Spitze aller, mit
denen das römische Volk je Krieg geführt hat. L. Sulla, ein
kampferprobter und energischer und nicht unerfahrener Feldherr (um nichts weiter zu sagen), gebot über ein stattliches

und tapferes Heer; gleichwohl hat er Mithridates, der im
Krieg ganz Asien überfallen hatte, im Frieden davonziehen
lassen. L. Murena, der Vater des Beklagten, hatte Mithridates
mit größter Schärfe und Schlagfertigkeit zugesetzt; gleichwohl konnte er ihn nur auf breiter Front zurückwerfen, nicht
niederwerfen [37]. Dieser König nahm sich einige Jahre Zeit,
seine Mittel und Rüstungen für den Krieg zu verstärken: da
gedieh er mit seinem Hoffen und Planen so weit, daß er meinte, er könne den Ozean mit dem Schwarzen Meer, die Truppen des Sertorius mit seinen eigenen vereinigen [38].

33   In diesen Krieg wurden zwei Konsuln entsandt; der eine
sollte Mithridates verfolgen, der andere Bithynien decken [39].
Bei dem einen nahmen die Dinge zu Wasser und zu Lande
einen sehr unglücklichen Verlauf, und sie trugen so zur Macht
und zum Ansehen des Königs bei. L. Lucullus hingegen tat
sich derart hervor, daß man keinen Krieg zu nennen vermöchte, der größer gewesen und mit mehr Umsicht und Tatkraft geführt worden wäre. Denn Mithridates hatte die ganze
Wucht seiner Kriegsmacht gegen die Mauern von Kyzikos
geworfen: er glaubte, diese Stadt werde ihm als Pforte Asiens
dienen, die er nur zu durchbrechen und aufzustoßen brauche,
um die ganze Provinz offen vor sich zu haben. Lucullus aber
erreichte schlechthin alles; er verteidigte die Stadt unserer
getreuesten Bundesgenossen und zerrieb durch die langwie-
rige Belagerung die gesamte Streitmacht des Königs. Wie?
Die Seeschlacht von Tenedos, als die Flotte der Feinde, von
Hoffnung und Mut erfüllt, in eiliger Fahrt mit den wage-
mutigsten Führern auf Italien lossteuerte – glaubst du, dieses
Treffen habe sich bei mäßigem Kampf und geringem Ge-
plänkel abgespielt [40]? Ich übergehe die Schlachten, ich lasse
die Belagerungen von Städten unerwähnt; als er endlich einmal aus seinem Reiche vertrieben war, brachten es seine Klugheit und sein Ansehen gleichwohl zustande, daß er sich mit

dem König der Armenier verbündete[41] und er so durch neue Machtmittel und Truppen wieder zu Kräften kam. Und wenn ich jetzt über die Erfolge unseres Heeres und Befehlshabers zu sprechen hätte, dann könnte ich an zahlreiche große Schlachten erinnern; doch darum geht es hier nicht.

Ich sage nur: wenn dieser Krieg, wenn dieser Feind, wenn **34** dieser König Verachtung verdient hätte, dann hätten der Senat und das Volk von Rom nicht geglaubt, sich seiner mit solcher Sorge annehmen zu müssen, noch L. Lucullus ihn so viele Jahre mit solchem Beifall geführt, noch schließlich das römische Volk mit solchem Nachdruck Cn. Pompeius mit der Beendigung dieses Krieges betraut. Der aber bestand unzählige Schlachten, doch die härteste von allen war, scheint mir, diejenige, die er gegen den König führte und die mit äußerster Erbitterung ausgefochten wurde[42]. Als jener der Schlacht entronnen und an den Bosporus geflohen war, wohin kein Heer zu gelangen vermochte, da bewahrte er selbst in der äußersten Not und Bedrängnis noch sein königliches Ansehen. Deshalb genügte es auch Pompeius nicht, das Reich besetzt und den Feind von allen Küsten und bekannten Wohnsitzen vertrieben zu haben, und obwohl der Sieg ihm alles verschaffte, was jener beherrscht, erobert und erstrebt hatte: auf das Leben dieses einen setzte er so viel, daß er meinte, der Krieg sei erst beendet, wenn er ihn des Lebens beraubt habe[43]. Diesen Feind verachtest du, Cato, gegen den während so vieler Jahre in so vielen Schlachten so viele Feldherren Krieg geführt haben, dessen Leben, als er vertrieben und verjagt war, so viel galt, daß man erst bei der Nachricht von seinem Tode an die Beendigung des Krieges glaubte? In diesem Kriege also, behaupten wir, hat sich L. Murena als Legat von äußerster Tapferkeit, größter Umsicht und höchster Ausdauer bewährt, und dieser Einsatz hat ihm nicht weniger Ansehen für den Erwerb des Konsulats verschafft als unsere Beflissenheit auf dem Forum.

35   Doch freilich, bei der Bewerbung um die Prätur wurde Servius zuerst ausgerufen[44]. Wollt ihr immer noch wie nach einem Vertrage mit dem Volke rechten, daß es verpflichtet sei,
jemandem die Rangstelle, die es ihm einmal bei einem Amte
eingeräumt hat, auch bei den übrigen Ämtern zu gewähren?
Denn welche Meerenge, welcher Euripos[45], glaubt ihr, hat
so viele Strömungen, so erhebliche, so vielfältige Schwankungen und Veränderungen der Fluten, wie sich bei Ämterwah-
len Wirbel und Wallungen einstellen? Die Zwischenfrist eines
Tages oder einer Nacht bringt oft alles durcheinander, und
bisweilen verwandelt der leise Hauch eines Gerüchts die gesamte öffentliche Meinung. Oft geschieht auch ohne erkennbare Ursache etwas anderes, als man erwartet hat, so daß sich
mitunter sogar das Volk über den Ausgang wundert, als ob
es ihn nicht selbst herbeigeführt hätte.

36   Nichts ist unsicherer als die Menge, nichts undurchdring-
licher als der Wille der Leute, nichts trügerischer als der ganze
Hergang der Wahlen. Wer hätte geglaubt, daß L. Philippus,
den Fähigkeit, Tatkraft, Einfluß und Adel auszeichneten, dem
M. Herennius würde unterliegen können? Oder Q. Catulus,
der sich durch Umgänglichkeit, Klugheit und Unbestechlichkeit hervortat, dem Cn. Mallius? Oder M. Scaurus, ein Mann
von würdevollem Wesen, ein vorbildlicher Bürger, ein überaus tüchtiger Senator, dem Q. Maximus[46]? Bei alledem hat
man nicht nur nicht vermutet, daß es so kommen würde,
sondern auch nachdem es gekommen war, vermochte niemand zu begreifen, warum es so gekommen sei. Denn wie
sich Stürme oft nach einem bestimmten Himmelszeichen erheben, oft aber unversehens ohne erkennbaren Grund aus
einer verborgenen Ursache aufbrausen, ebenso kann man bei
diesen stürmischen Willensbekundungen des Volkes oft erkennen, welches Zeichen sie erregt hat, oft ist der Anlaß so
unklar, daß man glaubt, der Zufall habe sie hervorgerufen.

Doch wenn trotzdem Gründe genannt werden sollen: bei 37
der Prätur machte sich das Fehlen zweier Dinge deutlich fühl-
bar, die sich beide beim Konsulat als großer Vorteil für Murena auswirkten: einmal die Erwartung von Spielen, die einiges Gerede und die böswilligen Behauptungen der Mitbewerber gesteigert hatten, zum anderen die Tatsache, daß die
Leute, die in der Provinz und während seiner ganzen Amtszeit als Legat seine Großzügigkeit und Tüchtigkeit kennengelernt hatten, noch nicht nach Rom zurückgekehrt waren.
Beides bewahrte ihm das Schicksal für die Bewerbung um das
Konsulat auf. Denn einerseits war das Heer des L. Lucullus,
das sich zum Triumph eingefunden hatte, für die Wahl des
L. Murena zur Stelle, andererseits brachte die Prätur die großartigen Spiele, welche die Bewerbung um die Prätur hatte
vermissen lassen [47].

Glaubst du etwa, dies sei eine geringe Hilfe und Unter- 38
stützung für das Konsulat: der Wille der Soldaten und die
Zustimmung des Heeres, die an sich schon wegen der Menge
zählt und wegen des Einflusses bei den Angehörigen, vor
allem aber, wenn ein Konsul bestimmt werden soll, sogar
beim ganzen römischen Volke große Bedeutung hat? Bei den
Konsulwahlen werden nämlich Feldherren, nicht Worterklä-
rer ausgesucht. Daher wiegen solche Reden schwer: «Mich
hat er, als ich verwundet war, wiederhergestellt; mir hat er
von der Beute geschenkt; unter seiner Führung haben wir
das Lager eingenommen, den Feind angegriffen; niemals hat
er dem gemeinen Mann größere Anstrengungen zugemutet,
als er selbst auf sich nahm, er, der selbst Tapferkeit mit Glück
verband.» Was meinst du, wieviel das zur günstigen Meinung
und Geneigtheit der Leute beiträgt? Denn wenn unsere Wahlen so sehr von abergläubischen Rücksichten abhängen, daß
bis jetzt stets das Vorzeichen maßgeblich war, das die zuerst
wählende Zenturie gegeben hatte [48], was Wunder, wenn sich

bei Murena das Gerücht und die Kunde von seiner glück-
haften Art ausgewirkt hat?

Doch wenn du dies für geringfügig hältst, während es von
größter Bedeutung ist, und du der Willensbekundung der
Stadtbevölkerung mehr Gewicht beimißt als der des Heeres,
dann hüte dich, die erlesenen Spiele und großartigen Theateraufführungen Murenas so überaus gering zu veranschlagen:
sie kamen ihm in hohem Maße zustatten. Denn wozu soll ich
erst noch versichern, daß das Volk und der unwissende Haufen an Spielen großen Gefallen findet? Man braucht sich kaum
darüber zu wundern. Doch für ihn ist das Grund genug; auch
die Wahlen sind ja Sache des Volkes und der Menge. Wenn
daher dem Volke großartige Spiele Vergnügen bereiten, so
ist's kein Wunder, daß sie dem L. Murena beim Volke zustat-
39 ten kamen. Doch wenn auch wir, die wir durch unsere Pflichten von den allgemeinen Zerstreuungen ferngehalten werden
und in unserer Tätigkeit selbst mancherlei andere Zerstreu-
ung finden können, uns trotzdem von Spielen vergnügen und
fesseln lassen, was soll man sich über die ungebildete Menge
40 wundern? L. Otho, ein tüchtiger Mann, ein Freund von mir,
hat dem Ritterstand nicht nur sein Ansehen, sondern auch
sein Vergnügen zurückgegeben. Dieses Gesetz über die Spiele
ist deshalb das beliebteste von allen, weil es einem hochangesehenen Stande außer seinem Glanz auch den Vorteil einer
Annehmlichkeit wiederverschafft hat[49]. Demnach haben die
Leute an Spielen Freude, glaub mir's, auch diejenigen, die
es nicht zeigen, nicht die allein, die es offen zugeben; das habe
ich selbst bei meiner Bewerbung gespürt. Denn auch bei mir
hat die Bühne mitgeworben. Ich hatte drei ädilizische Spiele
veranstaltet, und doch machten mich die Spiele des Antonius
besorgt; da glaubst du, der du zufällig gar keine gegeben
hattest, daß dir eben die von dir verspottete Silberbühne des
Murena nicht entgegengearbeitet hat[50]?

Doch nehmen wir an, dies alles sei einander völlig gleich- 41
wertig; die Mühewaltung auf dem Forum sei dem Militär-
dienst gleich und die Stimmen der Soldaten denen der Stadtbevölkerung; es bedeute dasselbe, ob jemand die großartig-
sten Spiele veranstaltet hat oder überhaupt keine. Was dann?
Meinst du, daß während der Prätur selbst keinerlei Unterschied zwischen deinem und Murenas Amtsbereich bestanden
hat? Ihm fiel die Aufgabe zu, die wir, deine Freunde, allesamt
dir gewünscht hatten, die der Zivilgerichtsbarkeit[51]; hierbei
verschafft das Gewicht der Tätigkeit Ansehen, das Gewähren
von Gerechtigkeit Einfluß; in diesem Amt vermeidet ein kluger Prätor, wie er einer war, Mißhelligkeiten durch gerechte
Entscheidungen und verschafft sich Wohlwollen durch freundliches Anhören. Also ein vorzüglicher und für das Konsulat
geeigneter Amtsbereich; das Lob des unbestechlichen Ge-
rechtigkeitssinnes und des umgänglichen Wesens wird
schließlich durch das Vergnügen der Spiele bekrönt.

Wie aber steht es mit deinem Amt? Es war bedrückend und 42
furchtbar: die Strafverfolgung von Unterschleif, einerseits von
Tränen und Niedergeschlagenheit, andererseits mit Anklägern und Denunzianten erfüllt; die Richter mußten wider
ihren Willen herbeigeholt, entgegen ihrer Absicht festgehalten werden; ein Schreiber erhielt Strafe, und der ganze Stand
war verstimmt; die Begünstigungen Sullas wurden gerügt,
was bei vielen tüchtigen Männern und fast bei einem Teil der
Bürgerschaft Anstoß erregte[52]; die Festsetzung der Straf-
summen war streng – wem das behagt, der vergißt's; wen es
ärgert, der trägt es nach.

Schließlich hast du nicht in die Provinz gehen wollen. Ich
kann bei dir nicht tadeln, was ich bei mir selbst als Prätor und
Konsul gutgeheißen habe. Nichtsdestoweniger verschaffte die
Provinz L. Murena viele gute Beziehungen und einen ausgezeichneten Ruf. Als er aufbrach, hob er in Umbrien Truppen

aus; der Staat gab ihm Gelegenheit zu großzügigem Gebaren[53]; er ergriff sie und verpflichtete sich in großer Zahl die
Wahlbezirke, die aus den umbrischen Landstädten bestehen.
In Gallien[54] aber erreichte er es durch Gerechtigkeit und Umsicht, daß unsere Leute schon aufgegebene Forderungen ein-
brachten. Du warst allerdings unterdessen in Rom deinen
Freunden zur Hand, zugestanden; doch denke daran, daß
mancher Freund in seinem Eifer denen gegenüber nachzulassen pflegt, von denen er feststellt, daß sie Provinzen ausschlagen[55].

43   Ich habe gezeigt, ihr Richter, daß Murena und Sulpicius
gleich würdige Konsulatsbewerber waren, jedoch eine ungleich glückliche Hand in der Frage der Provinz hatten; daraufhin will ich jetzt ganz offen sagen, worin mein Freund Servius unterlegen war, und ich will euch gegenüber, da er das
Spiel bereits verloren hat, dasselbe sagen, was ich oft zu ihm
allein gesagt habe, als die Sache noch nicht entschieden war.
Ich habe dir sehr oft gesagt, Servius, daß du dich nicht auf die
Konsulatsbewerbung verstehst, und bei eben den Dingen, die
ich dich zuversichtlich und beherzt sagen und tun sah, pflegte
ich dir zu erklären, daß ich dich eher für einen tüchtigen Ankläger hielte als für einen geschickten Kandidaten.

Erstens die Schreckgespenster der Anklage und die Drohungen, die du täglich zu bemühen pflegtest: sie bekunden
mannhaften Mut, doch lassen sie beim Volke die Meinung
aufkommen, daß du dich nicht durchsetzen werdest, und
schwächen den Eifer der Freunde. Ich weiß nicht, warum es
immer wieder so zugeht (man hat's ja nicht nur bei einem
oder zweien beobachtet, sondern schon bei ziemlich vielen):
sobald der Verdacht aufkommt, der Kandidat richte sich auf
eine Anklage ein, glaubt man, er habe die Hoffnung auf das
44 Amt aufgegeben.Wie? Soll man empfangenes Unrecht nicht
verfolgen? Allerdings, das soll man durchaus, doch jedes zu

seiner Zeit: entweder man bewirbt sich, oder man verfolgt das Unrecht. Ich verlange zumal von einem Konsulatsbewerber, daß er sich, seines Erfolges sicher und selbstbewußt, von zahlreichem Anhang auf das Forum und das Marsfeld geleiten läßt. Mir gefällt es nicht, wenn jemand seinen Mitbewerber überwacht und so seine Niederlage im voraus ankündigt, wenn er sich lieber Zeugen verschafft als Wähler, wenn er mehr droht als sich freundlich zeigt, wenn er lieber laut eifert als nach allen Seiten grüßt, zumal ja jetzt nach neuer Gepflogenheit fast jedermann jedermanns Haus aufsucht und aus der Miene der Kandidaten Schlüsse zieht, wie viel Zuversicht und Selbstvertrauen ein jeder zu haben scheint. «Siehst du, wie betrübt und niedergeschlagen der ist? Er liegt am Boden, er ist ohne Hoffnung, er hat das Rennen aufgegeben.» Diese Kunde breitet sich aus. «Weißt du, daß er auf eine Anklage sinnt, die Mitbewerber überwacht, Zeugen sucht? Halte es jetzt mit einem anderen, da er ja selbst an seiner Sache verzweifelt.» Durch derlei Gerüchte werden die engsten Freunde der Kandidaten entmutigt, und sie geben ihre Bemühungen auf; sie lassen die ganze Angelegenheit fallen oder sparen ihre Dienste und ihren Einfluß für Verfahren und Anklage auf.

Es kommt hinzu, daß auch der Kandidat selbst nicht mehr seine ganze Aufmerksamkeit und alle seine Sorge, Mühe und Umsicht auf seine Bewerbung wenden kann. Der Plan der Anklage belastet ihn zusätzlich, keine geringfügige Sache, sondern gewiß die allerschwierigste. Denn es ist schwierig, sich die Voraussetzungen zu verschaffen, mit denen man jemandem das Bürgerrecht entziehen kann[56], zumal, wenn der andere nicht wehrlos und schwach ist; er verteidigt sich ja aus eigener Kraft und durch seinen Anhang und sogar durch Außenstehende. Denn wir eilen alle herbei, Gefahren abzuwehren, und wenn wir nicht erklärte Feinde sind, bringen wir auch ganz Fremden, wird ihre Existenz bedroht, die Dienste und Be-

46 mühungen der engsten Freunde dar. Daher bin ich, der ich
das beschwerliche Geschäft der Amtsbewerbung, der Verteidigung und der Anklage aus eigener Erfahrung kenne, zu folgender Einsicht gelangt: bei der Amtsbewerbung ist die Beflissenheit, bei der Verteidigung die Hilfsbereitschaft, bei der
Anklage die aufgewandte Mühe am wichtigsten. Deshalb
meine ich, daß in keiner Weise dieselbe Person eine Anklage
und die Bewerbung um das Konsulat gehörig zu versehen und
vorzubereiten vermag. Eines können nur wenige vollbringen,
beides niemand.

Als du dich von der Bahn der Bewerbung abgewandt und
deinen Sinn auf die Anklage hinübergelenkt hattest, da glaubtest du, beiden Tätigkeiten genügen zu können. Du hast dich
gehörig verrechnet. Denn welcher Tag verging, nachdem du
dich darauf verlegt hattest, diese Anklage in Aussicht zu stellen, ohne daß du ihn ganz und gar hierfür verwendet hättest?
Du verlangtest ein Gesetz gegen Amtserschleichung, obwohl
es dir hieran nicht fehlte; das Calpurnische Gesetz enthielt
nämlich sehr strenge Bestimmungen. Man fügte sich deinem
Willen und Ansehen. Doch dieses ganze Gesetz[57] hätte vielleicht deine Anklage gewappnet, wenn du einen schuldigen
Täter hättest; deiner Bewerbung jedoch war es hinderlich.

47 Deine Stimme forderte eine schwerere Strafe für die gemeinen
Bürger; die kleinen Leute waren hiervon betroffen. Sie for-
derte für unseren Stand die Verbannung; der Senat fügte sich
zwar deinem Verlangen, doch setzte er nur ungern auf deine
Veranlassung eine härtere Bedingung für die gemeinsame
Sache fest. Die Entschuldigung wegen Krankheit wurde mit
Strafe bedroht; das verletzte viele Gutwillige, die sich entwe-
der zum Schaden ihrer Gesundheit abmühen oder wegen des
Nachteils einer Krankheit auch auf die übrigen Früchte des
Lebens verzichten müssen. Wie nun? Wer brachte diese Be-
stimmungen ein? Jemand, der dem Wunsche des Senats, der

deinem Willen gehorchte, überhaupt brachte der sie ein, dem
sie am wenigsten von Nutzen waren[58]. Jene Anträge, die der
stark besuchte Senat mit meiner uneingeschränkten Zustimmung ablehnte – glaubst du, sie hätten dir nur mäßig geschadet? Du fordertest die Vermischung der Stimmklassen ... und
die Gleichheit von Einfluß, Geltung und Stimmrecht[59]. Angesehene und in ihren Bezirken und Landstädten einflußreiche
Männer nahmen es sehr übel, daß ein solcher Mann sich bemühte, alle Unterschiede der Geltung und des Einflusses aufzuheben. Du wünschtest ebenfalls, daß die Richter vom Ankläger bestimmt würden[60], damit der verborgene Haß der
Bürger, der jetzt von unausgetragener Zwietracht zurückgehalten wird, gegen die Stellung zumal der Tüchtigsten
ausbricht. Dies alles hat dir den Weg der Anklage geebnet,   48
den Weg des Wahlerfolges versperrt.

Und dann wurde deiner Bewerbung entgegen meinem Rat
die allerschwerste Wunde zugefügt. Hierüber hat bereits ein
in hohem Maße begabter und redegewandter Mann, Q. Hortensius, ausführlich und mit großem Nachdruck gesprochen.
Desto ungünstiger ist der Platz, den ich für meine Rede erhielt: vor mir hat sowohl Hortensius gesprochen als auch M.
Crassus, ein Mann, der sich ebenso durch sein Ansehen wie
durch Sorgfalt und Redetalent auszeichnet; ich muß daher an
letzter Stelle, statt einen Teil der Sache zu behandeln, vom
Ganzen erörtern, was mir beliebt. Daher befasse ich mich so
ziemlich mit denselben Gegenständen, und ich will, soviel ich
kann, eurer Langeweile entgegenwirken, ihr Richter.

Indessen, was glaubst du, Servius, was für einen Beilhieb
du gegen deine Bewerbung kehrtest, als du das römische Volk
in Angst versetztest? Es mußte ja fürchten, daß Catilina Konsul würde, während du die Bewerbung aufgabst und von dir
warfst und die Anklage vorbereitetest. Denn man sah ja, wie   49
du Nachforschungen anstelltest; du selbst warst erbittert,

deine Freunde bedrückt; man bemerkte, wie Beobachtungen
angestellt und Zeugnisse aufgenommen wurden, wie die Zeugen beiseite traten und sich in der Stille die Mitankläger versammelten, Dinge, bei denen sich gewiß auch die Mienen der
Bewerber zu verfinstern pflegen. Unterdessen sah man Catilina beflissen und vergnügt, vom Chor der Jugend begleitet,
von Verrätern und Mördern umgeben, aufgebläht von der
Hoffnung auf die Soldaten und von den Versprechungen meines Kollegen (wie er selbst behauptete), umwogt vom Heer
der Siedler aus Arretium und Faesulae[61]; in dieser bunt zu-
sammengewürfelten Schar stachen Leute hervor, die durch
die unglückliche Zeit Sullas entwurzelt waren[62]. Catilinas
Miene verriet Wahnsinn, seine Augen Verbrechen, seine Reden Anmaßung; man hatte den Eindruck, daß er das Konsulat bereits für ausgemacht hielt und bei sich zu Hause auf-
bewahrte. Murena verachtete er; Sulpicius galt ihm als sein
Ankläger, nicht als sein Mitbewerber: ihm kündigte er Gewalt an, dem Staate drohte er.

50   Welche Angst diese Dinge bei allen Rechtschaffenen er-
regten und welche Verzweiflung an der politischen Lage,
falls er gewählt würde – verlangt nicht, daß ich euch darauf
hinweise; ruft euch das selbst ins Gedächtnis zurück. Ihr erinnert euch ja, wie die Worte dieses abgefeimten Banditen
bekannt wurden, die er, wie es hieß, in einer Versammlung
bei sich zu Hause geäußert hatte, wie er behauptete, man
könne keinen getreuen Verteidiger der Elenden finden, es sei
denn jemanden, der selbst im Elend stecke. Wer angeschlagen
und entrechtet sei, dürfe den Versprechungen der Unversehrten und Begüterten nicht glauben; wer Verbrauchtes erset-
zen, Geraubtes wiedererlangen wolle[63], solle beachten, was
er selbst[64] für Schulden habe, was er besitze, was er riskiere;
der künftige Anführer und Bannerträger der Unglücklichen
müsse gänzlich frei von Furcht und überaus unglücklich sein.

Daraufhin, als dies bekannt wurde, kam, wie ihr wißt, auf 51
meinen Vortrag hin ein Senatsbeschluß zustande, daß am
folgenden Tage keine Wahlen stattfinden sollten, damit wir
die Angelegenheit im Senat beraten könnten. So rief ich denn
am folgenden Tage in einer stark besuchten Sitzung Catilina
auf und gebot ihm, er möge sich, wenn er wolle, über die
Dinge äußern, die man mir hinterbracht habe. Und er, von
größter Offenheit, wie er immer war, rechtfertigte sich nicht,
sondern bezichtigte sich selbst und verstrickte sich in seine
Schuld. Denn er sagte damals, der Staat bestehe aus zwei
Leibern[65]; der eine sei gebrechlich und habe ein schwaches
Haupt, der andere sei stark und habe gar kein Haupt; diesem
Leib werde, wenn er sich ihm gegenüber entsprechend ver-
halte, zu seinen Lebzeiten das Haupt nicht fehlen. Der zahlreich versammelte Senat ächzte auf, und doch befand er in
Anbetracht der ungeheuerlichen Sache nicht streng genug;
denn teils waren die Senatoren deshalb nicht tatkräftig in
ihren Entschlüssen, weil sie nichts, teils, weil sie alles fürchteten. Er stürzte aus dem Senat, triumphierend vor Freude,
er, der gar nicht mehr lebend dort hätte herauskommen dürfen; hatte doch derselbe Catilina wenige Tage zuvor in derselben Versammlung dem wackeren Cato, der einen Prozeß
androhte und in Aussicht stellte, geantwortet, wenn man
einen Brand gegen seine Aussichten entfache, dann werde er
ihn nicht mit Wasser, sondern durch einen allgemeinen Ein-
sturz löschen.

Diese Vorkommnisse stimmten mich damals bedenklich; 52
außerdem wußte ich, daß Catilina schon in jener Zeit seine
Mitverschworenen bewaffnet auf dem Marsfeld aufziehen
ließ. Ich begab mich daher mit einer sehr starken Schutztruppe mutigster Männer auf das Marsfeld[66] und trug hierbei
jenen breiten und auffälligen Brustpanzer – nicht um mich
zu schützen (ich wußte ja, daß Catilina nicht auf die Flanke

oder den Leib, sondern auf den Kopf und den Hals zu zielen
pflegte); vielmehr sollten alle Rechtschaffenen aufmerksam
werden und, da sie den Konsul in Furcht und Bedrängnis
sahen, zu seiner Hilfe und zu seinem Schutz herbeieilen, wie
es denn auch eingetreten ist. Als man daher glaubte, du be-
treibest deine Bewerbung allzu nachlässig, Servius, und als
man sah, wie Catilina von Hoffnung und Gier entflammt war,
da wandten sich alle, die dieses Verderben vom Staate fernzuhalten wünschten, unverzüglich Murena zu.

53   Eine plötzliche Zuneigung des Willens hat nun aber bei
den Konsulwahlen großes Gewicht, besonders wenn sie sich
auf einen tüchtigen Mann richtet, den auch viele andere Eigenschaften bei der Bewerbung empfehlen. Der Vater und
die Vorfahren Murenas genossen hohes Ansehen; seine Jugend
zeichnete sich durch Bescheidenheit aus; sein Legatenamt
war glanzvoll; bei seiner Prätur billigte man die Rechtsprechung, hieß man die Spiele willkommen und bewunderte
man die Verwaltung der Provinz. Als er sich nun mit Umsicht bewarb und sich so bewarb, daß er sich weder durch
Drohungen einschüchtern ließ noch seinerseits jemandem drohte, nimmt es da wunder, daß ihm Catilinas plötzliche Zuversicht, das Konsulat zu erlangen, wesentlich geholfen hat?

54   Jetzt bleibt mir noch der dritte Punkt meiner Rede übrig,
der die Vorwürfe der Amtserschleichung betrifft; meine Vor-
redner haben ihn als völlig gegenstandslos erwiesen, doch ich
muß ihn, da Murena es so wünscht, noch einmal behandeln.
Hierbei will ich dem C. Postumus, meinem Freunde, einem
ausgezeichneten Manne, wegen der Anzeigen der Spenden-
verteiler und wegen des beschlagnahmten Geldes antworten[67], ferner dem begabten und trefflichen jungen Manne Ser.
Sulpicius wegen der Ritterzenturien[68] sowie dem M. Cato,
einer Persönlichkeit, die in allen guten Eigenschaften hervor-

ragt, wegen seiner eigenen Anschuldigungen, wegen des Senatsbeschlusses und wegen des Staatsinteresses.

Doch zuvor will ich, wie es mich gerade bewegt, ein wenig 55 über das Los des L. Murena Klage führen. Denn schon früher haben mich die Mißgeschicke anderer und meine eigenen täglichen Sorgen und Mühen oft veranlaßt, ihr Richter, diejenigen für glücklich zu halten, die sich fern vom Drange des Ehrgeizes zu einem gemächlichen und ruhigen Leben entschlossen. Um so mehr bin ich bei diesen ebenso schweren wie unvorhersehbaren Bedrängnissen des L. Murena in einer Verfassung, daß ich weder unser aller Lage noch das Los und Geschick dieses Mannes genug beklagen kann. Er hat versucht, um eine Rangstufe über die gleichartigen Ämter seiner Familie und seiner Vorfahren hinauszugelangen [69]; da gerät er einmal in die Gefahr, sowohl die ererbte als auch die durch eigene Leistung erworbene Würde zu verlieren, zum anderen setzt er durch sein Streben nach neuem Ansehen auch seine ganze bisherige Stellung aufs Spiel.

Das ist schon drückend, ihr Richter, das Bitterste aber ist, 56 daß Leute ihn anklagen, die sich nicht aus feindseligem Haß zum Prozessieren, sondern aus Prozeßwut zur Feindschaft entschlossen haben. Denn um Ser. Sulpicius nicht zu erwähnen, den, wie ich sehe, nicht ein Unrecht des L. Murena, sondern der Wettstreit um das Amt veranlaßt hat: Ankläger ist ein väterlicher Freund, C. Postumus, seit alters, wie er selbst sagt, Murenas Nachbar und guter Bekannter, der zwar mehrere Gründe für die enge Beziehung vorbrachte, jedoch keinen für sein feindseliges Verhalten zu nennen vermochte. Ankläger ist Ser. Sulpicius, der Sohn des Vereinsgenossen [70], dessen Talent den Schutz aller väterlichen Freunde verstärken müßte. Ankläger ist M. Cato; der aber hat sich niemals in irgendeiner Angelegenheit mit Murena überworfen; vor allem wurde er uns in diesem Staate zu der Bestimmung geschenkt, daß

seine Macht, daß seine Begabung selbst manchen Unbekannten retten und kaum je einen Feind verderben solle.

57   Ich will also zunächst dem Postumus antworten – er scheint
mir, ich weiß nicht wie, als Kandidat für die Prätur auf einen
Konsulatsbewerber loszustürmen wie das Pferd eines Kunst-
reiters auf das Wettrennen der Viergespanne[71]. Wenn sich
seine Mitbewerber nichts zuschulden kommen ließen, dann
machte er ihrer Würdigkeit ein Zugeständnis, indem er die
Bewerbung aufgab; doch wenn einer von ihnen Geschenke
verteilt hat, dann muß Postumus einen Freund herbeiholen,
da er selbst lieber fremde Unbill verfolgt als die eigene.

(Über die Anschuldigungen des Postumus.
Über die Beschwerden des jüngeren Servius[72].)

58   Ich will mich jetzt mit M. Cato befassen, der Hauptstütze
und dem Rückgrat der ganzen Anklage; er ist freilich nur
insofern ein bedrohlicher und starker Ankläger, als ich das
Gewicht seiner Person viel mehr fürchten muß als seine Beschuldigungen. Bei diesem Ankläger möchte ich zuerst darum
bitten, ihr Richter, daß nicht sein Ansehen, daß nicht das
bevorstehende Tribunat, daß nicht der Glanz und die Bedeutung seines ganzen Lebens dem L. Murena schadet, kurz, daß
nicht die Vorzüge, die M. Cato besitzt, um vielen helfen zu
können, diesem einen Manne hinderlich sind. P. Africanus
war zweimal Konsul gewesen und hatte zwei Schrecknisse
unseres Reiches, Karthago und Numantia, vernichtet, als er
gegen L. Cotta Anklage erhob[73]. Er besaß die größte Rede-
gabe, die größte Pflichttreue, die größte Lauterkeit und so
viel Ansehen wie die Herrschaft des römischen Volkes, die
sich auf seine Taten stützte. Oft habe ich Ältere sagen hören,
diese außergewöhnliche Machtstellung des Anklägers sei dem
L. Cotta von größtem Nutzen gewesen. Nach der Ansicht der
hochweisen Männer, die damals diesen Fall entschieden, sollte
niemand unter solchen Umständen einen Prozeß verlieren,

daß man glauben konnte, er sei von der Übermacht des Gegners zerschmettert worden. Wie? Hat nicht das römische 59
Volk deinem Urgroßvater M. Cato, dem tüchtigsten und angesehensten Manne, den Ser. Galba (das ist ja überliefert) entrissen, als jener sich bemühte, ihn zu vernichten[74]? Stets haben sich in diesem Staate das gesamte Volk und einsichtsvolle,
weit in die Zukunft blickende Richter der allzu großen Macht
von Anklägern widersetzt. Ich wünsche nicht, daß ein Ankläger Macht in den Prozeß einbringt, keine überlegene Stärke, kein hervorragendes Ansehen, keinen allzu großen Einfluß. All dies mag dem Heil Unschuldiger, dem Beistand
Schwacher, der Unterstützung Unglücklicher förderlich sein,
doch wenn es um die Not und das Verderben von Mitbürgern
geht, dann weise man dergleichen zurück. Denn gesetzt, je- 60
mand behauptet, Cato hätte sich nicht zur Anklage entschlossen, wenn er den Fall nicht zuvor beurteilt hätte: der würde
bedrohte Menschen einer ungerechten Bedingung und einer
elenden Lage aussetzen, glaubte er doch, das Urteil des Anklägers müsse als Vorentscheidung gegen den Beschuldigten
gelten.

Ich kann deinen Entschluß wegen meines überaus günstigen Urteils über deine Trefflichkeit nicht tadeln, Cato; einige
Punkte vermag ich vielleicht zurechtzurücken und ein wenig
zu verbessern. «Du machst nicht viele Fehler», sprach der
ältere Lehrmeister zu einem äußerst tüchtigen Manne, «doch
du machst Fehler; ich kann dich anleiten[75].» Nicht aber ich
dich; am richtigsten würde ich sagen: du machst niemals
einen Fehler, noch verhältst du dich bei irgendeiner Sache so,
daß man glauben könnte, man müsse dich zurechtweisen und
dich nicht vielmehr nur ein wenig umlenken. Denn schon die
Natur hat dir Lauterkeit, Strenge, Selbstbeherrschung, Seelengröße, Gerechtigkeitssinn, kurz alle Tugenden verliehen
und dich so zu einem großen und bedeutenden Menschen

gebildet. Hierzu kamen noch philosophische Grundsätze, die nicht gemäßigt und duldsam, sondern, wie mir scheint, etwas strenger und härter sind, als die Wirklichkeit und das menschliche Wesen zulassen.

61 Und da ich nicht vor einer unwissenden Menge oder einer Zusammenkunft von Bauern zu reden habe, will ich mich etwas herzhafter über jene höhere Bildung äußern, die euch ebenso bekannt und angenehm ist wie mir. Diese göttlichen und überragenden Vorzüge, die wir an M. Cato bemerken: seid euch bewußt, ihr Richter, daß sie seinem eigenen Wesen entspringen; was wir bisweilen an ihm vermissen, das ist alles nicht durch seinen Charakter, sondern durch seinen Lehrmeister bedingt. Einst lebte nämlich ein Mann von größter Geisteskraft, Zenon[76]; die seinen Erkenntnissen anhängen, heißen Stoiker. Dessen Grundsätze und Vorschriften lauten folgendermaßen: Der Weise lasse sich nie durch Nachsicht bestimmen; nie verzeihe er jemandem ein Vergehen; nur ein Tor und Leichtfuß sei mitleidig; ein Mann lasse sich nicht erbitten noch beschwichtigen; einzig die Weisen seien schön, auch wenn sie noch so verkrüppelt sind, seien reich, auch wenn sie bettelarm sind, seien Könige, auch wenn sie als Sklaven dienen. Doch von uns, die wir keine Weisen sind, behaupten die Stoiker, wir seien Flüchtlinge, Verbannte, Feinde, ja Geisteskranke; alle Fehler seien gleich schlimm; jedes Versehen sei ein ruchloses Verbrechen; wer ohne Not einen Haushahn töte, fehle nicht minder als derjenige, der seinen Vater erdrosselt. Der Weise hingegen sei nie auf Vermutungen angewiesen, er bereue nichts, irre sich in keinem Falle und ändere niemals seine Meinung.

62 Diese Anschauungen hat sich der hochbegabte M. Cato, von grundgelehrten Gewährsleuten angeleitet, zu eigen gemacht, nicht um sich mit ihnen auseinanderzusetzen, wie die meisten, sondern um sein Leben danach einzurichten. Die

Steuerpächter bringen ein Gesuch vor: «Hüte dich, daß Gefälligkeit auch nur den geringsten Einfluß hat!» Elende und
Unglückliche kommen hilfeflehend zu dir: «Du bist ein Verbrecher und Frevler, wenn irgend Mitleid dein Handeln bestimmt!» Jemand gesteht, daß er fehlte, und bittet für sein
Versehen um Verzeihung: «Nachsicht ist ein ruchloses Verbrechen.» Doch die Missetat ist gering. «Alle Verfehlungen
sind gleich schlimm.» Du hast irgend etwas gesagt: «Es ist beschlossen und festgesetzt.» Du hast dich nicht durch Tatsachen, sondern durch eine Mutmaßung bestimmen lassen: «Der
Weise stützt sich nie auf Vermutungen.» Dir ist irgendein Irrtum unterlaufen: der Stoiker glaubt, hiermit werde ein Schimpf
ausgesprochen. Nach dieser Lehre kommt man uns mit folgendem: «Ich habe im Senat gesagt, ich würde gegen den
Konsulatsbewerber Anklage erheben.» Du hast es im Zorne
gesagt. «Ein Weiser», erwidert er, «zürnt niemals.» Oder der
Umstände wegen. «Nur ein gewissenloser Mensch täuscht
durch Lügen», wirft er ein; «seine Meinung zu ändern ist
schimpflich, Bitten nachzugeben ein Verbrechen, Mitleid zu
haben eine Schande.»

Doch unsere Gewährsleute (ich will nämlich zugeben, Cato,   63
daß auch ich mich in meiner Jugend nach Hilfe bei der Philosophie umgetan habe, weil ich meiner Veranlagung nicht
sicher war), unsere Lehrer, sage ich, die Nachfolger des Platon
und Aristoteles, gemäßigte und vernünftige Männer, erklären, auch beim Weisen gebe einmal Nachsicht den Ausschlag;
es zeige einen guten Charakter, Mitleid zu haben; die Arten
der Vergehen seien unterschiedlich und ungleich die Strafen;
auch der Beständige gebe der Verzeihung Raum; sogar der
Weise müsse oft vermuten, was er nicht wisse, er zürne mitunter, er lasse sich auch durch Bitten bestimmen und beschwichtigen, er nehme bisweilen eine Behauptung zurück,
wenn es so richtiger sei; er weiche auch einmal von seiner

Meinung ab; alle guten Eigenschaften seien durch ein bestimmtes Mittelmaß bedingt.

64   Wenn dich mit deiner Wesensart, Cato, ein gütiges Geschick zu diesen Lehrern hätte gelangen lassen, dann wärst
du zwar nicht besser noch mutiger, nicht beherrschter noch
gerechter (das könntest du ja gar nicht sein), aber du würdest
etwas mehr zur Milde neigen. Du würdest nicht gegen den
anständigsten Menschen, den größte Würde und Ehrenhaftigkeit zieren, Anklage erheben, ohne durch Feindschaft gereizt,
durch einen Rechtsbruch herausgefordert zu sein; du würdest
denken, du seiest durch ein politisches Band mit L. Murena
verknüpft, da doch das Schicksal dich und ihn als Wächter
für dasselbe Jahr bestellt hat; was du drohend im Senate sagtest, das hättest du entweder gar nicht gesagt, oder du würdest es, wenn du könntest, gelinder auslegen.

65   Und dich mag jetzt eine seelische Wallung aufgebracht
und die Macht deines Charakters und deiner Wesensart erhoben und die frische Beschäftigung mit den Morallehren
entflammt haben: auch dich wird, soviel ich vermutungs-
weise voraussagen kann, die Erfahrung verändern, die Zeit
mildern, das Alter sanfter stimmen. Denn mir scheint, selbst
eure Gebieter und Tugendlehrer haben die Grenzen der Pflicht
nur deshalb etwas weiter hinausgeschoben, als unsere Natur
zuläßt, damit wir, indem wir unseren Willen auf das Äußerste
anspannen, gleichwohl dort stehen bleiben, wo es sich gebührt. «Du darfst nichts verzeihen.» Doch, einiges; nicht
alles. «Du darfst nichts aus Gefälligkeit tun.» Doch, weise
vielmehr die Gefälligkeit nur dann von dir, wenn Pflicht und
Redlichkeit es fordern. «Laß dich nicht durch Mitleid bestimmen.» Ganz recht, wenn sonst jede Strenge aufhörte;
aber dennoch gebührt auch der Menschlichkeit einiges Lob.
«Bleibe bei deiner Meinung.» Jawohl, es sei denn, deine Meinung wird durch eine andere, bessere Meinung besiegt.

Von dieser Art war Scipio; er scheute sich nicht, dasselbe66
zu tun wie du: er hatte Panaitios, den gelehrtesten Menschen,
bei sich zu Hause. Dessen Reden und Grundsätze waren dieselben, welche dir behagen, und doch machten sie Scipio nicht
strenger, sondern, wie ich von alten Leuten erfahren habe,
äußerst milde. Wer war vollends freundlicher als C.Laelius,
der aus derselben philosophischen Schule hervorgegangen ist,
wer liebenswürdiger, wer war zugleich charakterfester und
weiser als er? Ich könnte dasselbe von L.Philus, von C.Gallus
behaupten[77], doch ich will dich jetzt in dein eigenes Haus
führen. Glaubst du, irgend jemand sei freundlicher, umgäng-
licher, schonender in jeder Art von menschlicher Rücksicht
gewesen als Cato, dein Urgroßvater? Als du treffend und eindringlich über dessen hervorragende Tüchtigkeit sprachst,
da sagtest du, du habest an ihm ein Vorbild deines Hauses,
dem du nacheifern könntest. Gewiß, dir steht in deinem Hause dieses Vorbild vor Augen; gleichwohl konnte nur die Ähn-
lichkeit seines Wesens eher auf dich, der du von ihm abstammst, als auf jemanden von uns übergehen; als nachah-
mungswürdiges Beispiel aber steht er ebenso mir vor Augen
wie dir. Doch wenn du deinen strengen Ernst ein wenig mit
seiner freundlichen Umgänglichkeit versetztest, dann werden
zwar diese Züge von dir, die schon jetzt vollkommen sind,
nicht besser sein; gewiß aber werden sie eine mildere Würze
haben.

Laß mir daher (um zum begonnenen Thema zurückzukeh-67
ren) den Namen Cato aus dem Spiel, halte deine Macht fern,
sieh vom Gewicht deiner Person ab, das sich in Prozessen entweder gar nicht oder nur heilbringend auswirken darf; streite
mit mir um greifbare Schuldvorwürfe. Was enthält deine
Anklage, Cato, was trägst du zum Prozeß bei, was tust du
dar? Du klagst die unlautere Ämterjagd an – ich verteidige
sie nicht. Du tadelst mich: ich wolle eben das rechtfertigen,

was ich durch ein Gesetz mit Strafe bedroht habe. Doch ich
habe die Ämterjagd mit Strafe bedroht, nicht die Unschuld;
die Ämterjagd selbst aber werde ich auch mit dir gemeinsam
anklagen, wenn du es wünschest. Du sagtest, auf meinen Vortrag hin sei folgender Senatsbeschluß ergangen: wenn jemand
gegen Entgelt zum Empfang der Kandidaten ausziehe, wenn
gemietete Leute ihnen das Geleit gäben, wenn das Volk bezirksweise für Fechterspiele Plätze erhalte und ebenso wenn
man dem Volke Festschmäuse ausrichte, so solle dies als
Verstoß gegen das Calpurnische Gesetz gelten[78]. Der Senat
urteilt demnach so: dies gelte als Verstoß gegen das Gesetz,
wenn es geschehen sei; er beschließt somit etwas, dessen es
gar nicht bedarf, indem er den Amtsbewerbern zu willfahren
sucht[79]. Denn ob es geschehen ist oder nicht, das fragt sich
gar sehr; wenn es geschehen ist, dann kann niemand bezwei-
68 feln, daß es dem Gesetz zuwiderläuft. Es ist wirklich lächerlich: was zweifelhaft ist, das läßt man im ungewissen; was
niemandem zweifelhaft sein kann, das setzt man fest. Und
man trifft diese Bestimmung, weil alle Amtsbewerber danach
verlangen, so daß sich aus dem Senatsbeschluß nicht ersehen
läßt, wem er zugute kommt und gegen wen er sich richtet.
Beweise daher, daß L. Murena dergleichen begangen hat;
dann will ich dir zugeben, es sei dem Gesetz zuwider begangen worden.

    «Viele zogen ihm entgegen, als er aus der Provinz zurück-
kam.» So ist es bei einem Konsulatsbewerber üblich; doch
kehrt überhaupt jemand heim, ohne daß man ihm entgegen-
zieht? «Was war das für eine Menge?» Erstens, wenn ich dir
das nicht erklären könnte: Was ist Wunderbares daran, daß
viele Leute einem solchen Manne, einem Konsulatsbewerber,
bei seiner Ankunft entgegenzogen? Wenn das nicht geschehen wäre, dann müßte man sich wohl noch mehr wundern.
69 Wie? Wenn ich noch hinzufüge, was dem Brauche nicht wider-

spricht: daß man viele gebeten hat? In unserer Bürgerschaft
pflegen Geladene sich einzufinden, um die Söhne einfachster
Leute fast noch bei Nacht und oft vom äußersten Stadtrand
aus zu geleiten[80], und dann soll es anrüchig oder sonderbar
sein, daß die Leute nicht anstanden, zur dritten Stunde auf
dem Marsfelde zu erscheinen, zumal man sie um eines solchen
Mannes willen gebeten hatte? Wie? Wenn alle Pächterge-
nossenschaften kamen, von deren Mitgliedern viele hier zu
Gericht sitzen? Wie? Wenn auch zahlreiche hochangesehene
Männer unseres Standes[81]? Wie? Wenn jene äußerst dienstbe-
flissene Schar, das ganze Volk der Amtsbewerber, das niemandem den ehrenvollen Einzug in die Stadt versagt, wenn
selbst unser Ankläger Postumus mit einem ziemlich großen
Haufen angerückt kam: was ist dann an jener Menge wunderbar? Ich übergehe die Hörigen, die Nachbarn, die Bezirksgenossen, das ganze Heer des Lucullus, das sich in jenen Tagen zum Triumph eingefunden hatte; ich sage nur: bei dieser
Gefälligkeit hat niemals jemandem die unentgeltliche Betei-
ligung einer großen Menge gefehlt, nicht nur, wenn er sie
verdiente, sondern auch, wenn er sie verlangte.

«Doch viele gaben ihm das tägliche Geleit.» Beweise, daß   70
es entgeltlich geschah; dann gebe ich gern zu, daß es ein Vergehen ist. Doch was hast du zu tadeln, wenn diese Voraussetzung fehlt? Du sagst: «Wozu dienen die Begleiter?» Du
fragst mich, wozu etwas diene, was bei uns immer üblich
war? Die kleinen Leute haben *eine* Gelegenheit, unserem
Stande einen Dienst zu erweisen oder zu erwidern: die Mühe
der Begleitung bei unseren Bewerbungen. Denn es ist weder
möglich noch zumutbar, daß Männer unseres Standes oder
römische Ritter ihre nach einem Amte strebenden Freunde
tagelang begleiten; von ihnen glauben wir gewissenhafte
Huld und Ehre zu empfangen, wenn sie unser Haus aufsuchen,
wenn sie hin und wieder mit uns auf das Forum gehen, wenn

sie uns einer Basilikenlänge[82] würdigen. Diese dauernde Gegenwart ist Sache befreundeter kleiner Leute, die nicht beschäftigt sind; sie pflegen tüchtigen und hilfsbereiten Männern in großer Zahl zur Verfügung zu stehen. Nimm also dem niederen Volke nicht den Vorteil dieser Dienstleistung, Cato; laß zu, daß diejenigen, die alles von uns erhoffen, auch ihrerseits etwas haben, was sie uns gewähren können. Wenn die kleinen Leute nichts besitzen als ihre Stimme, dann ist ihr Einfluß trotz des Stimmbeistandes wirkungslos. Schließlich können sie selbst, wie sie zu sagen pflegen, nicht für uns vor Gericht sprechen, nicht Bürgschaft leisten und uns nicht zu sich einladen. Und von uns erwarten sie dies alles, und sie glauben, daß sie, was sie von uns erhalten, nur durch ihre Dienste zu entgelten vermögen. Deshalb widersetzten sie sich sowohl dem Fabischen Gesetz über die Zahl der Begleiter als auch dem Senatsbeschluß, der während des Konsulats von L. Caesar zustande kam[83]. Denn keine Strafe vermöchte den Pflichteifer der einfachen Leute von diesem alten Brauch der Dienstleistungen abzuhalten.

72   «Indes, man hat bezirksweise Plätze für Schauspiele verschenkt und öffentlich zum Mahle geladen.» Murena hat dies zwar überhaupt nicht getan, ihr Richter; seine Freunde aber taten es nach dem Herkommen und mit Maß; indes, die Sache selbst erinnert mich daran, wie viele Stimmen wir dadurch eingebüßt haben, daß wir dem Senat derartige Beschwerden vortrugen. Denn zu welcher Zeit hat, so weit unsere und unserer Väter Erinnerung reicht, dieser Brauch – er sei eine Wahlbeeinflussung oder ein uneigennütziges Geschenk – nicht bestanden, daß man seinen Freunden und Bezirksgenossen einen Platz im Zirkus und auf dem Forum[84] verschaffte? Die kleinen Leute erhielten diese Belohnungen und Vorteile nach altem Herkommen von ihren Bezirksgenossen...

...daß der Befehlshaber der Pioniertruppe einmal Plätze an 73
seine Bezirksgenossen verschenkt hat, was wird man dann
gegen die vornehmen Herren beschließen, die für ihre Bezirksgenossen ganze Zirkuslogen errichten ließen? Das Volk
hat alle diese Vorwürfe über Begleiter, Schauspiele und Festschmäuse deiner allzu großen Genauigkeit zugeschrieben,
Servius; Murena indes wird hierbei von der Willensmeinung
des Senats gedeckt. Wie denn? Hält der Senat es für ein Verbrechen, jemandem zum Empfang entgegenzuziehen? «Nein;
sondern nur, wenn es entgeltlich geschieht.» Überführe mich!
Oder sich von vielen Leuten begleiten zu lassen? «Nein, sondern nur, wenn es Mietlinge sind.» Beweise mir das! Oder
Zuschauerplätze zu verschenken oder zu einem Festschmaus
einzuladen? «Keineswegs, sondern nur, wenn es insgemein
und überall getan wird.» Was heißt insgemein? «Für alle.»
Wenn sich also L. Natta, ein sehr vornehmer junger Herr
(wir sehen ja, welche Geistesart er schon jetzt zeigt und was
für ein Mann einmal aus ihm wird) – wenn der sich vor den
Hundertschaften der Ritter bei diesem verwandtschaftlichen
Dienst und zugleich für die Zukunft in Gunst setzen wollte,
so kann daraus seinem Stiefvater kein Schaden oder Vorwurf
erwachsen, und wenn ihm die Vestalin, seine Verwandte und
Angehörige, ihren Platz bei den Fechterspielen abtrat, dann
hat sie pflichtgemäß gehandelt, und er ist frei von Schuld.
Dies alles sind Dienste von Verwandten, Vergünstigungen
für kleine Leute, Obliegenheiten von Amtsbewerbern.

Indes, Cato geht streng und stoisch gegen mich vor; er hält 74
es für nicht richtig, durch Schmäuse nach Beliebtheit zu kö-
dern; er behauptet, das Urteil der Leute dürfe bei der Ver-
gebung von Ämtern nicht durch Lustbarkeiten bestochen
werden. Soll man also jeden verurteilen, der anläßlich seiner
Bewerbung zu Tische lädt? «Freilich», wirft er ein, «du willst
mir nach der obersten Befehlsgewalt, nach der größten Macht,

nach dem Steuerruder des Staates streben, indem du den Begierden der Leute schmeichelst und ihre Sinne köderst und ihnen Lustbarkeiten vorsetzest? Hast du dich bei einer Rotte genußsüchtiger junger Leute um den Lohn der Verführung», fährt er fort, «oder beim römischen Volk um das höchste Amt des Weltreiches beworben?»

Eine schreckliche Rede; allein die Gewohnheit, der Alltag, das Herkommen, die Bürgerschaft selbst lehnt sie ab. Die Spartaner, die Urheber dieser Art von Lebensführung und Grundsätzen, nehmen zu ihren täglichen Mahlzeiten auf Holzbänken Platz, und kein Kreter ließ sich je zu Tische nieder[85]; trotzdem vermochten sie ihre staatlichen Belange nicht besser wahrzunehmen als die Römer, die ihre Zeit auf Vergnügen und Arbeit verteilten. Die einen wurden vernichtet, als unser Heer ein einziges Mal anrückte; die anderen halten im Schutze unseres Oberbefehls an ihren Sitten und Gesetzen

75 fest[86]. Laß daher von deinen allzu strengen Reden ab, Cato, und tadle die Bräuche der Vorfahren nicht, deren Zweckmäßigkeit die Sache selbst und das lange Bestehen unseres Reiches beweisen.

Zur Zeit unserer Väter lebte ein Mann derselben Richtung, gebildet, angesehen und aus vornehmem Hause, Q. Tubero. Als Q. Maximus dem römischen Volke zu Ehren seines Oheims P. Africanus einen Leichenschmaus gab, da bat er Tubero, für die Gedecke zu sorgen; denn dieser war ebenfalls ein Neffe des Africanus. Und er, ein Stoiker und grundgelehrter Mann, ließ auf punische Art gefertigte Pritschen mit Bocksfellen bedecken und samisches Tongeschirr aufstellen[87], als wäre der Kyniker Diogenes gestorben und als solle nicht der Tod des Africanus, des göttlichen Mannes, geehrt werden. Maximus hingegen, der ihm am Tage der Bestattung die Leichenrede hielt, dankte den unsterblichen Göttern, daß dieser Mann gerade in unserem Staate geboren sei; denn zwangsläufig sei die Weltherrschaft dorthin gelangt, wo er gelebt habe. Das römische Volk rechnete dem Tubero seine verkehrte Weisheit bei der Totenfeier dieses Mannes übel an, und so brachten die Bocksfelle den lautersten Menschen und 76 trefflichsten Bürger um die Prätur, obwohl er ein Enkel des L. Paullus und, wie gesagt, ein Neffe des P. Africanus war. Das römische Volk verabscheut den Aufwand Einzelner, doch staatliches Gepränge weiß es zu schätzen; verschwenderische Schmäuse liebt es nicht, doch Geiz und mangelnde Lebensart noch viel weniger; es unterscheidet die Art der Verpflichtungen und Anlässe, den Wechsel von Arbeit und Vergnügen.

Denn wenn du sagst, man dürfe den Willen der Leute einzig durch seine Würdigkeit zur Verleihung eines Amtes bestimmen, so hältst du selbst, der du in höchstem Maße würdig bist, diesen Grundsatz nicht ein. Denn warum bittest du jemanden, er möge sich für dich verwenden, er möge dir helfen? Du bittest mich, daß du meine Obrigkeit seiest, daß ich mich in deine Gewalt begebe. Was soll das? Mußt du mich um diese Gunst bitten oder nicht vielmehr ich dich, du mögest zu meinem Besten Mühe und Gefahr auf dich nehmen? Was bedeutet es, daß du einen Bediensteten hast, der dir die 77 Namen nennt[88]? In dieser Hinsicht betrügst und täuschst du jedenfalls. Denn wenn es sich gehört, daß du deine Mitbürger namentlich begrüßest, so ist es eine Schande, daß dein Sklave sie besser kennt als du. Doch wenn du sie schon kennst, mußt du sie dir trotzdem bei einer Amtsbewerbung von einem Einhelfer nennen lassen, als ob du unsicher wärest? Wie aber, wenn du, obwohl man dich belehrt hat, trotzdem die Leute so grüßest, als ob du selbst sie kenntest? Wie, wenn du viel nachlässiger grüßest, nachdem du gewählt bist? Alle diese Dinge sind recht, wenn du sie nach den Gepflogenheiten unseres öffentlichen Lebens beurteilst; willst du sie aber nach den Vorschriften deines Lehrsystems abwägen, so erweisen sie sich als grundverkehrt. Daher darf man weder die römische Bevölkerung um jene Vorteile bringen, um die Spiele, Fechtkämpfe und Schmäuse (alles dies haben ja unsere Vorfahren eingerichtet), noch den Amtsbewerbern jene Gunsterweise verbieten, die eher auf Freigebigkeit deuten als auf Bestechung.

78 Doch freilich, dich trieb das Staatswohl zur Anklage. Ich bin überzeugt, Cato, daß du in diesem Glauben und in dieser Annahme hier erschienen bist; allein, du strauchelst, ohne es zu wollen. Was ich tue, ihr Richter, das tue ich einmal um meiner Freundschaft mit L. Murena und um seiner Würdigkeit willen, zum anderen aber erkläre und beteuere ich, daß es um des Friedens, der Ruhe, der Eintracht, der Freiheit, des Heiles, kurz und gut, um unser aller Leben willen geschieht. Hört, hört auf euren Konsul, ihr Richter, der – ich will nichts Ungebührliches sagen, ich sage nur: der alle Tage und Nächte über das Staatswohl nachsinnt! L. Catilina denkt nicht so geringschätzig und verächtlich von unserem Staat, daß er glaubt, die Schar, die er mit sich führte, genüge, dieses Gemeinwesen zu vernichten. Die ansteckende Wirkung dieses Verbrechens reicht weiter, als man ahnt; sie hat eine größere Zahl ergriffen. Hier drinnen, hier drinnen, sage ich, steht das trojanische Pferd; solange ich Konsul bin, wird es euch niemals, während ihr schlaft, überwältigen.

79 Du fragst mich, ob ich mich etwa vor Catilina fürchte. Durchaus nicht, und ich habe dafür gesorgt, daß niemand ihn zu fürchten braucht; doch vor seiner Gefolgschaft, die ich hier erblicke, muß man sich, sage ich, fürchten, und nicht einmal das Heer des L. Catilina ist jetzt so besorgniserregend wie jene Leute, von denen es heißt, daß sie sein Heer verlassen haben. Denn sie haben es gar nicht verlassen, sondern blieben auf Catilinas Weisung zurück, uns im Hinterhalte aufzulauern

und unserem Haupt und Nacken zu drohen. Sie wünschen
nur, daß euer Urteil einen verfassungstreuen Konsul und
tüchtigen Truppenführer, den Wesensart und Umstände auf
Gedeih und Verderb mit dem Staate verbinden, vom Schutz
der Stadt und von der Obhut über unser Gemeinwesen vertreibt. Ich habe ihre Waffen und ihren Frevelmut auf dem
Marsfeld zurückgewiesen, auf dem Forum geschwächt und
oft auch in meinem Hause niedergezwungen; wenn ihr diesen
Leuten den einen Konsul ausliefert, ihr Richter, dann haben
sie durch euer Urteil mehr erreicht als durch ihre eigenen
Schwerter. Es ist von großer Bedeutung, ihr Richter, daß es
(was ich gegen zahlreiche Widerstrebende betrieben und
durchgesetzt habe[89]) am 1. Januar in unserem Staate zwei
Konsuln gibt.

Glaubt nicht, daß jene Leute mit gewöhnlichen Plänen oder   80
mit den üblichen Machenschaften umgehen. Nicht ein arges
Gesetz, nicht ein verderbliches Geschenk, nicht irgendein
schon bekanntes Übel unseres Staates ist ihr Ziel. Man hat in
unserem Gemeinwesen Pläne entworfen, ihr Richter, die Stadt
zu zerstören, die Bürger zu ermorden, den römischen Namen
auszulöschen. Und dies denken sich Bürger, Bürger, sage ich,
wenn man sie noch mit diesem Namen bezeichnen darf, gegen
ihr Vaterland aus, dies haben sie sich schon ausgedacht! Ich
aber durchkreuze täglich ihre Anschläge, breche ihren Frevelmut, widersetze mich ihrem Verbrechen. Doch ich warne
euch, ihr Richter. Mein Konsulat nähert sich schon dem Ende;
entzieht mir nicht den Stellvertreter meiner Umsicht, nehmt
mir nicht den Mann, dem ich unser Staatswesen in unver-
sehrtem Zustande übergeben will und der es vor diesen furchtbaren Gefahren beschützen muß.

Und seht ihr nicht, ihr Richter, welches andere Übel zu   81
diesen noch hinzukommt? Ich rufe dich auf, dich, Cato: siehst
du nicht das Unwetter deines Amtsjahres voraus? Denn schon

ertönte in der gestrigen Versammlung die verderbliche Stimme des künftigen Tribunen, deines Kollegen[90]; ihm gegenüber zeigte deine Klugheit, zeigten alle Rechtschaffenen viel Vorsicht, die dich aufforderten, du mögest dich um das Tribunat bewerben. Alles, was man während der letzten drei Jahre angezettelt hat, bereits von dem Augenblick an, da, wie ihr wißt, L. Catilina und Cn. Piso den Entschluß faßten, den Senat auszurotten[91], all das kommt in diesen Tagen, in diesen Monaten, in dieser Zeit zum Ausbruch.

82   An welcher Stelle, ihr Richter, und bei welcher Gelegenheit, an welchem Tage und in welcher Nacht werde ich nicht genötigt, mich nicht durch meinen eigenen, sondern viel mehr noch durch den Ratschluß der Götter dem Hinterhalt und den Dolchen dieser Gesellen zu entreißen und zu entziehen? Sie aber wollen mich nicht um meinetwillen töten, sondern einen wachsamen Konsul von der Leitung des Staates entfernen. Und ebenso würden sie auch dich, wenn sie könnten, gern auf irgendeine Weise beseitigen, Cato, und glaube mir: das betreiben sie und führen sie im Schilde. Sie erkennen, welchen Mut, welchen Verstand, welche Geltung du hast und welchen Schutz der Staat durch dich erhält; doch sie wollen die tribunizische Gewalt erst der Macht und Hilfe des Konsuls beraubt sehen; sie glauben, daß sie dich, wenn du waffenlos und geschwächt bist, um so leichter niederzwingen können. Denn daß ein Konsul nachgewählt wird, fürchten sie nicht. Sie sehen, daß dies in der Macht deiner Kollegen liegt[92]; sie hoffen, daß ihnen D. Silanus[93], ein trefflicher Mann, ohne Kollegen, deine Person ohne Konsul und der Staat ohne Leitung zur Beute wird.

83   Angesichts dieser bedeutsamen Umstände und inmitten so großer Gefahren ist es deine Pflicht, Cato, der du, wie ich glaube, nicht für dich, sondern für das Vaterland geboren bist, zu erkennen, was auf dem Spiele steht, dir den Helfer, Schüt-

zer und Verbündeten bei der Lenkung des Staates zu erhalten,
einen uneigennützigen Konsul, einen Konsul (und das erheischt diese Zeit am dringlichsten), den seine Verhältnisse
bestimmen, den Frieden hochzuhalten, sein Können, Krieg zu
führen, sein Mut und seine Erfahrung, jede beliebige Aufgabe
zu meistern.

Indes, hierüber zu befinden, liegt ganz bei euch, ihr Richter; ihr haltet, ihr verwaltet in diesem Prozeß das gesamte
Staatswohl. Wenn L. Catilina mit seinem Beirat von ruchlosen
Menschen, die er mit sich nahm, in dieser Sache entscheiden
könnte, dann würde er L. Murena verurteilen; wenn er ihn
vernichten könnte, würde er ihn töten. Denn seine Pläne hei-
schen, daß der Staat seine Stütze verliert, daß sich die Zahl
der Feldherren verringert, die seinem wahnsinnigen Beginnen
die Stirne bieten könnten, daß die Volkstribunen größere
Macht erhalten, indem der Gegner des Aufruhrs und der
Zwietracht, die es zu erregen gilt, vertrieben wird. Da können
sich die höchst ehrenhaften und einsichtsvollen Männer,
die Erwählten der oberen Stände, ebenso entscheiden, wie
jener rücksichtslose Bandit, der Feind des Staates, urteilen
würde?

Glaubt mir, ihr Richter, in diesem Prozeß stimmt ihr nicht [84]
nur über das Heil L. Murenas, sondern auch über euer eigenes
ab. Wir befinden uns in äußerster Gefahr; wir haben nichts
mehr, womit wir uns aufhelfen oder wo wir im Sturze Fuß fassen
könnten. Wir dürfen nicht nur die Hilfsmittel, die wir haben,
nicht verringern, sondern müssen uns auch, wenn irgend
möglich, neue beschaffen. Der Feind steht nämlich nicht am
Anio, was im punischen Kriege als das Schlimmste galt[94],
sondern in der Stadt, auf dem Forum – bei den unsterblichen
Göttern, man kann es nicht sagen, ohne zu seufzen: manch
einer befindet sich sogar im Heiligtum unseres Staates, mancher Feind, sage ich, hält sich in der Kurie[95] selbst auf. Geben

die Götter, daß mein Kollege, der Tapfersten einer, den ruchlosen Raubzug Catilinas mit Waffengewalt unterdrückt[96]! Ich
aber will als Zivilbeamter mit eurer und aller Rechtschaffenen
Hilfe durch meine Maßnahmen diese Krise ersticken und vertilgen, mit der unser Staat schwanger ist, die zu gebären er
sich anschickt.

85   Doch was soll eigentlich geschehen, wenn sie sich unseren
Händen entwindet und auf das folgende Jahr übergreift? Es
wird nur einen Konsul geben, und der ist nicht mit der Leitung des Krieges, sondern mit der Nachwahl des Kollegen
beschäftigt. Schon sind, die ihn hierbei behindern wollen...
die furchtbare, entsetzliche catilinarische Seuche wird aus-
brechen, so viel... sie droht; sie wird plötzlich in die Gemar-
kung vor der Stadt eindringen; in der Stadt selbst wird der
Wahnsinn herrschen, in der Kurie Schrecken, auf dem Forum
die Verschwörung, auf dem Marsfelde das Heer, auf dem
Lande Wüstenei; an jedem Platz und jeder Stätte werden wir
uns vor Feuer und Schwert fürchten. Was sich schon lange
vorbereitet, gerade dies alles, läßt sich leicht durch die Maßnahmen der Beamten und die Umsicht der Bürger unterdrük-
ken, wenn der Staat mit seinen Stützen versehen ist.

86   Da dem so ist, ihr Richter, vernehmt mich zunächst um des
Staates willen, der einem jeden mehr bedeuten muß als alles
andere: so wahr ich, wie euch bekannt ist, bei der Leitung des
Staates größte Umsicht bewiesen habe, warne ich euch, so
wahr mir als Konsul Achtung zukommt, mahne ich euch, so
wahr eine schlimme Gefahr droht, beschwöre ich euch: sorgt
für Waffenruhe, für Frieden, für die Rettung, für euer und der
übrigen Bürger Leben! Außerdem aber veranlaßt mich ebenso
die Pflicht des Verteidigers und Freundes, euch flehentlich zu
bitten, ihr Richter: begrabt nicht die frischen Glückwünsche,
die L. Murena, ein unglücklicher, von Krankheit und zumal
von seelischem Schmerz zermürbter Mann, empfing, unter

neuem Jammer. Soeben noch schien er, von der größten Gunst des römischen Volkes ausgezeichnet, ein glücklicher Mensch, weil er als erster in eine alte Familie, als erster in eine uralte Landstadt das Konsulat eingebracht hatte; derselbe liegt jetzt in Trauer und Unansehnlichkeit, durch Krankheit abgezehrt, von Tränen und Leid gebrochen, zu euren Füßen, ihr Richter, er beschwört euer Pflichtbewußtsein, er ruft euer Mitleid an, er starrt auf eure Befugnis und eure Macht.

Bei den unsterblichen Göttern! Beraubt ihn nicht, ihr Richter, zugleich mit diesem Amt, durch das er größeres Ansehen zu erlangen hoffte, auch seiner übrigen, zuvor erworbenen Ehren sowie seiner ganzen Würde und Stellung. Und L. Murena bittet und beschwört euch so, ihr Richter: so wahr er niemanden zu Unrecht verletzt, so wahr er niemandes Ohren oder Gesinnung beleidigt, so wahr er bei niemandem, um auch das Geringste auszusprechen, Haß erregt hat, weder in der Heimat noch im Felde, gewährt bei euch der Redlichkeit eine Stelle, gewährt den Bedrückten Zuflucht, gewährt dem Anstand Unterstützung. Die Entziehung des Konsulats erheischt viel Mitleid, ihr Richter; denn zugleich mit dem Konsulat geht alles verloren; das Konsulat selbst aber kann in diesen Zeitläuften keinerlei Neid erregen; es ist ja den Zusammenrottungen der Aufrührer, den Anschlägen der Verschwörer, den Geschossen Catilinas ausgeliefert, kurz, es ist allein jeder Gefahr und jeder Verunglimpfung ausgesetzt. Weshalb man daher Murena oder jemanden von uns um dieses herrliche Konsulat beneiden sollte, sehe ich nicht ein, ihr Richter; was aber Beklagenswertes damit verbunden ist, das steht mir vor Augen und könnt auch ihr erkennen und einsehen.

Falls euer Urteil – doch Jupiter möge das Vorzeichen entkräften! – diesen Mann hart treffen sollte, wohin kann sich der Unglückliche dann wenden? Nach Hause? Damit er das

Bildnis seines erlauchten Vaters, das er vor wenigen Tagen
bei der Feier seines Erfolges mit Lorbeer bekränzt hat, von der
Schande entstellt und in Trauer gewahre? Oder zu seiner
Mutter, der Unglücklichen, die gerade noch ihren Sohn als
Konsul umarmt hat und die sich jetzt quält und sorgt, sie
werde ihn in wenigen Augenblicken aller Würden entkleidet
wiedersehen?

89   Doch was nenne ich seine Mutter oder sein Haus, da ihn
doch die neue gesetzliche Strafe des Hauses, der Mutter, des
Umgangs und Anblicks aller Lieben beraubt? Der Elende
wird also in die Verbannung gehen? Wohin? In den Osten,
wo er viele Jahre Legat gewesen, wo er Truppen geführt und
die größten Dinge vollbracht hat? Allein, es ist sehr schmerzlich, von wo du in Ehren geschieden bist, dorthin in Schanden
zurückzukehren. Oder soll er sich in der entgegengesetzten
Weltgegend verbergen, damit das jenseitige Gallien denselben
Mann, den es kürzlich mit größter Freude als Oberbefehlshaber erblickt hat, als Trauernden, Betrübten, des Landes
Verwiesenen wiedersehe? Wie wird ihm außerdem zumute
sein, wenn er in dieser Provinz seinen Bruder C. Murena
trifft[97]? Welcher Schmerz auf der einen, welche Betrübnis auf
der anderen, welcher Jammer auf beiden Seiten! Und welche
Verkehrung des Schicksals und der Sprache: wo wenige Tage
zuvor Boten und Briefe verbreitet haben, Murena sei zum Konsul gewählt, und wo Bekannte und Freunde nach Rom eilten,
ihm Glück zu wünschen, dort erscheint er plötzlich selbst als
der Bote des eigenen Sturzes!

90   Wenn das bitter, wenn es jammervoll, wenn es beklagenswert ist, wenn es eurer Milde und eurem Mitgefühl gänzlich
widerstrebt, ihr Richter, dann erhaltet die Auszeichnung des
römischen Volkes, dann gebt dem Staate den Konsul zurück,
gewährt diese Gunst seinem Ehrgefühl, gewährt sie dem verstorbenen Vater, gewährt sie seinem Hause und Geschlecht,

gewährt sie auch der hochangesehenen Stadt Lanuvium[98], die ihr während des ganzen Prozesses zahlreich vertreten und in tiefer Trauer hier gesehen habt. Hütet euch, dem altererbten Dienst der Iuno Sospita, zu dem alle Konsuln verpflichtet sind, gerade den Konsul zu entreißen, den die gemeinsame Herkunft mit der Göttin verbindet[99]! Wenn meine Empfehlung etwas bedeutet oder meine Beteuerung etwas auszurichten vermag, dann empfehle ich euch diesen Mann, ihr Richter, der Konsul den Konsul, folgendermaßen: ich verspreche und gelobe, daß er ein leidenschaftlicher Anhänger des Friedens, ein eifriger Freund der Rechtschaffenen, ein scharfer Gegner des Aufruhrs, ein tapferer Soldat im Kriege und der Todfeind dieser Verschwörung sein wird, die gegenwärtig unseren Staat erschüttert.

REDE FÜR DEN DICHTER
A. LICINIUS ARCHIAS

Einleitung

Die kleine, vollständig erhaltene Rede für den Dichter A. Licinius Archias entstammt dem Jahre 62 v. Chr.; sie ist das Plädoyer des Verteidigers in einem strafprozeßartigen Verfahren. Der gebürtige Grieche Archias war angeklagt, sich das römische Bürgerrecht angemaßt zu haben.

Die Zugehörigkeit zum römischen Bürgerverband stieg an Wert, je weiter die römische Macht sich ausbreitete; Mißbräuche waren bei den Mängeln der damaligen Verwaltung um so eher möglich, als seit dem Bundesgenossenkriege (91–89 v. Chr.), der eben diesem begehrten Titel gegolten hatte, in großem Stile nicht nur Einzelne, sondern auch ganze Bevölkerungsgruppen zu Römern erklärt wurden. Schon im 2. Jahrhundert v. Chr. hatte man sich mehrfach veranlaßt gesehen, gegen Fälschungen des Personenstandes einzuschreiten; für das Verfahren gegen Archias war die *lex Papia* vom Jahre 65 v. Chr. maßgeblich. Hiernach hatte ein (wohl nur jeweils bei Bedarf niedergesetzter) Gerichtshof nach Art der *quaestiones perpetuae** über die einschlägigen Beschwerden zu befinden; den Vorsitz führte ein Prätor; die Befugnis, Anklage zu erheben, stand jedermann zu. Das Urteil lautete lediglich auf An- oder Aberkennung des Bürgerrechts. Für den Fall der Aberkennung war somit keine eigentliche Strafe vorgesehen; immerhin galt der hiervon Betroffene als Ausländer, der jederzeit aus Rom ausgewiesen werden konnte.

* Siehe hierüber die Einleitung zur Rede für Sex. Roscius aus Ameria.

Von Archias ist nur bekannt, was Cicero über ihn mitteilt. Er stammte aus Antiochia am Orontes, einer hellenistischen Gründung, die Pompeius im Jahre 64 v. Chr. zur Hauptstadt der von ihm eingerichteten Provinz Syria erklärte. Sein dichterisches Talent regte sich früh; er trug seine Werke mit großem Erfolg öffentlich vor; er bereiste als eine Art Wunderkind die asiatischen Griechenstädte, Griechenland selbst und das griechische Süditalien. Dort, in Süditalien, fand er so viel Beifall, daß ihm nicht weniger als vier Gemeinden – Tarent, Lokri, Regium und Neapel – ihr Bürgerrecht verliehen. Im Jahre 102 v. Chr. (er mochte damals etwa sechzehn Jahre zählen) suchte er in der Hauptstadt Rom sein Glück zu machen. Auch diese Reise war ein voller Erfolg; er erhielt alsbald Zutritt zu namhaften Adelshäusern und gewann insbesondere die Protektion der Lukuller. In den neunziger Jahren begleitete er einen Lucullus nach Sizilien; auf dem Rückweg kam er nach Herakleia am Golf von Tarent; er erlangte – nicht ohne Mitwirkung seines Gönners – auch das dortige Bürgerrecht.

Nach etwa zweijährigem erbittertem Ringen gegen einen großen Teil der italischen Bundesgenossen gaben die Römer nach: zunächst erhielten diejenigen, die treu geblieben waren, dann – durch die von zwei Volkstribunen eingebrachte *lex Plautia Papiria* – auch alle übrigen Bundesgenossen das römische Bürgerrecht, sofern sie in Italien wohnten und sich innerhalb von sechzig Tagen in Rom meldeten (89 v. Chr.). Herakleia genoß seit langem den Status einer Bundesgenossengemeinde und fiel daher unter die *lex Plautia Papiria;* Archias ließ sich als Bürger Herakleias fristgerecht bei dem Prätor Q. Caecilius Metellus Pius einschreiben, womit er das römische Bürgerrecht erworben zu haben glaubte.

Siebzehn Jahre später focht ein gewisser, sonst nicht bekannter Grattius bei dem Prätor Q. Tullius Cicero, dem Bru-

der des Redners, das Bürgerrecht des Archias an, wobei er
sich offenbar auf folgende Argumente stützte: Archias sei
nicht Bürger von Herakleia gewesen und habe in Rom keinen
Wohnsitz gehabt, sein Name sei nachträglich in die Liste des
Metellus eingeschwärzt worden und fehle in den zensorischen
Bürgerlisten der Jahre 86 und 70 v.Chr. Die Motive und
Hintergründe dieser Anklage sind undurchsichtig. Cicero hingegen gibt hinlänglich zu verstehen, was ihn zur Übernahme
des ziemlich unbedeutenden Falles bestimmte: er, der sich
damals eifrig bemühte, die Politik seines Konsulats zu rechtfertigen und zu verherrlichen, erhoffte sich von Archias ein
panegyrisches Gedicht über seine Taten (28).

Das Plädoyer beginnt mit einem üblichen Motiv: Cicero
sucht darzutun, weshalb er die Verteidigung übernommen
habe (1f.). Er behauptet, Archias sei der maßgebliche Lehrmeister seiner Jugend gewesen – was zumindest übertrieben
klingt, da er sonst nirgends von derartigen Verdiensten des
Dichters zu berichten weiß. Er kündigt außerdem einen in
der forensischen Praxis ungewöhnlichen Gegenstand an: er
werde sich – mit Rücksicht auf die Person des Angeklagten – über Fragen der Geistesbildung und der Literatur
äußern (3).

Auf die kurze Einleitung folgt eine kurze Disposition (4):
der Redner wolle zweierlei zeigen, erstens, daß Archias römischer Bürger sei, und zweitens, daß man ihm das Bürgerrecht
zuerkennen müßte, wenn er es nicht schon besäße – dieser
Teil ist mit den angekündigten Ausführungen über Geistesbildung und Literatur identisch.

Die Darstellung des Sachverhalts (4–7) skizziert mit knap-
pen, sicheren Strichen den Werdegang des Dichters bis zum
Erwerb des Bürgerrechts im Jahre 89 v.Chr.; die ebenso knappe
Beweisführung (8–11) widerlegt klar und souverän die Argumente des Anklägers.

Der zweite Teil, die angekündigte Extravaganz, gibt sich, indem er auf eine abgezirkelte Gliederung verzichtet, als kultivierte Plauderei. Cicero beginnt mit Darlegungen darüber, was die Literatur ihm selbst gewährt und vielen anderen gewähren kann: Entspannung und Unterhaltung (die menschenwürdiger sei als die üblichen Amüsements, bemerkt er hierzu) sowie Belehrung und sittliche Beispiele, die zur Nacheiferung auffordern (12–16). *Aut prodesse volunt aut delectare poetae* – «Entweder wollen uns nützen oder Entspannung gewähren die Dichter»: Ciceros Rede für Archias ist ein Vorbote dieses Wortes aus der Ars poetica des Horaz (v. 333), eines folgenreichen, die spätere Reflexion über die Dichtkunst geradezu beherrschenden Wortes. Cicero wendet sich dann von der Literatur den Literaten, von der Dichtung den Dichtern zu: ihrer Genialität, der Bewunderung, die sie verdienen, und den Werken, die sie hervorbringen – hierbei rückt Archias, der Anlaß der ganzen Betrachtung, wieder in den Mittelpunkt (17–21). Schließlich kehrt der Redner zur Dichtung zurück; er befaßt sich – wenn man so sagen darf – mit ihrer außen- und innenpolitischen Funktion: die Dichtung dient der Propaganda, dem Ruhm sowohl des römischen Volkes als auch einzelner Großer, der Feldherren und des Politikers Cicero (19–30, in thematischer Verschränkung mit dem Mittelteil).

Der Redner hat in seine Darlegungen über die Poesie wiederholte Hinweise eingeflochten, daß Archias in hohem Maße verdiene, Römer zu sein, daß es unsinnig wäre, ihm das Bürgerrecht zu versagen (19. 22. 25f.) – so kann er in dem prägnanten Schlußwort die Richter mit einem «Also» auffordern, den Angeklagten freizusprechen (31f.).

Ciceros Bemühungen waren offensichtlich erfolgreich: Archias lebte weiterhin in Rom, mit dem Preis römischer Aristokraten beschäftigt. Cicero selbst gehörte freilich nicht zu den Gepriesenen; der Dichter enttäuschte die Erwartungen, die sein Anwalt in ihn gesetzt hatte. Auch für die Nachwelt erscheint Cicero einseitig als der Gebende: die panegyrischen Gedichte des Archias haben keinerlei Spuren hinterlassen, und die Person des Autors wäre ebenso verschollen, hätte nicht Cicero ihr ein Denkmal gesetzt. Die große griechische Epigramm-Sammlung, die Anthologia Palatina, enthält eine Reihe von Gedichten eines oder mehrerer Archias – es ist ungewiß, ob hiervon irgend etwas dem Manne gehört, der im Jahre 62 v. Chr. von Cicero verteidigt wurde.

Das Plädoyer für Archias, ein Kabinettstück der ciceronischen Beredsamkeit, ist nicht zuletzt von kulturhistorischem Wert: es gewährt lebendige Einblicke in den Literaturbetrieb der Zeit; es illustriert, in welchem Maße die römische Aristokratie damals hellenisiert war und sich der propagandistischen Mittel der hellenistischen Herrscher bediente; es zeigt, wie das spätrepublikanische Rom auch für griechische Literaten und Dichter zum Mittelpunkt geworden war.

REDE FÜR DEN DICHTER
A. LICINIUS ARCHIAS

1 Wenn ich, ihr Richter, einiges Talent (ich spüre, wie gering es ist) oder einige Fertigkeit in der Redekunst (ich leugne nicht, daß ich es darin zu etwas gebracht habe) oder auch einige Einsicht in deren Prinzipien besitze, wie man sie durch das eifrige Studium der angesehensten Wissenschaften erwirbt (ich versichere, daß ich hiervon zu keiner Zeit meines Lebens abgelassen habe), dann hat gewiß der Angeklagte A. Licinius[1] an erster Stelle ein Recht darauf, die Früchte dieser Fähigkeiten für sich zu beanspruchen. Denn soweit nur meine Erinnerung in vergangene Zeiten zurückzublicken und früheste Jugendeindrücke aufzufrischen vermag: mir steht, sooft ich bis dahin zurückdenke, gerade er als derjenige vor Augen, der mich zuerst dazu angeregt hat, diese Berufsrichtung einzuschlagen und zu verfolgen. Wenn nun meine Stimme, durch seine Ermunterung und Unterweisung ausgebildet, schon sonst manch einen gerettet hat, dann ist es gewiß meine Pflicht, soviel an mir liegt, auch dem Manne Hilfe und Rettung zu bringen, von dem ich das empfangen habe, womit ich
2 allen anderen helfen und nicht wenige retten konnte – und damit sich niemand wundert, daß ich dies sage (er besitzt ja eine andere Geistesgabe, und nicht die Kunst und Gewandtheit des Redens): auch ich bin niemals völlig in diesem einen Fache aufgegangen. Denn alle Zweige der Kunst und Wissenschaft, die zur Bildung gehören, haben ein gemeinsames Band und sind gewissermaßen miteinander verschwistert.

3 Doch vielleicht kommt es einigen von euch seltsam vor, daß ich in einem öffentlichen Strafprozeß, der sich vor einem Prätor des römischen Volkes, einem überaus achtbaren Manne, und vor hochgestrengen Geschworenen abspielt, angesichts

einer so zahlreichen Zuhörerschaft in einer Weise rede, wie
das sonst weder bei gerichtlichen Plädoyers noch überhaupt
bei Verhandlungen auf dem Forum üblich ist: ich bitte euch,
macht mir in diesem Prozeß ein Zugeständnis, das zum Wesen
des Angeklagten paßt und euch, wie ich hoffe, nicht belästigt;
erlaubt mir, daß ich als Anwalt eines hervorragenden Dichters
und grundgelehrten Mannes inmitten einer so großen Zahl
literaturbegeisterter Zuhörer, vor so gebildeten Leuten, wie
ihr es seid, und vor einem solchen Prätor als Vorsitzendem[2]
etwas freier über Fragen der Geistesbildung und der Literatur
spreche und mich bei einer Persönlichkeit, die wegen ihrer
zurückgezogenen Lebensweise als Schriftsteller noch nie von
Gerichten und Prozessen behelligt wurde, einer ziemlich neuen
und ungebräuchlichen Vortragsart bediene. Wenn ihr mir das, 4
wie ich wohl annehmen darf, gerne zugesteht, dann werde ich
euch bestimmt davon überzeugen, daß man den A. Licinius,
der ja Bürger ist, nicht aus der Bürgerliste streichen darf, ja
daß man ihn darin aufnehmen müßte, wenn er noch nicht
Bürger wäre.

Denn sobald Archias dem Knabenalter entwachsen war und
sich nach Vollendung der Studien, durch die man üblicher-
weise das jugendliche Alter bildet und prägt, der Schriftstellerei zuwandte, gelang es ihm rasch, durch den Glanz seiner
Begabung alle anderen zu überflügeln. Er begann in Antiochia
(denn dort kam er, aus einem angesehenen Hause stammend,
zur Welt), einer einst stark bevölkerten und wohlhabenden
Stadt[3], die als Mittelpunkt hoher Geisteskultur viele Gebildete
in ihren Bann zog. Später trat er im übrigen Asien und in
ganz Griechenland auf: er war so erfolgreich, daß die Erwartungen den Ruf seines Talents, sein Auftreten selbst und die
Begeisterung, die er hervorrief, die Erwartungen übertrafen.

Zu jener Zeit war ganz Italien eine Heimstatt griechischer 5
Kunst und Wissenschaft: die Bildung wurde damals nicht nur

in Latium eifriger gepflegt, als es jetzt in denselben Städten der
Fall ist, sondern auch in Rom, das eine Zeit der innenpolitischen Ruhe erlebte[4], nicht vernachlässigt. Daher verliehen
Tarent, Lokri, Regium und Neapel[5] dem Archias das Bürgerrecht und andere Auszeichnungen, und jeder, der etwas von
künstlerischer Begabung verstand, bemühte sich, ihn kennenzulernen und gastlich zu empfangen. So war er weithin hoch-
berühmt, und man wußte bereits aus der Ferne von ihm, als
er im Konsulatsjahr des Marius und Catulus nach Rom kam.
Schon das traf sich günstig: der eine Konsul konnte ihm hervorragende Taten als Stoff für eine Dichtung, der andere
außer Taten auch Interesse und Kennerschaft entgegenbrin-
gen[6]. Sogleich nahmen ihn die Lukuller, obwohl er damals noch
ein ganz junger Mann war, in ihr Haus auf. Und dies ver-
dankte er nicht nur seiner Begabung und Wesensart, sondern
auch seinen charakterlichen Vorzügen, daß die Familie, die
ihm in seiner Jugend zuerst gewogen war, ihm auch im Alter
besonders eng verbunden blieb. Er war damals gern gesehen
bei dem berühmten Q. Metellus Numidicus und dessen Sohne
Pius; M. Aemilius zählte zu seinen Zuhörern; er verkehrte
mit Q. Catulus, dem Vater und dem Sohn; er wurde von
L. Crassus hochgeschätzt. Da er enge Beziehungen zu den
Lukullern und zu Drusus, zu den Oktaviern, zu Cato und
zum ganzen Hause der Hortensier unterhielt[7], genoß er höchstes Ansehen, und man verehrte ihn allgemein, ob man ihm
nun mit wirklicher Aufgeschlossenheit zuhörte oder nur vor-
gab, sich für ihn zu interessieren.

Etliche Jahre später (er war mit M. Lucullus nach Sizilien
gereist und hatte diese Provinz mit demselben Lucullus wieder
verlassen) kam er nach Herakleia. Da dies eine Gemeinde war,
deren Bündnisvertrag die Bewohner den Römern nahezu
gleichstellte, bemühte er sich um Aufnahme in die dortige
Bürgerliste: er hatte bei der Gemeinde Erfolg, da seine Person

für würdig erachtet wurde und sich überdies Lucullus, ein
angesehener und einflußreicher Mann, für ihn einsetzte. Das 7
Gesetz des Silvanus und Carbo[8] verlieh allen das römische
Bürgerrecht, die in den Bürgerlisten verbündeter Gemeinden
eingetragen waren, vorausgesetzt, daß sie, als das Gesetz in
Kraft trat, in Italien ihren Wohnsitz hatten und sich innerhalb
von sechzig Tagen bei einem Prätor meldeten. Da Archias
schon seit vielen Jahren in Rom seinen Wohnsitz hatte, meldete
er sich beim Prätor Q. Metellus[9], einem seiner besten Freunde.

Wenn ich nur über den gesetzmäßigen Erwerb des Bürger- 8
rechts reden wollte, brauchte ich weiter nichts zu sagen: der
Fall ist dargetan. Denn wo ist ein Punkt, der sich widerlegen
läßt, Grattius? Willst du leugnen, daß er damals in Herakleia
eingetragen worden ist? Da steht M. Lucullus, ein durchaus
glaubwürdiger, gewissenhafter und zuverlässiger Mann, und
er erklärt, daß er es nicht annehme, sondern wisse, nicht nur
erfahren, sondern gesehen habe und nicht nur zugegen, sondern selbst dabei tätig gewesen sei. Da stehen Abgesandte
aus Herakleia, hochangesehene Männer; sie sind wegen dieses
Prozesses mit Aufträgen und amtlich beglaubigtem Zeugnis
erschienen, und sie sagen, Archias sei eingetragener Bürger
von Herakleia. Du aber fragst nach den amtlichen Listen
Herakleias, die, wie jedermann weiß, im Italischen Krieg[10]
beim Brande des Archivs vernichtet worden sind? Es ist wirklich lächerlich: statt zu dem, was wir vorweisen, etwas zu
sagen, verlangst du, was wir nicht vorweisen können, und
statt dich zu den mündlichen Zeugnissen zu äußern, forderst
du ein schriftliches Zeugnis; man beschafft dir das Ehrenwort
eines hochangesehenen Mannes und die durch Eid beglaubigte
Aussage einer hochachtbaren Gemeinde, doch du verwirfst
diese Dinge, die sich auf keine Weise entstellen lassen, und
fragst statt dessen nach Listen, die, wie du selber sagst, oft
gefälscht werden.

9   Oder hatte er in Rom keinen Wohnsitz – er, der sich so viele
Jahre vor der Verleihung des Bürgerrechts mit allem Hab und
Gut in Rom niedergelassen hat? Oder hat er sich nicht gemeldet? Im Gegenteil: seine Meldung findet sich gerade in
der Liste, die als einzige von den Aufzeichnungen des damaligen Prätorenkollegiums die Geltung einer amtlichen Urkunde
hat. Denn von der Liste des Appius hieß es, sie sei ziemlich
nachlässig aufbewahrt worden; im Falle des Gabinius hat,
solange der Mann noch obenauf war, seine Leichtfertigkeit
und nach der Verurteilung sein Sturz die Liste um jede Glaub-
würdigkeit gebracht[11]. Metellus hingegen, gewissenhaft und
behutsam wie nur einer, nahm die Sache so genau, daß er den
Prätor L. Lentulus und die Geschworenen anrief und sich
wegen eines einzigen Namens, der geändert war, beunruhigt
zeigte[12]. Und in dieser Liste ist, wie ihr seht, beim Namen
des A. Licinius nichts geändert.

10   Warum zieht ihr unter diesen Umständen sein Bürgerrecht
in Zweifel? Er war doch noch bei anderen Gemeinden eingetragen! Ja, gewiß: als man in Unteritalien zahlreichen
Dutzendmenschen und Leuten, die sei es gar kein, sei es ein
minderwertiges Können zeigten, für nichts und wieder nichts
das Bürgerrecht verabreichte, da glaub' ich gern, daß Regium
oder Lokri, Neapel oder Tarent einem durch seine Gaben
hochberühmten Manne verweigerten, was sie Schauspielern
nachzuwerfen pflegten! Wie? Andere wußten noch nach der
Verleihung des Bürgerrechts, ja selbst nach dem Erlaß des
Papischen Gesetzes[13] irgendwie ihren Namen in die Listen
jener Städte einzuschmuggeln – da will man diesen Mann aus-
schließen, der von den Listen, die ihn führen, gar keinen Gebrauch macht, weil er stets als Bürger von Herakleia hat gelten
wollen?

11   Du fragst nach den stadtrömischen Bürgerlisten. Warum
auch nicht: es ist ja ein Geheimnis, daß unser Mann während

der letzten Zensur als Begleiter des ruhmreichen Feldherrn
L. Lucullus beim Heere war, daß er sich während der vorletzten mit demselben Lucullus, dem damaligen Quästor, in
Asien aufgehalten hat und daß während der ersten, unter
Iulius und Crassus, kein einziger Bezirk unserer Bürgerschaft
erfaßt worden ist[14]. Außerdem, da die Erfassung das Bürgerrecht nicht bestätigt, sondern nur anzeigt, daß der Erfaßte
schon damals als Bürger hat gelten wollen: der Mann, dem
du vorwirfst, er sei nicht einmal nach seinem eigenen Urteil
ein rechtmäßiger römischer Bürger gewesen, hat in jenen
Jahren mehrfach ein unseren Gesetzen entsprechendes Testament errichtet und die Erbschaften römischer Bürger angetre-
ten; er wurde ferner vom Prokonsul L. Lucullus bei der Staatskasse als Empfänger von Vergütungen angemeldet[15]. Bring
Beweise vor, wenn du kannst; denn sein eigenes Urteil
und das seiner Freunde[16] wird niemals ausreichen, ihn zu
überführen.

Gewiß willst du wissen, Grattius, was mich an diesem 12
Manne so entzückt: bei ihm finde ich eine Freistatt, wo sich
mein Geist vom Lärm des Forums erholen und sich mein Ohr
von dem ermüdenden Gezänk ausruhen kann. Glaubst du
denn, wir hätten Stoff genug, Tag für Tag bei so verschiedenen
Anlässen zu reden, wenn wir uns nicht aus der Literatur Belehrung holten, oder wir wären solchen Anstrengungen gewachsen, wenn wir die Literatur nicht zugleich dazu benutzten, uns zu entspannen? Ich jedenfalls gebe unumwunden zu,
daß ich mich gern mit derlei Studien befasse. Andere mögen
sich scheuen – Leute, die so tief in ihre Gelehrsamkeit ver-
graben sind, daß sie daraus nichts für die Allgemeinheit För-
derliches hervorholen und ans Licht der Öffentlichkeit bringen
können. Doch warum sollte ich mich scheuen: seit vielen
Jahren ist mein Leben so geordnet, ihr Richter, daß mich
keine Mußestunde zurückgehalten, kein Vergnügen abgelenkt

und auch kein Schlaf gehindert hat, für jedermanns Bedrängnis
13 oder Vorteil einzutreten. Wie kann man mir dann übelnehmen
oder sich mit Recht über mich aufregen, wenn ich mir ebensoviel Zeit gönne, diese Studien zu betreiben, wie man anderen
zugesteht, ihren eigenen Angelegenheiten nachzugehen, die
Fest- und Spieltage zu feiern[17], sich sonstwie zu vergnügen
und sich an Leib und Seele zu erholen – so viel Zeit, wie
manche sie für üppige Mahlzeiten oder gar für den Würfel-
becher und das Ballspiel erübrigen? Und man sollte mir dieses
Zugeständnis um so eher machen, als diese Beschäftigung auch
mein Talent und meine Fertigkeit im Reden fördert, Dinge,
die, sie seien groß oder gering, den Freunden in der Not noch
nie gefehlt haben.

Mögen manche das alles für unwichtig halten: ich weiß jedenfalls, aus welcher Quelle ich schöpfen kann, was unbedingt
14 das Wichtigste ist. Denn wenn ich nicht seit meiner Jugend
durch vielfache Belehrung und vielerlei Lektüre zu der Überzeugung gelangt wäre, man dürfe, solange man lebt, nach
nichts ernstlich streben als nach ehrenhaftem Ruhm und man
müsse hierbei jede Mühsal, ja jede Gefahr wie Tod und Verbannung geringachten: nie hätte ich mich um eurer Wohlfahrt
willen so vielen aufreibenden Kämpfen und den ständigen
Überfällen verworfener Menschen ausgesetzt. Doch hierüber
findet sich die Fülle in allen Schriften, in den Aussprüchen der
Weisen, in den beispielhaften Taten der Vorzeit – was alles in
tiefem Dunkel läge, wenn nicht das Licht der Literatur hinzu-
gekommen wäre. Wie viele lebensvolle Bilder heldenhafter
Männer haben uns nicht die griechischen und römischen
Schriftsteller hinterlassen, sie zu betrachten und ihnen nachzueifern! Ich jedenfalls hielt sie mir während meines Dienstes
am Staate stets vor Augen und habe so allein schon durch den
Gedanken an diese hervorragenden Gestalten mein Herz und
meinen Geist gestärkt.

Da kann man fragen: «Wie? Waren denn auch die großen [15] Männer, von deren Leistungen die Überlieferung berichtet, im Besitz der Bildung, die du in den Himmel hebst?» Das kann man gewiß nicht von allen behaupten, und doch weiß ich genau, was ich zu antworten habe. Ich gebe zu: viele Männer haben sich, ohne gebildet zu sein, durch Geistesstärke und Tüchtigkeit ausgezeichnet, und ihre geradezu göttlichen Anlagen haben ihnen erlaubt, aus eigener Kraft zu einem gebändigten und festen Wesen zu finden. Ich füge noch hinzu, daß Begabung ohne Bildung häufiger zu Ruhm und Verdienst verholfen hat als Bildung ohne Begabung. Doch zugleich behaupte ich auch: wenn sich mit einer großen, glänzenden Begabung eine planmäßig das Wesen prägende Bildung verbindet, dann kommt gewöhnlich etwas ganz Überragendes und Einzigartiges dabei heraus. Zu diesem Schlage gehört der göttliche [16] Africanus, den unsere Väter noch erlebt haben, zu ihm C. Laelius und L. Furius, zwei Muster der Mäßigung und Selbstverleugnung, zu ihm auch der alte M. Cato, ein äußerst tatkräftiger und für seine Zeit hochgebildeter Mann[18] – wahrhaftig, sie alle wären niemals bereit gewesen, sich mit Literatur zu beschäftigen, wenn sie sich davon nicht Aufschluß und Belehrung über sittliche Grundsätze versprochen hätten.

Gesetzt, der Gewinn, der sich hier zeigt, wäre nicht so groß und diese Studien wären nur ein Mittel der Unterhaltung: dann müßtet ihr immerhin zugeben, denke ich, daß diese Art, den Geist zu entspannen, die menschenwürdigste und edelste ist. Denn alles andere paßt nicht zu jeder Zeit, zu jedem Ort und jeder Altersstufe; doch diese Studien prägen die Jugend und ergötzen das Alter, sie verschönern das Glück und spenden hilfreichen Trost im Unglück, sie bereiten daheim Vergnügen und sind in der Öffentlichkeit kein Ballast, sie verbringen die Nacht mit uns, sie begleiten uns in die Fremde und hinaus aufs Land.

17　　Wenn wir sie nicht selber betreiben und mit eigenen Sinnen genießen könnten: wir müßten diese Dinge bewundern, auch wenn wir sie nur bei anderen sähen. Wer von uns wäre so roh und fühllos, daß ihn nicht kürzlich der Tod des Roscius schmerzlich getroffen hätte[19]? Er war ein alter Mann, als er starb; wir aber glaubten, daß ein Künstler von solcher Vollendung und solchem Zauber überhaupt nicht hätte sterben dürfen. Doch er hat allein durch die Beweglichkeit seines Körpers unser aller Beifall gewonnen: werden wir dann die unglaubliche Beweglichkeit des Geistes, die Wendigkeit des
18　Genies gleichgültig hinnehmen? Wie oft habe ich nicht unsern Archias erlebt, ihr Richter (ich lasse nämlich eure Freundlichkeit nicht ungenutzt, da ihr mir ja bei dieser ungewöhnlichen Art zu reden so aufmerksam zuhört) – wie oft habe ich ihn nicht erlebt: wie er, ohne sich ein Wort notiert zu haben, aus dem Stegreif eine große Anzahl herrlicher Verse über die Ereignisse vortrug, die sich damals abspielten, wie er, zur Wiederholung aufgefordert, den gleichen Gegenstand mit neuen Worten und Gedanken zu behandeln wußte! Was er aber nach reiflicher Überlegung aufzeichnete, fand, wie ich sah, so großen Beifall, daß es dem Ruhme der alten Literaturwerke nicht nachstand. Diesen Mann soll ich nicht schätzen, nicht bewundern, nicht mit allen Mitteln zu verteidigen suchen?

Außerdem bezeugen uns die größten Philosophen[20], daß, während alle anderen Tätigkeiten auf Unterricht, Regeln und Übung beruhen, der Dichter aus der eigenen Anlage schöpft und durch die Kraft seines Geistes angetrieben und gleichsam von göttlichem Anhauch erfüllt wird. Ganz mit Recht nennt daher unser großer Ennius[21] die Dichter heilig: sie sind uns gewissermaßen als ein Gnadengeschenk der Götter anempfoh-
19　len. So sei denn der Dichtername auch euch heilig, die ihr allseitig gebildet seid, ihr Richter: kein noch so rohes Volk hat ihn je geschändet. Felsen und öde Gegenden antworten der

menschlichen Stimme; furchtbare Bestien lassen sich oft vom Gesange rühren und halten gebannt im Laufe inne: wir, in den edelsten Dingen unterwiesen, sollten unser Ohr dem Wort der Dichter verschließen?

Die Gemeinde Kolophon behauptet, Homer sei ihr Bürger; Chios beansprucht ihn für sich, und Salamis pocht auf ihn; die Bewohner von Smyrna wiederum beteuern, er gehöre ihnen, weshalb sie ihm in ihrer Stadt sogar ein Heiligtum geweiht haben; außerdem gibt es noch viele andere Orte, die sich heftig um ihn streiten[22]. Sie alle suchen sich also einen Fremden, nur weil er Dichter war, noch nach seinem Tode anzueignen: wir aber wollen diesen Mann, der noch lebt, der nach seinem Willen und kraft Gesetzes der Unsre ist, von uns weisen?

Dabei hat Archias schon seit langem alle Mühe und alles Talent darauf gewandt, den glanzvollen Ruhm des römischen Volkes zu preisen. So hat er sich in jungen Jahren an eine Darstellung des Cimbernkrieges gewagt und damit selbst dem C. Marius, der doch offenbar für derlei Dinge wenig übrig hatte, Vergnügen bereitet – niemand ist ja den Musen so abhold, daß er sich nicht ein unvergängliches dichterisches Lob seiner Mühen gern gefallen ließe. Themistokles, der große Athener[23], soll, als man ihn fragte, welchen Künstler oder wessen Stimme er am liebsten höre, geantwortet haben: den, der seine Verdienste am besten zu würdigen verstehe. Daher hat Marius auch den L. Plotius[24] sehr geschätzt, von dessen Talent er sich ein Preislied auf seine Taten versprach. 20

Dem Krieg gegen Mithridates, der, langwierig und gefährlich, mit wechselndem Glück auf dem Lande und zur See geführt wurde, hat Archias ein Werk gewidmet, das ihn von Anfang bis Ende darstellt: es würdigt nicht nur die Tapferkeit und den Ruhm des L. Lucullus, sondern auch die Leistungen des römischen Volkes. Denn allerdings: das römische Volk 21

drang unter dem Oberbefehl des Lucullus in Pontus ein, das
zuvor durch die Streitkräfte seiner Könige und durch seine
natürliche Lage abgeschirmt war; das Heer des römischen
Volkes zerschlug unter demselben Führer mit bescheidener
Mannschaft das riesige Aufgebot der Armenier; es ist ein
Ehrentitel des römischen Volkes, daß Kyzikos, eine eng mit
uns verbundene Stadt, unter der Leitung desselben Mannes
jedem Zugriff des Königs und überhaupt dem dräuenden Rachen des Krieges entrissen und somit gerettet wurde; als unsere Ruhmestat wird man stets die unglaubliche Seeschlacht
bei Tenedos preisen, in der, während sich L. Lucullus am Ge-
fecht beteiligte, die Führer der Feinde getötet und ihre Schiffe
auf den Grund gebohrt wurden; unser sind die Siegeszeichen,
unser die Denkmäler, unser die Triumphzüge: wer all dies
durch seine Dichtergabe bekanntmacht, der feiert den Ruhm
des römischen Volkes[25].

22   Unser Ennius war dem älteren Africanus teuer; daher glaubt
man auch, sein Bild stehe in Marmor auf dem Grabmal der
Scipionen. Sein Lob zeichnet gewiß nicht nur den Mann aus,
der der eigentliche Gegenstand dieses Lobes ist, sondern auch
den Namen des römischen Volkes. Der Urgroßvater des hier
anwesenden Cato wird von ihm in den Himmel gehoben: viel
Ehre fällt dadurch auch der Sache des römischen Volkes zu.
Wenn er außerdem Männer wie Maximus, Marcellus und Fulvius verherrlicht, dann wird dadurch uns allen gemeinsam
beträchtliches Lob zuteil. So haben denn unsere Vorfahren ihn,
der das vollbracht hatte, einen Fremden aus Rudiae, in die
Bürgerschaft aufgenommen: wir aber wollen diesen Mann aus
Herakleia, um den sich viele Gemeinden bemüht haben, der
hier kraft Gesetzes eingebürgert ist, aus unserer Bürgerschaft
ausstoßen[26]?

23   Wenn nämlich jemand meint, griechische Verse brächten
einen geringeren Zoll des Ruhmes ein als lateinische, so irrt

er sich sehr; denn griechische Bücher werden in fast allen Län-
dern gelesen, lateinische hingegen sind auf ihr Sprachgebiet,
das ziemlich klein ist[27], beschränkt. Wenn nun unseren Erobe-
rungen erst durch die Grenzen der Erde Einhalt geboten wird,
dann müssen wir unbedingt darauf bedacht sein, daß dorthin,
wohin die Geschosse unserer Truppen gelangt sind, auch unser
Ruhm und Ansehen dringe: das ist einmal für die Völker selbst
ehrenvoll, deren Taten dargestellt werden, zum anderen für
diejenigen, die um des Ruhmes willen ihr Leben aufs Spiel
setzen, der größte Ansporn, Gefahren und Mühen hinzunehmen.

Wie viele Schriftsteller, Künder seiner Taten, soll Alexander 24
der Große nicht mit sich geführt haben! Und doch rief er aus,
als er auf Sigeum vor dem Grabmal Achills stand[28]: «Du glücklicher junger Held: du hast zum Preise deiner Tapferkeit einen
Homer gefunden!» Wahrhaftig: wenn nicht die Ilias entstanden wäre, dann hätte derselbe Hügel, der seinen Leichnam bedeckt, auch seinen Namen begraben. Wie? Hat nicht unser
großer Pompeius, dem das Glück im gleichen Maße beisteht
wie die eigene Tüchtigkeit, dem Theophanes aus Mytilene[29],
dem Darsteller seiner Taten, vor versammeltem Heere das
Bürgerrecht verliehen, und haben nicht unsere Leute, tapfere,
aber rauhe Soldaten, wie vom Zauber des Ruhmes ergriffen,
durch lauten Zuruf Beifall gespendet, als ob sie selbst an diesem
Lobe teilhätten?

Da hätte gewiß Archias, wenn er nicht schon kraft Gesetzes 25
römischer Bürger wäre, vergeblich versucht, von irgendeinem
Feldherrn das Bürgerrecht zu erlangen! Sulla zum Beispiel, der
Spanier und Gallier damit beschenkte, hätte ihm diese Bitte
bestimmt abgeschlagen! Dabei haben wir selbst erlebt, wie
ihm in einer Versammlung ein elender Dichter aus der Menge
eine Schrift übergab – Sulla aber ließ dem Manne, bloß weil er
ein Gedicht in ziemlich langen distichischen Versen auf ihn

gemacht hatte, sofort aus den Gegenständen, die er damals
versteigerte[30], eine Belohnung verabreichen, und zwar unter
der Bedingung, daß er künftig nichts mehr schreibe. Immerhin
hat er die Beflissenheit eines schlechten Dichters einer Belohnung für wert erachtet: da hätte er nicht versucht, das Talent
des Archias, seine Kraft und Fülle in der Darstellung, für sich
26 zu gewinnen? Wie? Ein Archias hätte bei Q. Metellus Pius,
einem seiner besten Freunde, von dem viele mit dem Bürgerrecht beschenkt worden sind, nichts zu erreichen vermocht,
weder in eigener Person noch durch die Fürsprache der Lukuller? Dabei war Metellus so sehr auf den Preis seiner Taten
versessen, daß er sogar ein paar Dichtern aus Corduba[31], die
mit schwülstigen, sonderbar klingenden Versen aufwarteten,
ein freundliches Ohr lieh.

Denn wir brauchen ja nicht zu unterdrücken, was sich doch
nicht verheimlichen läßt, sondern dürfen uns offen dazu bekennen: uns alle treibt das Verlangen nach Lob, und gerade
für die Besten ist der Ruhm der stärkste Köder. Selbst für die
Philosophen: sie versehen auch *die* Schriften mit ihrem Namen,
in denen sie von der Verachtung des Ruhmes handeln – gerade
dort, wo sie geringschätzig auf Ehre und Anerkennung herab-
27 blicken, wollen sie genannt und anerkannt sein. Der bedeutende Feldherr Decimus Brutus hat Verse seines vertrauten
Freundes Accius an den Eingängen der von ihm errichteten
Tempel und Denkmäler anbringen lassen[32]. Auch Fulvius, der
Mann, der, von Ennius begleitet, gegen die Ätoler zu Felde
zog, nahm keinen Anstand, die Kriegsbeute, das Geschenk des
Mars, den Musen zu weihen[33]. Kurz und gut, in einer Stadt,
in der die Feldherren beinahe noch in der Waffenrüstung dem
Dichternamen und den Heiligtümern der Musen Achtung erwiesen haben, dürfen sich die Richter im Friedenskleide nicht
der Verehrung der Musen und dem Wohle der Dichter versagen.

Damit ihr desto mehr dazu bereit seid, ihr Richter, will ich 28
mich jetzt selber vor euch offenbaren und euch eingestehen,
daß auch ich auf Ruhm erpicht bin – allzu eifrig vielleicht,
doch aus ehrenhaftem Antrieb. Denn was ich während meines
Konsulats mit eurem Beistand zur Rettung der Stadt und des
Reiches, zum Schutze der Bürger und des ganzen Gemeinwesens vollbracht habe, hat Archias dichterisch darzustellen
begonnen; ich hörte mir seine Verse an, und weil ich die Sache
für wichtig und erfreulich hielt, forderte ich ihn auf, das Werk
zu vollenden. Denn die große Tat fordert für Mühen und Gefahren keinen anderen Lohn als Lobpreis und Ruhm: wenn
man ihr den vorenthält, ihr Richter, wozu sollen wir uns dann
in dieser so kurzen und eingeschränkten Lebensbahn in solchen Schwierigkeiten aufreiben? Gewiß, wenn unser Geist 29
nicht in die Zukunft ausgreifen könnte, wenn er alle seine Gedanken in dieselben Grenzen bannen müßte, die unserer Lebenszeit gesetzt sind, dann würde er sich nicht in solcher
Mühsal abarbeiten, sich nicht in solchem Maße von Sorgen
und Schlaflosigkeit bedrängen lassen und erst recht nicht so
oft das Leben aufs Spiel setzen. Doch gerade den Besten wohnt
ein edler Trieb inne, der den Geist Tag und Nacht mit den
Sporen der Ruhmbegierde antreibt und ihn mahnt, daß die
Erinnerung an unseren Namen nicht im Augenblick unseres
Todes schwinden dürfe, sondern bis in die fernste Zukunft
lebendig bleiben müsse.

Oder wären wir wirklich so kleinmütig, wir alle, die wir 30
Politiker sind und somit ein gefahr- und mühevolles Leben
führen, daß wir annähmen, alles sei zugleich mit uns dem Tode
verfallen, nachdem wir bis zum letzten Augenblick kein einziges Mal ruhig und frei haben aufatmen dürfen? Viele bedeutende Männer waren bestrebt, Statuen und Porträts, Darstel-
lungen nicht ihres Geistes, sondern ihres Äußeren zu hinterlassen: muß uns nicht noch viel mehr daran liegen, daß wir

ein Abbild unserer Entwürfe und Taten hinterlassen, von den größten Talenten geschaffen und ausgearbeitet? Ich jedenfalls habe bei allem, was ich vollbrachte, schon während des Vollbringens geglaubt, in das ewige Andenken der Menschheit eine Saat zu streuen. Ob ich nun hiervon nach dem Tode nichts spüren oder, wie die größten Weisen vermuten, irgendwie mit meiner Seele daran teilnehmen werde: jedenfalls erfreue ich mich schon jetzt an dem Gedanken und an einem Schimmer von Hoffnung.

31　　Sprecht also einen Angeklagten frei, ihr Richter, dessen Ehrenhaftigkeit ihr von langjährigen, angesehenen Freunden bestätigt seht, dessen Geistesgaben man sehr hoch einschätzen muß, da sich doch, wie ihr wißt, geistvolle Männer von erstem Rang darum bemüht haben, und schließlich, dessen Sache durch die Vergünstigung des Gesetzes, durch die Aussage einer Gemeinde, durch das Zeugnis des Lucullus und die Liste des Metellus gerechtfertigt wird. Bei diesem Stande der Dinge bitte ich euch, ihr Richter, so wahr solche Geister beanspruchen dürfen, daß sich nicht nur Menschen, sondern auch die Götter für sie ins Mittel legen: da Archias seit jeher für euch, für eure Feldherren, für die Taten des römischen Volkes seine preisende Stimme erhoben hat, da er verspricht, er werde auch den inneren, für mich und euch bedrohlichen Gefahren der jüngsten Zeit das unvergängliche Zeugnis seines Lobes nicht versagen, da er zu denen gehört, die stets und überall für heilig galten und heilig genannt wurden, nehmt ihn in euren Schutz und zeigt euch eher geneigt, ihm durch Milde zu helfen, als durch Härte Eintrag zu tun.

32　　Was ich zum Sachverhalt bemerkt habe, ihr Richter – kurz und in schlichten Worten, wie es meiner Gewohnheit entspricht –, das leuchtet, denke ich, jedermann ein. Was ich abweichend vom Brauch des Forums und der Gerichte über das Talent des Archias und über den Dichterberuf im allgemeinen gesagt habe, ist, wie ich hoffe, ihr Richter, freundlich von euch aufgenommen worden; bei der Person des Vorsitzenden bin ich dessen sicher.

REDE FÜR M. CAELIUS

Einleitung

Die vollständig erhaltene Rede für M. Caelius Rufus ist aus einem Strafprozeß hervorgegangen, der Anfang April 56 v. Chr. stattgefunden hat. Dem Angeklagten wurde «Gewaltanwendung» *(vis)* – das heißt Störung des öffentlichen Friedens, Aufruhr – vorgeworfen. Prozeß und Strafe für Gewaltanwendung waren in der *lex Plautia de vi* umschrieben, einem strafrechtlichen Einzelgesetz, das den unruhigen Jahren nach der Diktatur Sullas entstammte. Das Verfahren spielte sich vor einem Geschworenengerichtshof ab, dessen Mitglieder von Fall zu Fall ausgewählt wurden. Den Vorsitz hatte ein eigens bestellter «Untersuchungsrichter» *(quaesitor)* inne; im Prozeß gegen Caelius war diese Rolle einem Cn. Domitius (schwerlich Cn. Domitius Calvinus, einem Prätor des Jahres 56 v. Chr.) zugefallen. Anklagen wegen *vis* wurden beschleunigt und auch an Feiertagen verhandelt; im übrigen ähnelte das Verfahren dem der ständigen Gerichtshöfe *(quaestiones perpetuae)*, wie sie für Mord, Hochverrat usw. eingerichtet waren*. Die gesetzliche Strafe lautete wie bei den genannten Verbrechen auf Verbannung.

Der Angeklagte, Sohn eines wohlhabenden Ritters, mochte damals 25 Jahre zählen. Er hatte, als gehöre er einem Hause des regierenden Adels an, beizeiten begonnen, sich durch die An-

---

* Siehe hierüber die Einleitung zur Rede für Sex. Roscius aus Ameria.

klägerrolle in politischen Strafprozessen einen Namen zu machen: im Jahre 59 v.Chr. brachte er C. Antonius, Ciceros einstigen Kollegen im Konsulat, zu Fall; drei Jahre darauf belangte
er den L. Calpurnius Bestia wegen Amtserschleichung. Der
Bestia-Prozeß endete mit einem Freispruch; Caelius war indes
hartnäckig genug, unmittelbar darauf gegen denselben Mann
ein zweites Mal Anklage zu erheben: wieder wegen Amtserschleichung, doch gewiß auf Grund neuer Tatsachen, einer
neuen Bewerbung Bestias. Nunmehr erhob sich Widerstand:
Bestias siebzehnjähriger Sohn, der infolge einer Adoption den
Namen L. Sempronius Atratinus trug, klagte seinerseits Caelius
wegen *vis* an – gewiß hoffte er, mit Hilfe des beschleunigten
Verfahrens die Anklage des Caelius zu durchkreuzen. Er hatte
zwei Mitstreiter, sogenannte *subscriptores* («Nebenankläger»):
L. Herennius Balbus sowie einen P. Clodius, der offenbar nicht
mit Ciceros Erzfeind, dem Volkstribunen des Jahres 58 v.Chr.,
identisch war.

Von den Vergehen, die Caelius zur Last gelegt wurden, ist
trotz des ciceronischen Plädoyers ziemlich wenig bekannt:
Caelius und seine Anwälte – der Triumvir Crassus und Cicero –
hatten den Stoff in der Weise unter sich aufgeteilt, daß Cicero,
dem letzten Redner auf Seiten der Verteidigung, vor allem die
angeblichen Hintergründe des Prozesses zufielen. Immerhin
gibt Ciceros Resümee der Crassus-Redė (23) einen Fingerzeig,
worum es ging: Caelius sollte sich an Gewaltakten gegen eine
Gesandtschaft aus Alexandrien beteiligt haben. Diese Affäre
war von Ptolemäus XII., dem aus seinem Lande verjagten, in
Rom seine Rückführung betreibenden Könige Ägyptens, angezettelt worden; als sich im Jahre 57 v.Chr. eine von dem Philosophen Dion geleitete Gesandtschaft der Alexandriner in Rom
einfand, die im Senat gegen die Rückführung protestieren sollte, setzte Ptolemäus alle Hebel in Bewegung, eine Audienz der
Gesandtschaft zu verhindern, und hierbei schreckte er selbst

vor Mordtaten nicht zurück, denen schließlich auch Dion zum Opfer fiel. Die Ankläger mögen irgendwelche nicht mehr erkennbare Anhaltspunkte dazu verwendet haben, Caelius in einer Sache, die viel böses Blut erregte, zum Handlanger des unangreifbaren Königs abzustempeln, und hierbei konnten sie hoffen, daß ihrer im übrigen der Politik fernstehenden Anklage eine damals weit verbreitete Mißstimmung gegen Pompeius, den Förderer des Rückführungsprojekts, zustatten komme: Caelius hätte ja als Mietling des Ptolemäus zugleich im Sinne des Pompeius gehandelt.

Wie Cicero selbst berichtet (9ff.), hatte er – wie auch Crassus – den jungen Caelius auf die übliche Weise in das politische Leben eingeführt, bis während seines Konsulats eine Entfremdung eintrat: Caelius schloß sich vorübergehend Catilina an. Auch in den darauf folgenden Jahren kamen Cicero und sein einstiger Schützling einander nicht näher: Antonius und Bestia, die Angeklagten des Caelius, wurden von Cicero verteidigt. Erst der Prozeß, in den Atratinus den Ankläger seines Vaters verwickelte, stellte das alte Verhältnis wieder her: Caelius mag sich hilfesuchend an Cicero gewandt haben, und Cicero nahm gewiß gern die Gelegenheit wahr, sich den begabten Nachwuchspolitiker zu verpflichten und ihn – wie er hoffte – auf immer für seine politische Richtung zu gewinnen.

Die kurze Einleitung (1 f.) packt scharf zu: sie rügt das unangemessen harte Verfahren, das selbst dem Festtage nicht weiche; sie deutet an, daß nicht so sehr die lauteren Motive des jungen Atratinus wie die Machtmittel einer Dirne, wie deren Willkür und Haß die Triebfeder des Prozesses seien.

Ein erster Abschnitt (3–22) gilt – wie oft in den Prozeßreden Ciceros – dem gesamten Vorleben des Angeklagten. Der Redner sucht eine Reihe von angeblich dunklen Punkten aufzuhellen, die Atratinus erörtert hatte: Caelius habe es dem Vater gegenüber an Respekt fehlen lassen, er sei in seiner Heimatge-

meinde unbeliebt, er habe unsittlichen Anträgen ein williges
Ohr geliehen usw. Hier verdienen vor allem die Darlegungen
über Catilina (dem Caelius ja, wie auch Cicero nicht leugnen
konnte, eine Zeitlang gefolgt war) Aufmerksamkeit (12ff.): Cicero, sonst stets bestrebt, den Hauptfeind seines Konsulatsjahres zum Ausbund aller Laster und verbrecherischen Neigungen
zu stilisieren, gibt hier ein differenziertes, die Deutung Sallusts
vorwegnehmendes Charakterbild – Catilina, ein Wesen voller
Spannungen und Widersprüche, ein seltsames Gemisch von
Gutem und Bösem, habe dank seiner unglaublichen Anpassungsfähigkeit nicht nur Gesindel, sondern auch Leute mit besten Absichten an sich zu fesseln gewußt. Die Andeutungen
der Einleitung werden fortgesetzt (18. 20f.): eine auf dem Palatin wohnhafte «Medea» habe Caelius in das Zwielicht gerückt,
das ihn jetzt in Bedrängnis bringe; die Ankläger würden durch
mächtige Hintermänner unterstützt.

Der Mittelteil der Rede (23–50) zeigt einen gewundenen, ja,
wie es scheint, sprunghaften Gedankengang. Cicero nennt drei
Punkte, die Crassus erschöpfend behandelt habe; er geht rasch
über einen vierten, die Ermordung Dions, hinweg – er wolle
sich den Dingen zuwenden, auf die es ankomme. An dieser Stelle holt der Redner zu vorbereitenden Betrachtungen aus
(25–30): ihm sei nicht entgangen, wie stark der Nebenankläger
Herennius Balbus die Richter durch seine Ausführungen über
das Lotterleben des Caelius beeindruckt habe – er selbst wolle
sich derart ernsten Betrachtungen gegenüber nicht einfach auf
das jugendliche Alter des Angeklagten berufen; wohl aber
müsse er darauf bestehen, daß man dem Angeklagten nicht allgemeine Zeiterscheinungen, sondern einzig und allein eigenes
Fehlverhalten zur Last lege.

Cicero erkennt nunmehr zwei Vorwürfe an, die auf ein eigenes Fehlverhalten des Caelius zielten: daß Caelius sich Gold geliehen und daß er sich Gift besorgt habe (30). Er macht indes

keinerlei Anstalten, diese Vorwürfe auf geradem Wege zu widerlegen; er verknüpft sie vielmehr unverzüglich mit einem Namen und zieht aus dem Namen überraschende Schlüsse. Der Name lautet Clodia – hiermit ist eine der drei Schwestern von Ciceros Todfeind Clodius gemeint, die mittlere, wahrscheinlich dieselbe, die als die Lesbia Catulls in die Unsterblichkeit eingegangen ist, damals bereits Witwe, eine ebenso bezaubernde wie skandalumwitterte Dame der römischen haute volée. Und Ciceros Schlüsse besagen, daß Clodia die Geliebte des Caelius gewesen sei und daß dieses Verhältnis ein abruptes Ende genommen habe. Die nunmehr einsetzende Invektive gegen Clodia (31–36), eine der wirksamsten Partien der Rede (Cicero läßt darin sowohl den «Stammvater» des claudischen Hauses, den berühmten Appius Claudius Caecus, als auch Clodias Bruder auftreten), dient dem Beweis des Liebesverhältnisses, oder richtiger: sie erschleicht den Beweis, indem sie die Existenz des Liebesverhältnisses als unbezweifelbare Tatsache voraussetzt. Was Cicero mit diesen Enthüllungen, die den vagen Hinweisen der Einleitung und des ersten Abschnitts (18. 20f.) feste Konturen verleihen, bezweckt, wird alsbald deutlich: Clodia, die Kronzeugin der Ankläger, soll diskreditiert werden, soll als die verlassene Geliebte des Caelius dastehen, deren haßerfüllte Aussagen gänzlich unglaubwürdig seien. Ein wahrhaft dialektischer, ja sophistischer Gedankengang: in einem ersten Schritt benutzt Cicero die von den Anklägern erhobenen und von Clodia bezeugten Vorwürfe der Goldleihe und der Giftbeschaffung, eine Liebesaffäre zu konstruieren; dann aber, in einem zweiten Schritt, dient die Liebesaffäre dem gleichsam entgegengesetzten Beweise, daß Clodias Zeugnis wertlos sei.

Daß Cicero mit seiner meisterlichen Verdrehungskunst noch ein zweites Ziel erreicht hat, zeigt die folgende Partie, die – abermals: nach den Ausführungen des ersten Abschnitts – dem Lebenswandel des Caelius gewidmet ist (37–50). Cicero macht

jetzt durchaus von jenem Argument Gebrauch, das er in den
vorbereitenden Betrachtungen des Mittelteils abgelehnt hatte:
er beruft sich auf das jugendliche Alter des Angeklagten. Denn
nunmehr sind ja – dank der Schlußfolgerungen Ciceros – aus
den unbestimmten «Verleumdungen» der Ankläger bestimmte,
allein auf Caelius zutreffende Anschuldigungen geworden;
man weiß jetzt, mit wem Caelius «Ehebruch» getrieben hat: mit
Clodia. Doch damit fällt der Sittlichkeitsvorwurf der Ankläger
in sich zusammen – Clodia führt ja das Leben einer Dirne, nicht
das einer ehrbaren Frau, und Dirnenliebe ist jungen Männern
sei eh und je erlaubt.

Cicero erklärt selbst, daß sein Vortrag nunmehr alle Untiefen überwunden und alle Klippen hinter sich gebracht habe
(51): ein klar aufgebauter, in der üblichen Weise argumentierender Abschnitt sucht nunmehr die beiden Vorwürfe der Ankläger, die Goldleihe und die Giftbeschaffung, direkt zu widerlegen (51–69). Caelius solle sich Gold von Clodia geliehen haben, um damit Handlanger für einen ersten (anscheinend nicht
ausgeführten) Mordanschlag gegen Dion zu dingen: dieser
haltlose Anwurf werde insbesondere durch das Zeugnis von
Dions Gastgeber Lucceius widerlegt. Und Caelius solle versucht haben, Clodia durch Gift zu beseitigen, nachdem sie
den Mordplan des Caelius erkannt habe: Cicero zerpflückt
die Argumente der Ankläger, deckt Widersprüche auf und
legt mit triumphierendem Spotte dar, daß es der Gegenseite
nicht gelungen sei, des corpus delicti, des Giftes habhaft zu
werden.

Der Schluß der Rede (70–80) knüpft an die Einleitung an:
die Strenge des Gesetzes gegen Gewaltanwendung steht in keinem vernünftigen Verhältnis zu den Vergehen, die man Caelius vorwirft. Dann eine zusammenfassende Darstellung vom Leben und Charakter des Angeklagten: überzeugend, da sie auch
Schwächen erwähnt; wirkungsvoll, da sie die Richter mit dem

Bilde eines im Grunde anständigen, begabten und verheißungs-
vollen jungen Mannes entläßt. Die Rede endet mit der üblichen
Bitte um ein gnädiges Urteil.

Cicero vermochte die Geschworenen zu überzeugen: Caelius wurde freigesprochen; der Weg zu den Ämtern stand ihm
nunmehr offen. Cicero hat auch die Nachwelt überzeugt: sie
nahm die Geschichte von Caelius und Clodia, von der Rache
aus enttäuschter Liebe für bare Münze – noch heute pflegt jedes Nachschlagewerk unter den Stichworten Caelius und Clodia die Affäre zu vermelden, obwohl Cicero sie offensichtlich
wenn nicht gänzlich erfunden, so doch mächtig aufgebauscht
hat, um seinem unvorsichtigen jungen Freunde aus der Klem-
me zu helfen.

Der Verlust an biographischer Faktizität, den die kritische
Sonde der modernen Philologie wie oft, so auch hier verursacht
haben mag, wird reichlich durch den sittengeschichtlichen Ge-
halt des ciceronischen Verteidigungskonzepts aufgewogen: die
Rede für Caelius gewährt wie kaum eine andere Einblicke in
das Treiben der spätrepublikanischen Gesellschaft und in die
Maßstäbe der damaligen Durchschnittsmoral, wie sie Cicero
um seines Schützlings willen seinen Darlegungen zugrunde
legt. Der Leser erhält eine köstliche Probe überzeugend ge-
spielter Altersliberalität: man sei nicht kleinlich bei der über-
schäumenden Jugend; auch bei den Altvorderen ging es, als sie
noch jung waren, manchmal lustig zu – und doch sind hernach
hervorragende Männer aus ihnen geworden. «Vergnügungen,
Liebschaften und Ehebrüche, Reisen nach Bajae, Strandfeste,
Diners und Trinkgelage, Gesang, Musik und Bootsfahrten»
(35): so pflegten eben bestimmte Kreise das Leben zu genießen, und Cicero stand nicht an, dieses Treiben mit heiter-frivo-
len Farben zu schildern. Ein scharfer Beobachter wahrt inmitten eines in Auflösung begriffenen Milieus durch Grazie die erforderliche Distanz – in Ciceros überlegener Haltung steckt

zweifellos (so wenig seine Worte davon verraten) ein nicht geringes Maß von Resignation.

Der Schützling Caelius hat die Hoffnungen, die Cicero in
ihn setzte, bitter enttäuscht: einer der vielen Haltlosen des Re-
volutionszeitalters, sollte er sich, feinster Bildung zugetan und
raffiniertem Genuß ergeben, zugleich zynisch und skrupellos
auf den eigenen Vorteil bedacht, dämonisch-zwiespältig und
genial-verrucht, nur allzu sehr dem Manne als geistesverwandt
erweisen, von dem er sich in seiner Jugend angezogen gefühlt
hatte. Er machte zunächst auf Seiten der Senatsaristokratie
Karriere; er unterrichtete Cicero in großenteils erhaltenen
Briefen (Ad Familiares, Buch 8) von den hauptstädtischen
Ereignissen, während dieser als Statthalter im fernen Kilikien
weilte (51–50 v.Chr.). Dann trat er kurz vor Ausbruch des Bür-
gerkriegs zu Caesar über, der Maxime getreu, zu der er sich in
einem Briefe an Cicero bekannt hatte (Ad Familiares 8, 14, 3):
«Man muß, solange politisch und ohne Waffen gestritten wird,
auf der anständigeren, sobald es zu Kampf und Krieg kommt,
auf der stärkeren Seite stehen.» Im Jahre 48 v.Chr. (er war damals Prätor) geriet er durch radikale Schuldenerlaß-Forderun-
gen in Gegensatz zu Caesar; er endete kläglich in dem Tumult,
den er entfesselt hatte. Cicero widmete ihm in seinem «Brutus»,
der Geschichte der römischen Beredsamkeit, einen Nachruf,
den er mit den resignierenden Worten schließt (273): «Er war
mit vollem Einverständnis der Rechtschaffenen» (d. h. der Senatsaristokratie) «kurulischer Ädil geworden; da verließ er,
nachdem ich ihn hatte verlassen müssen, sich selber und ging
zugrunde, als er denen nachzueifern begann, die er bis dahin
mit Erfolg bekämpft hatte.»

Gesetzt, es wäre jemand hier, ihr Richter, der unsere Gesetze, Verfahrensregeln und Gepflogenheiten nicht kennt: er würde sich bestimmt verwundert fragen, was an diesem Fall so schrecklich sei, weil ja trotz der Festtage und der öffentlichen Spiele[1] – während auf dem Forum alle sonstige Rechtsprechung ruht – einzig und allein in dieser Sache eine Verhandlung statt-findet; zweifellos, würde er schließen, werfe man dem Ange-klagten ein Verbrechen von solchem Ausmaß vor, daß, wenn man nicht hart durchgreife, die Sicherheit des Staates auf dem Spiel stehe. Wenn er dann von dem Gesetz erführe, wonach ge-gen aufrührerische und gemeingefährliche Bürger, die in Waf-fen den Senat belagern, Beamte überfallen und den Staat in Be-drängnis bringen, auch an Festtagen verhandelt werden muß, dann würde er das Gesetz nicht tadeln, jedoch nach dem Ver-brechen fragen, das hier abgeurteilt werden soll – wenn er dann vernähme, daß hier keine Untat, kein wüster Streich, kein Gewaltakt zur Verhandlung stehe, daß vielmehr ein vornehmer junger Mann, bekannt durch sein Talent, seine Strebsamkeit und sein Ansehen, von dem Sohne des Mannes angeklagt werde, den er selbst gerichtlich verfolgt habe und aufs neue verfolge, und daß eine Dirne ihre ganze Macht gegen ihn aufbiete, dann würde er das Pflichtbewußtsein des Sohnes billigen, jedoch meinen, daß man gegen die Launen des Frauenzimmers ein-schreiten müsse; euch aber würde er für geplagte Leute halten, die ihr nicht einmal feiern dürft, wenn alle Welt feiert. Wenn ihr nämlich genau hinsehen und die ganze Sache richtig ein-schätzen wollt, dann werdet ihr so darüber denken, ihr Richter: kein Mensch hätte aus freien Stücken diese Anklage unternom-men oder sich, nachdem er sie unternommen, irgend etwas da-von versprochen, es sei denn, er fände an irgendeiner Person, an deren unerträglicher Willkür und allzu grimmigem Haß, eine Stütze. Ich habe immerhin Verständnis für meinen Freund Atratinus, einen lauteren Charakter und vortrefflichen jungen Mann: ihn entschuldigt Pflichtbewußtsein oder Zwang oder sein Alter. Wenn er freiwillig Anklage erhoben hat, dann schreibe ich's seinem Pflichtbewußtsein zu, wenn man ihn gedrängt hat, dem Zwange, wenn er sich etwas erhofft, seiner Unreife. Für die anderen hingegen[2] kann man keinerlei Verständnis aufbringen – die muß man vielmehr mit Entschiedenheit zurückweisen.

3　　　Ich meine nun, ihr Richter, es paßt am besten zum jugendlichen Alter des M. Caelius, wenn ich meine Verteidigung damit beginne, daß ich die Behauptungen widerlege, die die Ankläger vorgebracht haben, um ihn anzuschwärzen, um seinen Ruf in den Staub zu ziehen und schwer zu schädigen. Man hat seinen Vater zu Vorwürfen verschiedener Art benutzt: man rede davon, daß er selbst kein Glanzstück der Ritterschaft sei und sein Sohn ihn wenig ehrerbietig behandelt habe. Wegen seines Ansehens bedarf der Vater M. Caelius bei allen, die ihn kennen, und bei den Älteren meiner Worte nicht: er legt selbst, ohne etwas sagen zu müssen, unschwer für sich Zeugnis ab. Wem er aber – weil er sich wegen seines Alters seit längerem kaum noch auf dem Forum und unter uns sehen läßt – weniger gut bekannt ist, der sei überzeugt: alles Ansehen, das ein römischer Ritter genießen kann (und das kann gewiß sehr groß sein), ist M. Caelius stets in höchstem Maße zugebilligt worden und wird ihm auch jetzt noch zugebilligt – nicht nur von seinen Freunden, sondern auch von jedem, der aus irgendeinem 4　Grunde Gelegenheit hatte, ihn kennenzulernen. Und nun gar aus der Abstammung von einem römischen Ritter einen Vorwurf zu machen: das hätten sich die Ankläger weder vor euch als Richtern noch vor mir als Verteidiger herausnehmen dürfen[3].

Was ihr weiterhin über seine Ehrerbietung gesagt habt: da-

von können sich Außenstehende allenfalls ein ungefähres Bild
machen, während allein den Eltern ein wirkliches Urteil zukommt. Was unsere Seite davon hält, werdet ihr von den ver-
eidigten Zeugen vernehmen; was die Eltern denken, bekunden
die Tränen und der grenzenlose Schmerz der Mutter sowie die
Trauerkleidung des Vaters und der Kummer und das Leid, das
ihr hier vor euch seht.

Wenn man dem jungen Manne außerdem vorgeworfen hat, 5
er sei bei den Mitbürgern in seiner Gemeinde unbeliebt: nie haben die Prätuttianer einem Ortsansässigen mehr Ehre erwiesen,
ihr Richter, als dem M. Caelius, obwohl er fortgezogen war; sie
haben ihn, den Abwesenden, in ihre oberste Behörde aufgenommen und ihm ohne Bewerbung übertragen, was sie manchem Bewerber nicht anvertrauen mochten[4]. Überdies haben
sie jetzt hervorragende Männer – Mitglieder des Senats und römische Ritter – als Beauftragte zu diesem Prozeß entsandt, die
ihm mit gewichtigen und beredten Worten ein belobigendes
Zeugnis erteilen.

Ich habe jetzt, scheint mir, eine gute Grundlage für meine
Verteidigung geschaffen: sie ist dann am gediegensten, wenn
sie sich auf das Urteil der Umgebung zu stützen vermag. Es
wäre ja wirklich eine schlechte Empfehlung bei euch, wenn der
junge Mann das Mißfallen seines vortrefflichen Vaters und zumal einer so bekannten und angesehenen Landstadt erregt
hätte. Ich meinerseits – um auf mich zu kommen – bin auf 6
Grund dieser Voraussetzungen zu meinem Ruf gelangt, und
wenn sich die allgemeine Anerkennung meiner Tätigkeit auf
dem Forum und meines Berufs ziemlich weit verbreitet hat, so
geht das auf die Empfehlungen und das Urteil meiner Umgebung zurück.

Wenn man ihm außerdem wegen seines sittlichen Verhaltens
Vorwürfe gemacht hat (ein Punkt, über den sich alle Ankläger
nicht mit begründeten Anschuldigungen, sondern mit bloßen

Schmähworten zu verbreiten pflegen): darüber wird sich
M. Caelius niemals so sehr aufregen, daß er bedauert, nicht als
Mißgestalt zur Welt gekommen zu sein. Derlei Klatsch wird ja
über alle verbreitet, die in der Jugend durch ihre Erscheinung
die Blicke auf sich ziehen. Doch Beleidigungen und Anklagen
sind nicht dasselbe: eine Anklage bedarf eines Schuldvorwurfs,
der die Art des Vergehens bestimmt und den Täter kennzeichnet, den Beweise begründen und Zeugen bestätigen; die Beleidigung hingegen hat nur das Ziel, jemanden herabzusetzen –
wenn sie mit groben Worten geäußert wird, gilt sie als Verleumdung, wenn mit Witz, als geistreicher Seitenhieb.

7   Da war ich erstaunt und peinlich berührt, daß man diesen
Teil der Anklage ausgerechnet dem Atratinus überlassen hat.
Das gehörte sich nicht, das vertrug sich nicht mit seinem Alter,
dagegen wehrte sich, wie ihr selbst beobachten konntet, das
Anstandsgefühl des vortrefflichen jungen Mannes, daß sich seine Rede mit derartigen Dingen befassen mußte. Hätte doch jemand von euch, die ihr schon abgebrüht seid, diese verleumde-
rische Partie übernommen: ich würde diese hemmungslose
Schmähsucht viel nachdrücklicher und schärfer und mehr, wie
es sonst meine Art ist, zurückweisen. Mit dir, Atratinus, will
ich gelinder verfahren: dein Anstand zügelt meine Worte, und
zudem verpflichten mich die Dienste, die ich dir und deinem
Vater erwiesen habe[5].

8   Dies möchte ich allerdings von dir beherzigt wissen: daß
dich erstens jedermann für den halten sollte, der du bist, daß du
demnach, so sehr du schimpfliche Handlungen meidest, eben-
sosehr zügellose Worte scheuen mußt; ferner, daß du nie jemandem etwas nachsagen darfst, worüber du, wenn man dich
zu Unrecht damit angreift, errötest. Denn wem stünde dieser
Weg nicht offen, wer könnte nicht – wenn auch ohne einen bestimmten Verdacht, so doch nicht ohne Scheingründe – deiner
Jugend und deiner stattlichen Erscheinung so dreist er will Üb-

les nachsagen? Doch die Schuld liegt bei denen, die dich diese Rolle übernehmen ließen; daher verdient einmal dein Anstand Lob, weil du, wie wir sehen konnten, mit Überwindung davon sprachst, zum andern dein Talent, weil du dich treffend und gewandt ausgedrückt hast.

Indes, all dies Gerede läßt sich mit wenigen Worten abtun. 9 Denn M. Caelius war, solange sein Alter einen derartigen Verdacht zuließ, durch sein eigenes Schamgefühl und zudem durch die umsichtige Lenkung des Vaters geschützt. Und der hat ihn, sobald er ihm die Männertoga verliehen hatte[6] (ich will jetzt nicht von mir reden: ihr werdet die Sache schon richtig beurteilen) – also nur dies: der Vater hat ihn sofort zu mir gebracht; – er selbst ließ sich in der Blüte seiner Jugend, während er in den angesehensten Bildungsfächern unterrichtet wurde, nie ohne den Vater oder ohne mich oder außerhalb des sittenstrengen Hauses des M. Crassus sehen.

Nun wirft man Caelius vor, er habe sich Catilina angeschlos- 10 sen: ein derartiger Verdacht wird ihm durchaus nicht gerecht. Ihr wißt ja: es war in seiner Jugend, daß sich Catilina zugleich mit mir um das Konsulat bewarb. Wenn er sich ihm damals genähert hat oder wenn er je von meiner Seite gewichen ist (obwohl sich doch viele anständige junge Leute für den nichtsnutzigen, verworfenen Menschen begeisterten), dann mag man annehmen, er habe sich allzu eng an Catilina angeschlossen. Allerdings: wir wissen und haben selbst beobachtet, daß er danach zur Anhängerschaft Catilinas gehört hat. Wer wollte das bestreiten? Sind doch die Jahre seines Lebens, die ich hier verteidige, von sich aus anfällig und beliebigen Einflüssen von fremder Seite stark ausgesetzt. Er hat mich während meiner Prätur ständig begleitet – Catilina kannte er noch nicht; der war damals Statthalter in Afrika. Im Jahre darauf hatte sich Catilina wegen Erpressungen zu verantworten. Caelius war mein Begleiter; für Catilina hat er sich nie eingesetzt, auch nicht als

Beistand. Es folgte das Jahr, in dem ich mich um das Konsulat bewarb. Catilina bewarb sich ebenfalls. Nie hat Caelius sich ihm genähert, nie ist er von meiner Seite gewichen. So viele Jahre hatte er das Forum besucht, ohne Verdacht zu erregen, ohne seinem Ruf zu schaden: erst damals, als Catilina sich zum zweiten Male bewarb, schloß er sich ihm an[7].

Was meinst du nun: wie lange hätte man seine Jugend behüten sollen? Wir hatten früher nur ein Jahr zur Verfügung, mit dem Arm unter der Toga zu bleiben und in der Tunica auf dem Marsfeld Sport zu treiben, und wenn wir sofort mit dem Wehrdienst anfingen, dann galt im Lager und im Felde dieselbe Regel[8]. Wenn sich jemand in diesem Alter nicht selbst schützen konnte – durch seine Reife und Zurückhaltung, durch die häusliche Erziehung und vor allem durch gute Anlagen –, dann mochten sich seine Freunde noch so angelegentlich um ihn kümmern: er stand notwendig, wie er es verdient hatte, in schlechtem Ruf. Doch wer seine erste Jugend ohne Fehl und Tadel verbracht hatte, über den sprach niemand mehr, wenn er erst herangereift war und als Mann unter Männern lebte.

¹² Er schloß sich Catilina erst an, als er schon jahrelang das Forum besuchte – viele Leute jeden Standes und Alters taten dasselbe. Denn dieser Mann besaß ja, wie ihr euch erinnern werdet, vielerlei Anzeichen (nicht stark ausgeprägt, aber immerhin angedeutet) von vorzüglichen Eigenschaften. Er hatte Umgang mit zahlreichen üblen Burschen, doch er tat so, als ob er den besten Männern ergeben sei. Er verspürte auch den Drang, tätig zu sein und sich anzustrengen. Er verzehrte sich in schlimmen Leidenschaften; er fühlte sich zugleich stark vom soldatischen Leben angezogen. Nie hat es, glaube ich, auf Erden ein so sonderbares Wesen gegeben, eine derartige Mischung von verschiedenen, auseinanderstrebenden, einander widersprechenden Bedürfnissen und Leidenschaften.

¹³ Wer hätte – eine Zeitlang – den angesehensten Männern

besser gefallen, wer sich enger mit den ärgsten Gesellen verbunden? Welcher Bürger hätte urspünglich eine bessere Sache
verfochten, welcher Feind war je entsetzlicher im Kampf gegen unsere Bürgerschaft? Wer zeigte sich schmutziger in seinen Lüsten, wer ausdauernder in seinen Mühen? Wer war gie-
riger im Raffen, wer großzügiger im Verschenken? Und erst
dies, ihr Richter, war erstaunlich an dem Manne: er wußte viele
als Freunde zu gewinnen und durch seine Ergebenheit an sich
zu binden; er teilte mit jedermann, was er besaß, und stand seinen Leuten in allen Nöten bei – mit seinem Geld, seinem Einfluß, seinem persönlichen Einsatz, ja, wenn es sein mußte, mit
Verbrechen und tolldreisten Streichen; er änderte sein Wesen
und paßte es den Umständen an und drehte und wendete es
nach allen Seiten; unter Älteren war er gesetzt, unter Jüngeren
umgänglich, unter Skrupellosen verwegen, unter Lüstlingen
ausschweifend.

Dank dieser Vielfalt verschiedenster Eigenschaften hatte er [14]
von überallher alle schlechten und skrupellosen Menschen um
sich versammelt; zugleich aber waren ihm zahlreiche wackere
und rechtschaffene Männer ergeben, die sich durch gewisse
Anzeichen einer geheuchelten Tüchtigkeit verleiten ließen.
Und gewiß hätte er nie einen derart verbrecherischen Anschlag
gegen den Fortbestand unseres Reiches unternommen, wäre
nicht die stattliche Zahl seiner ungeheuerlichen Charakterfeh-
ler im Nährboden der Anpassungsfähigkeit und Ausdauer ver-
wurzelt gewesen.

Dieser Gesichtspunkt muß also ausscheiden, ihr Richter:
man kann Caelius keinen Vorwurf daraus machen, daß er sich
Catilina angeschlossen hat; da befände er sich nämlich in zahlreicher, zum Teil sogar in guter Gesellschaft. Auch mich, ja
mich hätte Catilina zu Anfang beinahe getäuscht[9]: ich hielt ihn
für einen guten Bürger, der allen Rechtschaffenen wohlgesinnt
sei, und für einen zuverlässigen und treuen Freund; seine Ver-

brechen standen mir vor Augen, bevor ich an sie glaubte, und ich machte sie dingfest, ehe ich etwas vermutet hatte. So hat denn Caelius, wenn auch er sich unter den großen Scharen seiner Freunde befand, einigen Grund, seinen Irrtum zu bedauern – wie auch ich mich manchmal ärgere, daß ich mich in diesem Menschen getäuscht habe –, er sollte aber nicht den Vorwurf fürchten müssen, mit ihm befreundet gewesen zu sein.

15   So ist denn eure Rede von beleidigenden Äußerungen über seine Sittlichkeit auf die Verschwörung geraten, einen Haßgefühle weckenden Gegenstand. Ihr wolltet ja behaupten, wenn auch nur zögernd und obenhin, Caelius habe sich wegen seiner Freundschaft mit Catilina an der Verschwörung beteiligt: von diesem Vorwurf hatte jedoch rein nichts Bestand, ja die Ausführungen des beredten jungen Anklägers wahrten kaum noch einigen Zusammenhang. Denn wo zeigt sich bei Caelius ein solches Maß von Aberwitz, wo eine so tiefe Wunde – sei es in seinem Charakter und Wesen, sei es in seinen äußeren Verhältnissen? Und wann hat man unter den Verdächtigen den Namen des Caelius vernommen? Doch ich rede schon viel zu lange über eine ganz unzweifelhafte Sache – dies will ich immerhin noch sagen: wenn er ein Mitglied der Verschwörung, vielmehr, wenn er nicht ein erklärter Gegner dieser verbrecherischen Unternehmung gewesen wäre, dann hätte er sich nie bereit gefunden, sein junges Talent gerade durch eine Anklage wegen Teilnahme an der Verschwörung zu empfehlen[10].

16   Ich denke, ich sollte mich – da ich diesen Punkt erreicht habe – in ähnlicher Weise zu den Vorwürfen der Amtserschleichung, der Wählervereine und der Hinterlegung von Bestechungsgeldern äußern[11]. Denn Caelius wäre unter keinen Umständen so verrückt gewesen, jemanden wegen Amtserschleichung anzuklagen, wenn er sich selbst mit diesem endlos grassierenden Übel beschmutzt hätte; er würde nicht einen anderen in den Verdacht einer Tat bringen, wenn er selbst sie bei jeder

Gelegenheit straflos begehen wollte, und auch, wenn er glaubte, er könne das Risiko eines Prozesses wegen Amtserschleichung immerhin einmal auf sich nehmen – auch dann würde er
nicht wiederum einen anderen wegen dieses Vergehens vor
Gericht ziehen. Das ist übrigens unklug von ihm, und ich bin
dagegen; immerhin geht er so hitzig vor, daß man den Eindruck hat, er wolle lieber einen Unschuldigen verfolgen als etwas für sich selbst fürchten.

Man hat ihm Schulden vorgeworfen, seine aufwendige Le- 17
bensweise gerügt, seine Rechnungsbücher verlangt – hört, wie
kurz ich mich dazu äußere. Bücher führt er nicht: er untersteht
der Gewalt seines Vaters[12]. Ein Darlehen hat er noch nie aufgenommen. Zu großen Aufwand hat man ihm in einem Punkte
vorgeworfen: bei der Miete – ihr sagtet, er verwohne dreißig-
tausend. Ach ja, jetzt ist mir die Sache klar: das Mietshaus des
P. Clodius ist käuflich, und in einer Etage wohnt Caelius für
zehntausend, glaube ich. Doch ihr wolltet Clodius einen Gefallen tun, und ihr habt eure Lüge so gemodelt, daß er etwas davon hat[13].

Ihr habt gerügt, daß er von seinem Vater weggezogen ist: 18
hieran gibt es bei seinem Alter überhaupt nichts auszusetzen.
Er hatte ja schon in einem öffentlichen Prozeß einen Sieg errungen, der für mich peinlich, für ihn jedoch ehrenvoll war[14],
und seine Jahre erlaubten ihm bereits, sich um die Ämter zu bewerben; da ist er mit Billigung des Vaters, auf sein Anraten hin
weggezogen und hat sich, um bequemer mein Haus erreichen
und die Besuche seiner Freunde empfangen zu können (das
Haus des Vaters lag weit vom Forum entfernt), auf dem Palatin[15] für einen nicht zu hohen Preis eine Wohnung gemietet.

Hier kann ich dieselben Worte benutzen, die vorhin der
hochangesehene M. Crassus benutzt hat, als er sich über die
Ankunft des Königs Ptolemäus beklagte:

Ach, wär' doch nicht im Wald am Pelion...

Ja, ich könnte noch mehr von diesen Versen anführen:
       Dann hätte nie die Herrin irrend
uns in diese Schwierigkeiten gebracht –
       Medea, kranken Herzens, wund vom Liebestrieb[16].
Denn so – wie ihr einsehen werdet, ihr Richter, wenn ich so
weit gekommen bin, euch das zu zeigen[17] – waren diese Medea
vom Palatin und dieser Umzug für unseren jungen Mann der
Anfang aller Übel oder vielmehr all des Geredes.

19   So brauche ich mich auch nicht vor den Dingen zu fürchten,
ihr Richter, die die Ankläger, wie ich ihren Worten entnahm,
schon vorbereitet und eingefädelt haben; ich kann mich auf
eure Erfahrung verlassen. Sie kündigten ja einen Zeugen an,
einen Senator, der aussagen werde, er sei während der Oberpriesterwahlen von Caelius geschlagen worden. Den will ich,
wenn er auftritt, zunächst fragen, warum er nicht sofort Klage
erhoben hat, und weiterhin, warum er, wenn er sich schon –
statt zu klagen – damit begnügte, hier seine Beschwerde vorzubringen, von euch herbeigerufen werden mußte und nicht von
sich aus erschienen ist und warum er es für richtig gehalten hat,
sich nicht sofort, sondern erst viel später zu beschweren[18].
Wenn er mir darauf schlagfertig und treffend zu antworten
weiß, dann will ich schließlich prüfen, aus welcher Quelle dieser Senator stammt. Denn wenn er seinen Ursprung sich selbst
verdankt und kein anderer ihn hervorgebracht hat, dann wird
mir das vielleicht, wie gewöhnlich, Eindruck machen; wenn es
sich jedoch um ein Bächlein handelt, das ihr von der Haupt-
quelle eurer Anklage abgezweigt und hierher geleitet habt[19],
dann bin ich froh – habt ihr doch, obwohl eure Anklage von so
einflußreichen und starken Kräften getragen wird, nur einen
einzigen Senator gefunden, der bereit war, euch einen Gefallen
zu tun.

                   (Über den Zeugen Fufius.)[20]

Auch vor der zweiten Gruppe, den Zeugen aus nächtlichem [20]
Dunkel, habe ich keine Angst. Die Ankläger haben ja Leute angekündigt, die bezeugen könnten, Caelius habe sich an ihren
von einer Einladung zurückkehrenden Frauen vergreifen wollen. Das sind bestimmt vertrauenswürdige Zeugen, die dies unter Eid zu behaupten wagen, müssen sie doch zugeben, daß sie
nie versucht haben, sich wegen so schwerer Kränkungen Genugtuung zu verschaffen, nicht einmal durch eine private Zusammenkunft und einen außergerichtlichen Vergleich.

Doch ihr seht ja schon voraus, ihr Richter, was es mit all diesen Anwürfen auf sich hat, und ihr werdet sie, sobald man sie
vorbringt, unbedingt ablehnen. Die Ankläger des M. Caelius
sind ja nicht mit denen identisch, die ihn bekämpfen: die Geschosse, die man offen gegen ihn abschleudert, werden insgeheim geschmiedet. Und ich sage das nicht, um diejenigen miß- [21]
liebig zu machen, deren Verhalten sogar Anerkennung verdient. Sie genügen ihrer Pflicht; sie setzen sich für ihre Angehörigen ein; sie tun, was man von tatkräftigen Männern erwartet: wenn man sie kränkt, dann sind sie nicht unempfindlich;
wenn man sie reizt, dann geraten sie in Zorn, und sie kämpfen,
wenn man sie herausfordert[21]. Doch eure Einsicht muß euch sagen, ihr Richter: wenn beherzte Männer Grund haben, M. Caelius anzugreifen, dann dürft ihr nicht glauben, ihr hättet ebenfalls hinreichend Grund, dem Zorne anderer und nicht eurem
Gewissen zu gehorchen.

Ihr seht ja auch das Gewühl auf dem Forum: welche Kreise,
was für Interessen, wie verschiedenerlei Leute sich dort zeigen.
Was denkt ihr: wie groß ist wohl in dieser Masse die Zahl derer, die bereit sind, mächtigen, einflußreichen, wortgewaltigen
Männern, wann immer sie einen Wunsch bei ihnen wahrzunehmen glauben, von sich aus ihre Dienste anzubieten, ihnen ge-
fällig zu sein und ihr Zeugnis in Aussicht zu stellen? Wenn [22]
sich solche Leute über diesen Prozeß hergemacht haben soll-

ten: seid so verständig, ihr Richter, ihre Habgier abzuweisen;
dann sieht man, daß ihr gleichzeitig an das Wohl des Caelius,
an euren Eid und an den Schutz gedacht habt, dessen wir alle
gegen die gefährlichen Machenschaften mächtiger Männer be-
dürfen. Ich meinerseits will euch die Zeugen ausreden: ich
kann nicht dulden, daß die Wahrheit in diesem Prozeß, an der
niemand zu rütteln vermag, dem Gutdünken von Zeugen an-
heimgestellt wird, die sich mühelos beeinflussen und ohne
Schwierigkeit lenken und umkrempeln lassen. Wir werden mit
stichhaltigen Gründen arbeiten und die Anschuldigungen mit
Beweisen widerlegen, die heller strahlen als jedes Licht; Tatsache wird gegen Tatsache stehen, Aussage gegen Aussage und
Schlußfolgerung gegen Schlußfolgerung.

23   So bin ich denn froh darüber, daß M. Crassus mit Nachdruck
und mit Könnerschaft von den Unruhen in Neapel, von den
Mißhandlungen der Alexandriner in Puteoli und vom Vermögen des Palla gesprochen hat[22]. Ich wollte, er hätte sich auch
mit Dion befaßt. Indes – was wollt ihr denn hierüber noch hören? Wo doch der Urheber der Tat nichts zu befürchten
braucht oder sich gar für verantwortlich erklärt (er ist ja König) und wo der angebliche Gehilfe und Mitwisser, P. Asicius,
einen Freispruch erwirkt hat? Hier handelt es sich ja um ein
Verbrechen, das der, der es begangen hat, nicht leugnet und
von dem der, der es geleugnet hat, freigesprochen worden ist –
und davor soll mein Mann erzittern, der sich weder der Tat
noch überhaupt der Mitwisserschaft verdächtig gemacht hat?
Und dem Asicius hat der Prozeß mehr genutzt, als ihm die gehässigen Reden schaden konnten[23]: da sollen deine Schmähun-
gen Caelius in Schwierigkeiten bringen, wo ihn doch mit dieser Sache keinerlei Argwohn, ja nicht einmal der Klatsch in Zusammenhang gebracht hat!

24   Doch nein: dunkle Machenschaften haben zum Freispruch
des Asicius geführt. Diese Behauptung ist leicht zu widerlegen,

besonders für mich, da ich den Mann verteidigt habe. Übrigens hält Caelius die Sache des Asicius für makellos; doch er meint, daß sie – sie mag sein wie sie will – mit seiner Sache nichts zu tun habe[24]. Und nicht nur Caelius denkt so, sondern auch zwei junge Leute, die ihren lauteren Bestrebungen und vortrefflichen Eigenschaften vollkommene Umgangsformen und eine gründliche Bildung verdanken: Titus und Gaius Coponius. Sie hat der Tod Dions mehr als alle anderen getroffen: sie standen ihm wegen ihres Interesses an Wissen und Bildung und vor allem als Gastfreunde nahe. Dion wohnte, wie ihr gehört habt, bei Titus; er hatte ihn in Alexandrien kennengelernt. Was Titus selbst oder sein ausgezeichnet beleumundeter Bruder von M. Caelius halten, das werdet ihr, wenn sie hier erscheinen, von ihnen selbst vernehmen. Lassen wir das also beiseite und [25] wenden wir uns endlich den Punkten zu, auf die es in dieser Sache ankommt.

Mir ist nämlich nicht entgangen, ihr Richter, daß ihr meinem Freunde L. Herennius mit gespannter Aufmerksamkeit gefolgt seid. Zwar fesselte euch großenteils sein Talent und seine besondere Art zu reden; trotzdem hatte ich manchmal Angst, sein Vortrag, raffiniert darauf angelegt, Caelius zu belasten, könnte sich unmerklich und ganz allmählich bei euch Gehör verschaffen. Er sprach ja ausführlich über Verschwendung, über Ausschweifungen, über die heruntergekommene Jugend, über den Sittenverfall, und er, der sonst milde urteilt und auf eine höchst angenehme Art jene verständnisvolle Haltung gegenüber menschlichen Schwächen einzunehmen pflegt, wie man sie jetzt wohl allgemein zu schätzen weiß – er hat sich in dieser Verhandlung wie ein mürrischer alter Onkel, ein Sittenrichter und Schulmeister aufgeführt: er hat M. Caelius ärger ausgescholten als je ein Vater seinen Sohn und sich sattsam darüber verbreitet, wie zügellos und unbeherrscht er sei: kurz und gut, ihr Richter, ich hatte Mühe zu begreifen, daß ihr ihm

aufmerksam zuhören mochtet; denn mir haben sich bei
dieser Tonart – so hart und so schroff war sie – die Haare
gesträubt.

26   Der erste Punkt seiner Ausführungen ließ mich allerdings
ziemlich kalt. Caelius habe sich meinem Freunde Bestia angeschlossen, bei ihm gegessen, ihn regelmäßig besucht, seine Bewerbung um die Prätur unterstützt[25]. Das alles läßt mich kalt,
weil es handgreiflich unwahr ist; denn die Personen, die angeblich ebenfalls bei Bestia gegessen haben, sind entweder nicht
da, oder sie können gar nicht umhin, genauso zu reden wie der
Ankläger. Doch auch das läßt mich kalt: Caelius sei, sagte er,
sein Genosse bei den Luperci. Wahrhaftig, ein ungehobelter
Verein, mit dem Benehmen von Hirten und Bauern, diese Lu-
perci-Brüder (ihr Zusammenschluß inmitten der Wälder reicht
ja auch weiter zurück als Sitte und Gesetz): die Mitglieder klagen sich nicht nur gegenseitig an – sie weisen sogar, wenn sie
sich anklagen, auf die gemeinsame Mitgliedschaft hin; offenbar
27   fürchten sie, jemand könne nicht Bescheid wissen[26]. Doch genug davon; ich will mich zu den Dingen äußern, die mich weniger kalt gelassen haben.

        Die Anklage des Lotterlebens war lang und ziemlich maß-
voll und ähnelte eher einer Analyse als einer Moralpauke – desto aufmerksamer hat man sie sich angehört. Denn was P. Clodius, meinen Freund, betrifft: er warf sich mit großer Wucht
und Heftigkeit ins Zeug und nahm in flammender Erregung alles durch, mit bitteren Worten und eindringlicher Stimme –
ich bewunderte seinen Redefluß, ohne ihn fürchten zu müssen;
ich hatte ihn schon in mehreren Prozessen vergeblich sich abmühen sehen. Doch dir, Balbus, will ich, dein Einverständnis
vorausgesetzt, antworten – wenn es erlaubt, wenn es recht ist,
daß ich für jemanden eintrete, der keine Einladung ausschlägt,
der sich in dem bewußten Park aufgehalten hat, der Parfüm
verwendet, der in Bajae war[27].

Ich habe nämlich gesehen und gehört, daß manch einer aus [28]
unserer Bürgerschaft, der nicht nur mit dem Rand seiner Lippen von diesem Lebensstil gekostet und ihn, wie man sagt, mit den Fingerspitzen berührt, nein: der seine ganze Jugend dem Vergnügen geopfert hatte, schließlich doch davon loszukommen und – dem bekannten Wort gemäß – die rechte Bahn einzuschlagen vermochte, so daß dann ein tüchtiger und bekannter Mann aus ihm geworden ist[28]. Man zeigt ja allgemein Bereitschaft, diesen Jahren ein paar Streiche zu gestatten, und die Natur selbst beschenkt die Jugend verschwenderisch mit Trieben – wenn die sich so ausleben, daß sie nirgends eine Existenz ins Wanken bringen, nirgends eine häusliche Gemeinschaft zerstören, dann hält man sie gewöhnlich für belanglos und nimmt sie hin.

Doch du wolltest, war mein Eindruck, die allgemeine Vor- [29]
eingenommenheit gegenüber jungen Leuten dazu benutzen, Caelius in Verruf zu bringen, und so erklärt sich auch die aufmerksame Stille, die man deinen Reden entgegengebracht hat: während uns der eine Angeklagte vor Augen stand, dachten wir zugleich an die Fehler vieler anderer. Es ist leicht, den Verfall der Sitten zu beklagen. Ein ganzer Tag würde nicht ausreichen, wenn ich all das vorbringen wollte, was sich darüber sagen läßt; von Haltlosigkeit, von Ehebrüchen, von unverschämtem Betragen, von Verschwendung könnte man endlos reden. Du brauchst dir keinen bestimmten Angeklagten, sondern nur die Laster an sich vorzunehmen: schon dieser Gegenstand gibt eine Fülle von schweren Vorwürfen her. Doch ihr dürft euch nicht, umsichtig wie ihr seid, ihr Richter, von der Person des Angeklagten ablenken lassen, dürft nicht die Pfeile, die eure Strenge und Gewissenhaftigkeit bereithält und die der Ankläger auf die Verhältnisse, auf Laster, auf lockere Sitten und eine schlimme Zeit gelenkt hat, auf einen einzelnen, auf den Angeklagten abschießen – ihm zieht ja nicht eigene Schuld, sondern

die Verkommenheit vieler eine Abneigung zu, die er nicht verdient hat.

30   Daher wage ich nicht, deine harten Worte gehörig zurückzuweisen; ich müßte mich ja auf den Freiraum der Jugend berufen und um Nachsicht bitten – doch das wage ich, wie gesagt, nicht: ich verzichte auf die Entschuldigung mit dem Alter; ich gebe Rechte preis, die man jedermann zugesteht; ich bitte nur um dies: wenn man zur Zeit den jungen Leuten wegen ihrer Schulden, ihres herausfordernden Betragens und ihrer Ausschweifungen allgemein mit, wie ich sehe, großer Abneigung begegnet, dann dürfen Caelius nicht die Fehler anderer, nicht die Sünden seiner Altersstufe und unserer Zeit von Nachteil sein. Und wenn ich hierauf bestehe, dann bin ich andererseits bereit, mich mit größter Sorgfalt zu den Anklagepunkten zu äußern, die man speziell gegen ihn zusammengetragen hat.

Es handelt sich um zwei Punkte, um das Gold und um das Gift; hierbei geht es um eine und dieselbe Person. Das Gold hat man von Clodia geliehen und das Gift besorgt, um es Clodia zu geben – so heißt es jedenfalls. Bei allem übrigen handelt es sich nicht um Anklagepunkte, sondern um Beschimpfungen, die eher zu einem Gassengezänk passen als zu einem öffentlichen Strafprozeß. «Ehebrecher, Lüstling, Wahlbetrüger»[29]: das sind Verleumdungen, keine Anklagen; diese Vorwürfe sind ohne jeden Anhalt, ohne Grundlage, sind Schmähworte, mit denen ein unbeherrschter Ankläger blindlings und ohne einen
31   Gewährsmann um sich geworfen hat. Doch bei den beiden erwähnten Punkten vermag ich einen Ursprung, einen Anstifter zu erkennen; ich erkenne eine bestimmte Person als den führenden Kopf. Caelius brauchte das Gold; er lieh es von Clodia und lieh es ohne Zeugen; er behielt es, solange er wollte. Darin erblicke ich ein deutliches Zeichen für eine herzinnige Freundschaft. Er wollte Clodia töten; er verschaffte sich Gift; er weihte seine Leute ein; er stellte den Trank her und brachte

ihn insgeheim an den vorgesehenen Ort. Darin erblicke ich wiederum tiefen Haß, die Folge eines ungemein heftigen Bruches.

In diesem Prozeß kommt es für uns einzig und allein auf Clodia an, ihr Richter, auf eine nicht nur berühmte, sondern auch berüchtigte Frau – ich will mich über sie nur verbreiten, soweit das für die Widerlegung der Anklage erforderlich ist. Denn in Anbetracht deiner ungewöhnlichen Erfahrung ist dir ja klar, Cn. Domitius[30], daß es für uns allein auf sie ankommt. Wenn sie nicht behauptet, daß sie dem M. Caelius Gold geliehen habe, wenn sie nicht den Vorwurf erhebt, Caelius habe sich Gift besorgt, das für sie bestimmt war, dann ist es eine Frechheit von uns, ihr, einer Bürgersfrau, anders zu begegnen, als es die Achtung vor einer Dame erfordert. Wenn jedoch die Ankläger ohne diese Person nichts vorweisen können, keinerlei Vorwurf und kein Mittel, M. Caelius in Schwierigkeiten zu bringen: haben wir Anwälte dann irgendeine Pflicht außer der, die Verfolger zurückzuschlagen? Und ich täte das noch nachdrücklicher, wenn ich nicht mit dem Ehemann dieser Person in Feindschaft lebte – mit dem Bruder, wollte ich sagen; hier vertue ich mich jedes Mal. Ich will mich also mäßigen und nicht weiter vorgehen, als es mein Auftrag und die Sache selbst erfordern. Denn ich habe nie geglaubt, mit Frauen Feindschaften austragen zu sollen – schon gar nicht mit einer Person, von der alle Welt stets angenommen hat, sie sei eher jedermanns Freundin als jemandes Feindin[31].

Doch ich will sie zunächst selber fragen, was ihr lieber ist: ob ich sie streng und hart und mit der Grobheit von ehedem oder zurückhaltend und milde und höflich behandeln soll. Wenn sie den barschen Umgangston von einst vorzieht, dann muß ich jemanden aus der Unterwelt heraufbeschwören, so einen bärtigen Kerl – nicht mit einem Bärtchen, wie es ihr Freude macht, sondern mit dem struppigen Bart, den uns alte

32

33

Statuen und Gemälde zeigen: der soll der Person den Kopf wa-
schen und an meiner Statt reden, damit sie nicht noch böse auf
mich wird. So erscheine denn jemand aus ihrer eigenen Familie,
am besten der berühmte «Blinde»[32]: er wird den geringsten
Schmerz verspüren, da er sie ja nicht sehen kann.

Der wird bestimmt, wenn er erscheint, folgendermaßen los-
legen und auf sie einreden: «Weib, was hast du mit Caelius zu
schaffen, mit einem jungen Mann, mit einem Außenstehenden?
Warum warst du so eng mit ihm befreundet, daß du ihm Gold
geliehen hast, dann wieder so sehr mit ihm verfeindet, daß du
dich vor Gift fürchten mußtest? Hast du nicht gesehen, daß
dein Vater, nicht gehört, daß dein Onkel, dein Großvater, dein
Urgroßvater, der Vater und der Großvater deines Urgroßvaters
Konsuln waren[33]? Und hattest du vergessen, daß du vor kurzem noch mit Q. Metellus verheiratet warst, einem überaus angesehenen, tüchtigen und vaterlandsliebenden Manne, der, sobald er nur einen Fuß über die Schwelle seines Hauses setzte,
fast alle seine Mitbürger an Tatkraft, Ruhm und Ehre übertraf[34]? Du hattest aus einem erlauchten Hause in eine hochangesehene Familie geheiratet: warum standest du mit Caelius auf
so vertrautem Fuße? War er mit dir verwandt, verschwägert
oder ein Freund deines Mannes? Nichts von alledem. Was trieb
dich also, wenn nicht eine zügellose Leidenschaft? Die Ahnenbilder unseres Mannesstammes ließen dich ungerührt: hat dich
auch ein Sproß aus meinem Blute, die berühmte Q. Claudia,
nicht dazu veranlaßt, dem Ansehen unseres Hauses durch ein
rühmliches Frauenleben gerecht zu werden? Und nicht die Vestalin Claudia, die den Vater in ihre Arme schloß und so verhin-
derte, daß ihn sein Feind, ein Volkstribun, während seines
Triumphes vom Wagen herunterzog[35]? Warum hast du dich
nach den Lastern deines Bruders gerichtet und nicht nach den
Vorzügen deines Vaters und deiner Ahnen – nach Vorzügen,
die von meiner Zeit an sowohl bei den Männern als auch bei

34

den Frauen ständig wiedergekehrt sind? Habe ich deswegen den Frieden mit Pyrrhos verhindert, damit du Tag für Tag die schändlichsten Liebesbündnisse abschließt, deswegen Wasser in die Stadt geleitet, damit du es zu unsauberen Zwecken gebrauchst, und deswegen eine Straße gebaut, damit du sie in Begleitung fremder Männer befährst[36]?»

Doch was lasse ich da eine so strenge Persönlichkeit auftreten, ihr Richter: muß ich nicht befürchten, daß sich der gute Appius plötzlich der anderen Seite zuwendet und mit seiner Zensorenstrenge gegen Caelius vom Leder zieht? Doch damit will ich mich später befassen[37], wobei ich überzeugt bin, ihr Richter, daß ich den Lebenswandel des M. Caelius selbst vor den kritischsten Betrachtern rechtfertigen kann. Doch du Frauenzimmer (jetzt rede ich nämlich selbst mit dir, ohne jemand anderen auftreten zu lassen), wenn du deine Taten, deine Worte, deine Verdächtigungen, deine Ränke, deine Vorwürfe als begründet erweisen willst, dann mußt du darlegen und erklären, was es mit dieser engen Freundschaft, diesem innigen Verhältnis, diesem herzlichen Einvernehmen auf sich gehabt hat. Die Ankläger reden ja ständig von Vergnügungen, Liebschaften und Ehebrüchen, von Reisen nach Bajae, Strandfesten, Diners und Trinkgelagen, von Gesang, Musik und Bootsfahrten, und sie geben zu erkennen, daß sie das alles mit deinem Einverständnis vorbringen. Dich hat wer weiß was für eine Aufwallung und Unbedachtheit getrieben, diese Dinge auf dem Forum und vor Gericht auszubreiten: jetzt mußt du sie entweder widerrufen und für unwahr erklären oder zugeben, daß man deinen Beschuldigungen und deinem Zeugnis keinerlei Glauben schenken darf.

Wenn du nun willst, daß ich mich moderner gebe, dann kann ich folgendermaßen mit dir reden. Ich lasse den unfreundlichen und etwas groben alten Herrn beiseite; ich suche mir einen von deiner Generation aus, und zwar am liebsten deinen jüngsten

35

36

Bruder[38]: der ist in dieser Hinsicht ganz modern; der liebt dich innig; der hat sich angewöhnt (ich vermute, weil er sich irgendwie ängstigt und vor Nachtgespenstern fürchtet), stets mit dir – das herzige Bürschchen mit seiner älteren Schwester – zu schlafen. Von dem nimm an, er rede so zu dir: «Was regst du dich auf, meine Schwester, was ereiferst du dich?

Was zeterst du und machst aus einem Nichts
ein Riesending[39]?

Dir ist ein junger Mann aus der Nachbarschaft aufgefallen; seine strahlende Erscheinung und sein schlanker Wuchs, sein Gesicht und seine Augen haben es dir angetan. Du bemühtest dich, ihn öfters zu sehen; du hieltest dich mitunter im selben Park auf. Du, eine große Dame, suchst ihn, den Sohn eines sparsamen und knauserigen Vaters, mit Hilfe deines Geldes an dich zu fesseln: du bringst es nicht fertig; er ist widerspenstig, weigert sich, lehnt ab – deine Geschenke sind ihm nicht wertvoll genug. Wende dich einem anderen zu! Du hast deinen Besitz, den Park am Tiber, mit Bedacht dort angelegt, wo sich die ganze Jugend zum Baden versammelt; dort kannst du dir Tag für Tag eine gute Gelegenheit aussuchen – warum setzt du dem hier zu, der nichts von dir wissen will?»

37   Jetzt bist du an der Reihe, Caelius, und ich will hierbei die Rolle einer Respektsperson, eines strengen Vaters, übernehmen. Doch halt: welcher Vaterfigur soll ich den Vorzug geben – einer grimmigen und unerbittlichen des Caecilius?

Jetzt bin ich erst voll in Fahrt, jetzt wallt mein Zorn erst
richtig auf!

Oder der:

Du Unglücksmensch, du Tolpatsch!

Diese Väter sind von Eisen:

Du fragst nach meinem Wunsch und Willen? Machst
du nicht durch deine Schurkenstreiche alles, was ich will, zunichte?

Unerträglich! Ein Vater dieses Schlages würde dich fragen:
    Was zog dich in die Nähe einer Dirne?
    Sie lockte dich, das war dir klar: warum
    hast du dich nicht verdrückt? Und überhaupt:
    Was gehn dich fremde Frauenzimmer an?
    Verprasse und verjuble nur dein Geld!
    Mir soll es recht sein. Wenn du arm bist: dein
    Verdruß – ich hab' genug und kann die Zeit,
    die mir noch bleibt, recht angenehm verbringen[40].

Diesem mürrischen und ruppigen alten Manne würde Caeli-us 38
wohl antworten, daß ihn keinerlei Leidenschaft vom rechten
Wege abgebracht habe. Der Beweis? Kein Aufwand, keine
Ausgaben, keine Schulden. Doch das Gerede der Leute wußte
es anders. Pah – wer bleibt davon in einer so klatschsüchtigen
Stadt verschont? Du wunderst dich, daß man dem Nachbarn
einer Frau Übles nachzusagen wußte, deren eigener Bruder
nicht einmal von Sticheleien seiner Verwandten verschont
blieb[41]?

Vor einem milden und verständnisvollen Vater hingegen –
vor einem dieses Schlages:
    Er hat ein Tor gesprengt? Wir stellen's wie-
    der her. Ein Kleid zerfetzt? Wir bessern's aus[42] –
hätte der Sohn leichtes Spiel, seine Sache zu führen. Denn in
welchem Punkte könnte er sich nicht mühelos rechtfertigen?
Ich sage jetzt nichts mehr über dieses Frauenzimmer: gesetzt,
da wäre eine Person ganz anderer Art, die sich jedermann preis-
gäbe, die stets, ohne ein Hehl daraus zu machen, einen auserwählten Anbeter hätte, deren Park, Haus und Villa in Bajae jedem Wüstling eine Freistatt böte, die auch nicht anstünde, junge Männer zu beköstigen und die Sparsamkeit der Väter durch
eigenen Aufwand auszugleichen – wenn diese Person als Witwe locker, als Kokette schamlos, als Millionärin verschwenderisch und als unersättliche Buhlerin im Stile einer Dirne lebte:

soll ich dann jemanden für einen Ehebrecher[43] halten, der sie etwas zu freundlich gegrüßt hat?

39   Jetzt heißt es bestimmt: «Das ist also deine Erziehung! So
bildest du junge Leute heran? Dazu hat dir der Vater den noch
nicht erwachsenen Caelius vertrauensvoll überantwortet, daß
er seine Jugend mit Liebschaften und Vergnügungen durch-
bringt und du dieses Leben und diese Neigungen auch noch zu
rechtfertigen suchst?» Ich meine dazu, ihr Richter: wer so viel
Willensstärke und eine solche Fähigkeit zu Ausdauer und
Selbstbeherrschung mitgebracht hat, daß er alle Vergnügungen
zu meiden und sein Leben von Anfang bis Ende sei es körperli-
cher Arbeit, sei es geistiger Anstrengung zu widmen vermochte, wer nicht Ruhe, nicht Entspannung, nicht die Neigungen
Gleichaltriger, nicht Spiele, nicht festliche Mahlzeiten geschätzt, wer in seinem Leben nur Dinge für erstrebenswert gehalten hat, die Lob und Ehre mit sich brachten, dem sind,
scheint mir, nahezu göttliche Gaben und Anlagen zuteil geworden. Von diesem Schlage waren wohl Männer wie Camillus, Fabricius, Curius[44] und überhaupt alle, die unseren Staat aus
kleinsten Anfängen so groß gemacht haben.

40   Doch Vorzüge dieser Art kommen in unseren Lebensver-
hältnissen überhaupt nicht mehr, ja kaum noch in Büchern vor.
Auch die Schriften, die die einstige Sittenstrenge bekundeten,
sind veraltet: nicht nur bei uns, die wir diese Art der Lebensführung weniger mit schönen Worten als durch die Tat befolgt
haben, sondern auch bei den Griechen, grundgelehrten Leuten,
die, wenn zur Tat die Kraft fehlte, immerhin anerkennend und
preisend darüber zu reden und zu schreiben vermochten – auch
bei ihnen haben sich mit dem Wandel der Zeiten andere Lehren
41   eingebürgert. So behaupteten einige, wer weise sei, mache die
Lust zum Ziel alles Strebens, und auch gebildete Leute wurden
von derart schändlichen Reden nicht abgestoßen; andere meinten, man müsse Lust mit Sittlichkeit verbinden, d. h. sie such-

ten durch spitzfindige Redensarten die unvereinbarsten Dinge
miteinander zu vereinbaren – wer noch den einen geraden
Weg pries, der durch Mühen zum Ruhme führt, stand nunmehr
vor fast leeren Hörsälen[45].

Allerdings hält die Natur mancherlei Verlockungen für uns
bereit, so daß unsere Widerstandskraft, eingeschläfert, mitunter ihre Lider senkt; sie weist der Jugend manchen schlüpfri-
gen Weg, den man kaum einschlagen oder zurücklegen kann,
ohne auszugleiten und hinzufallen; sie schenkt eine bunte Fülle
höchst angenehmer Dinge, denen nicht nur die Jugend, sondern auch ein schon gefestigtes Alter erliegen kann. Wenn sich   42
daher einmal jemand findet, auf dessen Augen die Schönheit
der Welt keinen Eindruck macht, den kein Duft, keine Berührung, kein Geschmack gefangen nimmt, der seine Ohren allem
Betörenden verschließt: von diesem Menschen werden vielleicht ich und einige andere glauben, er sei ein Liebling der
Götter, die meisten jedoch, er sei ein Opfer ihres Zornes.

Wir wollen daher diesen kaum noch benutzten, verwahrlo-
sten, bereits von Laub und Büschen versperrten Weg aufgeben; wir wollen der Altersstufe Zugeständnisse machen und
den jungen Leuten mehr Freiheit lassen. Die Vergnügungen
dürfen nicht gänzlich verpönt sein; nicht immer muß sich behaupten, was die Vernunft für wahr und richtig erkennt. Gelegentlich dürfen Sinnlichkeit und Vergnügungssucht über die
Vernunft siegen – vorausgesetzt, daß hierbei die folgenden Regeln und Grenzen beachtet werden: die Jugend schone das
eigene Schamgefühl und verletze nicht das von anderen; sie
verprasse ihr Erbe nicht und lasse sich nicht von den Zinsen
fressen; sie tue nie dem Ruf eines fremden Hauses Abbruch; sie
hüte sich, den Reinen Schande, den Rechtschaffenen Schmach,
den Anständigen Unehre zu bringen; sie suche niemanden
durch Gewalt einzuschüchtern, beteilige sich nicht an Nachstellungen und begehe keine Verbrechen, und zu guter Letzt:

wenn sie den Lockungen des Vergnügens gefolgt ist und sich
eine Zeitlang den Genüssen ihrer Jahre und den eitlen Begierden dieser Altersstufe hingegeben hat, dann soll sie eines Tages
einhalten und sich dem Hauswesen, dem Gerichtswesen, dem
Staatswesen zuwenden, um zu zeigen, daß sie, was sie bisher
nicht mit Hilfe der Vernunft zu durchschauen vermochte, aus
Überdruß von sich geworfen und aus Erfahrung verachten gelernt hat.

43   Zu unseren, zu unserer Väter und Vorväter Zeiten, ihr Richter, haben viele ausgezeichnete Männer und berühmte Mitbürger gelebt, die, wenn sich die Leidenschaften der Jugend erst
gelegt hatten, in ihrem reifen Alter hervorragende Eigenschaften zeigten. Ich brauche keinen von ihnen beim Namen zu nennen: ihr habt sie ja selbst im Gedächtnis. Ich wünsche nämlich
nicht, daß sich bei einem tüchtigen und angesehenen Mann
auch nur der geringste Makel mit seinem großen Ruhme verbindet. Wenn ich darauf aus wäre, dann könnte ich viele vorzügliche und bedeutende Männer aufzählen und ihrer Jugend
teils unbändige Wildheit, teils üppige Verschwendung, große
Schulden, Schwelgerei und Sinnlichkeit ankreiden – lauter Fehler, die hernach durch zahlreiche gute Eigenschaften aufgewogen wurden und die daher jedermann mit dem Hinweis auf das
jugendliche Alter entschuldigen könnte.

44   Was jedoch M. Caelius betrifft, so kann ich jetzt mit einiger
Zuversicht von seinen achtbaren Bestrebungen reden, da ich ja
auch im Vertrauen auf eure Verständnisbereitschaft über einiges andere offen zu euch zu sprechen wage. Bei ihm findet sich
keinerlei Üppigkeit, kein Aufwand, keine Schuldenlast, kein
Hang zum Zechen und Prassen – Laster des Bauches und der
Kehle, die im Alter nicht nachzulassen, sondern sogar schlimmer zu werden pflegen. Liebschaften aber und die sogenannten Sinnenfreuden, die gefestigteren Naturen im allgemeinen nicht sehr lange zur Last fallen (ihre Blütezeit geht früh

und rasch zu Ende), haben ihn nie in Fesseln und Bande geschlagen.

Ihr habt ihm zugehört, als er für sich selbst sprach, ihr habt 45 ihm schon früher zugehört, wenn er Anklage erhob (ich rede als Verteidiger davon, und nicht, um mich zu rühmen[46]): da habt ihr seine Art des Vortrags, sein Können, die Fülle der Gedanken und Wendungen, sachkundig wie ihr seid, bemerkt, und ihr konntet euch nicht nur von seiner glänzenden Begabung überzeugen, die ja oft, auch wenn sie nicht durch Fleiß gefördert wird, von sich aus ihre Wirkung tut – er hat vielmehr auch (oder hätte mich Voreingenommenheit getäuscht?) eine Technik gezeigt, die nach vernünftigen Grundsätzen angelegt und mit unermüdlicher Sorgfalt eingeübt ist.

Ihr müßt nun bedenken, ihr Richter, daß sich die Leidenschaften, die man Caelius zum Vorwurf macht, und die Bemühungen, von denen ich rede, nicht leicht bei demselben Menschen antreffen lassen. Denn das ist unmöglich, daß ein Geist, der Lust ergeben, durch Liebe, Sehnsucht, Leidenschaft, oft durch allzu großen Überfluß und bisweilen durch Mangel gefesselt, dies Geschäft, das wir Redner betreiben – was auch daran sein mag und wie immer wir's betreiben –, auf sich nehmen könnte, sei es die Ausführung, sei es auch nur die Vorbereitung. Aus welchem Grunde sonst, glaubt ihr, gibt es – obwohl 46 die Redekunst so hohen Lohn mit sich bringt und das Reden solchen Genuß bereitet, obwohl so viel Ruhm, Einfluß und Ansehen damit verbunden ist – so wenige und hat es stets nur wenige gegeben, die sich diesem Berufe widmen? Aus dem Kopf schlagen muß man sich alle Vergnügungen, verzichten auf Liebhabereien; Spiel und Scherz, festliche Tafeln und beinahe auch der Umgang mit Freunden müssen zurücktreten. Daher stößt in diesem Beruf die Mühsamkeit die Leute ab und verleidet ihnen das Lernen – es ist ja nicht so, daß es an Talenten oder an der erforderlichen Jugendbildung fehlte.

47   Hätte Caelius, wenn er wirklich dem Genußleben verfallen
gewesen wäre, als noch ganz junger Mann einen ehemaligen
Konsul vor Gericht gezogen? Würde er, wenn er Mühen
scheute, wenn Vergnügungen ihn gefesselt hielten, Tag für
Tag auf diesem Schlachtfeld seinen Mann stehen, Feindschaf-
ten in Kauf nehmen, Anklagen betreiben, seine bürgerliche
Existenz aufs Spiel setzen und vor den Augen des römischen
Volkes schon Monate lang um Sieg oder Untergang kämpfen[47]?

So gibt die nachbarliche Nähe keinen Fingerzeig[48]? Nichts
sagen die Reden der Leute, nichts sagt selbst ganz Bajae? Allerdings: Bajae sagt's nicht nur, sondern kündet laut davon: die
Lüsternheit eines einzigen Weibes gehe so weit, daß sie sich
nicht in die Einsamkeit, die Dunkelheit und die übliche Tar-
nung unzüchtigen Treibens zurückziehe, sondern gerade bei
den schändlichsten Dingen auf eine möglichst große Öffentlichkeit und auf das helle Licht des Tages erpicht sei.

48   Wer nun aber glaubt, die Jugend müsse sich auch käuflicher
Liebe enthalten, der ist gewiß sehr sittenstreng (wie könnte
ich's leugnen) – er bricht jedoch nicht nur mit der Großzügigkeit unserer Zeit, sondern auch mit den Gepflogenheiten und
Zugeständnissen unserer Vorfahren. Denn wann war das nicht
gang und gäbe, wann hat man's getadelt, wann verboten –
kurz, wann wäre das Erlaubte nicht erlaubt gewesen? Ich will
mich jetzt mit der Sache selbst befassen, ohne ein bestimmtes
Frauenzimmer zu nennen – die Frage der Person lasse ich auf
sich beruhen.

49   Nehmen wir an, eine nicht verheiratete Frau halte freies
Haus für jedermanns Begierden und führe ohne Hehl das Leben
einer Dirne, sie habe es sich zur Gewohnheit gemacht, an den
Zechgelagen wildfremder Männer teilzunehmen, und obliege
diesem Treiben in der Stadt, in den Parks, im überlaufenen Bajae, kurz, sie gebe zu erkennen – nicht nur durch ihren Gang,
sondern auch durch Kleidung und Begleitung, nicht nur durch

feurige Blicke und anzügliche Reden, sondern auch durch Zärt-
lichkeiten und Küsse, durch Strandfeste, Bootsfahrten und Par-
ties –, daß sie als Dirne, ja als besonders kokette und aufreizen-
de Dirne erscheinen möchte: wenn ein junger Mann mit dieser
Person ein Verhältnis haben sollte, was glaubst du dann,
L. Herennius: ist er ein Ehebrecher[49] oder ein Galan, wollte er
die Keuschheit zuschanden machen oder seinen Trieb befriedi-
gen?

Ich will dein kränkendes Verhalten vergessen, Clodia; ich 50
verbanne die Erinnerung an mein Leid; ich denke nicht weiter
an die Abscheulichkeiten, die du während meiner Abwesenheit
den Meinen gegenüber begangen hast[50], und auch, was ich gesagt habe, soll nicht auf dich gemünzt sein. Ich möchte nur dies
von dir selbst erfahren (da ja die Ankläger behaupten, der Vorwurf[51] stamme von dir und du seist zugleich ihr Zeuge dafür):
wenn eine Frauensperson so ist, wie ich sie soeben geschildert
habe, ganz anders als du, der Lebensweise und dem Beruf nach
eine Dirne – glaubst du, es sei für einen jungen Mann besonders ehrenrührig und kompromittierend, wenn er zu dieser
Person Beziehungen unterhalten hat? Wenn du nicht so bist
(was ich lieber sehe), welchen Vorwurf hat Caelius dann verdient? Andererseits, wenn man dich für eine solche Person
hält, warum sollen wir uns dann vor einem Makel fürchten, den
du verachtest? Zeige uns also den Weg und die Richtung unserer Verteidigung: entweder verbürgt deine Ehrbarkeit, daß
M. Caelius niemals zu weit gegangen ist, oder deine Schamlo-
sigkeit gibt ihm und allen anderen ein schlagendes Verteidi-
gungsmittel an die Hand.

Jetzt hat, scheint mir, mein Vortrag die Untiefen überwun- 51
den und die Klippen hinter sich gebracht; der Rest der Fahrt ist
leicht und liegt offen vor mir. Denn es handelt sich ja nur um
zwei Anklagepunkte im Umkreis derselben Frau: der eine betrifft das Gold, das, wie es heißt, von Clodia entliehen wurde,

der andere das Gift, das sich Caelius, um Clodia zu töten, verschafft haben soll[52].

Das Gold lieh er sich, behauptet ihr, um es den Sklaven des
L. Lucceius zu geben; die seien beauftragt gewesen, den Alexandriner Dion, der damals bei Lucceius wohnte, umzubringen[53]. Eine furchtbare Anklage: daß jemand ein Attentat gegen
Gesandte plant oder Sklaven aufwiegelt, den Gast ihres Herrn
zu ermorden – ein Plan voller Tücke und voller Verwegenheit!

52   Hierzu lautet meine erste Frage, ob er Clodia gesagt hat, zu
welchem Zweck er sich das Gold lieh, oder nicht. Wenn er
nichts gesagt hat: warum hat sie's hergegeben? Wenn er etwas
gesagt hat, dann ist sie durch ihre Mitwisserschaft ebenfalls in
das Verbrechen verstrickt. Du hast dich also nicht gescheut,
das Gold aus deiner Truhe zu nehmen, und nicht, deiner Venus,
der Räuberin bei jedermann, den Schmuck zu rauben? Dabei
wußtest du, für welch furchtbares Verbrechen das Gold
bestimmt war: für die Ermordung eines Gesandten, für eine
Missetat, die L. Lucceius, einen überaus rechtschaffenen und
lauteren Mann, auf ewig brandmarken sollte! Bei diesem
furchtbaren Verbrechen hätte dein weites Herz nicht Mitwisser, dein volksfreundliches Haus nicht Werkzeug und deine
53 gastliche Venus nicht Helferin sein dürfen[54]. Das hat Balbus
sehr wohl bemerkt; er sagte, die Sache sei Clodia verheimlicht
worden und Caelius habe ihr gegenüber behauptet, daß er das
Gold für die Ausstattung von Spielen benötige[55]. Wenn er so
intim mit Clodia befreundet war, wie du annimmst – da du
doch so viel über seine Verliebtheit zu sagen weißt –, dann hat
er bestimmt verraten, wozu er das Gold brauchte; wenn er's
nicht war, dann hat sie ihm nichts gegeben. Kurz und gut,
wenn Caelius dir die Wahrheit sagte, du außer Rand und Band
geratene Person, dann hast du das Gold wissentlich für ein Verbrechen hergegeben; wenn er sie nicht zu sagen wagte, dann
hast du auch nichts gegeben[56].

Was soll ich nun tun: dieser Anschuldigung mit Gründen, deren es unzählige gibt, widersprechen? Ich könnte darauf hinweisen, daß sich der Charakter des M. Caelius mit der Scheußlichkeit eines solchen Verbrechens nicht im mindesten verträgt, daß es gänzlich unannehmbar ist, ein so aufgeweckter, umsichtiger Kopf habe sich nicht davor gehütet, die Ausführung einer derartigen Untat unbekannten und fremden Sklaven zu überlassen. Ich könnte auch, wie das alle anderen Verteidiger und auch ich gewöhnlich tun, vom Ankläger wissen wollen, wo Caelius sich mit den Sklaven des Lucceius getroffen, wie er mit ihnen Verbindung aufgenommen hat – wenn persönlich: wie leichtfertig!; wenn durch einen Mittelsmann: durch wen? Ich könnte jetzt reden, bis ich alle Fundstellen für Verdachtsmomente abgesucht hätte: kein Motiv, kein Ort, keine Gelegenheit, kein Gehilfe, keine Aussicht, das Verbrechen durchzuführen und dabei unerkannt zu bleiben, kein Plan und keine Spur einer so ungeheuren Missetat[57] – nichts würde zum Vorschein kommen.

Doch diese Gesichtspunkte, die zum Anwaltsberuf gehören, [54] die mir nicht wegen meines Talents, sondern einfach wegen meiner Erfahrung und Übung im Reden einigen Vorteil hätten verschaffen können, da man geglaubt hätte, ich selbst hätte sie entdeckt und zurechtgestutzt – ich lasse sie der Kürze halber allesamt beiseite. Ich habe ja jemanden, ihr Richter, den ihr sofort als Teilhaber eures heiligen Eides anerkennen würdet: L. Lucceius, einen sehr gewissenhaften Mann und durchaus glaubwürdigen Zeugen; ihm wäre ein solcher Angriff gegen seinen Ruf und sein Vermögen, unternommen von M. Caelius, weder verborgen geblieben noch hätte er ihn unbeachtet gelassen oder einfach hingenommen. Oder hätte ein so kultivierter Mann mit diesen Interessen, dieser Bildung und Belesenheit eine Bedrohung eben des Mannes unbeachtet lassen können, den er wegen dieser Interessen schätzte? Eine Tat, die er scharf

verurteilt hätte, wäre sie an einem Fremden begangen worden:
gegen die hätte er bei seinem Gast nichts unternommen? Die
ihn empören würde, wenn Unbekannte sie verübt hätten: über
die hätte er bei seinen eigenen Sklaven hinweggesehen? Die
ihn aufbrächte, wenn sie sich auf dem Lande oder in der Öffentlichkeit zugetragen hätte: die nähme er in der Stadt und im
eigenen Hause gleichgültig hin? Die er, hätte sie einen einfachen Mann gefährdet, nicht auf sich beruhen ließe: von der
würde er, ein Gebildeter, glauben, er dürfe sie dulden, wenn sie
einem bedeutenden Gelehrten gilt?

55   Doch wozu halte ich euch noch hin, ihr Richter? Hört, was
er selbst gewissenhaft und verantwortungsvoll unter Eid ausgesagt hat, und achtet sorgfältig auf alle Einzelheiten seines
Zeugnisses. Lies vor. (Das Zeugnis des L. Lucceius.) Worauf
wartet ihr noch? Oder glaubt ihr, die Sache selbst und die
Wahrheit wären imstande, von sich aus ihre Stimme zu erheben? Dies hier ist die Rechtfertigung der Unschuld, dies die
Sprache der Sache selbst, dies allein die Stimme der Wahrheit.
Die Anklage hat kein Verdachtsmoment, die Schilderung des
Falles keinen Beweis, der Vorwurf, es sei ein Komplott geschmiedet worden, keine Spur einer Unterredung, eines Orts,
eines Zeitpunktes zutage gefördert; man weiß keinen Zeugen,
keinen Mittäter zu nennen, und die ganze Anklage entstammt
einem feindlich gesinnten, einem berüchtigten, einem bösen,
einem ränkevollen, einem verworfenen Hause. Das Haus wiederum, gegen das sich dieses scheußliche Verbrechen gerichtet
haben soll, kennt nichts als Anstand, Vornehmheit, Pflichtbewußtsein und Gewissenhaftigkeit, und aus diesem Hause verliest man euch ein eidlich bekräftigtes Zeugnis. So steht hier
eine ganz zweifelsfreie Sache zur Debatte: ob man glauben soll,
daß ein verantwortungsloses, dreistes, rachsüchtiges Frauenzimmer die Anklage erfunden oder ein besonnener, kluger,
maßvoller Mann gewissenhaft ausgesagt hat[58].

So bleibt noch die Anklage wegen Giftmordes: hierfür ver- 56
mag ich weder einen Anlaß zu entdecken noch ein Ziel ausfindig zu machen. Denn aus welchem Grunde hätte Caelius diesem Frauenzimmer Gift verabfolgen sollen? Damit er das Gold
nicht zurückzugeben brauchte? Hat sie es denn verlangt? Damit man ihm nicht den Prozeß machte? Hat ihn jemand beschuldigt? Hätte überhaupt irgendwer davon gesprochen,
wenn Caelius niemanden angeklagt hätte? Ja, ihr habt gehört,
wie L. Herennius erklärte, er hätte dem Caelius nicht einmal
ein unfreundliches Wort gesagt, wäre dieser nicht zum zweiten
Male in derselben Sache gegen seinen Freund, der ja einen Freispruch erwirkt hatte, gerichtlich vorgegangen. Ist denn glaubhaft, daß jemand, ohne ein Motiv zu haben, eine solche Missetat begeht? Und ihr: durchschaut ihr nicht, daß man den Vorwurf eines schweren Verbrechens aus der Luft gegriffen hat,
um ein Motiv für die Ausführung eines anderen Verbrechens
zu erhalten[59]?

Wem hat er denn einen Auftrag erteilt? Wer war sein Gehil- 57
fe, sein Komplize, sein Mitwisser? Wem hat er eine solche Tat,
wem sich selbst, wem sein Leben anvertraut? Den Sklaven des
Frauenzimmers? So lautet ja der Vorwurf. Und er war so
schwachsinnig – er, dem doch auch ihr Intelligenz zubilligt
(obwohl ihr ihn in allen anderen Punkten mit gehässigen Worten herabwürdigt) –, daß er fremden Sklaven seine ganze Existenz überantwortet hätte? Und was für Sklaven? Denn auch
darauf kommt es in hohem Maße an. Sklaven, die, wie er wußte, nicht den üblichen Bedingungen der Sklaverei unterworfen
waren, die vielmehr recht frei, ungebunden und vertraulich
mit ihrer Herrin zusammenlebten? Wem leuchtet das nicht ein,
ihr Richter, oder wer wüßte nicht, daß dort, wo die Dame des
Hauses das Leben einer Dirne führt, wo nichts geschieht, was
nach draußen dringen dürfte, wo Orgien, hemmungslose Begierden und Schwelgerei, kurz alle unerhörten Laster und

Schändlichkeiten eine Stätte haben – daß dort die Sklaven keine Sklaven mehr sind, da ihnen ja alles anvertraut und durch sie
alles ausgeführt wird, da sie sich denselben Vergnügungen hingeben, da sie in die Geheimnisse eingeweiht sind und ihnen ein
nicht geringer Teil der alltäglichen Verschwendung und Üppigkeit zugute kommt? Das hätte Caelius nicht bemerkt?
Denn wenn er mit dem Frauenzimmer so vertraulich umging,
wie ihr annehmt, dann wußte er, daß auch diese Sklaven die
Vertrauten ihrer Herrin waren. Wenn hingegen seine Beziehungen zu ihr nicht so eng waren, wie ihr vorgebt, wie konnte
sich da ein so vertrauliches Verhältnis zwischen ihm und den
Sklaven einstellen?

Und das Gift: welche Erklärung hat man sich dafür zurecht-
gelegt? Wo wurde es beschafft, wie zubereitet, auf welche
Weise wem an welchem Ort übergeben? Er habe es bei sich zu
Hause gehabt, heißt es, und seine Wirkung an einem eigens
hierfür gekauften Sklaven erprobt; dessen sofortiger Tod habe
ihn von der Stärke des Giftes überzeugt.

Ihr unsterblichen Götter! Warum übt ihr mitunter bei den
schlimmsten Verbrechen, die die Menschen begehen, Nachsicht oder schiebt ihr die Strafe für eine handgreifliche Untat
auf die lange Bank? Ich war Zeuge, ja Zeuge war ich, und ich
habe diesen Schmerz erlitten, der wohl der bitterste in meinem
Leben war: als Q. Metellus von der Brust und aus den Armen
des Vaterlandes hinweggerafft, als dieser Mann, der sich für
den Dienst an unserem Reich bestimmt glaubte, der sich noch
zwei Tage zuvor in der Kurie, auf der Rednertribüne, in der
Politik hervorgetan hatte, auf der Höhe seiner Jahre, bei voller
Gesundheit und besten Kräften auf die unwürdigste Weise allen Rechtschaffenen, ja der ganzen Bürgerschaft entrissen wurde. Damals, wie er im Sterben lag, als sich sein Geist schon von
den übrigen Dingen gelöst hatte, galten seine letzten bewußten
Augenblicke dem Gedenken an den Staat: er blickte mich, der

ich weinte, an und gab mir mit stockender und erlöschender
Stimme zu verstehen, welcher Sturm mir, welches Unwetter
der Bürgerschaft drohte; er klopfte wiederholt an die Wand, in
die sich sein Haus mit dem des Q. Catulus teilte, und nannte
manches Mal Catulus, oft mich, sehr oft den Staat – offenbar
schmerzte es ihn weniger, daß er sterben mußte, als daß nunmehr das Vaterland und vor allem ich selbst seines Schutzes beraubt wurden. Wenn diesen Mann nicht ein plötzliches gewalt- 60
sames Verbrechen dahingerafft hätte, wie wäre er, der ehemalige Konsul, seinem der Raserei verfallenen Vetter in den Weg
getreten – er, der als Konsul vor dem Senat erklärt hatte, er
werde ihn, der sich erst anschickte, zu rasen und Schlimmes ins
Werk zu setzen, mit eigener Hand umbringen! Und aus diesem
Haus wagt das Frauenzimmer sich hervor, um über ein schnell-
wirkendes Gift zu reden? Fürchtet sie sich nicht vor dem Hause selbst – es könnte laut zu reden beginnen –, erschaudert sie
nicht vor den Wänden, ihren Mitwissern, und vor jener Nacht
des Unheils und des Jammers? Doch zurück zur Anklage: die
Erwähnung dieses hervorragenden und tüchtigen Mannes genügte, meine Stimme durch Tränen zu ersticken und meinen
Geist durch Schmerz zu überwältigen[60].

Also noch einmal: Woher das Gift stammte, wie man es sich 61
verschafft hat, wird nicht erklärt. Es sei dem hier anwesenden
P. Licinius ausgehändigt worden, sagen sie, einem anständigen,
rechtschaffenen jungen Manne und Freunde des Caelius; man
habe mit den Sklaven vereinbart, sie sollten sich im Bad des Senia einfinden; dorthin werde auch Licinius kommen und ihnen
die Büchse mit dem Gift übergeben[61].

Hier möchte ich zuerst wissen, weshalb das Gift an diesen
eigens vereinbarten Ort geschafft werden mußte, warum die
Sklaven nicht zu Caelius gekommen sind? Wenn zwischen
Caelius und Clodia nach wie vor ein so vertrauter Umgang, eine
so innige Freundschaft bestand: wie konnte man Verdacht

schöpfen, wenn man bei Caelius einen Sklaven Clodias erblickte? Wenn sich aber schon Spannungen einstellten, das Verhältnis abgekühlt und der Bruch eingetreten war, dann gilt freilich,
«deswegen all die Tränen[62]» und wir haben hier den Grund für
alle die Verbrechen, die man Caelius vorwirft.

[62]   «Nein», heißt es, «die Sklaven zeigten ihrer Herrin den ganzen Vorgang, den verbrecherischen Plan des Caelius an, und
das pfiffige Frauenzimmer gab ihnen Weisung, sie sollten sich
auf alle Wünsche des Caelius einlassen. Um nun das Gift, wenn
es von Licinius übergeben würde, an Ort und Stelle dingfest
machen zu können, ordnete sie an, daß das Bad des Senia als
Treffpunkt dienen solle; sie werde Freunde hinschicken, die
sich dort verborgen hielten und dann, wenn Licinius erscheine
und das Gift übergebe, plötzlich aufsprängen und den Mann
festnähmen.»

Alle diese Angaben lassen sich sehr leicht widerlegen, ihr
Richter. Denn warum hätte sie ausgerechnet ein öffentliches
Bad zum Treffpunkt bestimmt? Ich sehe nicht, wie sich dort
Männer in der Toga hätten verstecken können. Denn gesetzt,
sie befanden sich in der Eingangshalle des Bades: dann hätten
sie kein Versteck gehabt; wenn sie sich aber in das Innere drängen wollten, dann wäre ihnen das mit ihren Schuhen und Klei-
dern nicht ohne weiteres gelungen, und wahrscheinlich hätte
man sie abgewiesen – es sei denn, das vielvermögende Frauenzimmer wäre für das bekannte Entgelt von einem Viertel As
zur Freundin des Bademeisters aufgerückt[63].

[63]   Ich meinerseits bin schon lange mächtig gespannt, was für
ehrenwerte Männer das sein sollen, die das an Ort und Stelle
dingfest gemachte Gift bezeugen können – bis jetzt hat man
uns noch keine Seele genannt. Zweifellos sind sie unbedingt
glaubwürdig: erstens, weil sie mit dieser Dame befreundet
sind, zweitens, weil sie die Aufgabe übernommen haben, sich
ins Bad zu drängen – das konnte sie ja nur, sie sei so vielvermö-

gend wie sie will, bei ganz ehrenwerten und wirklich achtbaren Persönlichkeiten erreichen. Doch was halte ich mich mit der Achtbarkeit dieser Zeugen auf? Nehmt zur Kenntnis, wie mutig und geschickt sie sind! «Sie hielten sich im Bade versteckt.» Vortreffliche Zeugen! «Dann sprangen sie unbedacht los.» Tapfere Burschen! So lautet ja ihre Geschichte: als Licinius erschien, die Büchse in der Hand hielt, sie übergeben wollte und noch nicht übergeben hatte, da seien diese erstklassigen anonymen Zeugen plötzlich losgestürmt; Licinius aber, der seine Hand schon ausstreckte, um die Büchse zu übergeben, habe sie wieder zurückgezogen und sich angesichts des plötzlichen Überfalls dieser Leute aus dem Staube gemacht.

Herrliche Kraft der Wahrheit, die sich trotz der Erfindungsgabe, der Verschlagenheit und der Tücke der Menschen, trotz aller phantasiereichen Ausflüchte mühelos selbst zu verteidigen vermag! So auch im Falle dieser ganzen Komödie, die – wie viele andere – die Hand einer abgefeimten Erfinderin von Theaterstücken verrät: wie fehlt es ihr an innerem Zusammenhang, wie sehr läßt sie ein sinnvolles Ende vermissen! Wahrhaftig: dieser Haufen Leute – es hat sich ja bestimmt nicht um einige wenige gehandelt: Licinius mußte ohne Umstände festgenommen werden können, und der Vorgang war, wenn viele ihn sahen, desto besser bezeugt – warum haben sie Licinius laufen lassen? Warum war es schwieriger, Licinius festzunehmen, nachdem er, in der Absicht, die Büchse nicht zu übergeben, seine Hand zurückgezogen hatte, als es nach der Übergabe gewesen wäre? Die Leute waren ja aufgestellt worden, um Licinius festzunehmen, um ihn auf frischer Tat zu ergreifen, sei es, daß er das Gift noch in der Hand hielt, sei es, daß er es bereits übergeben hatte. Das war der ganze Plan des Frauenzimmers, das die Aufgabe derer, die man um Hilfe gebeten hatte – wie du sagen kannst, diese Leute seien unbedacht und zu früh losgesprungen, ist mir unerfindlich. Darum hatte man sie gebeten,

64

zu dem Zwecke aufgestellt: sie sollten das Gift, den Anschlag,
65 kurz die ganze Tat handgreiflich aufdecken. Konnten sie denn
in einem günstigeren Augenblick aufspringen: Licinius war erschienen und hielt die Giftbüchse in der Hand? Gesetzt, Licinius hatte sie schon den Sklaven übergeben: wenn Clodias Freunde erst in diesem Augenblick aus dem Bade hervorgeschossen
wären und ihn festgenommen hätten, dann hätte er um Hilfe
gerufen und rundweg geleugnet, daß die Büchse von ihm stamme. Wie hätten sie ihn widerlegen können? Indem sie sagten,
sie hätten's gesehen? Dann hätten sie erstens sich selber der Be-
teiligung an dem schweren Verbrechen verdächtig gemacht
und zweitens behauptet, etwas gesehen zu haben, was sie von
der Stelle aus, an der sie aufgestellt waren, gar nicht sehen
konnten. Sie zeigten sich also in dem Augenblick, da Licinius
erschienen war, die Büchse hervorholte, die Hand ausstreckte,
das Gift übergeben wollte. Das ist demnach das Ende einer Pos-
se, nicht eines richtigen Theaterstücks: da man keine Lösung
findet, läuft jemand seinen Widersachern davon; das Zeichen
66 ertönt und schon schließt sich der Vorhang. Denn ich begreife
nicht, warum diese Meute von Weiberknechten Licinius, wie
er schwankte, zögerte, zurückwich und zu fliehen begann, da-
vonlaufen ließ, warum sie ihn nicht gepackt und nichts getan
hat, mit Hilfe seines eigenen Geständnises, vieler Augenzeugen
und der für sich selbst sprechenden Umstände den Schuldbe-
weis für ein so furchtbares Verbrechen zu erbringen. Sie hatten
wohl Angst, daß sie, zahlreiche kräftige und angriffslustige
Burschen, nicht imstande wären, den einen Schwächling, der
völlig durcheinander war, zu überwältigen?

So findet sich hier keine belastende Tatsache, kein verdächtiger Umstand, keinerlei Handhabe für die Anklage. Folglich
fehlen in diesem Fall die Beweise, die zwingenden Schlüsse und
alle die Indizien, mit deren Hilfe sich gewöhnlich die Wahrheit
aufklären läßt; es bleiben nur noch die Zeugen. Und auf die

warte ich, ihr Richter, ohne im mindestens besorgt zu sein – ja
ich verspreche mir sogar einiges Vergnügen von ihnen.

Ich bin schon gespannt darauf, sie zu sehen: einmal die hüb- 67
schen jungen Kerlchen, die Herzensfreunde der reichen und
feinen Dame, zum anderen die unerschrockenen Burschen, die
sich auf Befehl ihrer Generalin im Schutz der Badeeinrichtun-
gen auf die Lauer gelegt hatten. Die werde ich fragen, wie sie
sich versteckt hielten und wo: ob es ein Wasserbecken oder das
trojanische Pferd war, das so viele unbesiegbare Männer in ihrem Kampfe für ein Weib geborgen und beschützt hat. Doch
vor allem werde ich sie zwingen, mir das zu erklären: warum
Männer von dieser Anzahl und Stärke ihn, der allein und zudem der Schwächling war, den ihr vor euch seht, nicht an Ort
und Stelle ergriffen oder auf der Flucht eingeholt haben – es ist
ganz undenkbar, daß sie mir entkommen, wenn sie sich erst
dorthin vorwagen. Sie mögen bei ihren Gelagen noch so geist-
reich und witzig und überm Weine mitunter auch beredt sein:
auf dem Forum gelten andere Regeln als im Eßzimmer; Zeu-
genbänke nehmen sich anders aus als Speisesofas; es ist nicht
dasselbe, ob man Richtern oder Zechern ins Auge blickt; das
Licht der Sonne unterscheidet sich erheblich vom Schein der
Kerzen. Wir werden ihnen daher alle ihre Flausen, ihre Torhei-
ten austreiben, wenn sie hier auftreten. Doch das rate ich ihnen: sie mögen andere Aufgaben übernehmen, sich anderswo
beliebt machen, bei anderen Gelegenheiten groß auftreten, sie
mögen bei diesem Frauenzimmer eine gute Figur machen und
durch aufwendiges Gebaren den Herrn spielen, mögen an ihr
kleben, ihr zu Füßen liegen, ihr verfallen sein – doch von der
Person und dem Besitz eines Unschuldigen sollen sie ihre Finger lassen.

Doch die Sklaven sind mit Zustimmung der Verwandten, 68
wohlbekannten, hochangesehenen Männern, freigelassen worden[64]. Endlich kommt uns eine Handlung unter, von der man

sagen kann, das Frauenzimmer habe sie mit dem Einverständnis und der Billigung der Familienmitglieder, überaus tüchtiger Männer, ausgeführt. Doch ich wüßte gern, was mit dieser
Freilassung bezweckt ist: mit ihr hat man entweder einen Anklagepunkt gewonnen oder das peinliche Verhör unmöglich
gemacht oder den Sklaven, die von vielem wußten, den verdienten Lohn zukommen lassen. Doch die Verwandten, heißt
es, haben zugestimmt. Warum auch nicht, wo du ihnen doch
eine Affäre mitteiltest, von der du sagtest, du habest sie nicht
von anderen erfahren, sondern selbst aufgedeckt[65].

69   Da wundern wir uns noch, wenn sich an diese Schwindel-
büchse eine äußerst unanständige Geschichte geheftet hat? Es
gibt nichts, was man einem Frauenzimmer dieser Art nicht zu-
trauen möchte! Die Sache ist ja bekannt und durch die Reden
der Leute überall verbreitet. Ihr habt längst verstanden, ihr
Richter, was ich sagen oder vielmehr nicht sagen will. Wenn
die Sache wirklich passiert ist, dann ist bestimmt nicht Caelius
der Urheber (was hätte er damit bezwecken können?); sie läßt
ja auf einen jungen Mann schließen, dem es vielleicht nicht an
Witz, wohl aber an Anstand fehlt. Wenn sie aber erfunden ist,
so handelt es sich um eine nicht eben zaghafte, doch immerhin
recht spaßige Lüge – sie hätte gewiß in den Reden und Meinungen der Leute keinerlei Glauben gefunden, schiene nicht alles, was man sich Anrüchiges zu erzählen weiß, gut zu ihr zu
passen[66].

70   Ich habe den Fall hiermit abgeschlossen, ihr Richter, und
mein Plädoyer beendet. Ihr wißt jetzt, welch wichtige Entscheidung ihr übernommen habt, welch wichtige Sache euch
anvertraut ist. Ihr befindet über Gewaltverbrechen. Das einschlägige Gesetz dient dem Reich, der Hoheit des Staates, der
Sicherheit unseres Vaterlandes, dem öffentlichen Wohl; es
wurde von Q. Catulus während eines bewaffneten Bürgerzwi-
stes in einer schier ausweglosen politischen Notlage einge-

bracht. Dieses Gesetz hat nach dem Brand, der während meines Konsulats aufgelodert war, die rauchenden Trümmer der Verschwörung gelöscht[67] – und diesem Gesetz soll jetzt die Jugend des Caelius zum Opfer fallen: nicht zum Zwecke öffentlicher Bestrafung, sondern um der haltlosen Launen eines Frauenzimmers willen.

In diesem Zusammenhang weist man auf die Verurteilung [71] des M. Camurtius und des C. Caesernius hin. Welche Dummheit! Oder soll ich sagen: welche Unverschämtheit ohnegleichen! Ihr kommt von dieser Frau – da wagt ihr diese Leute zu erwähnen? Ihr wagt die Erinnerung an eine solche Schandtat aufzufrischen, die wenn nicht gänzlich vergessen, so immerhin nach langen Jahren unsren Augen entrückt war? Denn welche Anklage, welches Vergehen brachte die beiden zu Fall? Sie hatten Clodias Zorn über eine Kränkung Genugtuung verschafft, indem sie Vettius auf unerhörte Weise entehrten. So hat man nur deshalb, um in diesem Prozeß den Namen des Vettius zu nennen und die alte Groschengeschichte wiederaufzuwärmen, an den Prozeß des Camurtius und des Caesernius erinnert? Die hatten sich gewiß nicht nach dem Gesetz gegen Gewaltverbrechen strafbar gemacht; andererseits waren sie in eine so arge Untat verstrickt, daß sie es nicht verdienten, den Maschen irgendeines Gesetzes zu entrinnen[68].

Doch warum steht ein M. Caelius gerade hier vor Gericht? [72] Man wirft ihm kein Vergehen vor, für das diese Geschworenenbank von Hause aus zuständig wäre, noch eine Tat, die sich zwar nicht unter das einschlägige Gesetz, wohl aber unter die strengen Maßstäbe eurer Praxis ziehen läßt.

In seiner Jugend hat er sich mit dem Elementarwissen sowie mit den Fächern vertraut gemacht, die uns auf die Anwaltstätigkeit, auf die politische Laufbahn, auf Ehre, Ruhm und Ansehen vorbereiten; seine Freundschaften mit Älteren stellten ihm Beispiele des Fleißes und der Uneigennützigkeit vor Augen,

die ihn in höchstem Maße zur Nacheiferung aufforderten, und
sein Umgang mit Gleichaltrigen zeigte, daß er im Streben nach
Auszeichnungen den Tüchtigsten und Besten gewachsen war.

73   Als sich sein Alter etwas zu festigen begann, begleitete er
den Prokonsul Q. Pompeius, einen ganz untadeligen und in allen seinen Pflichten sehr gewissenhaften Mann, als Adjutant
nach Afrika[69]. Dort befanden sich Vermögenswerte und Besitzungen des Vaters, und vor allem konnte er sich so die Kenntnisse in der Provinzialverwaltung verschaffen, für die unsere
Vorfahren nicht ohne Grund gerade diesen Lebensabschnitt
ausersehen haben. Er kehrte von dort mit den besten Zeugnissen des Pompeius zurück, wie ihr aus dessen eigener Aussage
ersehen werdet.

Er wünschte – nach altem Brauch und dem Beispiel der jungen Leute, die hernach die tüchtigsten Männer und angesehensten Bürger unseres Staates geworden sind –, dem römischen
Volk seinen Eifer durch eine aufsehenerregende Anklage vor
74   Augen zu stellen. Ich sähe lieber, sein Ehrgeiz hätte ihn in eine
andere Richtung gelenkt – es hat jedoch keinen Sinn mehr, dies
zu bedauern. Er klagte C. Antonius, meinen Amtskollegen, an:
dem Unglücklichen vermochte die Erinnerung an ein glänzendes Verdienst um den Staat nicht zu helfen, und ihm schadete
der Verdacht eines verbrecherischen Planes[70]. In der folgenden
Zeit gab er keinem seiner Altersgenosen etwas nach, ja er betätigte sich mehr als sie auf dem Forum, befaßte sich mehr als sie
mit den geschäftlichen Angelegenheiten und Prozessen seiner
Freunde und suchte sich mehr als sie in seiner Umgebung Ansehen zu verschaffen. Diese Leistungen vermögen nur umsichtige, nur hart arbeitende, nur strebsame Menschen zu vollbringen: er hat sie allesamt mit Ausdauer und Gewissenhaftigkeit
vollbracht.

75   Als die Lebensbahn des jungen Mannes gewissermaßen diesen Wendepunkt erreichte (denn ich will, im Vertrauen auf

eure Weitherzigkeit und Einsicht, nichts verheimlichen), da blieb sein Ruf eine kurze Zeit an der Wendemarke hängen: infolge der neuen Beziehung und der unglücklichen Nachbarschaft mit dem Frauenzimmer sowie aus mangelnder Erfahrung mit dem Taumel der Sinne, die, wenn man sie allzu lange eingesperrt und während der ersten Jugend gebändigt und unterdrückt hat, mitunter ganz plötzlich hervorbrechen und allesamt ihre Gewalt geltend machen. Von diesem Treiben oder richtiger von den Reden darüber (es hatte nämlich keineswegs so viel damit auf sich, wie die Leute behaupteten) – hiervon also, wie immer es damit stand, riß er sich los und hat er sich gänzlich abgewandt und frei gemacht, und weit entfernt, noch eine ehrenrührige Beziehung mit der Frau zu unterhalten, muß er sich jetzt ihrer Feindschaft und ihres Hasses erwehren.

Um nun das Geschwätz zum Schweigen zu bringen, das man [76] über seine Liebschaft und seine Untätigkeit verbreitete, erhob er (er tat es ganz gewiß wider meinen Willen und obwohl ich ihm dringend davon abriet, aber er tat's) gegen meinen Freund[71] Anklage wegen Amtserschleichung; trotz eines Freispruchs läßt er nicht ab und wiederholt die Anklage; er will auf niemanden von uns hören; er tritt heftiger auf, als mir lieb ist. Doch ich rede nicht von weiser Mäßigung, die nicht Sache dieses Alters ist: von seinem Ungestüm rede ich, von seinem Ehrgeiz zu siegen, von seinem feurigen Verlangen nach Ruhm. Man erwartet, daß sich die Neigungen bei Leuten unseres Alters zurückhaltender äußern; doch bei der Jugend lassen sie wie die Triebe einer Pflanze erkennen, was der Reifezustand taugen und was für Früchte diese Energie einbringen wird. Denn stets hat man junge Herren von hoher Gesinnung in ihrem Ehrgeiz eher bremsen als antreiben müssen; bei diesem Alter findet man, wenn es seine löblichen Fähigkeiten entfaltet, mehr zurückzustutzen als hinzuzutun. Wenn also jemand meint, das un- [77] gezügelte, eigensinnige Temperament des Caelius sei allzu hef-

tig aufgewallt, Feinde zu suchen und zu verfolgen, wenn gar jemand an einer dieser Kleinigkeiten Anstoß nimmt, an der
Tönung seiner Purpurkleider, an den Scharen der Freunde, am
Flitter und Glanz: das ist bald verflogen, das alles wird das Alter, die Erfahrung, die Zeit bald mildern.

Erhaltet daher dem Staat einen Bürger, ihr Richter, der
rechtschaffenen Grundsätzen, einer rechtschaffenen Politik
und rechtschaffenen Männern zugetan ist. Das verspreche ich
euch und gelobe ich dem Staat: so wahr ich selbst meine Pflicht
dem Staat gegenüber erfüllt habe, wird dieser Mann niemals
von unseren politischen Grundsätzen abweichen. Ich verspreche das, weil ich mit ihm befreundet bin, und zumal deshalb,
weil er sich schon selber den strengsten Maßstäben unterwor-
78 fen hat. Unmöglich, daß jemand, der einen ehemaligen Konsul
vor Gericht zieht, weil er sich wider den Staat vergangen
habe[72], in diesem Staate selbst zum Aufrührer wird; unmöglich,
daß jemand, der einen Freispruch in einer Amtserschleichungs-
sache nicht als Freispruch hinnimmt[73], selbst jemals ungestraft
Bestechungsgelder verteilt. Von Seiten des M. Caelius hat der
Staat zwei Anklagen empfangen, ihr Richter: Bürgschaften gegen jede Gefahr sowie Pfänder für sein Wohlverhalten.

Daher bitte ich euch inständig, ihr Richter: in diesem Staate
ist vor wenigen Tagen ein Sex. Clodius freigesprochen worden,
den ihr zwei Jahre lang als Handlanger oder Anführer des Aufruhrs erleben mußtet, der heilige Stätten, der die Register des
römischen Volkes und die amtlichen Urkunden mit eigener
Hand in Brand gesteckt hat, ein Mensch ohne Geld, ohne Kredit, ohne Chance, ohne festen Wohnsitz, ohne Vermögen, mit
Schmutz im Gesicht, an der Zunge, an der Hand, am ganzen Leben, der das Denkmal des Catulus beseitigt, mein Haus zerstört, das meines Bruders eingeäschert, der auf dem Palatin und
vor den Augen der Allgemeinheit Sklavenbanden aufgewiegelt
hat, zu morden und die Stadt in Brand zu stecken, – duldet

nicht, daß in diesem Staate ein Sex. Clodius durch Weibergunst freigesprochen und ein M. Caelius der Weiberwillkür geopfert wird, da man sonst glauben müßte, ein und dasselbe Weibsbild habe mitsamt ihrem Gatten und Bruder in einer Person einerseits den ärgsten Banditen gerettet und andererseits den ehrenwertesten jungen Mann vernichtet[74].

Wenn ihr nun der Jugend des Sohnes Caelius Beachtung geschenkt habt, dann stellt euch auch das Alter des unglücklichen Vaters hier vor Augen: er hat keine andere Stütze als den einen Sohn; die Hoffnung, die er auf ihn setzt, ist sein ganzer Trost, und er fürchtet allein das Unglück, das ihm zustoßen könnte. Er wendet sich flehend an eurer Mitgefühl, er beugt sich eurer Gewalt, er liegt euch zu Füßen, oder richtiger: er unterwirft sich eurer Denkart und Einstellung. In Erinnerung an eure Eltern oder im freudigen Gedanken an eure Kinder, richtet ihn auf; laßt fremdem Kummer gegenüber entweder kindliche Ehrfurcht oder väterliche Nachsicht walten. Laßt es nicht dahin kommen, ihr Richter, daß das Leben des Vaters, das sich schon von selbst zum Ende neigt, zeitiger durch die von euch geschlagene Wunde als durch die Bestimmung der Natur ausgelöscht oder daß die erste Blüte des Sohnes, aus einem schon gefestigten Stamme der Tüchtigkeit entsprossen, wie durch einen Wirbelsturm oder ein plötzliches Unwetter vernichtet wird. Erhaltet dem Vater den Sohn, dem Sohne den Vater. Man darf nicht meinen, ihr hättet ein fast allen Trostes beraubtes Alter verachtet oder ein überaus vielversprechendes junges Leben nicht gefördert, ja niedergetreten und zugrunde gerichtet. Wenn ihr Caelius für uns, für die Seinen, für den Staat erhaltet, dann wird sich zeigen, daß er euch und euren Kindern zugetan, ergeben und verpflichtet ist, und ihr werdet mehr als andere, ihr Richter, die reichen und dauernden Früchte aller seiner Anstrengungen und Mühen ernten.

79

80

REDE FÜR T. ANNIUS MILO

Einleitung

Die vollständig erhaltene Rede für T. Annius Milo hat einen
Strafprozeß zum Anlaß, der Anfang April 52 v.Chr. stattfand.
Milo war angeklagt, seinen und Ciceros Erzfeind P. Clodius
Pulcher erschlagen zu haben. Er mußte sich wegen «Gewaltan-
wendung» *(vis)*, d. h. wegen Aufruhrs, verantworten; Verfahren
und Strafe waren in einem Sondergesetz umschrieben, das der
Konsul Pompeius eigens für diesen Fall erwirkt hatte.

Der rücksichtslose Gebrauch des Einspruchsrechts, der Ter-
ror durch Knüppelbanden und die Drohung mit militärischer
Macht: innerhalb des Arsenals von Techniken, die den Untergang der Republik begleiteten, hat während der Dreimänner-
herrschaft – genauer: in den Jahren von Ciceros Verbannung
bis zum 3. Konsulat des Pompeius – die mittlere Stufe dieser
Skala, der Bandenterror, am schlimmsten gewütet und das meiste zur inneren Auflösung des Staates beigesteuert. Die Prota-
gonisten der stadtrömischen Knüppelszene waren Clodius und
Milo: Clodius hatte, von den Dreimännern gedeckt, Schläger-
truppen aufgestellt, um die Verbannung Ciceros zu erzwingen;
Milo wiederum hatte, von Pompeius ermutigt, eine Gegen-
streitmacht um sich geschart, als sich Clodius den Wünschen
derer, von denen er gerufen worden war, nicht mehr fügen
wollte. Seither ließen die beiden Raufhelden nicht ab, in Stra-
ßenschlachten ihre Kräfte zu messen – bis es am 18. Januar 52
v.Chr. auf der Via Appia, etwa 20 km südlich von Rom, zu

einem blutigen Scharmützel kam, von dem Clodius tot zurück-
blieb.

Schon im Jahre 53 v.Chr. war die Zerrüttung sichtbar fort-
geschritten: Pompeius strebte nach einer Ausnahmegewalt,
ohne sich offen zu seiner Absicht zu bekennen, und der von
ihm gelähmte Staatsapparat blieb (abgesehen von den Volkstribunen) bis zum Juli ohne ordentliche Beamte. Beim Kampf um
die Ämter des folgenden Jahres wiederholte sich das schlimme
Spiel. Nach dem Konsulat strebten Milo sowie P. Plautius Hyp-
saeus und Q. Caecilius Metellus Pius Scipio Nasica. Milos Kandidatur wurde von Clodius heftig befehdet, und es kam zu
Wählerbestechungen und Bandenkämpfen. Sie wurde, da Milo
entschlossen war, die Sache des Senats zu verfechten, auch von
Pompeius abgelehnt; die üblichen Mittel der Obstruktion taten
ihre Wirkung, und am 1. Januar 52 v.Chr. stand der römische
Staat abermals ohne Regierung da.

Der weitere Verlauf – zur Ausnahmegewalt des Pompeius,
zur Verständigung zwischen Pompeius und der Senatspartei als
der wichtigsten Vorbedingung des Bürgerkrieges – wurde
durch den Zwischenfall auf der Via Appia erheblich beschleunigt. Asconius Pedianus, der Cicero-Kommentator des 1. Jahrhunderts n.Chr., hat der Nachwelt einen ebenso genauen wie
zuverlässigen Bericht vom Hergang des Zusammenstoßes und
von allem, was sich daran anschloß, übermittelt. Hiernach tra-
fen die beiden Gegner in der Nähe des Städtchens Bovillae auf-
einander: Milo gedachte nach Lanuvium (am Südhang der Albanerberge) zu reisen; Clodius kehrte aus Aricia (zwischen Bovillae und Lanuvium) zurück. Dem Reisewagen Milos und seiner Gattin Fausta folgten zahlreiche Sklaven, darunter auch
Gladiatoren; Clodius, zu Pferd, war von etwa dreißig Sklaven
und drei römischen Bürgern begleitet. Zwei Gladiatoren Milos, die sich am Schluß des Zuges befanden, fingen mit den
Leuten des Clodius einen Streit an. Clodius blickte sich nach

dem Lärm um; er wurde an der Schulter verletzt. Handgemenge; man brachte Clodius ins nächste Gasthaus. Als Milo von alledem erfuhr, ließ er das Gasthaus stürmen; Clodius wurde aus seinem Versteck gezerrt und durch zahlreiche Wunden getötet. Die Leiche blieb auf der Straße liegen, bis sie von einem Senator, der zufällig des Wegs kam, nach Rom gebracht wurde.

Die Mordtat rief dort wüste Ausschreitungen hervor: die Anhängerschaft des Clodius trug die Leiche in die Kurie und verbrannte sie auf einem Scheiterhaufen von Bänken und Podesten; hierbei wurde auch die Kurie selbst sowie der angrenzende Teil der Basilica Porcia ein Raub der Flammen. Konsulwahlen kamen jetzt weniger in Betracht als je zuvor, und so beschloß der Senat den Ausnahmezustand*: er beauftragte den Interrex (das Senatsmitglied, das in Ermangelung von Konsuln für je fünf Tage die Geschäfte führte), die Volkstribunen sowie den Prokonsul Pompeius, für die Sicherheit des Staates zu sorgen; außerdem erhielt Pompeius Vollmacht, in ganz Italien Truppen auszuheben. Hiermit war die Krise noch nicht überwunden: Pompeius verhandelte einerseits mit der von Cato geführten Senatspartei und andererseits mit Caesar wegen eines der Situation angemessenen Ausnahmeamtes; als Ergebnis kam etwa sechzig Tage nach der Ermordung des Clodius das verfassungsrechtliche Kuriosum eines Konsuls *sine collega* («ohne Amtskollegen»), d. h. eine nur notdürftig verschleierte Diktatur zustande.

Pompeius griff nunmehr energisch durch. Er wartete bereits wenige Tage nach seiner Wahl zum Konsul mit zwei Gesetzesentwürfen auf, darunter mit dem erwähnten Sondergesetz *de vi*, nach dem Milo zur Rechenschaft gezogen werden sollte. Hiergegen regte sich im Senat Widerspruch; zumal der Volkstribun M. Caelius Rufus, ein Parteigänger Milos, kämpfte heftig gegen das verfassungswidrige *privilegium* («Ausnahmegesetz»).

* Siehe hierüber die Einführung, S. 15.

Vergebens: Pompeius ließ seine *lex de vi,* die vor allem ein unge-wöhnlich straffes Verfahren vorschrieb (auf die Zeugenverhö-re sollten an einem Tage knapp bemessene Plädoyers der An-klage und der Verteidigung folgen), von der Volksversamm-lung beschließen, und alsbald wurde, wie ebenfalls in der *lex Pompeia de vi* vorgesehen, L. Domitius Ahenobarbus zum Vor-sitzenden *(quaesitor)* des Sondergerichtshofs gewählt. Als An-kläger traten zwei junge Appii Claudii, Neffen des Ermorde-ten, M. Antonius, der spätere Triumvir, sowie ein P. Valerius Nepos auf. Cicero glaubte sich Milo gegenüber tief verpflich-tet (Milos Schutztruppe hatte die Voraussetzungen für seine Rückberufung geschaffen), und so war es für ihn eine ausge-machte Sache, daß er die Verteidigung übernahm. Hiermit setz-te er sich freilich in Widerspruch zu den Absichten seiner mächtigen «Freunde» Pompeius und Caesar, und vor allem suchten ihn die Hetzreden der Clodius-Anhänger – unter ihnen taten sich drei Volkstribunen hervor: T. Munatius Plancus Bur-sa, Q. Pompeius Rufus sowie der nachmals berühmte Historiker C. Sallustius Crispus – in Bedrängnis zu bringen.

Nach Tumulten am ersten Verhandlungstage, dem 4. April, ließ Pompeius das Forum durch Truppen sichern; die Verneh-mung der Zeugen, die offenbar durchweg zuungunsten Milos aussagten, ging hinfort ungestört vonstatten. Am Nachmittag des 7. April forderte Munatius Plancus die Clodianer auf, sich zahlreich zur bevorstehenden Schlußverhandlung einzufinden: sie sollten ihren Unwillen bekunden und nicht zulassen, daß Milo davonkäme. Am 8. April waren in der ganzen Stadt die Verkaufsläden geschlossen; das Militär kontrollierte sämtliche Zugänge zum Forum, und Pompeius hielt sich in der Nähe be-reit. Nach den Plädoyers der Ankläger ergriff Cicero – wegen der beschränkten Redezeit als einziger Verteidiger – das Wort. Doch das Truppenaufgebot sowie das alsbald losbrechende Ge-schrei der Clodianer raubten ihm gänzlich die Fassung; er trug

sein Konzept unsicher und zusammenhanglos vor. Die Niederlage folgte auf dem Fuße: 38 von 51 Richtern sprachen Milo
schuldig. Der Verurteilte begab sich unverzüglich ins Exil
nach Massilia; hieran schlossen sich noch drei weitere, in Abwesenheit des Angeklagten verhängte Schuldurteile an.

Die wirklich gesprochene Rede mit allen ihren Mängeln
wurde stenographisch festgehalten; noch Quintilian hat sie
etwa anderthalb Jahrhunderte später lesen können. Die weitere
Tradition hat freilich nur bewahrt, was Cicero selbst alsbald
der Öffentlichkeit unterbreitete: einen ausgefeilten Inbegriff
dessen, was er am 8. April gesagt hätte, wäre er damals nicht
von den handgreiflichen Zeichen des Terrors und der Diktatur
eingeschüchtert worden. Er soll auch dem verbannten Milo ein
Exemplar des fertigen Meisterwerkes haben zukommen lassen;
Milo, heißt es, habe geantwortet, daß er sich glücklich preise:
wenn Cicero vor Gericht so hervorragend gesprochen hätte,
dann könnte er jetzt nicht Seebarben von einer Qualität genießen, die man nur in Massilia antreffe.

Schon die kurze Einleitung (1–6) zeigt beträchtliches Raffi-
nement. Sie wahrt einerseits die Illusion, ganz und gar für die
bedrückende Szenerie des 8. April 52 v.Chr. verfaßt zu sein; sie
ist andererseits so angelegt, daß auch der spätere Leser, dem
jene Szenerie nicht vor Augen steht, allmählich begreift, worum es geht. Der Redner selbst, der Angeklagte, die Richter, die
Truppen, Pompeius und die Clodianer rücken nacheinander in
den Blick – nur die Ankläger bleiben noch ungenannt. Cicero
erklärt sich für eingeschüchtert und beginnt sofort, sich gut zu-
zureden: das Militär sei zum Schutze da und den Clodianern,
einer Minderheit, müsse man mit Festigkeit entgegentreten.
Das Eingeständnis eigener Furcht und die daraus erwachsende
Selbstermutigung haben offensichtlich die Aufgabe eines Ap-
pells: Cicero deutet die Ausgangslage an, die er bei seinen Zuhörern vermutet, und führt stellvertretend die innere Anstren-

gung vor, die er von ihnen erwartet; desto überzeugender kann er alsbald unmittelbar an sie appellieren (4). Sodann auf engstem Raume die für die ganze Rede maßgebliche Hypothese: Milos Tat müßte eigentlich politisch gewürdigt werden, nämlich als Rettung aus schwerer Bedrängnis; Cicero will gleichwohl auf derartige Gesichtspunkte erst eingehen, wenn feststeht, daß Milo in Notwehr gehandelt hat und somit vor dem Gesetz gerechtfertigt ist (5f.).

Der Hauptteil beginnt mit einer Überraschung: Cicero wendet sich noch nicht der Anklage selbst zu; er befaßt sich vielmehr in einer ersten argumentierenden Partie mit einigen rechtlichen und politischen Voraussetzungen des Falles – wie sie von den Feinden Milos dargestellt werden, wie der Redner selbst sie beurteilt wissen möchte (7–23). Es geht in diesem Abschnitt um drei Punkte: um das Problem der Notwehr, um die Auffassung des Senats, um den Zweck der Maßnahmen des Pompeius. Die Ausführungen über die Notwehr laufen auf die simple Maxime hinaus, daß es erlaubt sei, einen gewaltsamen Angriff mit Gewalt abzuwehren (7–11). Cicero scheint billige Lorbeeren einzuheimsen; immerhin sind seine einleuchtenden Darlegungen geeignet, bei den Richtern Vertrauen zu erwecken, und vor allem: die Kategorie der rechtmäßigen Tötung hat sich mit Nachdruck Geltung verschafft, ehe ein Wort über die Umstände der Tat Milos gefallen ist. Mit der Auffassung des Senats hat Cicero offenbar leichtes Spiel: der Senat steht auf Seiten Milos, und ein die Ereignisse des 18. Januar mißbilligender Beschluß, der das Gegenteil vermuten lassen könnte, ist das Ergebnis plumper Geschäftsordnungskniffe (12–14). Hingegen scheint die Partie über die Motive des Pompeius aus der Not eine Tugend zu machen: Cicero sucht mit einer Reihe von Gegenbeispielen darzutun, daß Pompeius den Sondergerichtshof nicht um der Person des Clodius willen, sondern wegen der allgemeinen Verhältnisse eingesetzt habe; Pompeius müsse ge-

rade deshalb, weil Clodius sein Feind, Milo hingegen sein
Freund gewesen sei, Objektivität wahren, und das straffe Verfahren solle eine gerechte Entscheidung keineswegs ausschlie-
ßen (15–22).

Die bündige Fallschilderung (24–31) besteht aus zwei Teilen: die Exposition skizziert die Tatmotive (24–26), die darauf
folgende Partie den Tathergang (27–29). Die Exposition beginnt mit den Worten «P. Clodius hatte sich vorgenommen»;
entsprechend sind die weiteren Darlegungen durchweg darauf
abgestimmt, Clodius einseitig als Handelnden erscheinen zu
lassen: seine verbrecherischen Pläne (er bewarb sich um die
Prätur) drohten vor den günstigen Aussichten der Kandidatur
Milos zuschanden zu werden, und so entschloß er sich, Milo zu
beseitigen, ja er kündigte nicht nur den Tatplan, sondern auch
den Tag der Ausführung offen an. Die Schilderung des Tathergangs kennzeichnet Clodius als Banditen, Milo als harmlosen
Reisenden; die beiden Beteiligten werden zu festumrissenen
Typen stilisiert. Für den Kampf selbst benötigt Cicero nicht
mehr als einen einzigen Absatz (29): Clodius und seine Leute
griffen aus günstiger Stellung an; Milo suchte sich zu verteidigen, und seine Sklaven erschlugen Clodius, als sie die Kunde
vernahmen, ihr Herr sei bereits tot.

Die Abweichungen von dem durchweg vertrauenswürdigen
Bericht des Asconius sind beträchtlich; Cicero hat insbesondere die Verwundung und den Abtransport des Clodius sowie die
Erstürmung des Gasthauses gänzlich unterschlagen. Offenbar
blieb ihm keine andere Wahl. Zwar mochten ihm die Ankläger
dadurch in die Hände gearbeitet haben, daß sie ebenfalls mit
einer unwahren Version aufwarteten: nach ihrer Lesart hatte
Milo ein Attentat auf Clodius geplant, obwohl feststand, daß
die Begegnung der beiden Todfeinde und der Streit ein Spiel
des Zufalls gewesen waren. Die Ankläger wollten indes lediglich einen entschiedeneren Vorsatz auf Seiten Milos angenom-

men wissen, als sich mit den Tatsachen vereinbaren ließ; Ciceros Darstellung hingegen stellte die Dinge geradezu auf den
Kopf. Diese Taktik der Verzweiflung setzte Richter voraus,
die bereit waren, fadenscheinige Lügen wider besseres Wissen
für die Wahrheit zu nehmen, kurz, die wie Cicero die rechtliche Argumentation für eine reine Formalität und die politischen Hintergründe für allein maßgeblich ansahen. Ciceros
Grundhypothese, wonach die politische Würdigung erst ein-
setzen dürfe, wenn die Notwehrsituation Milos erwiesen sei
(sie wird dem Zuhörer im Anschluß an die Fallschilderung
nochmals eingeschärft: 30) – diese Grundhypothese ist offenbar nichts als eine Fassade, die notdürftig verbergen soll, daß
den Richtern in Wahrheit eine rein politische Entscheidung
zugemutet wird.

So wenig Ciceros Verteidigung die gegebenen Tatsachen zu
respektieren vermochte, so sorgfältig war sie auf innere Stim-
migkeit bedacht: die Beweisführung (32–71) knüpft allenthalben an mehr oder minder versteckt angedeutete Details der
Fallschilderung an; die beiden Abschnitte scheinen sich daher
wechselseitig zu bestätigen. So stützt sich eine erste Partie, die
dem Vorleben und insbesondere den Motiven der beiden Gegner gilt (32–43), auf die Exposition, und so entfaltet die Erörterung der Tatumstände, der Zeit, des Ortes usw. (44–56), was
in der Schilderung des Tathergangs keimhaft angelegt war.
Dieses Zusammenspiel ist von erheblicher suggestiver Wirkung, zumal beim ursprünglichen und eigentlichen Adressaten
einer Rede, beim Zuhörer, der den linearen Ablauf des Vortrags nicht unterbrechen kann: er ist schließlich geneigt, für
wahr zu halten, was ihm zu wiederholten Malen und in sorgfältig kalkulierten unterschiedlichen Graden der Ausführlichkeit
dargetan worden ist. Erst der dritte und letzte Teil der Beweisführung (57–71) überschreitet die zeitlichen Grenzen der Fallschilderung; er befaßt sich mit den Umständen nach der Tat,

d. h. mit Indizien, die sich – scheinbar oder wirklich – aus Milos weiterem Verhalten ergeben: mit der Freilassung seiner
Sklaven (womit wichtige Tatzeugen dem peinlichen Verhör
entzogen waren), mit seiner sofortigen Rückkehr nach Rom
(die auf ein reines Gewissen schließen lasse). Diese Darlegungen münden in einen weiteren Versuch, den Richtern die
Furcht vor Pompeius zu nehmen; wohl nicht zu Unrecht sah
Cicero in ihr ein wesentliches Hindernis für eine Entscheidung
in dem von ihm gewünschten Sinne.

Der letzte Abschnitt des Hauptteils (72–91) ist, wie Cicero,
die Fiktion seiner Grundhypothese wahrend, versichert, *extra
causam*, ein Zusatz, der über die Sache hinausführt (92); er ist
also in Wirklichkeit das eigentliche Bollwerk der ciceronischen
Verteidigung. Der Tod des Clodius – so die Quintessenz des
Abschnitts *extra causam* – hat den römischen Staat aus schwerer
Bedrückung befreit und vor schlimmstem Unglück bewahrt.
Milo ist also, wie ein Tyrannenmörder bei den Griechen, größter Ehren würdig – vielmehr; er wäre ihrer würdig, wenn er
Clodius nicht in Notwehr, sondern vorsätzlich getötet hätte.
Wie ersichtlich, ist sich Cicero des Widerspruchs bewußt, den
seine Darlegungen *extra causam* mit sich zu bringen drohen; er
hebt daher immer wieder hervor, daß sein Preis der Tat Milos
nur hypothetisch gelte, daß er sich auf den nur angenommenen
und bereits widerlegten Fall vorsätzlichen Handelns beziehe.
So wird ein offener Widerspruch eben noch vermieden, oder
vielmehr (da Cicero mit ständig sich steigerndem Pathos darzutun weiß, welch Unheil der Untergang des Clodius der Allgemeinheit erspart hat): er hat sich verlagert, er ist zu einem ge-
wollten Widerspruch zwischen Rechtsnorm und politischem
Wollen, zwischen rationalem Argument und Emotion geworden.

Der grandiose Schluß (92–105) setzt Tonart und Motive des
Abschnitts *extra causam* fort. Da sich der Angeklagte, ein notori-

scher, ungewöhnlich rücksichtsloser Raufbold, für das konventionelle Flehen um Mitleid wenig eignete, stilisierte Cicero ihn
zu einem Charakter von unerschütterlicher Seelengröße stoischen Gepräges empor; die Rolle des Flehenden aber übernahm
er selbst, der Verteidiger, der nunmehr befürchten mußte, *den*
Mann nicht vor der Verbannung bewahren zu können, der ihn
einst aus der Verbannung zurückgeholt hatte.

REDE FÜR T. ANNIUS MILO

Es ist kaum angebracht, ihr Richter, Furcht zu zeigen, wenn [1] man für einen ungewöhnlich mutigen Mann das Wort ergreift, und es gehört sich schon gar nicht, daß ich – während T. Annius selbst mehr um das Wohl des Staates bangt als um sein eigenes – außerstande bin, für die Verhandlung seines Falles ebensoviel Seelengröße aufzubringen. Und dennoch: diese neuartigen Begleitumstände eines neuartigen Verfahrens verwirren den Blick, der, wohin er sich auch wendet, vergebens nach dem alten Brauch des Forums und den überlieferten Gepflogenheiten der Gerichte sucht.

Denn nicht ist eure Versammlung, wie sonst gewöhnlich, [2] von einem Zuhörerkreis umgeben, nicht werden wir von der üblichen Menge umdrängt – so bleibt es nicht aus, daß die Schutztruppen, die ihr überall vor den Tempeln bemerkt, mögen sie auch zur Verhinderung von Gewalttaten dort aufgestellt sein, beim Redner einigen Schrecken hervorrufen; wir sind auf dem Forum und vor Gericht von zweckdienlichen und dringend gebotenen Schutzwachen umgeben und können gleichwohl nicht von Furcht frei sein, ohne mit Furcht dafür zu bezahlen. Wenn ich glaubte, die Truppen seien gegen Milo aufgestellt, dann würde ich mich den Umständen fügen, ihr Richter; denn ich hielte es für unmöglich, daß bei einem solchen Aufgebot von Waffen eine Rede noch etwas bedeutet. Doch mich tröstet und beruhigt die lenkende Hand des Cn. Pompeius, eines ebenso umsichtigen wie gerechtigkeitsliebenden Mannes: er würde es wahrhaftig für unvereinbar mit seinem Gerechtigkeitssinn halten, den Mann, den er als Angeklagten dem Urteil der Richter überantwortet hat, zugleich den Waffen der Soldaten auszuliefern, und für unvereinbar mit seiner umsichtigen Art, der blinden Wut einer aufgebrachten Menge durch staatlichen Machtspruch Waffen zu verabfolgen.

3 So kündigen uns denn alle die Rüstungen, die Hauptleute, die Truppeneinheiten nicht Gefahr, sondern Schutz an; sie fordern uns auf, nicht nur gelassenen, sondern auch hohen Mutes zu sein, und versprechen meinem Verteidigeramt sowohl Sicherheit als auch ungestörte Ruhe. Die übrige Menge erst, die aus friedlichen Bürgern besteht, ist ganz unser, und unter all denen, die ihr von überallher – soweit man noch einen Zipfel des Forums erblicken kann – hierher schauen und den Ausgang dieses Prozesses erwarten seht, findet sich niemand, der dem tapferen Milo nicht gewogen wäre und nicht glaubte, daß am heutigen Tage um ihn, um seine Kinder, um sein Bürgerrecht, um seine ganze Existenz gerungen werde.

Eine Gruppe steht uns allerdings feindselig und unversöhnlich gegenüber: die Leute, die P. Clodius in seiner Raserei durch Raubzüge, Feuersbrünste und gemeingefährliche Verbrechen jeder Art großgezogen hat – sie ließen sich auch in der gestrigen Versammlung[1] dazu aufhetzen, euch durch Sprechchöre vorzuschreiben, wie ihr urteilen solltet. Wenn sie etwa auch hier ihr Geschrei erheben, dann diene euch das als Mahnung, euch den Bürger zu erhalten, der diese Sorte von Leuten und ihr tobendes Geschrei um eures Wohles willen seit jeher verachtet hat.

4 Faßt also Mut, ihr Richter, und wenn ihr euch fürchten solltet, dann laßt davon ab. Denn wenn ihr je Vollmacht hattet, über rechtschaffene und tüchtige Männer, über hochverdiente Bürger zu urteilen, wenn also je ausgesuchte Mitglieder der obersten Stände[2] Gelegenheit erhielten, ihre Einstellung gegenüber tüchtigen und rechtschaffenen Bürgern, die sie oft durch Mienen und Worte angedeutet hatten, durch die Tat, durch ihr Urteil kundzutun: glaubt mir, eben jetzt habt ihr uneingeschränkt hierzu Vollmacht; ihr befindet darüber, ob wir, die wir stets für euer Ansehen eingetreten sind, stets unglücklich und betrübt sein sollen oder ob uns nach langer Heimsu-

chung von Seiten der verworfensten Bürger endlich durch euch und durch eure Redlichkeit, Tatkraft und Einsicht aufgeholfen wird.

Könnte man jemanden nennen oder sich vorstellen, ihr Richter, der ärger mitgenommen, ärger geplagt und ärger geschunden würde als wir beide[3]: uns, die die Hoffnung auf höchste Auszeichnungen zum Dienst am Staate geführt hat, bleibt die Furcht vor den schlimmsten Bedrängnissen nicht erspart! Denn ich war gewiß stets der Meinung, Milo müsse alle übrigen Stürme und Unwetter – wie sie im Wogengebraus der Volksversammlungen auftreten – ertragen (er hatte ja stets für die Rechtschaffenen und gegen die Skrupellosen[4] Partei ergriffen), doch das hätte ich nie vermutet, daß in einem Prozeß und vor einem Gerichtshof, dem die achtbarsten Männer aller Stände angehören, für die Feinde Milos irgendwelche Aussicht bestehe, mit Hilfe eben dieser Männer seine Existenz zu vernichten, ja nur seinem Ansehen zu schaden.

Doch in diesem Prozeß, ihr Richter, werde ich mich nicht auf das Tribunat des T. Annius und all das, was er für das Wohl des Staates getan hat, berufen, um den Vorwurf der Ankläger zurückzuweisen: wenn ihr nicht handgreiflich vor euch seht, wie Clodius dem Milo nach dem Leben getrachtet hat, dann bitten wir euch nicht, ihr möchtet uns dieses Vergehen wegen zahlreicher glänzender Verdienste um den Staat verzeihen, noch verlangen wir, ihr solltet den Tod des P. Clodius, weil er eure Rettung war, der Tapferkeit Milos und nicht vielmehr dem gütigen Geschick des römischen Volkes zuschreiben. Wenn sich jedoch die Nachstellungen des Clodius als sonnenklar erweisen, dann erst will ich euch inständig bitten, ihr Richter, uns, wenn wir schon alles andere verloren haben, wenigstens dies zu lassen: daß es uns erlaubt sei, unser Leben straflos vor den skrupellosen Anschlägen unserer Feinde zu schützen[5].

7   Bevor ich mich nun den Punkten zuwende, die sich im strengen Sinne auf eure Untersuchung beziehen, halte ich es für richtig zu widerlegen, was im Senat von Milos Feinden und in der Volksversammlung von gewissenlosen Leuten immer wieder vorgebracht worden ist, und jetzt eben auch von den Anklägern; so ist jeder Irrtum ausgeschlossen, und ihr könnt deutlich erkennen, worum es in diesem Verfahren geht[6]. Sie behaupten, wer gestehe, daß er einen Menschen getötet habe, der sei nicht wert, das Sonnenlicht zu erblicken. In was für einer Stadt wollen uns die einfältigen Leute das weismachen? Doch wohl in der, die als ersten Kapitalprozeß den des M. Horatius erlebt hat, eines unerschrockenen Mannes, der in unserem noch unfreien Staate gleichwohl von der Versammlung des römischen Volkes freigesprochen worden ist, als er gestand, mit eigener Hand seine Schwester getötet zu haben[7].

8   Wem wäre denn unbekannt, daß man bei einem Prozeß wegen Mordes die Tat entweder rundweg zu bestreiten oder aber zu behaupten pflegt, sie sei mit gutem Grund und zu Recht geschehen? Oder glaubt ihr, P. Africanus sei verrückt gewesen, als ihm der Volkstribun C. Carbo in einer Volksversammlung die herausfordernde Frage stellte, wie er über den Tod des Ti. Gracchus denke, und er daraufhin antwortete, Gracchus sei offenbar zu Recht getötet worden? Denn auch der berühmte Servilius Ahala oder P. Nasica oder L. Opimius oder C. Marius oder – während meines Konsulats – der Senat müßten ja unbedingt für Frevler gelten, wenn die Tötung von Hochverrätern ein Frevel wäre. Nicht ohne Grund, ihr Richter, haben daher tiefblickende Männer in Dichtungen überliefert, daß jemand, der, um für seinen Vater Vergeltung zu üben, seine Mutter getötet habe, bei Stimmengleichheit unter den Richtern, die Menschen waren, durch die Stimme nicht einer beliebigen, sondern der allerweisesten Göttin freigesprochen worden sei[8].

Die Zwölftafeln[9] haben festgesetzt, daß man einen Dieb bei   9
Nacht unter allen Umständen, bei Tage aber dann straflos töten
dürfe, wenn er sich mit einer Waffe verteidige: wer glaubt
dann noch, daß man eine Tötung unter allen Umständen bestrafen müsse, wo er doch sieht, daß uns in bestimmten Fällen sogar das Gesetz ein Schwert reicht, jemanden zu töten?

Doch wenn es überhaupt einen Grund gibt, rechtmäßig
einen Menschen zu töten (und es gibt viele), dann ist jedenfalls
dieser hier nicht nur rechtmäßig, sondern sogar zwingend: daß
man einen gewaltsamen Angriff mit Gewalt abwehrt. Als ein
Militärtribun im Heere des C. Marius, ein Verwandter des
Feldherrn, einen Soldaten schänden wollte, da wurde er von
dem Opfer seiner Gewalttätigkeit getötet. Der sittsame junge
Mann wollte sich lieber handelnd einer Gefahr aussetzen als
leidend einer Schande. Der große Feldherr aber sagte ihn von
Schuld los und befreite ihn aus seiner schlimmen Lage.

Wie kann es vollends unrecht sein, einen Wegelagerer und   10
Räuber zu töten? Welchen Sinn hat unser Gefolge, unser
Schwert? Dergleichen dürften wir bestimmt nicht haben,
wenn wir unter keinen Umständen Gebrauch davon machen
dürften. Dies ist also kein geschriebenes, sondern ein angebore-
nes Gesetz, ihr Richter, eines, das wir nicht gelernt, übernommen oder uns angelesen, sondern aus der Hand der Natur selbst
empfangen, in uns aufgesogen und als unser Eigen ergriffen haben, für das wir nicht erzogen, sondern gemacht, von dem wir
nicht unterrichtet, sondern durchdrungen sind: daß wir, wenn
unser Leben durch einen tückischen Anschlag, durch die bewaffnete Gewalt von Räubern oder Feinden bedroht ist, in
Ehren jedes Mittel verwenden dürfen, das uns vor Schaden
bewahrt. Denn inmitten der Waffen verstummen die Gesetze;   11
sie fordern in diesem Falle nicht, daß man auf ihren Beistand
wartet, da jemand, der warten wollte, ein rechtswidriges Übel
hinnehmen müßte, ehe er ein rechtmäßiges auferlegen könnte.

Immerhin gesteht uns die Rechtsordnung auf höchst verständige Weise und gewissermaßen stillschweigend die Befugnis zu, uns zu verteidigen: sie verbietet uns nicht, einen Menschen zu töten, wohl aber, in Tötungsabsicht Waffen zu tragen[10], so daß man nach der Absicht, nicht nach dem Waffentragen an sich fragt und, wenn jemand seine Waffe zu Verteidigungszwecken gebraucht hat, zu dem Ergebnis kommt, daß er sie nicht in Tötungsabsicht getragen habe.

Wir wollen daher diesen Grundsatz nicht aus den Augen verlieren, ihr Richter; ich bin nämlich sicher, daß meine Rechtfertigung euch einleuchten wird – wenn ihr nur bedenkt, was ihr gar nicht außer acht lassen könnt: daß es rechtens sein kann, einen Attentäter zu töten.

12   Nun zu dem Punkt, auf den sich die Feinde Milos immer wieder berufen: der Senat habe von der Bluttat, der P. Clodius zum Opfer fiel, festgestellt, daß sie für den Staat schädlich gewesen sei. Im Gegenteil, der Senat hat sie durch seine Erklärungen, ja sogar durch Sympathiebekundungen gutgeheißen. Denn wie oft haben wir dort die Angelegenheit zur Sprache gebracht, wie lebhaft hat die ganze Versammlung zugestimmt – weder stillschweigend noch ausweichend! Wann haben sich schon, und wenn die Sitzung noch so gut besucht war, vier oder höchstens fünf Mitglieder gefunden, die der Sache Milos abgeneigt gewesen wären? Das geht auch aus den halberstickten Reden dieses angesengten Volkstribunen[11] hervor: er belferte Tag für Tag haßerfüllt gegen meine angebliche Macht, wobei er behauptete, daß sich der Senat bei seinen Beschlüssen nicht von seiner eigenen Überzeugung, sondern von meinen Wünschen leiten lasse. Wenn man denn von Macht reden will, statt von bescheidenem Ansehen, das sich, durch große Verdienste um den Staat erworben, bei einer guten Sache geltend macht, oder statt von einigem Einfluß bei den Rechtschaffenen, zu dem ich durch unablässige Mühen gelangt bin, dann

rede man meinetwegen von Macht – solange ich sie zu nichts anderem benutze, als um gegen die Raserei von Verworfenen für das Wohl der Rechtschaffenen einzutreten.

Dieser Gerichtshof hier ist gewiß keine Ungerechtigkeit; 13 gleichwohl hat sich der Senat nie zustimmend über seine Anordnung geäußert. Man hatte ja die Gesetze, man hatte die für Mord oder für Gewalttaten zuständigen Gerichtshöfe, und so viel Trauer und Schmerz fügte der Tod des P. Clodius dem Senat nicht zu, daß er deswegen einen neuen Gerichtshof angeordnet hätte. Wegen seines frevelhaften Ehebruchs eigens ein Gericht niederzusetzen, dazu hatte man dem Senat die Befugnis entzogen: wer hält es dann für glaublich, der Senat habe gemeint, daß wegen seines Todes ein neuer Gerichtshof anzuordnen sei[12]?

Warum hat nun der Senat festgestellt, der Brand der Kurie, der Sturm auf das Haus des M. Lepidus[13], die Bluttat selbst habe dem Staat Schaden zugefügt? Weil noch nie in einem freien Gemeinwesen Gewalt unter Bürgern angewandt worden ist, ohne daß der Staat Schaden genommen hätte. Auch die Abwehr 14 von Gewalt ist ja unter keinen Umständen wünschenswert (wenn auch manchmal unvermeidlich) – es sei denn, man wollte behaupten, der Tag, an dem Ti. Gracchus, oder der, an dem Gaius erschlagen wurde, oder der bewaffnete Aufstand des Saturninus, mag er auch von Staats wegen unterdrückt worden sein, hätten dem Staat keine Wunde zugefügt. Deswegen habe auch ich, sobald feststand, daß auf der appischen Straße eine Bluttat begangen worden sei, nicht etwa geäußert, jemand, von dem Notwehr geübt worden sei, habe dem Staat Schaden zugefügt; vielmehr habe ich, da der Vorgang Gewaltanwendung und einen tückischen Anschlag erkennen ließ, die Aburteilung des Schuldigen dem Gericht überlassen und nur die Tat selbst gebrandmarkt.

Wenn der fanatische Volkstribun dem Senat erlaubt hätte,

seine Beratung abzuschließen, dann hätten wir keinen neuen
Gerichtshof. Der Senat wollte ja vorschlagen, das Verfahren
auf Grund der bestehenden Gesetze – lediglich außer der Reihe
– durchzuführen. Da wurde getrennt abgestimmt, weil ich
weiß nicht wer das wollte – es ist ja nicht nötig, daß ich hier
jedermanns Schandtaten bekannt gebe. Den Rest der Empfehlung zu beschließen, wurde dann dem Senat durch gekauften
Einspruch unmöglich gemacht[14].

15   Da wendet man ein, Cn. Pompeius habe sich durch sein Gesetz zum Tathergang und zu dessen Bedeutung geäußert; dort
ist ja von dem Blutvergießen die Rede, das sich auf der appischen Straße zugetragen habe und dem P. Clodius zum Opfer
gefallen sei. Wovon ist dort die Rede? Daß eine Untersuchung
stattfinden solle. Und worum soll es in dieser Untersuchung gehen? Ob die Tat geschehen sei? Das steht doch fest! Wer sie begangen habe? Das ist offenkundig. Pompeius hat also berücksichtigt, daß man die Tat zugeben und gleichwohl rechtmäßiges Handeln für sich beanspruchen kann. Denn wenn er nicht
berücksichtigt hätte, daß auch der Geständige freigesprochen
werden kann (er sah ja, daß wir geständig waren), dann hätte er
bestimmt keine Untersuchung angeordnet noch euch für euer
Urteil ebenso den rettenden Buchstaben wie den verdammenden anvertraut[15]. Ich möchte sogar meinen, daß Cn. Pompeius
nicht ernstlich gegen Milo Stellung genommen, daß er vielmehr bestimmt hat, worauf ihr bei eurer Entscheidung achten
müßt. Denn wer auf ein Geständnis nicht die Strafe, sondern
die Möglichkeit der Rechtfertigung folgen läßt, der hält die
Ursache des Todesfalles, nicht den Todesfall selbst für unter-
16   suchenswert. Und das wird er uns zweifellos bald selbst sagen:
ob er sich bei seiner Initiative von der Rücksicht auf Publius
Clodius oder durch die Umstände hat leiten lassen.

In seinem eigenen Hause wurde einst unser hochangesehener Mitbürger, der Vorkämpfer des Senats und – in jener Zeit –

geradezu sein Beschützer, der Onkel eines der hier anwesenden Richter, des tatkräftigen M. Cato, der Volkstribun M. Drusus ermordet. Kein Gesetzesantrag erging wegen seines Todes an das Volk, kein Gerichtshof wurde eigens vom Senat niedergesetzt. Welche Trauer herrschte, wie wir von unseren Vätern wissen, in dieser Stadt, als P. Africanus, während er zu Hause war und schlief, das Opfer einer nächtlichen Gewalttat wurde[16]! Wer hat damals nicht geächzt, wer sich nicht vor Schmerz verzehrt, daß man bei dem Manne, dem jeder, wenn es möglich wäre, die Unsterblichkeit gewünscht hätte, nicht einmal das natürliche Ende abgewartet hatte! Wurde etwa wegen der Ermordung des Africanus ein besonderer Gerichtshof eingesetzt? Ganz bestimmt nicht.

Und warum nicht? Weil das Verbrechen dasselbe ist, ob nun [17] berühmte oder unberühmte Leute ermordet werden. Man mag im Leben Rangunterschiede zwischen Hoch und Niedrig machen: der Tod, durch ein Verbrechen bewirkt, muß mit denselben Strafen und Gesetzen geahndet werden. Jemand ist ja wohl nicht in höherem Maße ein Meuchelmörder, wenn er den Abkömmling eines Konsuls, als wenn er einen gewöhnlichen Menschen tötet, noch ist der Tod des P. Clodius deshalb schrecklicher, weil er sich an einem Ort, der das Gedächtnis seiner Vorfahren bewahrt, ereignet hat. Das wird ja von den Anklägern immer wieder behauptet – als hätte der große Appius Caecus[17] die Straße nicht zum Nutzen des Volkes, sondern für straflose Raubzüge seiner Nachkommen erbaut!

So war denn, als auf derselben appischen Straße P. Clodius [18] den hochangesehenen römischen Ritter M. Papirius getötet hatte[18], für dieses Verbrechen keinerlei Sühne erforderlich (ein Adliger hatte ja auf «seinem» Bauwerk einen römischen Ritter getötet) – doch jetzt: zu was für pathetischen Reden gibt nicht der Name derselben Straße Anlaß! Als sie unlängst von dem Mord an einem angesehenen und untadeligen Manne gefärbt war, da sprach man nicht von ihr, jetzt hingegen ist sie in aller Munde, nachdem das Blut eines Räubers und Mörders sie benetzt hat.

Doch was rede ich von diesen Dingen? Festgenommen hat man im Kastortempel einen Sklaven des P. Clodius, den dieser beauftragt hatte, Cn. Pompeius zu töten; entwunden hat man dem Geständigen den Dolch, den er in Händen hielt. Gemieden hat daraufhin Pompeius das Forum, gemieden den Senat, gemieden die Öffentlichkeit: er schützte sich durch Türen und Wände, nicht durch das gebietende Wort der Gesetze und Gerichte[19]. Hat man ein Gesetz erlassen, hat man ein neues Gericht niedergesetzt? Und doch: wenn sich je ein Vorgang, eine Persönlichkeit, eine Zeit dafür eigneten, dann war das alles bei dieser Sache in höchstem Maße der Fall. Ein Attentäter lauerte auf dem Forum, ja in der Vorhalle des Senats; man wollte den Mann in den Tod schicken, von dessen Leben das Wohl unseres Staates abhing, und noch dazu in Zeitläuften, in denen der Untergang des Einen den Untergang nicht nur dieser Stadt, sondern aller Völker verursacht hätte. Man wende nicht ein, daß diese Tat, weil sie nicht ausgeführt wurde, keine Strafe verdiente – als ob die Gesetze die Aufgabe hätten, den Erfolg und nicht die Absicht der Täter zu ahnden! Man hatte weniger Anlaß zu klagen, da die Tat unausgeführt blieb, doch nichtsdestoweniger Anlaß zu strafen. Wie oft bin auch ich, ihr Richter, den Geschossen des P. Clodius und seinen blutigen Händen eben noch entronnen! Wenn mich nicht mein oder des Staates gütiges Geschick davor bewahrt hätte: wer wäre dann wegen meines Todes um einen Gerichtshof eingekommen?

Doch wir sind Toren, daß wir Drusus, Africanus, Pompeius, uns selbst mit P. Clodius zu vergleichen wagen. All das war doch erträglich – nur den Tod des P. Clodius kann niemand mit Gleichmut hinnehmen! Es grämt sich der Senat, es klagt der Ritterstand, die ganze Bürgerschaft ist von Kummer überwäl-

tigt, die Landstädte trauern, die Siedlerstädte sind tief getroffen, kurz, selbst die Fluren beweinen den Verlust eines so auf-
opferungsvollen, so hilfsbereiten, so umgänglichen Bürgers.

Das war nicht der Grund, ihr Richter, wahrhaftig nicht, wes- [21]
halb Pompeius sich entschloß, einen besonderen Gerichtshof
einzusetzen – vielmehr bedachte er in seiner Weisheit und seiner tiefen, geradezu göttlichen Einsicht vieles zugleich: Clodius sei sein Feind, Milo hingegen sein Freund gewesen; wenn er
in der allgemeinen Freude sich auch selbst erleichtert zeige,
dann, fürchtete er, werde man die Aufrichtigkeit seiner
Wiederaussöhnung mit Clodius[20] für recht zweifelhaft halten.
Er bedachte noch vieles andere, doch vor allem dies: ihr würdet, obwohl er selbst ein scharfes Gesetz erlassen habe, nichtsdestoweniger ein mutiges Urteil fällen. Deshalb nahm er die
Leuchten der angesehensten Stände, ohne doch (was einige zu
behaupten nicht müde werden) bei der Bestimmung der Richter meine Freunde auszuschließen. Denn daran hat er, gerecht
wie er ist, nicht gedacht, noch hätte er das, da er ja rechtschaffene Männer auswählte, überhaupt erreichen können, selbst
wenn er gewollt hätte. Mein Einfluß beruht ja nicht auf persönlichen Beziehungen (die können nicht weit reichen, weil es
unmöglich ist, mit vielen vertraulichen Umgang zu pflegen) –
sondern wenn meine Stimme etwas gilt, dann deshalb, weil ich
durch die Politik mit den Rechtschaffenen verbunden bin. Indem nun Pompeius aus ihren Reihen die besten Männer auswählte und gerade hierin seine wichtigste Verpflichtung erblickte, konnte er gar nicht umhin, Anhänger meiner Sache
auszuwählen.

Wenn er gar mit Nachdruck darauf drang, L. Domitius, daß [22]
dieses Verfahren dir unterstellt sein solle, dann war es ihm um
nichts anderes zu tun als um Gerechtigkeit, Würde, Milde und
Gewissenhaftigkeit. Er ordnete an, daß nur ein ehemaliger
Konsul in Betracht komme – offensichtlich, weil er glaubte,

daß es Sache der maßgeblichen Männer sei, den Launen der Menge und dem blindwütigen Treiben der Skrupellosen die Stirn zu bieten. Unter den ehemaligen Konsuln hat er zuallererst dich ausersehen – denn wie gründlich du den Wahnwitz des Pöbels verachtest, dafür legst du schon seit jungen Jahren die eindrucksvollsten Proben ab[21].

23   Wir wollen uns nun endlich der Sache selbst und dem Schuldvorwurf zuwenden, ihr Richter, und da nicht jedes Geständnis einer Tat ungewöhnlich ist noch der Senat unsern Fall in irgendeinem Punkte anders beurteilt hat, als wir wünschten, da ferner der Gesetzgeber selbst, weil es ja in der Tatfrage keine Meinungsverschiedenheiten gab, die Rechtsfrage untersucht wissen wollte und die für diesen Fall ausersehenen Richter und ihr Vorsitzender das Zeug haben, die Untersuchung gerecht und umsichtig zu führen, ist zwingend gegeben, ihr Richter, daß ihr jetzt nur noch zu prüfen braucht, wer gegen wen ein Attentat geplant hat. Damit ihr das aus den Beweisen um so deutlicher ersehen könnt, will ich euch zunächst kurz den Hergang schildern – hört bitte aufmerksam zu.

24   P. Clodius hatte sich vorgenommen, als Prätor durch Missetaten jeder Art übel in unserem Staate zu hausen. Er sah jedoch, wie die Wahlen des Vorjahres so lange aufgeschoben wurden, daß ihm für die Ausübung der Prätur nur noch wenige Monate übrig blieben. Da er im Unterschied zu den anderen weniger darauf aus war, eine höhere Stufe der Ämterlaufbahn zu erreichen, da er weiterhin zu vermeiden wünschte, daß er den L. Paullus, einen hervorragend fähigen Mann, als Kollegen erhielt, und zudem für die Zerrüttung unseres Staatswesens ein volles Jahr zur Verfügung haben wollte, verzichtete er plötzlich auf den frühesten ihm zustehenden Termin, und er verschob seine Bewerbung auf das folgende Jahr – nicht, wie es ja vorkommt, aus religiösen Bedenken, sondern um (so seine eigenen Worte) für die Ausübung der Prätur, d. h. für den Ruin des

Staates, ein volles und unverkürztes Jahr zur Verfügung zu haben[22].

Da ging ihm auf, daß eine Prätur unter Milo als Konsul lahm 25 und kraftlos sein werde; er sah kommen, daß das römische Volk ihn mit größter Einhelligkeit zum Konsul wählen würde. So verbündete er sich mit Milos Rivalen; hierbei leitete er ganz allein trotz ihres Widerspruchs den gesamten Wahlkampf, hierbei nahm er (wie er selbst sich gern ausdrückte) die ganzen Wahlen auf seine eigenen Schultern. Er berief die Stimmbezirke zu Versammlungen, er schaltete sich überall ein, er brachte durch Anwerben der verworfensten Subjekte einen zweiten kollinischen Bezirk auf die Beine[23]. Je mehr er anzettelte, desto mehr erstarkte von einem Tag zum anderen die Stellung Milos.

Wie nun der Mensch, der zu jeder Untat bereit war, sah, daß ein überaus beherzter Mann, sein Todfeind, die sichersten Aussichten auf das Konsulat hatte, und begriff, daß sich dies nicht nur in den Reden, sondern auch in Wahlversammlungen des römischen Volkes[24] oft genug andeutete, da begann er ganz offen vorzugehen und unverhohlen zu erklären, daß Milo beseitigt werden müsse. Er hatte mit rohen Kerlen von Sklaven die 26 staatlichen Forsten verwüstet und Etrurien heimgesucht; die holte er sich, wie ihr selbst gesehen habt, aus dem Apennin herbei. Das war wirklich kein Geheimnis; er wurde ja nicht müde, offen zu sagen, das Konsulat könne man dem Milo nicht rauben, wohl aber das Leben. Er hat es mehrfach im Senat angedeutet und in Volksversammlungen ausgesprochen – schlimmer noch: als M. Favonius, ein unerschrockener Mann, ihn fragte, was er sich, solange Milo lebe, von seinem Toben verspreche, da gab er zur Antwort, in drei oder höchstens vier Tagen werde es aus sein mit ihm; diese Worte hat Favonius unverzüglich dem hier anwesenden M. Cato mitgeteilt[25].

Nun hatte Clodius in Erfahrung gebracht (das war ja auch 27 nicht schwierig), daß Milo am 18. Januar eine dienstliche, vom

Gesetz vorgeschriebene und unumgängliche Reise nach Lanuvium unternehmen müsse, um einen Priester zu ernennen; er
war nämlich Diktator dieser Stadt[26]. Da entfernte sich plötzlich
am Tage zuvor auch Clodius aus Rom, um – wie der Ausgang
gezeigt hat – in der Nähe eines ihm gehörigen Grundstücks ein
Attentat auf Milo vorzubereiten. Und er hatte es hierbei so
eilig, daß er sich eine aufrührerische Versammlung, die nach
seinen Tobsuchtsanfällen verlangte (sie fand genau an diesem
Tage statt), entgehen ließ – das wäre ihm, wenn er nicht für
Zeit und Ort seines Verbrechens hätte bereit sein wollen, niemals eingefallen.

28   Milo wiederum ging an jenem Tage, nachdem er bis zum
Ende der Sitzung im Senat gewesen war, nach Hause, wechsel-
te Schuhe und Kleider, wartete noch eine Weile, während sich
seine Frau, wie es zu gehen pflegt, zurechtmachte, und brach
schließlich zu einem Zeitpunkt auf, an dem Clodius, wäre es
seine Absicht gewesen, an diesem Tage wieder nach Rom zu
kommen, schon hätte zurück sein können. So zieht ihm Clodius
entgegen: ganz unbehindert, zu Pferde, ohne Wagen, ohne Ge-
päck, ohne die Griechen, seine üblichen Begleiter, und ohne
seine Frau, was eine große Ausnahme war, während der angebliche Wegelagerer, der die Reise unternommen hatte, um einen
Mord zu begehen, gemeinsam mit seiner Frau im Wagen reiste,
im Mantel, mit einem großen, schwerfälligen Zuge, darunter
Frauen, und mit verwöhnten Dienerinnen und jungen Sklaven.

29   Er trifft auf Clodius: vor dessen Grundstück, gegen die elfte
Stunde[27], aber nicht viel früher oder später; sofort greifen ihn
mehrere Leute frontal von einer höher gelegenen Stelle aus mit
Wurfspießen an; sie töten den Kutscher. Als Milo nun, den
Mantel ausgezogen, vom Wagen sprang und sich beherzt verteidigte, da zückten die Leute des Clodius das Schwert: ein Teil
rannte wieder zum Wagen, um Milo vom Rücken her anzugreifen; andere, die ihn schon tot glaubten, fielen über die weiter

hinten befindlichen Sklaven her. Die aber waren ihrem Herrn
treu ergeben und zudem Draufgänger; einige fielen. Andere sahen, daß beim Wagen Kampf entbrannt war, wurden jedoch
daran gehindert, ihrem Herrn zu helfen, und hörten aus dem
Munde des Clodius, Milo sei tot, und glaubten das auch: sie, die
Sklaven Milos (ich will offen reden, nicht um die Anklage zu
widerlegen, sondern weil es sich so zugetragen hat), legten
ohne Befehl, ohne Wissen und in Abwesenheit ihres Herrn ein
Verhalten an den Tag, wie es sich in einer solchen Lage jeder
von seinen Sklaven gewünscht hätte.

Wenn ich die Ereignisse so dargestellt habe, wie sie sich ab- 30
gespielt haben, ihr Richter, dann hat der Angreifer den kürzeren gezogen, dann wurde Gewalt durch Gewalt abgewehrt
oder vielmehr Bedenkenlosigkeit durch Mannesmut überwunden. Ich sage nicht, was der Staat, nicht, was ihr, nicht was alle
Rechtschaffenen dadurch gewonnen haben – das soll Milo
nichts einbringen, obwohl er vom Schicksal dazu ausersehen
war, daß er nicht einmal sein Leben retten konnte, ohne zugleich den Staat und euch zu retten. Wenn er kein Recht hatte,
die Tat zu vollbringen, dann habe ich nichts zu seiner Verteidigung zu sagen.

Doch die Vernunft schreibt den Zivilisierten und die Not
den Unzivilisierten, das Herkommen den Völkerschaften und
die Natur den wilden Tieren vor, jede Gefahr stets mit allen
Mitteln von ihrem Kopf, ihrem Leib, ihrem Leben abzuwenden: dann könnt ihr Milos Tat nicht für verwerflich erklären,
ohne daß ihr zugleich erklärt, jeder, der in die Gewalt von Räubern gerät, müsse entweder deren Dolchen oder eurem Urteil
erliegen. Wenn Milo das vermutet hätte, dann wäre es be- 31
stimmt besser für ihn gewesen, er hätte seine Kehle dem P. Clodius hingehalten, der es nicht nur einmal und damals nicht das
erste Mal darauf abgesehen hatte – besser, als von euch umgebracht zu werden, weil er sich nicht von ihm hatte umbringen

lassen. Wenn jedoch niemand von euch dieser Meinung ist, dann geht es in diesem Prozeß nicht darum, ob Clodius getötet worden ist (das geben wir ja zu), sondern ob zu Recht oder zu Unrecht, was man schon oft und in zahlreichen Prozessen untersucht hat. Daß ein Attentat geplant war, steht fest, und das ist es, was der Senat als schädlich für den Staat bezeichnet hat; doch wer es geplant hat, ist ungewiß. Weil diese Frage untersucht werden sollte, kam das neue Gesetz – der Senat hat also die Sache, keine Person gebrandmarkt, und Pompeius hat den Gerichtshof zur Prüfung einer Rechts-, nicht einer Tatfrage eingesetzt. Ist es in diesem Prozeß je um etwas anderes gegangen als darum, wer gegen wen ein Attentat geplant hat? Nein, bestimmt nicht: wenn Milo das getan hat, dann soll er seine Strafe haben, wenn Clodius, dann soll man uns von Schuld freisprechen.

32   Wie kann man nun beweisen, daß es Clodius war, der das Attentat gegen Milo geplant hat? Es genügt bei einem so skrupellosen, so abscheulichen Ungeheuer darzutun, daß ihm ein großes Ziel und große Aussichten für den Fall von Milos Tod vor Augen standen, daß große Vorteile damit verbunden waren. Wir wollen also die Maxime des Cassius, wer denn etwas davon gehabt habe[28], auf diese Personen anwenden, obwohl sich Rechtschaffene durch gar keinen, Skrupellose nicht selten durch einen geringfügigen Vorteil zu einer Missetat verleiten lassen. Nun, durch den Tod Milos erreichte Clodius, daß er seine Prätur nicht unter einem Konsul ausüben müsse, der ihn an jeglichem Verbrechen hindern würde, sondern unter Konsuln, deren Beistand, wie er hoffte, oder jedenfalls Nachsicht ihm erlauben würde, den von ihm geplanten Wahnsinnstaten freien Lauf zu lassen. Sie würden (wie zumindest er sich die Sache zurechtlegte) seine Unternehmungen auch dann nicht zu bekämpfen bereit sein, wenn sie könnten, und selbst wenn sie wollten, wären sie vielleicht kaum in der Lage, die in langer Gewohn-

heit erstarkte Brutalität dieses entsetzlichen Menschen zu brechen.

Oder ist euch allein unbekannt, ihr Richter, weilt ihr als 33 Fremde in dieser Stadt, sind eure Ohren auf Reisen und außer Reichweite der üblen in der Bürgerschaft umgehenden Reden: was für Gesetze (wenn man sie noch so nennen darf und sie nicht Brandfackeln der Stadt oder Geißeln unseres Staates heißen sollten) er uns allen aufzwingen und einbrennen wollte? Zeig bitte, Sex. Clodius, das Bündel eurer Gesetze vor, das du, wie es heißt, aus seinem Hause geholt und, als wäre es das Palladium, mitten in dem Waffengeklirr und dem nächtlichen Tumult an dich gebracht hast – das wolltest du (wahrhaftig, eine herrliche Gabe und Waffe für das Tribunat!) dem Manne (wenn du einen fändest) anbieten, der als Tribun deine Weisungen befolgen würde. Und er hat mir jetzt einen Blick zugeworfen, wie er's damals tat, als er jedermann gegenüber mit Drohungen um sich warf: wahrhaftig, ich erbebe vor dieser Leuchte der Kurie[29]!

Wie – glaubst du denn, ich sei böse auf dich, Sextus, wo du meinen Erzfeind viel grausamer bestraft hast, als mir mein Gefühl für Menschlichkeit zu fordern erlaubte? Du hast den blutigen Leichnam des P. Clodius aus dem Hause gezerrt, hast ihn auf die Straße geworfen, hast ihn, dem Ahnenbilder, Bestattung, letztes Geleit und Totenpreis versagt blieben, der auf schrecklichen Balken halb verbrannt war, den nächtlichen Hunden zum Fraße preisgegeben. Wenn das auch abscheulich von dir war, so hast du doch immerhin deine Grausamkeit an meinem Feinde ausgelassen; so kann ich dich zwar nicht loben, brauche dir aber wenigstens nicht zu zürnen.

Ihr habt gehört, ihr Richter, was für Clodius der Tod Milos 34 bedeutet hätte; richtet jetzt eure Aufmerksamkeit auf die Lage Milos. Was konnte der Tod des Clodius für Milo bedeuten? Was für Gründe konnte Milo haben, ich will nicht sagen, die

Tat zu begehen, sondern nur zu wünschen? «Bei der Hoffnung
aufs Konsulat stand Clodius dem Milo im Wege.» Nein: trotz
seines Widerstandes wäre Milo Konsul geworden, ja seine Aussichten wären sogar gestiegen, und ich konnte seine Bewerbung nicht wirksamer unterstützen als Clodius. Es zählte bei
euch, ihr Richter, die Erinnerung an das, was Milo für mich
und den Staat getan hatte; es zählten unsere Bitten und Tränen,
die euch damals, wie ich feststellen konnte, mächtig beein-
druckten – doch weit mehr zählte die Furcht vor den drohen-
den Gefahren. Denn welcher Bürger rechnete sich nicht aus,
daß eine Prätur des P. Clodius, bliebe sie ohne Gegengewicht,
in eine schwere Staatskrise führen würde? Und ohne Gegengewicht würde sie, wie ihr saht, bleiben, wenn nicht der Mann
Konsul wäre, der den Mut und die Kraft hätte, sie zu bändigen.
Daß Milo der einzige war, der hierfür in Betracht kam, begriff
das ganze römische Volk: wer hätte da gezögert, durch seine
Stimme sich selbst von der Angst, den Staat von der Gefahr zu
befreien? Doch jetzt, nachdem Clodius beseitigt ist, muß sich
Milo mit den gewöhnlichen Mitteln bemühen, seine Stellung
zu behaupten; der einzigartige, ihm allein zustehende und täglich wachsende Ruhm, dem wüsten Treiben des Clodius die
Stirn zu bieten, gehört seit dem Tode des Clodius der Vergangenheit an. Für euch hat sich daraus ergeben, daß ihr keinen
Mitbürger mehr zu fürchten braucht; er aber hat die Walstatt
seiner Tapferkeit, die Empfehlung für das Konsulat, die ständige Quelle seines Ruhmes eingebüßt. So hat denn Milos Konsulat, das zu Lebzeiten des Clodius unerschütterlich war, nach
seinem Tode zu wanken begonnen. Demnach bringt der Tod
des Clodius Milo keinerlei Vorteil, ja er schadet ihm sogar.

35   «Aber ihn hat der Haß übermannt, er tat's im Zorne, er tat's
als Feind, er wollte Rache für das Unrecht, Genugtuung für seinen Schmerz.» Wie – wenn all das bei Clodius eine größere Rolle spielte als bei Milo, oder vielmehr: wenn es bei dem einen

eine sehr große, bei dem anderen überhaupt keine Rolle spielte, was wollt ihr dann noch? Welchen Grund hätte Milo gehabt, Clodius zu hassen, den Nährboden und Urgrund seines Ruhmes, abgesehen von dem Haß, den Bürger allgemein gegen Schurken hegen? Clodius hatte Anlaß, ihn zu hassen, einmal als den Anwalt meiner Rückberufung, dann als den Bändiger seiner Raserei und Bezwinger seiner Gewalttätigkeit, schließlich auch als seinen Ankläger; er war nämlich auf Grund des Plautischen Gesetzes[30] Angeklagter Milos, solange er lebte. Mit welchen Gefühlen, glaubt ihr, hat dieser Wüterich das hingenommen? Wie groß muß sein Haß gewesen sein und – bei einem so ungerechten Menschen – wie berechtigt?

So bleibt noch, daß Charakter und gewöhnliches Verhalten [36] für Clodius sprechen und zugleich Milo überführen: «Nie irgendwelche Gewalt bei Clodius, immerfort Gewalt bei Milo.» Wie? – ich, ihr Richter, als ich zu eurem Leidwesen die Stadt verließ, habe ich da einen Prozeß gescheut oder Sklaven, oder Waffen, oder Gewalt? Hätte man mich denn mit Recht zurückgerufen, wenn man mich nicht zu Unrecht ausgewiesen hätte? Gewiß doch: er hatte mir einen Termin angekündigt, eine Geldstrafe gegen mich beantragt, einen Prozeß wegen Hochverrats[31] eingeleitet, und ich, versteht sich, mußte mich in einer üblen Sache oder einer, die nur mich betraf (nicht in einer ganz unanfechtbaren, die auch euch betraf), vor einem Urteil fürchten.

Nein: ich habe meine Mitbürger, die ich durch meine Maßnahmen in eigener Verantwortung gerettet hatte, nicht an meiner Statt den Waffen von Sklaven und von mittellosen, verbrecherischen Bürgern ausliefern wollen. Ich hatte ja gesehen – [37] jawohl: gesehen, wie der hier anwesende Q. Hortensius, eine Leuchte und Zierde unseres Staates, beinahe von einer Sklavenbande erschlagen worden wäre, als er mir helfen wollte; in diesem Handgemenge wurde der Senator C. Vibienus, ein vor-

trefflicher Mann, der ihn begleitete, so übel mißhandelt, daß er
sein Leben lassen mußte.[32] Und wann ist seither der gefürchtete
Dolch zur Ruhe gekommen, den Clodius von Catilina erhalten
hatte? Der war gegen uns gezückt; dem habe ich euch nicht um
meinetwillen aussetzen wollen; der trachtete Pompeius nach
dem Leben; der hat die appische Straße, das Denkmal des claudischen Namens, durch die Ermordung des Papirius mit Blut
befleckt; der hat sich nach langer Zeit wieder einmal gegen
mich gewandt: er hätte mich neulich, wie euch bekannt ist, in
der Nähe der Regia beinahe getötet[33].

38   Was war bei Milo ähnlich? Alle Gewalt, die er anwandte,
sollte lediglich verhindern, daß P. Clodius, der sich nicht vor
Gericht bringen ließ, unser Staatswesen mit Gewalt in Unfreiheit hielte. Wenn er ihn hätte töten wollen: was für Gelegenheiten, wie häufige und wie vortreffliche hätte er gehabt!
Konnte er nicht, als er sein Haus und seine Penaten gegen ihn,
den Belagerer, verteidigte, mit Recht Vergeltung üben, konnte
er das nicht, als ein hervorragender Mitbürger und überaus beherzter Mann, sein Kollege P. Sestius, verwundet, und nicht,
als Q. Fabricius, ein vortrefflicher Mann, der gerade ein Gesetz
über meine Rückberufung einbringen wollte, nach einem
grauenhaften Blutbad auf dem Forum vertrieben worden war,
konnte er das nicht, als L. Caecilius, ein ebenso gerechtigkeits-
liebender wie tapferer Prätor, eine Bestürmung seines Hauses
erdulden mußte – und auch nicht an jenem Tage, an dem das
mich betreffende Gesetz angenommen wurde? Hätte doch damals die Versammlung ganz Italiens, die sich um meiner Rückkehr willen eingefunden hatte, den Ruhm dieser Tat mit Freuden auf sich bezogen, hätte doch die ganze Bürgerschaft, auch
wenn Milo der Täter gewesen wäre, das Verdienst für sich beansprucht[34]!

39   Doch wie waren damals die Verhältnisse? Ein hochangesehener und ungemein tatkräftiger Mann als Konsul: ein Feind

des Clodius und Rächer seines Verbrechens, ein Vorkämpfer
des Senats, Verteidiger eurer Überzeugungen, Anwalt der ein-
helligen öffentlichen Meinung und Erneuerer meines Ranges;
sieben Prätoren und acht Tribunen Gegner des Clodius und
Verteidiger meiner Sache; Cn. Pompeius als Urheber und trei-
bende Kraft meiner Rückkehr, ein Feind des Clodius, der
Mann, dessen entschiedenem und ehrenvollem Antrag wegen
meiner Rückberufung sich der ganze Senat anschloß, der an das
römische Volk appellierte, der, sobald er in Capua um meinetwillen einen Beschluß erwirkt hatte, in eigener Person ganz
Italien, das schon darauf wartete und inständig um seinen Beistand bat, das Zeichen gab, sich zu meiner Rückberufung in
Rom zu versammeln[35]. So war schließlich aus Verlangen nach
mir der Haß aller Bürger gegen ihn entbrannt: wenn ihn damals
jemand getötet hätte, dann hätte man nicht an Straflosigkeit,
sondern an Belohnungen gedacht! Milo aber hielt damals an 40
sich, und er forderte P. Clodius zweimal vor Gericht[36], doch
niemals zu gewaltsamer Auseinandersetzung.

Wie – Milo war ohne Amt und mußte sich auf Betreiben des
P. Clodius als Angeklagter vor dem Volke verantworten: als
nunmehr ein Überfall auf Cn. Pompeius, der für Milo sprach,
verübt wurde, welche gute Gelegenheit, ja welch triftiger
Grund hat damals bestanden, Clodius zu beseitigen! Und erst
neulich, als M. Antonius allen Rechtschaffenen größte Hoffnungen auf Rettung machte, als er, ein junger Mann von bester
Herkunft, sich mit ungewöhnlicher Tatkraft der dringendsten
politischen Aufgabe annahm und er das Ungeheuer, das sich
den Schlingen der Justiz zu entziehen suchte, schon im Netz
gefangen hielt: wie günstig war damals der Ort, wie günstig
die Zeit, ihr unsterblichen Götter! Als er sich auf der Flucht im
Dunkel einer Treppe verbarg, wie leicht hätte Milo den Un-
hold erledigen können, ohne sich selbst verhaßt zu machen und
zum größten Ruhme des M. Antonius[37]! Wie – bei den Wahlen, 41

auf dem Marsfeld: wie oft bot sich ihm eine Möglichkeit, wenn
Clodius die Schranken durchbrach, die Schwerter ziehen und
Steine werfen ließ, wenn er dann plötzlich, vom Anblick Milos
eingeschüchtert, an den Tiber flüchtete und ihr mit allen
Rechtschaffenen wünschtet, Milo möchte von seiner Tapfer-
keit Gebrauch machen!

Also: den Mann, den er trotz allgemeiner Billigung nicht töten wollte, bei dem hätte er's trotz einiger Mißbilligung gewollt; den er, als das Recht, der Ort, die Zeit, die Straffreiheit
für die Ausführung sprachen, nicht zu beseitigen wagte, gegen
den wäre er wider alles Recht, an ungünstigem Orte, zu unvor-
teilhafter Zeit, unter Einsatz seines Lebens ohne zu zögern vorge-
42 gangen? Kommt hinzu, ihr Richter, daß der Entscheidungs-
kampf ums höchste Amt und der Tag der Wahlen vor der Tür
standen, und in dieser Zeit – ich weiß ja, wie vorsichtig der
Ehrgeiz ist und welch große Sorge sich mit dem Streben nach
dem Konsulat verbindet! – fürchten wir alles: nicht nur, was
öffentliche Kritik, sondern auch was Nachdenklichkeit im Stil-
len hervorrufen kann; ein harmloses Gerücht, eine erfundene
Geschichte läßt uns zusammenfahren, und wir durchforschen
jedermanns Miene und Blick. Denn nichts ist so verletzbar,
so empfindlich, so brüchig oder so launisch wie die Einstellung und Haltung unserer Mitbürger uns gegenüber: sie ärgern
sich nicht nur über schlechte Eigenschaften der Kandidaten, sondern versagen oft auch deren Verdiensten jede Anerkennung.

43 Diesen Tag also, den erhofften und ersehnten Tag des Marsfeldes vor Augen, gedachte Milo mit blutigen Händen – als
Verbrecher und Schurke, der seine Tat zur Schau trug und offen eingestand – zur feierlichen Vogelschau der Stimmbezirke[38] zu erscheinen? Wie unglaublich ist das in seinem Falle, wie
unbezweifelbar hingegen im Falle des Clodius, der doch ver-
meinte, nach der Ermordung Milos unbeschränkt herrschen zu

können! Ferner – was ja bei tolldreisten Taten der springende
Punkt ist, ihr Richter – wem wäre unbekannt, daß der stärkste
Köder des Verbrechens die Aussicht auf Straffreiheit ist? Und
wer von den beiden hatte diese Aussicht? Milo, der sich selbst
jetzt wegen einer herrlichen oder jedenfalls unvermeidlichen
Tat verantworten muß, oder Clodius, dem Prozesse und Strafen
so gleichgültig waren, daß ihn nichts mehr befriedigte, was
nach allgemeinen Grundsätzen erlaubt und nach den gesetzlichen Bestimmungen gestattet war?

Doch wozu stelle ich Überlegungen an, wozu bringe ich 44
Gründe vor? Dich, Q. Petilius, rufe ich auf, einen tüchtigen
und mutigen Mann, dich, M. Cato, bitte ich um dein Zeugnis –
euch beide hat mir eine göttliche Fügung zu Richtern gegeben.
Ihr habt von M. Favonius vernommen, daß Clodius ihm versichert habe (und ihr habt das vernommen, als Clodius noch lebte), um Milo werde es in drei Tagen geschehen sein – nach drei
Tagen wurde die Tat ausgeführt, die er angekündigt hatte[39]. Da
er nicht zögerte, seinen Plan zu enthüllen: wie könnt ihr zögern, an seine Tat zu glauben?

Wie konnte es denn geschehen, daß er sich nicht im Tage irr- 45
te? Das habe ich soeben erklärt. Die feststehenden Kultver-
pflichtungen des Diktators von Lanuvium zu erfahren, war
keine Schwierigkeit. Er sah, daß Milo an eben dem Tage nach
Lanuvium reisen müsse, an dem er auch wirklich gereist ist,
und so traf er seine Vorkehrungen. Und an welchem Tage? An
dem, wie schon gesagt, eine Versammlung tobte, die ein Volkstribun, ein Söldling des Clodius, aufgepeitscht hatte – diesen
Tag, diese Versammlung, dieses Gebrüll hätte er sich, wäre ihm
nicht das geplante Verbrechen vordringlich erschienen, niemals entgehen lassen[40]. Demnach hatte er keinerlei Grund zu
verreisen, ja sogar einen Grund zu bleiben; Milo hingegen hatte keine Möglichkeit zu bleiben und nicht nur einen Grund,
sondern auch die Pflicht fortzugehen.

Wenn nun aber, während Clodius wußte, daß Milo an jenem Tage unterwegs sein würde, Milo von einer Reise des Clodius nicht das Geringste ahnen konnte? Ich frage zunächst, wie er das hätte erfahren sollen – diese Frage könnt ihr im Falle des Clodius gar nicht aufwerfen. Denn er brauchte sich nur bei T. Patina, seinem besten Freunde, zu erkundigen, um zu erfahren, daß der Diktator Milo an einem bestimmten Tage in Lanuvium einen Priester ernennen müsse. Doch es gab noch viele andere, von denen er das ganz leicht hätte erfahren können.

Bei wem hat sich Milo nach der Rückkehr des Clodius erkundigt? Mag er's getan haben (seht, was ich euch zugestehe), mag er sogar, wie mein Freund Q. Arrius behauptet, einen Sklaven bestochen haben! Lest in den Aussagen eurer Zeugen nach: C. Causinius Schola aus Interamna, engster Freund und Begleiter des Clodius, nach dessen früherem Zeugnis sich Clodius zur gleichen Stunde sowohl in Interamna als auch in Rom befunden hat – dieser Mann hat erklärt, P. Clodius habe an jenem Tage auf seinem Gut bei Alba bleiben wollen[41]; doch sei ihm überraschend mitgeteilt worden, sein Architekt Kyros sei verstorben – da habe er beschlossen, sofort nach Rom abzureisen. Dies hat auch ein anderer Begleiter des P. Clodius, C. Clodius, behauptet.

Beachtet, ihr Richter, was für Folgerungen sich aus diesen Zeugenaussagen ergeben. Zweifellos wird Milo zunächst in der Hinsicht entlastet, daß er nicht mit dem Vorsatz abgereist sein kann, Clodius an der Straße aufzulauern, da dieser ihm ja gar nicht entgegenziehen würde. Außerdem (ich sehe nämlich nicht ein, warum ich hier nicht auch in eigener Sache reden soll) ist euch bekannt, ihr Richter, daß einige von den Befürwortern des neuen Gesetzes[42] behauptet haben, der Mord sei zwar von Milos Hand verübt worden, jedoch auf Anstiften eines Mächtigeren. Offensichtlich suchten sie mich als Banditen und Mörder hinzustellen – diese verworfenen, abscheulichen Menschen. Sie sind durch ihre eigenen Zeugen widerlegt, die ja aussagen, daß Clodius an dem bewußten Tage nicht nach Rom zurückgekehrt wäre, wenn er nicht die Nachricht über Kyros erhalten hätte. Ich atmete auf, ich war entlastet; ich brauche nicht mehr zu fürchten, daß ich geplant zu haben scheine, was ich mir nicht einmal vorzustellen vermochte.

Ich fahre fort; denn jetzt kommt folgender Einwand: «Also 48 hat auch Clodius nicht an ein Attentat gedacht; er wäre ja auf seinem Gut bei Alba geblieben.» Gewiß – wenn er sich nicht entschlossen hätte, das Gut um des Mordanschlags willen zu verlassen. Ich sehe nämlich greifbar vor mir, wie der Mann, der den Tod des Kyros mitgeteilt haben soll, nicht hiervon, sondern vom Herannahen Milos Mitteilung gemacht hat. Denn wozu sollte er etwas über Kyros mitteilen, den Clodius bei seiner Abreise aus Rom als Sterbenden verlassen hatte? Ich war dabei, habe ebenfalls das Testament des Kyros mit meinem Siegel beglaubigt – er hatte nämlich sein Testament vor Zeugen errichtet und ihn und mich zu Erben eingesetzt. Jemand, den er am Vortage gegen die dritte Stunde verlassen hatte, während er in den letzten Zügen lag – von dem wurde ihm erst am Tage darauf, um die zehnte Stunde, mitgeteilt, daß er gestorben sei[43]?

Doch gesetzt, das stimmt: welchen Grund hatte er, nach 49 Rom zu hasten, welchen Grund, sich in die Nacht hinauszustürzen? Was drängte ihn zur Eile? Daß er Erbe war? Einmal lag nichts vor, weshalb es eines so raschen Entschlusses bedurft hätte; zum anderen: wenn etwas vorlag, was war es denn, was er in dieser Nacht noch hätte bekommen können, was er jedoch eingebüßt hätte, wenn er erst am anderen Morgen in Rom angekommen wäre?

Und wie er sich eher hüten als danach streben mußte, bei Nacht in der Stadt einzutreffen, so hätte Milo, da er ja der Angreifer war, wenn er wußte, daß Clodius sich bei Nacht der

Stadt nähern würde, Halt machen und auf ihn warten müssen.
Er hätte ihn bei Nacht getötet; er hätte ihn in einer unsicheren,
50 von Räubern heimgesuchten Gegend getötet. Niemand hätte
seinem Leugnen den Glauben versagt, wo ihm doch trotz seines Geständnisses jedermann einen Freispruch wünscht. Die
Schuld an dem Verbrechen wäre dem Tatort, einem Schlupfwinkel von Räubern zugeschrieben worden; außerdem hätte
weder die stumme Einsamkeit Milo angezeigt, noch die blinde
Nacht ihn sichtbar werden lassen. Ferner wären viele, die Clodius mißhandelt, beraubt und von ihrem Besitz vertrieben hat,
sowie viele, die dies befürchten mußten, in Verdacht geraten;
kurz und gut, man hätte ganz Etrurien vor Gericht stellen müssen[44].

51   Es steht fest, daß Clodius an dem bewußten Tage von Aricia
zurückkehrte, als er auf seinem Gut bei Alba Rast machte. Gesetzt, Milo wußte, daß Clodius in Aricia war: er mußte unbedingt annehmen, daß Clodius, auch wenn er noch am gleichen
Tage nach Rom zurückkehren wollte, auf seinem Gut, das an
der Straße lag, Rast machen würde. Warum suchte Milo ihn
nicht schon vorher zu treffen, damit er nicht auf seinem Gut
Rast machte, oder warum hat er sich nicht an einem Orte aufgestellt, den sein Gegner erst bei Nacht erreichen würde?

52   Ich sehe, ihr Richter, daß bis hierher alles zusammen-
stimmt[45]: daß es für Milo sogar von Vorteil war, wenn Clodius
am Leben blieb, Clodius hingegen um der Ziele willen, die er
sich gesteckt hatte, nichts so lebhaft wünschen mußte wie den
Untergang Milos; daß Clodius den grimmigsten Haß gegen
Milo hegte, während umgekehrt bei Milo nichts derartiges
vorlag; daß es sich der eine zur ständigen Gewohnheit gemacht
hatte, mit Gewalt vorzugehen, der andere hingegen, sie lediglich abzuwehren; daß der eine dem anderen den Tod angekündigt und vor Zeugen vorausgesagt hatte, während der andere
nie so etwas von sich hören ließ; daß Clodius den Tag von Mi-

los Abreise kannte, nicht jedoch Milo den der Rückkehr des
Clodius; daß Milos Reise unvermeidlich, die des Clodius eher
unangebracht war; daß der eine offen ausgesprochen hatte, er
werde an dem bewußten Tage die Stadt verlassen, der andere
hingegen am gleichen Tage nichts von seiner Absicht zurückzukehren verriet; daß der eine seinen Plan in keinem Punkte
geändert, der andere hingegen einen Grund erfunden hat, ihn
zu ändern; daß der eine, wenn er ein Attentat verüben wollte,
in der Nähe der Stadt die Nacht hätte abwarten, der andere hingegen, auch wenn er sich vor seinem Gegner nicht fürchtete,
Bedenken hätte tragen müssen, sich bei Nacht der Stadt zu nähern.

Wir wollen jetzt einen Punkt betrachten, auf den es ent- 53
scheidend ankommt: den Ort des Überfalls selbst, wo die beiden aneinandergeraten sind, und für wen er günstiger war.
Doch gibt es da Zweifel, ihr Richter, und muß man noch lange
darüber nachdenken? Vor dem Grundstück des Clodius, auf
dem sich wegen dieser irrsinnigen Terrassenbauten[46] bestimmt
tausend kräftige Leute aufhielten, wo sich der Gegner an einem
höher gelegenen und beherrschenden Orte befand, dort hätte
Milo im Vorteil zu sein geglaubt und deswegen gerade diese
Stelle für den Kampf ausersehen? Oder ist es nicht wahrscheinlicher, daß ihm dort der Mann aufgelauert hatte, der ihn im
Vertrauen auf seine günstige Stellung anzugreifen gedachte?
Die Tatsachen sprechen für sich selbst, ihr Richter, und das
zählt immer am meisten.

Wenn ihr das nicht als Bericht zu hören bekämt, sondern nur 54
als Gemälde vor euch säht, dann könntet ihr trotzdem erkennen, wer der Attentäter war und wer an nichts Böses dachte.
Denn der eine reiste ja im Wagen, mit einem Mantel bekleidet,
und seine Frau saß neben ihm. War dies alles nicht äußerst un-
vorteilhaft: die Kleidung, das Fahrzeug, die Begleitperson?
Nicht gänzlich unpassend für einen Kampf – wo er doch durch

den Mantel beengt, durch den Wagen behindert, durch seine
Frau geradezu gefesselt wurde?

Seht jetzt den anderen, zunächst, wie er sein Haus verläßt:
überraschend (warum?), gegen Abend (was nötigt ihn dazu?),
zögernd (war das angebracht, zumal um diese Tageszeit?). Er
biegt ab zum Landgut des Pompeius. Weil er Pompeius besuchen wollte? Den wußte er auf seinem Besitz bei Alsium[47].
Weil er sich das Haus ansehen wollte? Dort war er schon tau-
sendmal gewesen. Was hatte er also vor? Er wartete und vertrieb sich die Zeit: er wollte sich, bis Milo käme, nicht von
dort entfernen.

55   Vergleicht jetzt den unbehinderten Zug des Banditen mit
der schweren Bürde Milos. Er reiste sonst stets mit seiner Frau,
damals ohne sie; nie benutzte er etwas anderes als einen Wagen, damals ein Pferd; Griechlein begleiteten ihn, wohin er
ging, auch wenn er sein Feldlager in Etrurien[48] aufsuchte, damals jedoch befand sich kein einziger Luftikus in seinem Gefolge. Milo hingegen war an jenem Tage – anders als sonst – zufällig mit Musiksklaven seiner Frau und mit Scharen von Dienerinnen unterwegs. Clodius, der sich sonst stets mit Dirnen, mit
Buhlknaben, mit Freudenmädchen umgab, hatte damals nur
Männer bei sich, die den Eindruck machten, als seien sie einer
vom anderen ausgewählt[49].

Warum zog er denn den kürzeren? Weil nicht immer nur
der Reisende dem Räuber, sondern manchmal auch der Räuber
dem Reisenden unterliegt; weil in diesem Falle jemand zwar
vorbereitet an Unvorbereitete, zugleich aber als Weiberherz an
56   Männer geraten war. Außerdem war Milo dem Clodius gegenüber nie so unvorbereitet, daß er nicht einigermaßen vorbereitet gewesen wäre. Stets hielt er sich vor Augen, welche Vorteile sein Tod für P. Clodius mit sich bringe, wie verhaßt er seinem Gegner und wozu dieser fähig sei. Daher setzte er sich –
wohl wissend, daß sein Leben für größte Belohnungen feil-

stand und ihnen beinahe schon verfallen war – nie ohne Schutz-
mannschaft und Leibwächter einer Gefahr aus. Man denke
noch an den Zufall, an den ungewissen Ausgang jeden Handge-
menges, an die Unberechenbarkeit des Kampfglücks, das schon
oft den plündernden und frohlockenden Sieger durch die Streiche des Besiegten zu Boden geworfen und überwältigt hat;
man denke ferner an die Unfähigkeit des von Speise und Trank
beschwerten, vor Mattigkeit gähnenden Anführers – nachdem
er sich damit begnügt hatte, seinen Feind im Rücken zu fassen,
schenkte er dessen letzten Begleitern keinerlei Beachtung
mehr, und als er denen, die von Zorn entbrannt waren und ihren Herrn tot glaubten, in die Hände fiel, da mußte er die Strafe erleiden, die sie ihm als treue Sklaven für das Leben ihres
Herrn auferlegten.

Warum hat er sie wohl freigelassen? Zweifellos fürchtete er, 57
daß sie ihn anzeigen würden, daß sie den Schmerz nicht aushiel-
ten, daß die Folter sie zu dem Geständnis zwänge, P. Clodius
sei auf der appischen Straße von den Sklaven Milos erschlagen
worden[50]. Wozu hier der Folterknecht? Was willst du wissen:
ob Milo ihn erschlagen hat? Er hat ihn erschlagen! Mit Recht
oder zu Unrecht? Nichts für den Folterknecht; nur Tatfragen
werden mit der Folter, Rechtsfragen jedoch vor Gericht untersucht. Demgemäß wollen wir hier erörtern, was in der Verhandlung zu untersuchen ist – was du durch die Folter heraus-
finden willst, geben wir ja zu.

Warum er sie freigelassen hat: wenn du danach fragst, und
nicht, warum er sie so dürftig belohnt hat, dann bist du unfähig, das Tun deines Feindes anzuprangern. Gesagt hat doch der- 58
selbe Mann, der sich zu allem mit Festigkeit und Mut zu äußern pflegt, M. Cato, und gesagt hat er's vor einer aufgeregten
Menge (die er immerhin durch seine achtunggebietende Art zu
beschwichtigen wußte), nicht nur die Freiheit, sondern auch
die größten Belohnungen hätten die verdient, die das Leben ih-

res Herrn verteidigt hätten. Denn welche Belohnung wäre
groß genug für die Ergebenheit, für die Tapferkeit, für die
Treue der Sklaven, denen er sein Leben verdankt? Dabei ist das
nicht einmal so wichtig wie ein anderer Punkt: daß sie seinen
grausamen Erzfeind daran gehindert haben, Herz und Augen
an seinem Blut und seinen Wunden zu weiden. Wenn er sie
nicht freigelassen hätte, dann wären sie gar der Folter auszuliefern gewesen – die Retter ihres Herrn, die Rächer der Missetat,
die Streiter wider den Mord. Milo aber bedauert bei all den
Übeln, die ihm zusetzen, nichts weniger, als daß er – auch
wenn ihm ein Nachteil daraus erwachsen sollte[51] – ihnen den
verdienten Lohn entrichtet hat.

59   Aber die Verhöre – wendet man ein – belasten Milo, die
man soeben in der Freiheitshalle vorgenommen hat. Mit wessen Sklaven? «Du fragst? Mit denen des P. Clodius.» Wer hat
sie zu verhören verlangt? «Appius.» Wer hat sie vorgeführt?
«Appius.» Woher kamen sie? «Von Appius.» Ihr guten Götter:
kann man strenger vorgehen? Clodius ist ganz nahe an die Götter herangerückt, näher noch als damals, wie er bis unmittelbar
zu ihnen vordrang – wird doch wegen seines Todes Untersuchung geführt, als handele es sich um einen Kultfrevel. Indes,
unsere Vorfahren haben verboten, Sklaven gegen ihren Herrn
zu verhören, nicht, weil man dabei nicht die Wahrheit ans
Licht bringen könnte, sondern weil das für unwürdig galt und
für schlimmer noch als der Tod des Herrn selbst[52]. Wenn man
nun gegen den Angeklagten einen Sklaven des Anklägers ver-
60   hört, kann man dann die Wahrheit ans Licht bringen? Was war
das für ein Verhör, und wie lief es ab? «Paß auf, Rufio» (so wollen wir ihn nennen), «daß du ja nicht lügst! Hat Clodius einen
Überfall auf Milo geplant?» «Ja.» Das Kreuz ist ihm sicher!
«Nein.» Er darf mit seiner Freilassung rechnen. Was wäre zuverlässiger als solch ein Verhör? Unverzüglich führt man Sklaven zum Verhör und trennt sie noch voneinander und sperrt sie

in Zellen, damit niemand mit ihnen reden kann. Doch die hier wurden erst, nachdem sie hundert Tage beim Ankläger gewesen waren, von ihm selbst vorgeführt. Kann man sich etwas vorstellen, das unparteiischer, das unverfälschter wäre als ein solches Verhör?

Wenn ihr jetzt noch nicht ganz einseht (obwohl die Sache 61 bei so vielen bündigen Beweisen und Indizien sonnenklar ist), daß Milo reinen und ungetrübten Sinnes – er wurde ja von keinem Verbrechen bedrängt, von keiner Furcht geplagt, von keinerlei Gewissensbissen gepeinigt – nach Rom zurückgekehrt ist, dann bedenkt bitte, bei den unsterblichen Göttern, wie rasch seine Rückkehr vonstatten ging, wie er, während die Kurie noch brannte, auf dem Forum auftrat, mit welcher Seelengröße, welcher Miene, welchen Worten. Und er hat sich nicht nur dem Volke, sondern auch dem Senat gestellt – nicht nur dem Senat, sondern auch den staatlichen Schutztruppen und Wachen, und hiermit auch der Gewalt dessen, dem der Senat das ganze Staatswesen, alle Dienstpflichtigen Italiens, die gesamte Waffenmacht des römischen Volkes anvertraut hatte. Ihm hätte er sich gewiß niemals überantwortet, wenn er seiner Sache nicht sicher wäre – dazu noch einem Manne, der alles erfährt, Schlimmes befürchtet, vieles argwöhnt, manches für wahr hält. Groß ist die Kraft des Gewissens, ihr Richter, groß in beiderlei Hinsicht: *die* fürchten nichts, die frei sind von Schuld, und *die* glauben stets ihre Strafe vor sich zu sehen, die gefehlt haben. So ist denn die Sache Milos nicht ohne gute 62 Gründe stets vom Senat gebilligt worden: die erfahrenen Männer erfaßten den Ablauf des Geschehens, Milos Geistesgegenwart und seine standhafte Notwehr.

Oder habt ihr vergessen, ihr Richter, was – als die Nachricht von der Tötung des Clodius eben erst eingetroffen war – nicht nur Milos Feinde redeten und dachten, sondern auch etliche Unerfahrene? Sie sagten, er werde nicht nach Rom zurück-

63 kehren. Denn wenn er die Tat im Zorn und in der Erregung begangen haben sollte, so daß er vom Haß übermannt seinen Feind niedergemacht hätte, dann, glaubten sie, werde ihm der Tod des P. Clodius so viel wert sein, daß er gleichmütig aus dem Vaterland scheide, da er doch seinen Haß mit dem Blute des Feindes gesättigt habe; wenn er hingegen durch den Tod des Clodius dem Vaterland die Freiheit habe zurückgeben wollen, dann werde er, ein aufrechter Mann, der auf seine Gefahr dem römischen Volke eine Wohltat erwiesen habe, nicht zögern, sich gleichmütig den Gesetzen zu beugen, ewigen Ruhm mitzunehmen und uns den Genuß alles dessen zu hinterlassen, was er selbst gerettet habe. Viele führten sogar den Namen Catilina und die bekannten Ungeheuerlichkeiten im Munde: «Er wird losschlagen, sich einen Stützpunkt schaffen und Krieg gegen sein Vaterland führen.» In welch übler Lage sind manchmal gerade die um den Staat besonders verdienten Bürger: bei ihnen vergessen die Leute nicht nur, was sie Hervorragendes geleistet haben, sondern trauen ihnen gar Verbrechen zu! So waren diese Reden denn unrichtig; sie hätten sich aber gewiß bewahrheitet, wenn Milo etwas getan hätte, wofür er nicht in Ehren und der Wahrheit gemäß einstehen könnte.

64

Wie – was man später gegen ihn zusammengetragen hat, was jeden, der sich nur mäßiger Vergehen schuldig wußte, niedergeschmettert hätte: wie hat er das ertragen, ihr unsterblichen Götter! Ertragen? Nein: wie hat er verachtet und für nichts angesehen, was weder ein Schuldiger mit noch so starken Nerven noch ein Unschuldiger, er sei denn ein ganz und gar furchtloser Mann, gleichgültig hätte hinnehmen können! Schilde, Schwerter, Spieße sowie Zaumzeug könne man in Mengen bei ihm finden, lautete die Anzeige; keine Straße gebe es in unserer Stadt, keine Gasse, hieß es, in der nicht Milo ein Haus gemietet habe; Waffen seien den Tiber hinab zu seinem Besitz bei Ocriculum[53] gefahren worden; in seinem Haus am Abhang des Kapitols be-

fänden sich Stapel von Schilden; alles sei voll von Brandpfei-
len, mit denen die Stadt eingeäschert werden solle – all das hat
man nicht nur zu Protokoll gegeben, sondern beinahe auch geglaubt und erst verworfen, nachdem nichts ununtersucht geblieben war.

Gewiß halte ich die unglaubliche Umsicht des Cn. Pompeius 65
für lobenswert[54]; ich will jedoch aussprechen, was ich denke,
ihr Richter. Allzu viel müssen die sich anhören (und sie können
das gar nicht vermeiden), denen das ganze Staatswesen anvertraut ist. So mußte selbst irgendein Licinius, ein Opferdiener
vom Circus Maximus, gehört werden: Sklaven Milos hätten
sich in seinem Hause betrunken und ihm gestanden, daß sie
einer Verschwörung gegen das Leben des Cn. Pompeius angehörten; hernach habe einer aus der Bande ihn mit dem Schwert
durchbohrt, damit er nichts verriete. Das übermittelt man
Pompeius in seine Gärten[55]; ich bin unter den ersten, die gerufen werden; er befolgt den Rat der Freunde und verweist die
Sache an den Senat. Es konnte nicht ausbleiben, daß mich ein so
furchtbarer Verdacht bei meinem und meines Vaterlandes
Schutzherrn vor Schreck erstarren ließ; trotzdem wunderte ich
mich, daß man dem Opferdiener glaubte, das Geständnis der
Sklaven beachtete, die Wunde an der Seite, die einem Nadel-
stich glich, für einen Schwerthieb gelten ließ.

Doch ich sehe ein: es war weniger Furcht als Vorsicht, die 66
Pompeius leitete, und zwar nicht nur bei wirklich furchtbaren
Dingen, sondern bei allem, um euch jede Furcht zu nehmen. So
hieß es, das Haus des C. Caesar, eines hochangesehenen und
überaus tatkräftigen Mannes, sei bei Nacht mehrere Stunden
lang bestürmt worden. Kein Mensch hatte in einer so belebten
Gegend etwas gehört, kein Mensch etwas wahrgenommen;
trotzdem wurde das Gerede beachtet. Ich konnte Cn. Pompeius, einen hervorragend tapferen Mann, nicht für furchtsam
halten; ich nahm vielmehr an, daß im Hinblick auf die Verant-

wortung für das ganze Staatswesen keine Vorsicht übertrieben
sei. Und neulich war in einer ungemein stark besuchten Sitzung
auf dem Kapitol ein Senator dreist genug zu behaupten, Milo
habe eine Waffe bei sich. Darauf entledigte er sich in dem
hochheiligen Raume seiner Kleider: da die Lebensführung
eines solchen Mannes und Bürgers als Beweis nicht genügte,
67 schwieg er still und ließ die Sache selbst sprechen. So haben
sich alle diese Reden als Lügen und bösartige Erfindungen erwiesen.

Wenn Milo trotzdem noch immer gefürchtet wird, dann
versetzt uns nicht mehr diese Anklage wegen Clodius in Angst,
sondern du, Cn. Pompeius (denn an dich wende ich mich jetzt,
und zwar mit so lauter Stimme, daß du mich verstehen kannst)
– deine argwöhnischen Gedanken sind es, die uns erzittern lassen. Wenn du dich tatsächlich vor Milo fürchtest, wenn du im
Ernst glaubst, er plane jetzt einen tückischen Anschlag gegen
dein Leben oder er habe früher einmal etwas derartiges im
Schilde geführt, wenn die Aushebungen in Italien (wie einige
deiner Werber immer wieder gesagt haben), wenn die hier anwesenden Truppen, die Kohorten auf dem Kapitol, die Wachen, die Posten, die ausgewählten Mannschaften, die dir Leben und Haus schützen, gegen Angriffe Milos in Waffen stehen und wenn das alles gegen ihn allein angeordnet, vorbereitet und gerichtet ist: dann traut man ihm wahrhaftig eine
furchtbare Stärke und unglaublich viel Mut und Kräfte und
Machtmittel zu, wie sie ein Einzelner gar nicht haben kann –
wenn es wirklich ihm allein gilt, daß unsere Wahl auf den be-
währtesten Feldherrn fiel und der ganze Staat in Waffen steht.
68 Doch wem ist nicht klar, daß man dir diese Waffenmacht anvertraut hat, mit ihr alle kranken und beschädigten Teile unseres Staatswesens zu heilen und wieder in Ordnung zu bringen!

Wenn Milo Gelegenheit erhalten hätte[56], dann wäre er dir
bestimmt den Beweis nicht schuldig geblieben, daß nie ein

Mensch einem Menschen teurer war als du ihm, daß er sich um
deines Ansehens willen nie einer Gefahr entzogen, daß er sich
gerade mit diesem abscheulichen Ungeheuer sehr oft zu deinem
Ruhme herumgeschlagen und daß er sein Tribunat im Dienste
meiner Rückberufung, die dir sehr am Herzen lag, nach deinen
Empfehlungen geführt hat, daß er dann von dir in einem Kapitalprozeß verteidigt[57] und bei der Bewerbung um die Prätur unterstützt worden ist, daß er glaubte, an zwei Männern für immer besonders gute Freunde zu haben, an dir auf Grund deines
und an mir auf Grund seines eigenen Beistandes[58].

Doch wenn er das nicht beweisen könnte, wenn sich dieser
schreckliche Verdacht so tief bei dir eingefressen hätte, daß er
sich auf keine Weise wieder entfernen ließe, kurz, wenn Italien
durch Aushebungen und die Stadt durch Truppen in Unruhe
versetzt werden sollte, bis Milo den Widerstand aufgäbe,
wahrhaftig, er hätte ohne Zögern von seinem Vaterland Ab-
schied genommen, wie es ihm sein Wesen und sein Charakter
vorschreiben. Allerdings, Magnus, würde er zuvor dich zum
Zeugen anrufen – wie er das auch heute tut. Du siehst doch, 69
wie veränderlich und wechselhaft der Weltlauf, wie unsicher
und unbeständig das Glück ist, wieviel Treulosigkeit sich in
Freundschaften mischt, wie die Verstellung sich den Umständen fügt, wie oft uns in Stunden der Gefahr auch die Vertrautesten im Stich lassen, wie oft sie verzagen. Kommen, ja kommen
wird die Zeit, und der Tag wird einmal anbrechen, da du in
(wie ich hoffe) persönlich unangefochtener Stellung, doch vielleicht wegen eines Umschwungs der allgemeinen Verhältnisse
(und wie oft der sich einstellt, das wissen wir aus Erfahrung)
die Hilfsbereitschaft eines guten Freundes und die Zuverlässigkeit eines grundanständigen Mannes und die Seelengröße des
seit Menschengedenken unerschrockensten Mitbürgers benö-
tigst[59].

Doch nein – wer wäre bereit zu glauben, daß Cn. Pompeius 70

mit seiner gründlichen Kenntnis des öffentlichen Rechts, der
überlieferten Verfassung, kurz unseres ganzen Staatswesens,
den doch der Senat beauftragt hat, er solle Sorge tragen, daß
der Staat nicht Schaden leide[60] (und mit dieser kurzen Formel
waren unsere Konsuln stets hinlänglich bewaffnet, auch ohne
sonstige Waffenmacht) – daß Pompeius mit einem Heer, mit
dem Recht, Truppen auszuheben, das Urteil eines Gerichts abgewartet hätte, um *den* Mann für seine Anschläge zu bestrafen,
der angeblich mit Gewalt die gesamte Gerichtsbarkeit beseitigen wollte? Deutlich hat Pompeius geäußert, ja deutlich genug, daß man diese Vorwürfe zu Unrecht gegen Milo zusam-
mentrage; er brachte ein Gesetz ein, das euch, wie *ich* glaube,
gebietet, wie jedermann zugibt, erlaubt, Milo freizusprechen.

71 Wenn er sich nun dort hinten und inmitten der staatlichen
Wachtruppen aufhält, dann ist das Beweis genug, daß er nicht
beabsichtigt, euch einzuschüchtern (was wäre seiner unwürdi-
ger als euch zur Verurteilung des Mannes zu zwingen, gegen
den er selbst vorgehen könnte – nach dem Herkommen und aus
eigener Vollmacht?); er will vielmehr für Sicherheit sorgen
und euch zeigen, daß es euch freisteht, trotz der gestrigen Versammlung unabhängig nach eurem Gewissen zu entscheiden[61].

72 Daher bereitet mir die Anklage wegen Clodius keine Sorge,
ihr Richter; ich bin ja nicht so geistesarm und mit euren Auffassungen so wenig bekannt und vertraut, daß ich nicht wüßte,
wie ihr über den Tod des Clodius denkt. Wenn ich nun nicht
bereit wäre, die diesbezügliche Anklage zu widerlegen (wie ich
das ja getan habe), dann dürfte Milo gleichwohl, ohne sich
strafbar zu machen, aller Welt lauthals die folgende rühmliche
Unwahrheit verkünden: «Ich habe getötet, ja getötet – nicht
einen Sp. Maelius, der unter Aufopferung seines Vermögens
den Getreidepreis senkte und so, weil er sich allzu sehr beim
Volke anzubiedern schien, in den Verdacht geriet, nach der
Königsherrschaft zu streben, nicht einen Ti. Gracchus, der

einen Kollegen in offenem Aufruhr seines Amtes entsetzte (die
sie verdarben, erfüllten den Erdkreis mit dem Ruhm ihres Namens[62]), sondern jemanden» (er würde das nämlich auszusprechen wagen, da er ja unter Einsatz seines Lebens sein Vaterland
befreit hätte), «dessen abscheulicher Ehebruch, begangen auf
heiligen Kultbetten, von Frauen des höchsten Adels entdeckt
wurde, jemanden, dessen Bestrafung, die feierlichen Zeremo-   73
nien zu entsühnen, der Senat oft gefordert hat, jemanden, der,
wie L. Lucullus durch seine Untersuchungen ermittelt zu haben eidlich beteuerte, mit seiner leiblichen Schwester schändliche Unzucht trieb, jemanden, der einen vom Senat, vom römischen Volk, von aller Welt zum Retter Roms und des Lebens
seiner Mitbürger erklärten Bürger mit bewaffneten Sklavenbanden aus der Stadt vertrieb, jemanden, der Königreiche gab
und nahm, der sich mit seinen Günstlingen in den Erdkreis teilte, jemanden, der nach zahlreichen Bluttaten auf dem Forum
einen hervorragend tüchtigen und berühmten Bürger durch
Waffengewalt an sein Haus fesselte[63], jemanden, dem nie etwas
heilig war, weder bei Untaten noch bei Ausschweifungen, jemanden, der den Nymphentempel in Brand steckte, um die
amtlichen aus amtlichen Verzeichnissen bestehenden Personen-
standsregister zu beseitigen, überdies jemanden, der schon kein   74
Gesetz, kein bürgerliches Recht, keine Eigentumsschranken
mehr kannte, der gegen fremden Landbesitz schon nicht mehr
mit schikanösen Prozessen, mit rechtswidrigen Beschlagnah-
men und Kautionen, sondern mit Feldlagern, Truppen und militärischen Unternehmungen vorging, der nicht nur die Etrusker (die verachtete er ja aus tiefstem Herzen), sondern auch den
hier anwesenden P. Varius, einen ungemein mutigen und tatkräftigen Bürger, einen unserer Richter, durch Kampf und Belagerung von seinen Gütern zu vertreiben versucht hat, der mit
Architekten und Meßlatten zahlreiche Villen und Gärten
durchstreifte, der seine Hoffnungen auf Landbesitz vom Jani-

culum bis zu den Alpen ausdehnte, der einen angesehenen und
tüchtigen Mann, den römischen Ritter M. Paconius, nicht zu
bereden vermochte, er möge ihm die Insel im Priliussee verkaufen, und daraufhin plötzlich mit Kähnen Balken, Kalk, Steine und Sand auf die Insel schaffen und, während der Eigentümer am Ufer zuschaute, in aller Ruhe auf fremdem Grund ein
75 Gebäude errichten ließ, der dem hier anwesenden T. Furfanius
– was für einem Manne, ihr unsterblichen Götter[64]! (wozu
dann noch von Scantia, einer hilflosen Frau, und von P. Apini-
us, einem jungen Manne, reden? Er bedrohte beide mit dem
Tode, falls sie ihm nicht den Besitz ihrer Gärten überließen) –
er wagte also dem T. Furfanius zu sagen, er werde ihm, wenn er
die geforderte Geldsumme nicht zahle, eine Leiche ins Haus
schaffen (er wollte so den vortrefflichen Mann durch einen
Skandal vernichten); er raubte seinem Bruder Appius, der mir
in treuester Freundschaft verbunden ist, als er gerade abwesend
war, den Besitz an einem seiner Grundstücke, und er unter-
stand sich, in der Weise eine Trennwand durch den Vorhof der
Schwester zu führen und die Grundmauern so anzulegen, daß
er die Schwester nicht nur vom Vorhof, sondern auch von jedem Zutritt und Eingang abschnitt[65].»

76   Indes, diese Dinge kamen uns schon erträglich vor, mochte
er auch ohne Unterschied über den Staat, über Einzelne, über
Fernstehende, über Verwandte, über Fremde, über seine eigenen Leute herfallen; die Bürgerschaft war in ihrer unglaublichen Geduld ich weiß nicht wie durch Gewöhnung schon völlig stumpf und gefühllos geworden. Doch was uns jetzt bevor-
stand und drohte: wie hättet ihr das abwenden oder ertragen
können? Wenn er die volle Befehlsgewalt erhalten hätte –
doch kein Wort über die Bundesgenossen, die auswärtigen Völker, die Könige, die Fürsten: ihr hättet die Götter angefleht, er
möge sich lieber über sie hermachen als über eure Besitzungen,
eure Häuser, euer Geld – über euer Geld? Eure Kinder – so

wahr mir Gott helfe – und eure Frauen wären keinen Augenblick vor seinen hemmungslosen Begierden sicher gewesen.
Haltet ihr denn für erfunden, was am Tage liegt, was jedermann weiß, was erwiesen ist: daß er hier in der Stadt ein Heer
von Sklaven ausgehoben hätte, um sich durch sie die Gewalt
über den ganzen Staat und über sämtliches Privatvermögen zu
verschaffen?

Wenn daher T. Annius, ein blutiges Schwert in der Hand, 77
ausriefe: «Hierher, ich bitte euch, und hört mir zu, ihr Bürger!
Ich habe P. Clodius getötet, habe euch sein Rasen, das wir
durch kein Gesetz, kein Gericht mehr bändigen konnten, mit
diesem Stahl und dieser Rechten vom Halse geschafft – ich allein habe also erreicht, daß es noch Recht, Gerechtigkeit, Gesetze, Freiheit, Anstand und Sitte in diesem Staate gibt» – hätte
man dann zu fürchten, wie sich die Bürgerschaft dazu stellte?
Denn wer billigt ihn jetzt nicht, wer lobt ihn nicht, wer sagt
und denkt nicht, daß seit Menschengedenken kein anderer als
T. Annius dem Staat den größten Dienst erwiesen, dem römischen Volk, ganz Italien und allen Völkern die größte Freude
bereitet habe? Ich kann nicht beurteilen, wie groß früher die
Glücksgefühle des römischen Volkes waren; immerhin hat unsere Zeit die herrlichsten Siege bedeutender Feldherren erlebt,
und hiervon hat uns keiner mit einer so anhaltenden und großen Freude erfüllt.

Bewahrt auch dies in eurem Gedächtnis, ihr Richter. Ich hof- 78
fe, daß ihr und eure Kinder in unserem Staatswesen noch viel
Gutes zu sehen bekommt; dann müßt ihr bei jedem Ereignis
bedenken, daß ihr, lebte P. Clodius noch, nichts davon gesehen
hättet. Wir hegen die feste und, wie ich glaube, vollauf berechtigte Hoffnung, daß gerade dieses Jahr, unter dem Konsulat
dieses großen Mannes, indem es den Ausschreitungen Schranken setzt, die Zügellosigkeit bändigt, die Gesetze und Gerichte
wiederherstellt, segensreich für die Bürgerschaft sein wird. Ist

da jemand töricht genug zu glauben, all das hätte bei Lebzeiten des P. Clodius geschehen können? Und erst, was euch als euer eigenes Hab und Gut gehört: welches Recht auf dauerhaften Besitz hätte unter der Herrschaft dieses Wahnsinnigen damit verbunden sein können?

Wohl kaum, ihr Richter, bringt mich mein Haß und meine Feindschaft derart auf, daß man glauben könnte, meine Anwürfe gegen Clodius hätten mehr mit Leidenschaftlichkeit zu tun als mit der Wahrheit. Denn gewiß mußte mein Haß besonders heftig sein; andererseits war Clodius in dem Maße der gemeinsame Feind aller, daß sich in dem allgemeinen Haß der meine als nahezu durchschnittlich erwies. Man kann gar nicht hinlänglich schildern, kann sich nicht einmal vorstellen, wieviel Schlechtigkeit, wieviel Verworfenheit in dem Menschen steckte.

79   Hört mir weiterhin so gut zu, ihr Richter! Stellt euch vor – unsere Einbildungskraft ist ja unbeschränkt; sie kann sich jeden beliebigen Gegenstand ebenso lebhaft ausmalen, wie wir das erkennen, was wir vor uns sehen – stellt euch also in Gedanken vor, was ich nunmehr annehmen will: gesetzt, ich könnte erreichen, daß ihr Milo freisprecht, doch nur unter der Bedingung, daß Clodius zum Leben zurückkehrt – warum zeigen eure Mienen Bestürzung? Wie würde er euch erst als Lebender in Furcht versetzen, wo er euch als Toter und als wesenlose Vorstellung so getroffen hat? Wie? Wenn kein anderer als Cn. Pompeius, der ja schon immer dank seiner Tüchtigkeit und seines Glücks fertiggebracht hat, was sonst niemand vermag – wenn also Pompeius die Wahl gehabt hätte, den Tod des P. Clodius untersuchen zu lassen oder ihn selbst aus der Unterwelt zurückzurufen: was hätte er wohl eurer Meinung nach vorgezogen? Gesetzt, ihre Freundschaft[66] hätte ihm nahegelegt, ihn aus der Unterwelt zurückzuholen: das Staatswohl hätte ihn daran gehindert. Ihr seid hier also versammelt, den Tod eines Mannes

zu sühnen, dessen Leben ihr nicht wiederherstellen wolltet,
wenn ihr euch dazu imstande glaubtet, und dessen gewaltsames
Ende zur Untersuchung nach einem Gesetz geführt hat, das
niemals erlassen worden wäre, wenn es ihn wieder zum Leben
hätte erwecken können. Gesetzt, Milo hätte ihn ermordet:
müßte er im Falle eines Geständnisses fürchten, daß die ihn
strafen könnten, deren Befreier er wäre?

Die Griechen erweisen den Männern göttliche Ehren, die 80
einen Tyrannen getötet haben – was habe ich selbst nicht alles
kennengelernt: in Athen[67], in anderen Städten Griechenlands!
Was für Zeremonien, die man für diese Männer geschaffen hat,
was für Lieder und Gesänge! Das ist beinahe die Unsterblichkeit, die man ihnen durch Feiern und rühmendes Gedächtnis
verleiht – ihr aber wollt dulden, daß der Retter eines so mächtigen Volkes, der Rächer solcher Verworfenheit keinerlei Ehren
empfängt, ja daß man ihn zur Hinrichtung abführt[68]? Er wäre
bereit zu gestehen, zu gestehen, sage ich, wenn er die Tat vollbracht hätte, daß er sie hohen Mutes und freudig um der allgemeinen Freiheit willen vollbracht habe – was er nicht nur gestehen, sondern sogar rühmend kundtun dürfte.

Denn wenn er ein Ereignis nicht leugnet, für das er lediglich 81
einen Freispruch erwartet, würde er dann zögern, eine Tat zu
gestehen, für die er sogar ehrenvolle Belohnungen erwarten
dürfte? Er kann ja kaum annehmen, euch sei lieber gewesen,
daß er sein eigenes Leben verteidigt hat, und nicht das eure – es
würde sich also um ein Geständnis handeln, das ihm, eure
Dankbarkeit vorausgesetzt, die größten Ehren einbrächte.
Wenn ihr hingegen glaubtet, eine solche Tat mißbilligen zu
müssen (indes, wer könnte seiner eigenen Rettung die Billigung versagen?) – gleichwohl, wenn der Mut eines heldenhaf-
ten Mannes bei den Mitbürgern keinerlei Dankbarkeit hervor-
riefe, dann würde er die undankbare Stadt mit hohem und un-
gebrochenem Sinn verlassen. Denn wäre das nicht der Gipfel

der Undankbarkeit, wenn alle anderen in Freuden lebten und der allein trauern müßte, der die Freude der anderen verursacht hat?

82   Indes, wir alle waren bei der Unterdrückung von Vaterlandsverrätern stets der Auffassung, daß wir, da uns der künftige Ruhm gehören würde, auch das Wagnis und den Haß auf uns nehmen müßten. Denn welches Lob hätte ich mir verdient, als ich während meines Konsulats für euch und eure Kinder ein so großes Wagnis unternahm, wenn ich geglaubt hätte, ich könne das Wagnis ausführen, ohne schwerste Auseinandersetzungen befürchten zu müssen? Welches schwache Weib würde nicht wagen, einen niederträchtigen und verderblichen Bürger zu töten, wenn es keinerlei Gefahr zu befürchten hätte? Wer gehässiger Vorwürfe, des Todes, einer Strafe gewärtig für den Staat eintritt, der erweist sich wirklich als Mann. Ein dankbares Volk hat die Pflicht, Bürger, die sich um den Staat verdient gemacht haben, zu belohnen; ein mutiger Mann darf sich auch durch Strafen nicht dazu bringen lassen, sein mutiges Handeln

83   zu bereuen. Daher würde sich T. Annius zu demselben Geständnis bereit finden wie Ahala, wie Nasica, wie Opimius, wie Marius, wie ich selber[69], und er wäre, wenn ihm das Vaterland Dank wüßte, erfreut, wenn nicht, in seinem Unglück mit seinem guten Gewissen zufrieden.

Doch den Dank für diese rettende Tat, ihr Richter, glauben das Schicksal des römischen Volkes, euer Glück und die unsterblichen Götter für sich beanspruchen zu dürfen. Und hierüber kann kein Mensch anderer Meinung sein als jemand, der von einer göttlichen Kraft und Macht nichts wissen will, den weder die Herrlichkeit unseres Reiches noch die Sonne noch die Bewegungen des Himmels und der Sternzeichen noch die regelmäßigen Zyklen in der Natur beeindrucken noch auch – was das Größte ist – die Weisheit unserer Vorfahren: sie haben ja die Opfer, die Riten, die Vorzeichenschau sowohl selbst ge-

wissenhaft beachtet als auch uns, ihren Nachkommen, überliefert.

Es gibt diese Macht, es gibt sie gewiß, und es ist undenkbar, 84
daß zwar unser Körper in seiner Hinfälligkeit etwas enthält,
das lebt und fühlt, nicht hingegen die so gewaltig und so herrlich in Bewegung befindliche Natur. Oder versagt man dieser
Kraft deshalb den Glauben, weil sie verborgen und unsichtbar
ist? Als ob wir unseren eigenen Geist, der uns Einsicht und
Voraussicht schenkt, der uns befähigt, hier und jetzt zu handeln und zu reden – als ob wir ihn sehen und seine Beschaffenheit und seinen Sitz genau bestimmen könnten!

Diese Macht also, die unserer Stadt schon oft unglaubliches
Glück und Gedeihen geschenkt hat, vertilgte und beseitigte
dieses Ungeheuer: sie gab ihm zunächst die Tollheit ein, den
furchtlosen Mann durch Gewalt zu reizen und mit Waffen herauszufordern; so sollte es von dem besiegt werden, dessen
Niederlage ihm auf immer Straflosigkeit und unbeschränkte
Handlungsfreiheit eröffnet hätte.

Nicht menschliches Planen, ihr Richter, nicht einmal ein ge- 85
wöhnlicher Ratschluß der unsterblichen Götter hat dies vollbracht. Bei Gott, die heiligen Stätten selber, die dieses Untier
stürzen sahen, scheinen sich gerührt und ihm gegenüber ihr
Recht wahrgenommen zu haben. Denn euch, ihr Höhen und
Haine von Alba, ja euch flehe ich jetzt an und bitte ich um Zeu-
genschaft, und euch, ihr verschütteten Altäre der Albanergötter, Bundes- und Altersgenossen des römischen Volkes, die Clodius, blind in seiner Raserei, nachdem er die heiligen Haine gefällt und beseitigt hatte, unter den unsinnigen Massen seiner
Stützmauern begrub: euer göttliches Walten hat sich damals
bekundet, eure Macht bewährt, die er durch jeden nur denkbaren Frevel beleidigt hatte, und du hast von deiner Bergeshöhe
herab, heiliger Jupiter Latiaris, dessen Seen, Wälder und Fluren
Clodius oft durch abscheuliche Schändlichkeiten und Verbre-

chen aller Art entweiht hatte, endlich einmal die Augen geöffnet, ihn zu bestrafen; für euch hat er, für euch vor eurem Angesicht seine zwar späte, aber gerechte und verdiente Strafe erlitten[70].

86   Auch dies können wir ja nicht gut für einen Zufall erklären,
daß er unmittelbar vor dem Heiligtum der Guten Göttin (es befindet sich auf dem Grundstück des T. Sertius Gallus, eines
überaus ehrenwerten und angesehenen jungen Mannes) – daß
er, wie gesagt, vor der Guten Göttin, nachdem er dort den
Kampf eröffnet hatte, die erste Wunde empfing, durch die er
einen grausigen Tod erleiden sollte – so daß es schien, als sei er
damals in dem berüchtigten Prozeß nicht freigesprochen, sondern für diese ausgesuchte Strafe aufbewahrt worden. Und un-
leugbar hat derselbe Zorn der Götter seine Gefolgsleute in solche Verwirrung gestürzt, daß er ohne Ahnenbilder, ohne Gesänge und Spiele, ohne Leichenzug, ohne Klagen, ohne Lobre-
den, kurz ohne Begräbnis, entstellt von Blut und Schmutz, jener Feierlichkeit des letzten Tages beraubt, der selbst die Feinde Achtung zu erweisen pflegen, weggeworfen und halb verbrannt wurde. Es wäre, glaube ich, ein Frevel gewesen, wenn
die Züge der berühmtesten Männer diesem abscheulichen Mörder Glanz verliehen hätten und wenn er als Toter nicht dort
zerfleischt worden wäre, wo man sein Leben verdammt hatte[71].

87   Hart, so wahr mir Gott helfe, schien mir bereits das Geschick des römischen Volkes zu sein und grausam, da es seit
vielen Jahren duldete, wie dieser Mensch unser Staatswesen
verhöhnte. Er hatte heiligste Kulte durch Unzucht entweiht,
die strengsten Beschlüsse des Senats hintertrieben, sich unverhohlen durch Geld der Gerichtsbarkeit entzogen, während seines Tribunats den Senat bedrängt, verworfen, was unter Zustimmung aller Stände für das Wohl des Staates getan worden
war, mich aus dem Vaterland vertrieben, mein Vermögen geplündert, mein Haus in Brand gesteckt, meine Kinder und mei-

ne Frau verfolgt, gegen Cn. Pompeius einen verbrecherischen
Krieg entfesselt, Beamte und Privatpersonen erschlagen, das
Haus meines Bruders eingeäschert, Etrurien verwüstet, viele
Leute von Haus und Hof vertrieben. Er drohte, er ließ keine
Ruhe; die Stadt, Italien, die Provinzen, die Königreiche gaben
seinem Rasen nicht Raum genug; in seinem Hause wurden
schon die Gesetze eingemeißelt, die uns unseren Sklaven über-
antworten sollten; jeglichen Besitz, auf den er ein Auge geworfen hatte, hoffte er noch in diesem Jahre an sich zu reißen[72].

Niemand trat seinen Plänen in den Weg – nur Milo. Den **88**
Mann, der ihm sonst noch hätte in den Weg treten können,
glaubte er sich durch eine jüngst vollzogene Wiederaussöhnung verpflichtet[73]; von der Macht Caesars behauptete er, sie
gehöre ihm; die Rechtschaffenen hatte er bei meinem Sturz
verachtet; nur Milo setzte ihm zu.

Jetzt gaben, wie gesagt[74], die unsterblichen Götter dem heillosen und wahnwitzigen Menschen die Tollheit ein, Milo nach
dem Leben zu trachten. Auf andere Weise wären wir das Ungeheuer nicht losgeworden; nie hätte ihn der Staat mit seinen
rechtlichen Mitteln zu bändigen vermocht. Der Senat, möchte
ich meinen, hätte ihn, den Prätor, in die Schranken gewiesen!
Auch als er das noch zu tun pflegte[75], hatte er gegen ihn nichts
ausgerichtet, obwohl er damals ein einfacher Privatmann war.
Oder hätten sich die Konsuln stark gezeigt, den Prätor zu zäh- **89**
men? Einmal hätte er nach der Ermordung Milos Konsuln gehabt, die auf seiner Seite standen; außerdem: welcher Konsul
würde einem Prätor gegenüber durchgreifen, von dem er wußte, daß er als Tribun die Verdienste eines ehemaligen Konsuls
auf die rücksichtsloseste Weise in den Staub getreten hatte?
Clodius hätte alles unterdrückt, in seinen Besitz, in seine Gewalt gebracht; durch ein neuartiges Gesetz, das bei ihm mit all
den anderen Clodischen Gesetzen zum Vorschein gekommen
ist, hätte er unsere Sklaven zu seinen Freigelassenen gemacht;

wenn ihn die unsterblichen Götter nicht endlich auf die Tollheit gebracht hätten zu versuchen – Feigling, der er ist –, den
furchtlosesten Mann umzubringen, dann hättet ihr heute keine
handlungsfähige Regierung.

90 Hätte er als Prätor oder gar als Konsul (wenn diese Heiligtümer und Mauern bei seinen Lebzeiten so lange hätten stehen
bleiben und bis zu seinem Konsulat überdauern können) – kurz
und gut, hätte er als Lebender kein Unheil angerichtet, er, der
noch als Toter unter der Führung eines seiner Gefolgsleute[76]
die Kurie in Brand gesteckt hat? Was haben wir je gesehen, das
schmerzlicher, das bitterer, das erbärmlicher gewesen wäre als
dies? Die Stätte der Ehrwürdigkeit, der Größe, der Weisheit,
des öffentlichen Rates, der Mittelpunkt der Stadt, der Altar der
Bundesgenossen, der rettende Hafen aller Völker, der Sitz, vom
ganzen Volk dem einen Stande zuerkannt, wird in Brand gesteckt, zerstört, entweiht, und zwar nicht von einer blindwütigen Menge (obwohl das schon schlimm genug wäre), sondern
von einem Einzelnen! Und der Mann, der sich als Feuerknecht
für einen Toten so viel herausnahm, was hätte sich der erst als
Bannerträger für einen Lebenden herausgenommen! Er warf
ihn gradewegs in die Kurie: die Leiche sollte die Stätte in
Brand stecken, die der Lebende zugrunde gerichtet hatte.

91 Da gibt es Leute, die sich über die appische Straße beklagen
und über die Kurie kein Wort verlieren, die glauben, das Forum hätte sich gegen *den* – während er noch lebte – verteidigen
lassen, vor dessen Leiche die Kurie kapitulieren mußte? Ruft,
ja ruft ihn, wenn ihr könnt, von den Toten zurück: werdet ihr
die Angriffe des Lebenden zurückschlagen, obwohl ihr dem
Wüten der unbeerdigten Leiche kaum standzuhalten vermögt?
Oder habt ihr denen standgehalten, die mit Fackeln zur Kurie
und mit Brecheisen zum Kastortempel gelaufen kamen, die mit
Schwertern überall auf dem Forum umherschwirrten? Ihr habt
gesehen, wie man das römische Volk überfiel, wie man mit

Schwertern eine Versammlung sprengte, während sie ruhig
dem Volkstribunen M. Caelius zuhörte – einem Manne, der in
der Politik großen Mut, bei allen Unternehmungen große Festigkeit zeigt, der die Wünsche der Rechtschaffenen und den
Willen des Senats achtet, der Milo, dem vom Haß oder vom
Unglück Verfolgten, mit einzigartiger, heldenhafter, unerhör-
ter Treue beisteht[77].

Doch das war genug über die Sache selbst und vielleicht 92
schon zu viel über Fragen, die von ihr wegführten. Was bleibt
mir also, als euch inständig zu bitten, ihr Richter, ihr möchtet
dem tapferen Manne das Mitleid zuteil werden lassen, das er
selbst nicht begehrt, das hingegen ich trotz seines Widerstre-
bens begehre, ja beanspruche? Hört: wenn ihr inmitten des allgemeinen Schluchzens bei Milo keine einzige Träne bemerkt
habt, wenn ihr seine Miene stets unverändert, seine Stimme,
seine Vortragsweise fest und unerschütterlich findet, dann
dürft ihr ihm nicht weniger gewogen sein – vielleicht solltet
ihr ihm sogar noch mehr entgegenkommen. Denn bei Gladiatorenkämpfen und bei Schicksalsfällen von Leuten niedrigster
Herkunft ist es so, daß uns meist Abscheu erfüllt, wenn jemand
feige und kläglich um sein Leben winselt, daß wir hingegen die
Mutigen und Beherzten, die unerschrocken dem Tod ins Auge
blicken, geschont wissen wollen, daß wir also mehr Erbarmen
mit denen haben, die nicht danach fragen, als mit denen, die
uns darum anflehen: um wieviel mehr müssen wir uns hierzu
bei unseren tapfersten Mitbürgern bereit finden!

Mich treffen sie tief und geradezu tödlich, ihr Richter, die 93
Worte Milos, die ich ständig hören und denen ich Tag für Tag
Aufmerksamkeit schenken muß: «Alles Gute meinen Mitbürgern», sagt er, «alles Gute; ich wünsche ihnen Wohlergehen,
Erfolg und Glück, sie bleibe unversehrt, die herrliche Stadt,
und die Heimat, die mir das Teuerste ist, sie mag mich behandeln, wie sie will. Meine Mitbürger mögen den inneren Frie-

den, da ich nicht dabeisein darf, ohne mich genießen – immerhin haben sie ihn mir zu verdanken. Ich gehe fort und verlasse
das Land. Wenn es mir nicht vergönnt ist, in einem guten
Staatswesen zu leben, dann will ich wenigstens einem schlechten fernsein, und ich will die erste geordnete und freie Gemeinde, die ich erreiche, zu meinem Ruhesitz machen.»

94   «Ach», fährt er fort, «die Mühen, die ich vergebens auf mich
nahm, meine trügerischen Hoffnungen und vereitelten Pläne!
Ich habe mich als Volkstribun, während unser Staatswesen dar-
niederlag, dem Senat geweiht, den ich ohnmächtig vorfand,
den römischen Rittern, deren Kräfte schwach waren, den
Rechtschaffenen, denen die Schreckensherrschaft des Clodius
jeden Einfluß genommen hatte: konnte ich damals ahnen, daß
mir je die Hilfe der Rechtschaffenen fehlen würde? Als ich
dich» (er unterhält sich nämlich sehr oft mit mir) «dem Vaterland zurückgab, konnte ich da ahnen, daß darin für mich einmal kein Bleibens mehr sein würde? Wo ist jetzt der Senat, dessen Sache wir verfochten haben, wo sind die römischen Ritter»,
sagt er, «deine Freunde, wo die Bemühungen der Landstädte,
wo die Stimme Italiens, und wo ist schließlich dein Anteil,
M. Tullius, der schon sehr vielen geholfen hat, die Stimme deiner Verteidigung? Kann sie mir allein nicht helfen, der ich um
deinetwillen so oft dem Tod ins Auge geblickt habe?»

95   Das alles, ihr Richter, sagt er nicht, wie ich jetzt, unter Tränen, sondern mit derselben Miene, die er euch hier zeigt. Denn
er bestreitet, und zwar entschieden, daß die Bürger undankbar
seien, für die er getan habe, was er tat – daß sie ängstlich sind
und nach allen nur denkbaren Gefahren Ausschau halten, bestreitet er nicht. Den Pöbel und niedrigsten Haufen, der, von
P. Clodius geführt, euer Vermögen bedrohte, den hat er (wie er
hervorhebt), um eurem Leben mehr Sicherheit zu verschaffen,
durch sein mutiges Auftreten umgestimmt, ja mit Hilfe von
drei ererbten Vermögen für sich einzunehmen gewußt – so

fürchtet er nicht, daß er, der den Pöbel durch Geschenke[78] zur
Ruhe gebracht hat, durch seine einzigartigen Verdienste um
den Staat nicht auch euch gewonnen hätte. Das Wohlwollen,
das der Senat ihm gegenüber hege, habe sich eben jetzt oft genug gezeigt; eure und eurer Standesgenossen entgegenkom-
mende Teilnahme, eifrige Dienste und freundliche Worte werde er, wie er sagt, mit sich führen, welchen Lauf sein Schicksal
auch nehmen mag. Er kann auch nicht vergessen, daß ihm nur 96
noch der bestätigende Ruf des Herolds gefehlt habe[79] (was ihm
sehr wenig ausmachte), daß er jedoch von sämtlichen Stimmen
des Volkes (was das einzige war, worauf es ihm ankam) zum
Konsul gewählt worden sei. Wenn sich jetzt dieses bewaffnete
Aufgebot wirklich gegen ihn richte, dann bringe ihn lediglich
der Verdacht eines verbrecherischen Vorhabens[80], nicht eine
Anklage wegen einer vollendeten Tat zu Fall.

Er fügt noch hinzu (und das ist gewiß wahr), daß es tatkräftigen und einsichtsvollen Männern nicht so sehr um die Belohnungen rechten Handelns zu gehen pflege wie um das rechte
Handeln selbst; er jedenfalls habe in seinem Leben nur Herrli-
ches vollbracht – so wahr es für einen Mann nichts Schöneres
gibt, als das Vaterland aus gefährlicher Lage zu befreien.
Glücklich seien diejenigen, denen eine soche Tat Ehre bei ih- 97
ren Mitbürgern einbringe; andererseits seien die nicht unglücklich, die ihre Mitbürger durch gute Werke überträfen.

Doch unter allen Belohnungen für Verdienste sei – wenn
man überhaupt an Belohnungen denken dürfe – die herrlichste
der Ruhm: er allein tröste uns durch das Andenken der Nachwelt über die Kürze des Lebens hinweg; er allein habe die Wirkung, daß wir als Abwesende anwesend, als Tote lebendig
seien; endlich scheine er allein den Menschen zu erlauben, sich
wie auf Stufen bis in den Himmel zu erheben. «An mich», sagt 98
er, «wird sich das römische Volk, werden sich alle Völker stets
erinnern, mich wird keine noch so ferne Zukunft mit Schwei-

gen übergehen. Ja schon jetzt, während meine Feinde überall
die Flammen des Hasses gegen mich schüren, werde ich allerorten, wo Leute zusammenkommen, durch Danksagungen und
Glückwünsche und jederlei Zusprache geehrt. Um der Festtage
nicht zu gedenken, die man in Etrurien gefeiert und für die Zukunft beschlossen hat[81] – dies ist, glaube ich, der hundertund-
erste Tag seit dem Tode des P. Clodius: soweit die Herrschaft
des römischen Volkes reicht, hat sich nicht nur die Nachricht
davon, sondern auch die Freude darüber verbreitet. Deswegen», sagt er, «ist mir gleichgültig, wo mein Leib bestattet sein
wird; denn der Ruhm meines Namens, schon jetzt in aller Welt
gegenwärtig, wird dort stets lebendig bleiben.»

99   So die Worte, die du oft, ohne daß die hier Anwesenden dabei waren, zu mir gesagt hast: ich aber sage, wo sie es hören
können, folgendes zu dir, Milo: «Die Gesinnung, die du zeigst,
übersteigt all mein Lob; doch je herrlicher deine Haltung, desto größer ist der Schmerz, den mir die Trennung von dir bereiten würde. Und wenn du mir entrissen wirst, dann bleibt mir
nicht einmal der klägliche Trost, denen zu zürnen, die mir eine
solche Wunde zugefügt haben. Denn nicht meine Feinde werden dich von mir losreißen, sondern meine besten Freunde,
nicht Leute, die mir schon einmal Übles, sondern Leute, die
mir stets das Beste angetan haben.» Ihr werdet mir nie einen so
großen Schmerz zufügen, ihr Richter (und könnte es einen größeren geben als diesen?) – aber selbst dann würde ich nie vergessen, wieviel Rücksicht ihr mir stets erzeigt habt. Wenn das
bei euch in Vergessenheit geraten ist oder euch irgend etwas an
mir mißfällt, warum soll Milo dafür büßen, und nicht ich?
Denn ich hätte herrlich gelebt, wenn mir der Tod den Anblick
eines solchen Unglücks ersparte!

100   Jetzt hält mich noch ein Trost aufrecht: ich habe dir, T. Annius, keinen Dienst der Liebe, der Anteilnahme, der Dankbarkeit verweigert. Ich habe mir um deinetwillen die Feindschaft

mächtiger Männer zugezogen, habe mich oft mit Leib und Leben den Waffen deiner Feinde ausgesetzt, habe bei sehr vielen Leuten demütig Fürbitte für dich getan, habe mein und meiner Kinder Hab und Gut für deine Bedrängnisse zur Verfügung gestellt. Und schließlich am heutigen Tage: wenn eine Gewalttat droht, wenn ein Kampf auf Leben und Tod bevorsteht, dann will ich das Ziel sein. Was bleibt mir noch? Wie kann ich dir anders vergelten, was du für mich getan hast: muß ich nicht dein Schicksal, welchen Lauf es auch nimmt, mit dem meinen verbinden? Ich sage nicht nein, ich weigere mich nicht, und euch, Ihr Richter, bitte ich, die Wohltaten, die ihr mir erwiesen habt, entweder durch einen Freispruch Milos zu krönen oder durch seine Verurteilung als widerrufen zu betrachten.

Meine Tränen lassen Milo ungerührt: er verfügt über eine 101 unglaubliche Seelenstärke. Die Verbannung drohe dort, glaubt er, wo für Mannhaftigkeit kein Platz sei; der Tod sei das natürliche Ende, keine Strafe. Er mag an der Gesinnung festhalten, die ihm angeboren ist. Doch ihr: welche Einstellung werdet ihr zeigen, ihr Richter? Wollt ihr Milo ein ehrendes Andenken wahren, ihn selbst jedoch verbannen? Gibt es denn irgendwo auf der Welt einen Ort, der würdiger wäre, seine sittliche Größe bei sich aufzunehmen, als den, der ihn hervorgebracht hat? An euch, ja an euch wende ich mich, ihr tapferen Männer, die ihr viel Blut fürs Vaterland vergossen habt; an euch, sage ich, wende ich mich in der Bedrängnis eines unbezwingbaren Mitbürgers, ihr Hauptleute, ihr Soldaten: während ihr zuschaut, ja in Waffen steht und diesen Gerichtshof schützt, soll eine so beispielhafte sittliche Kraft aus dieser Stadt verjagt, verbannt, vertrieben werden?

Ich Elender, ich Unglücklicher! Du hast mich mit Hilfe die- 102 ser Männer ins Vaterland zurückzurufen vermocht, Milo, und ich bin nicht imstande, dich mit Hilfe derselben Männer im Vaterlande festzuhalten? Was soll ich zu meinen Kindern sa-

gen, die dir wie einem zweiten Vater zugetan sind? Was zu dir,
Bruder Quintus, der du jetzt weit weg bist[82], Gefährte meines
einstigen Ungemachs? Ich sei nicht imstande gewesen, Milos
Rettung mit Hilfe derselben Männer zu erwirken, mit deren
Hilfe er einst die meinige erwirkt hat? Und bei welcher Sache
nicht? Bei einer, die von allen Völkern gebilligt wird! Und von
wem nicht? Von denen, die der Tod des P. Clodius in besonderem Maße mit Genugtuung erfüllt! Und wer hat sie um Gnade
gebeten? Ich!

103   Welches furchtbare Verbrechen habe ich denn begangen
oder welche schlimme Tat auf mich geladen, ihr Richter, als ich
jene Anzeichen des allgemeinen Verderbens aufspürte, ent-
deckte, kundtat und beseitigte? Alles Schmerzliche, das mir
und den Meinen widerfährt, entspringt dieser Quelle. Warum
habt ihr meine Rückkehr verlangt? Damit vor meinen Augen
die Männer verbannt werden, die meine Rückberufung durchgesetzt haben? Laßt nicht zu, ich flehe euch an, daß meine
Wiederkehr bitterer für mich wird als damals der Gang in die
Verbannung. Denn wie kann ich mich zurückberufen glauben,
wenn man mich von denen trennt, durch die ich zurückberufen
worden bin?

Wäre es doch der Wille der unsterblichen Götter gewesen –
verzeih mir, Vaterland, diese Worte; ich muß ja fürchten, daß
sich dir gegenüber als ein Verbrechen darstellt, was ich für
Milo als Zeichen meiner Dankbarkeit äußern will – wäre doch
P. Clodius noch am Leben, ja wäre er Prätor, Konsul, Diktator,
104 statt daß ich dieses Schauspiel erleben muß! Bei den unsterblichen Göttern, welch mutiger Mann, den ihr uns unbedingt, ihr
Richter, erhalten müßt! «Nein und nochmals nein», sagt Milo,
«es ist besser, daß Clodius die verdiente Strafe erlitten hat; ich
will, wenn es unvermeidlich ist, eine unverdiente auf mich nehmen.» Diesem Mann, der für sein Vaterland geboren ist, soll
versagt sein, in seinem Vaterland zu sterben oder – wenn es das

Schicksal so will – für sein Vaterland? Die Erinnerung an seinen Geist wollt ihr pflegen, doch ein Grab für seine Gebeine
wollt ihr nirgends in Italien dulden? Will jemand dafür stimmen, daß *der* Mann aus dieser Stadt vertrieben wird, den, sobald
er von euch vertrieben ist, alle Städte zu sich rufen werden?
Glücklich das ferne Land, das ihn aufnehmen wird; doch un- 105
dankbar unser Land, wenn es ihn vertreibt, und unselig, wenn
es ihn verliert!

Doch genug; meine Tränen hindern mich weiterzusprechen,
und Milo wünscht nicht, daß Tränen ihn verteidigen. Euch
aber bitte ich flehentlich, ihr Richter: wagt so abzustimmen,
wie ihr denkt. Eurer Lauterkeit, Gerechtigkeit, Gewissenhaftigkeit wird – glaubt mir! – gerade der seine Anerkennung
nicht versagen, der sich bei der Auswahl der Richter für die
tüchtigsten, erfahrensten und mutigsten entschieden hat.

REDE FÜR M. MARCELLUS

Einleitung

Die vollständig erhaltene Rede für M. Claudius Marcellus entstammt dem September 46 v. Chr. Sie ist die ausgearbeitete Fassung einer Ansprache, die Cicero während einer Senatssitzung gehalten hat. Der überlieferte Titel «Rede für M. Marcellus» wird diesem Umstande nicht gerecht: er läßt ein Plädoyer in einem Prozeß vermuten, während es sich in Wahrheit um eine politische Meinungsäußerung gehandelt hat. Der Titel müßte eigentlich «Danksagung an Caesar» lauten – nach Analogie der beiden Danksagungen (an den Senat, an das Volk), mit denen Cicero seine Rückberufung aus dem Exil gefeiert hat. Die Rede wendet sich nämlich an Caesar, den Konsul und Diktator, den alleinigen Inhaber aller Macht: sie dankt ihm für die Begnadigung des M. Claudius Marcellus, eines führenden Kopfes in der geschlagenen Partei der Caesargegner.

Die umfängliche Gruppe der Reden, die Cicero in den trüben Jahren von seiner Rückkehr aus dem Exil bis zum Antritt der Statthalterschaft in Kilikien, während der Herrschaft des Dreibundes Caesar-Pompeius-Crassus, gehalten hat, war im April 52 v. Chr. mit dem Plädoyer für Milo zu Ende gegangen. Die Danksagung für Marcellus wiederum steht an der Spitze einer neuen, kleineren Gruppe: der drei Reden, die Cicero in den Jahren 46–45 v. Chr. an Caesar gerichtet hat, der sogenannten Caesar-Reden. Ein Intervall von etwa sechseinhalb Jahren trennt somit die beiden

Gruppen – der längste und tiefste Hiat, der in Ciceros rednerischem Werke klafft.

Während dieses Intervalls hatte der Bürgerkrieg zwischen Caesar und der von Pompeius geführten Senatspartei die Welt verändert. In den fünfziger Jahren war – trotz des Dreibundes und trotz der auf eine Anarchie zusteuernden Auflösungserscheinungen – noch stets eine Art Fassade der Republik aufrecht erhalten worden: diese Fassade existierte nicht mehr; sie hatte der caesarischen Militärdiktatur weichen müssen. Mit dem Bandenunwesen und den Knüppelschlachten eines Clodius und Milo war es jetzt vorbei, desgleichen mit dem Mißbrauch der Justiz, mit den vor den Gerichtshöfen ausgetragenen politischen Kämpfen. In Rom kehrte eine leidliche Ordnung ein, die Ordnung der Diktatur; andererseits galt es nunmehr, nach dem Zusammenbruch der Republik, der ungeheuren Macht, die der Diktator in seiner Hand vereinigte, eine rechtliche Grundlage zu geben und einen neuen Staatsapparat aufzubauen.

Caesar war sich dieser schwierigen Probleme vollauf bewußt. Er bezog von Anfang an den Frieden, der auf den Bürgerkrieg folgen würde, in seine Überlegungen ein; er behandelte seine Gegner mit großer Konsequenz und ohne sich durch Enttäuschungen und Rückschläge irremachen zu lassen milde und versöhnlich. Wer befürchtet hatte, daß sich die Zeiten Sullas mit ihren Ächtungen und Verfolgungen erneuern würden, der sah sich widerlegt: Caesar gab die Parole *clementia,* «Schonung», aus und verstand es, nicht nur sich selbst, sondern auch seine Gefolgsleute und Truppen darauf zu verpflichten. «Dies sei eine neue Art des Siegens, daß wir uns mit Barmherzigkeit und Edelmut wappnen», ließ er einmal in einem Briefe verlauten (bei Cicero, Ad Atticum 9,7 C 1) – nach diesem Grundsatz erlaubte er ganz unbefangen auch entschiedenen Widersachern die Rückkehr nach Italien und betraute sie, wenn sie dazu bereit waren, mit Verwaltungsaufgaben.

Caesars Bemühungen, möglichst viele einstige Gegner für den eigenen Staatsneubau zu gewinnen, eröffneten für Cicero ein begrenztes Feld der politischen Zusammenarbeit. Er hatte den Bürgerkrieg von Anfang an abgelehnt; er war Pompeius und seinem Anhang erst spät ins griechische Heerlager gefolgt und nach dessen Niederlage bei Pharsalus alsbald nach Brundisium und somit in Caesars Machtbereich zurückgekehrt. Dort mußte er sich nahezu ein Jahr gedulden; dann aber wurde er auf ehrenvolle Weise begnadigt. Ende Juli 46 v. Chr. kehrte Caesar aus Afrika – wo er das letzte große republikanische Heer geschlagen hatte – nach Rom zurück und begann sofort, sich der Reorganisation des Staates zu widmen. Cicero nahm seither wieder an den Senatssitzungen teil; er verhielt sich jedoch stumm, weil dem Senat keine wirklichen Entscheidungsbefugnisse mehr zukamen. Andererseits war sein Haus ein Treffpunkt nicht nur von einstigen Gegnern, sondern auch von Gefolgsleuten Caesars, und hieraus ergab sich wie von selbst, daß er zu vermitteln suchte, daß er sich insbesondere für die Begnadigung von Caesargegnern einsetzte, die noch in der Verbannung lebten. Er ließ sich hierbei von der Überlegung leiten, daß die oppositionellen Kräfte desto mehr Einfluß gewännen, je zahlreicher sie im Senat vertreten seien; überdies hoffte er, daß Caesar ernstlich daran denke, die *res publica,* die überkommene republikanische Staatsordnung, wiederherzustellen.

Caesars Versöhnungspolitik und Ciceros Interesse an der Begnadigung von Gesinnungsgenossen begegneten sich: aus dieser Konstellation ist auch die Rede für Marcellus hervorgegangen. Der Fall war freilich besonders schwierig. Marcellus zählte zu den entschiedensten Gegnern Caesars.

Er hatte als Konsul des Jahres 51 v. Chr. vergebens versucht, dessen Abberufung von seiner gallischen Statthalterschaft durchzusetzen; andererseits widerriet er zu Beginn des Jahres 49 v. Chr. der Eröffnung des Bürgerkrieges, da man hierfür nicht hinlänglich gerüstet sei. Seit der Katastrophe von Pharsalus lebte er in Mytilene auf Lesbos, philosophischen Studien obliegend; sein Stolz verwehrte ihm, seine Begnadigung zu betreiben. Sein Freund Cicero suchte ihn in mehreren erhaltenen Briefen zu einer Änderung seiner starren Haltung zu bewegen (Ad Familiares 4, 7–9): Caesars Arm vermöge ihn in Mytilene genauso gut zu erreichen wie in Rom; wenn er dessen Bereitschaft, ihm zu verzeihen, hartnäckig abweise, bringe er sein Leben und sein Vermögen in Gefahr.

Marcellus hatte sich wohl zu diesen Empfehlungen noch nicht geäußert, als es zu der Szene im Senat kam, die Cicero veranlaßte, sein bisheriges Schweigen zu brechen und dem Diktator eine enthusiastische Huldigung darzubringen. Ein Brief, den Cicero bald darauf an seinen Freund, den Juristen Ser. Sulpicius Rufus, richtete, schildert den Hergang wie folgt (Ad Familiares 4, 4, 3 f.): «In einem Punkte haben wir dir etwas voraus: wir haben von der Begnadigung deines Kollegen Marcellus» (Sulpicius war ebenfalls im Jahre 51 v. Chr. Konsul gewesen) «etwas eher erfahren als du, ja wir haben sogar selbst gesehen, wie sich die Sache zutrug. Denn das mußt du mir glauben: seit diesem Elend, das heißt seit man begonnen hat, Fragen des Staatsrechts mit Waffengewalt auszutragen, ist dies der einzige würdige Vorgang. Denn Caesar, der sich zunächst über die herbe Art des Marcellus (so drückte er sich nämlich aus) beschwert und deine objektive und vernünftige Einstellung mit den ehrenvollsten Worten gelobt hatte, erklärte plötzlich und wider Erwarten, er wolle die Bitte des Senats wegen Marcellus trotz seiner Bedenken nicht abschlagen. Der Senat hatte sich nämlich, als L. Piso» (Caesars Schwiegervater) «den Fall des M. Marcellus zur Sprache brachte und sich C. Marcellus» (ein Vetter des M. Marcellus) «Caesar zu Füßen warf, geschlossen erhoben und Caesar mit Bitten bedrängt. Kurz und gut, mir schien's ein herrlicher Tag zu sein, da ich einen Schimmer unseres gewissermaßen wiederauflebenden Staates wahrzunehmen glaubte. Nachdem nun alle, die vor mir nach ihrer Meinung gefragt wurden, Caesar gedankt hatten – außer Volcacius; der sagte nämlich, er hätte, wenn er an Caesars Stelle wäre, nicht nachgegeben –, da habe ich, als die Reihe an mich kam, von meinem Vorsatz abgelassen. Ich hatte nämlich beschlossen – wahrlich nicht aus Bequemlichkeit, sondern weil mir der Senat seine einstige Würde eingebüßt zu haben schien –, nie mehr das Wort zu ergreifen. Meinem Vorsatz machten indes Caesars Seelengröße und der Eifer des Senats ein Ende, und so habe ich an Caesar ein ziemlich ausführliches Dankeswort gerichtet.»

In der Einleitung der schriftlich ausgearbeiteten Fassung begründet Cicero, weshalb er sein langes Schweigen aufgebe: Caesars Milde habe ihn hierzu veranlaßt – sie habe dadurch, daß sie Marcellus dem Staate zurückgab, auch Cicero die Möglichkeit eröffnet, sich wieder politisch zu betätigen (1–4).

Der Hauptteil würdigt Caesars Entscheidung in einem ersten Abschnitt (4–20) aus der Perspektive der bisherigen Ereignisse: die Begnadigung des Marcellus sei eine größere Tat als alle noch so glänzenden militärischen Erfolge, da Caesar mit ihr einen Sieg über sich selber errungen habe, den er mit niemandem zu teilen brauche; außerdem sei jetzt anerkannt, daß sich Caesars einstige Gegner lediglich eines Irrtums, nicht aber eines Verbrechens schuldig gemacht hätten – Cicero und Marcellus jedenfalls seien von Anfang an für den Frieden eingetreten, wohl wissend, daß ein Sieg der eigenen, von Pompeius geführten Partei härtere Folgen gezeitigt hätte als der Sieg Caesars.

Auf die Betrachtung der Vergangenheit folgt der Blick in die Zukunft: der zweite Abschnitt des Hauptteils (21–32) legt dar, daß Caesar keinerlei Anlaß habe, für sein Leben zu bangen, da jedermann wisse, daß nur er den römischen Staat zu erneuern vermöge. Aus diesem Grunde müsse sein Ausspruch, er habe lange genug gelebt, bedenklich stimmen; seine Mission sei erst mit der Reorganisation alles dessen vollendet, was der Bürgerkrieg zugrunde gerichtet habe. Das kurze Schlußwort (33 f.) versichert Caesar der Dankbarkeit Ciceros und des ganzen Senats.

Man hat vermutet, daß die Begnadigung des Marcellus nicht ganz so spontan zustande gekommen sei, wie Cicero seinen Adressaten Sulpicius glauben machen will: Caesar könnte die Szene vorbereitet und mit Männern wie Piso abgesprochen haben. Ob auch Cicero eingeweiht war, so daß er seinen Preis der Milde Caesars nicht ganz und gar hätte improvisieren müssen? Wie es sich hiermit auch verhalten mag: Marcellus selbst hat die Früchte des spektakulären Gnadenaktes nicht mehr genießen können; er wurde auf der Rückreise das Opfer eines Mordes.

Ciceros Marcellus-Rede hat indes eine Bedeutung, die über ihren Anlaß weit hinausreicht. Sie eröffnet die kleine Gruppe der Caesar-Reden, und diese Gruppe wiederum enthält – was ihr Autor nicht ahnen konnte – wichtige Ansätze zum Selbstverständnis des von Augustus geschaffenen Kaisertums. Grundlage der ciceronischen Argumentation ist in allen drei Caesar-Reden die *clementia*-Parole, jene Maxime also, die, bis dahin nur dem besiegten Feind gegenüber anwendbar, von Caesar zum ersten Male als Schlagwort für ein bestimmtes innenpolitisches Verhalten in Anspruch genommen wurde. Cicero leitet indes aus diesem Schlagwort Konsequenzen ab, die an die besonderen Gegebenheiten der Jahre 46/45 v. Chr. nicht gebunden waren – so daß bereits Augustus die *clementia* zur vornehmsten Regententugend erhob und Seneca sie in den Mittelpunkt seiner staatsphilosophischen Schrift De clementia rückte. Cicero versucht nämlich immer wieder, Caesar auf seine Versöhnungspolitik festzulegen; er will die Ausübung der *clementia* an das Rechtsprinzip der Gleichbehandlung gebunden wissen. Daher findet sich in den Caesar-Reden immer wieder die Argumentationsfigur: «Wenn du dem einen verziehen hast, dann mußt du auch dem anderen verzeihen, der nichts Schlimmeres beging als jener» (Für Marcellus 2. 13 ff. Für Ligarius 1. 6 ff. 30 f. 37. Für Deiotarus 9. 38 ff.). *Clementia,* so verstanden, ist kein unerzwingbares, der Willkür des Ausübenden anheimgegebenes sittliches Verhalten mehr, sondern eine Form der Gerechtigkeit – *die* Form der Gerechtigkeit, die ein monarchisch regiertes Staatswesen noch zuläßt. Folgerichtig verknüpft Cicero des öfteren die Kategorien Milde/Gnade *(clementia, lenitas, mansuetudo* usw.) und Gerechtigkeit *(iustitia, aequitas)* zu einem bedeutungsverwandten Paar – so heißt es z. B. in der Marcellus-Rede (12): «Deine Gerechtigkeit und Milde werden von Tag zu Tag heller erstrahlen.» Gerade dieses Postulat einer an die Gerechtigkeit angenäherten Gnade hat sich Seneca mit Nachdruck zu eigen gemacht, und es gehörte seither zu den obersten Maximen europäischer Regentenweisheit.

[1] Das lange Schweigen, versammelte Väter, das ich mir in der letzten Zeit auferlegt habe – nicht aus Furcht, sondern teils aus Schmerz, teils aus Zurückhaltung –, ist am heutigen Tage zu Ende gegangen, und so möchte ich zum ersten Male wieder in meiner früheren Weise aussprechen, was ich wünsche und denke. Denn so viel Milde, eine so ungewohnte und unerhörte Bereitschaft zu verzeihen, eine solche Mäßigung bei der Ausübung höchster, schrankenloser Gewalt, kurz, eine so beispiellose und geradezu göttliche Besonnenheit kann ich unmöglich mit Stillschweigen übergehen.

[2] Denn dadurch, daß M. Marcellus euch, versammelte Väter, und dem Staate wieder zu Diensten steht, ist, glaube ich, euch und dem Staat nicht nur seine, sondern auch meine ratende Stimme zurückgegeben worden. Es schmerzte mich nämlich, versammelte Väter, und bedrückte mich sehr zu sehen, daß einem solchen Manne, der sich an derselben Sache beteiligt hatte wie ich, nicht auch dieselbe Gunst zuteil wurde[1], und ich konnte mich nicht dazu bereit finden noch hielt ich's auch nur für erlaubt, mich wieder meiner einstigen Tätigkeit hinzugeben, während er, der sich mein Mühen und Streben zum Vorbild und Muster erwählt hatte, mein Gefährte gewissermaßen und Begleiter[2], von mir getrennt war. So hast du denn mir den Zugang zu meinem altgewohnten Leben, der mir versperrt war, wieder aufgetan, C. Caesar, und zugleich allen, die hier sind, ein Zeichen gegeben, das sie [3] Gutes für unseren ganzen Staat erwarten läßt. Denn das ist gewiß deutlich geworden – für mich schon durch viele Fälle und zumal durch meinen eigenen, für alle anderen soeben, als du dem Senat und dem öffentlichen Wohl mit M. Marcellus ein Zugeständnis machtest (und das, obwohl dabei deine

Bedenken zur Sprache kamen) –, für uns alle ist deutlich geworden, daß du die Würde dieses Hauses und das Ansehen des Staates für wichtiger hältst als deine persönlichen Kümmernisse und Befürchtungen[3].

Marcellus hat am heutigen Tage die größte Bestätigung seines ganzen bisherigen Lebens erhalten: einmal durch die einhellige Meinung des Senats[4], zum anderen durch das Gewicht deines wohlerwogenen Urteils. Hieraus kannst du ersehen, wieviel Lob der Erweis dieser Wohltat hervorruft: wenn schon ihr Empfang solchen Ruhm mit sich bringt. Der   [4] aber ist wahrhaft glückselig, dessen Begnadigung nahezu jedermann ebensoviel Freude bereitet wie ihm selbst – und das ist ihm nicht unverdient und mit vollem Recht zuteil geworden. Denn wer könnte es an vornehmer Abkunft oder redlicher Gesinnung, an Bildungseifer, Lauterkeit oder irgendeiner lobenswerten Eigenschaft mit ihm aufnehmen?

Niemand hat die strömende Fülle des Geistes, niemand die Macht des gesprochenen oder geschriebenen Worts und ein solches Ausdrucksvermögen, daß er imstande wäre ich sage nicht zu verherrlichen, sondern auch nur zu berichten, C. Caesar, was du vollbracht hast. Und doch versichere ich dir und bitte dich, mir das nicht übel zu nehmen: darunter ist nichts, wofür du ebensoviel Anerkennung verdientest wie für das, was du am heutigen Tage getan hast.

Ich stelle mir immer wieder vor Augen und gehe in   [5] zahlreichen Gesprächen mit Freuden darauf ein, daß sich alle Erfolge, die von unseren bisherigen Feldherren, die von fremden Völkern, mächtigen Staaten und weitberühmten Königen errungen worden sind, nicht mit den deinigen vergleichen lassen: nicht das Ausmaß des Ringens, nicht die Zahl der Schlachten, nicht die Vielfalt der Schauplätze, nicht die Schnelligkeit des Vollbringens und nicht die Verschiedenartigkeit der Feldzüge – und daß niemandes Schritte

rascher so weit voneinander entfernte Länder zu erreichen
vermochten, als deine Eilmärsche oder richtiger Siege sie
durchzogen haben.

6   Wenn ich nun bestreiten wollte, daß die Größe dieser
Leistungen so ziemlich jedermanns Denkkraft und Vorstel-
lungsvermögen übersteigt, dann wäre ich ein Narr – und
doch gibt es anderes, das größer ist. Denn kriegerische
Lorbeeren pflegt manch einer in seinen Reden abzuschwä-
chen: er entzieht sie den Truppenführern und verteilt sie auf
viele, damit sie nicht den Feldherren allein vorbehalten
bleiben. Und gewiß tragen zum Waffenerfolg die Tapferkeit
der Soldaten, die Gunst des Geländes, die Hilfstruppen, die
Seestreitkräfte und der Nachschub ganz erheblich bei; den
größten Anteil jedoch beansprucht wie selbstverständlich
das Glück für sich, und es hält jede erfolgreiche Unterneh-
7   mung fast völlig für sein Werk. *Den* Ruhmestitel hingegen,
C. Caesar, den du soeben erworben hast, brauchst du mit
niemandem zu teilen: ganz und gar – wie bedeutend er immer
sein mag, und er ist sicherlich sehr bedeutend –, ganz und
gar, sage ich, gehört er dir. Nichts beansprucht von diesem Verdienst ein Offizier oder ein Kommandant, eine
Infanterietruppe oder eine Reiterschwadron; ja selbst die
Herrin aller Menschendinge, die Göttin des Glücks, dringt
nicht auf Anteil an diesem Ruhmestitel: dir tritt sie ihn ab,
und sie gibt zu, daß er ganz dein Eigentum ist. Denn nie ist,
wo Einsicht waltet, blindes Ungefähr im Spiele, und der
Zufall hat keinerlei Einfluß auf einen wohlbedachten Entschluß.

8   Du hast Völker bezwungen: barbarisch an Roheit, unübersehbar an Zahl, grenzenlos an Landgebiet, reich versehen mit Hilfsmitteln aller Art – immerhin hast du lauter
Gegner besiegt, deren Wesen und Beschaffenheit darauf
deuteten, daß sie sich besiegen lassen würden; keine Kraft ist

ja so groß, daß man sie nicht durch bewaffnete Gegenkräfte
schwächen und brechen könnte. Doch sich selbst zu überwinden, seinen Zorn zu bändigen, einen Besiegten zu
schonen, einen Widersacher, der sich durch Adel, Klugheit
und Tüchtigkeit auszeichnet, nicht nur von seinem Sturze
aufzuheben, sondern gar mit einem höheren Rang zu beschenken, als er je besessen hat[5]: wer das fertigbringt, den
stelle ich mit den größten Männern auf eine Stufe, oder
vielmehr, ich erkläre ihn für geradezu göttergleich.

   So wird man denn, C. Caesar, deine kriegerischen Lorbee-   9
ren nicht nur bei uns, sondern auch bei den meisten anderen
Völkern in Wort und Schrift zu würdigen wissen, und kein
Zeitalter wird aufhören, deine Taten zu preisen; trotzdem
scheinen derartige Ereignisse irgendwie – auch wenn man
nur davon liest – im Geschrei der Soldaten und Lärm der
Trompeten unterzugehen. Wenn wir hingegen hören oder
lesen, eine Sache sei schonend, mild, gerecht, maßvoll und
klug entschieden worden, und das im Zorn, der überlegtem
Handeln feind, und im Genuß des Sieges, der von Haus aus
stolz und abweisend ist: welche Sympathie ergreift uns dann
– nicht nur bei wirklichen, sondern auch bei erfundenen
Geschehnissen, so daß wir Zuneigung zu Menschen fassen,
die wir nie gesehen haben! Dich aber, den wir hier vor uns   10
sehen, der (wenn wir deine Gedanken und Vorstellungen
richtig deuten) bewahrt wissen möchte, was die Wechselfälle
des Krieges von unserem Staatswesen übrig gelassen haben:
mit welchen Lobesworten sollen wir dich dafür preisen, mit
welchem Eifer dich anerkennen, mit welcher Verehrung dir
zugetan sein? Selbst die Mauern der Kurie – wahrhaftig, so
kommt es mir vor – wünschen dir ihren Dank zu bekunden,
daß dieser bedeutende Mann in kurzem wieder an seinem
und seiner Vorfahren Platz erscheinen wird. Denn wie ich
soeben gemeinsam mit euch die Tränen des C. Marcellus –

eines vortrefflichen Mannes, der seinem Vetter in unge-
wöhnlichem Maße zugetan ist – erblickte, da drängte sich
meinem Herzen die Erinnerung an alle Marceller auf: du hast
ihnen (auch den Verstorbenen) durch die Begnadigung des
M. Marcellus ihr einstiges Ansehen zurückgeschenkt und
damit ein erlauchtes Haus, das nur noch wenige Mitglieder
zählt, geradezu vor dem Untergang bewahrt[6].

11   Den heutigen Tag schätzt du mit Recht höher ein als deine
unzähligen großartigen Erfolge. Denn diese Tat gehört ganz
allein dir, C. Caesar – die übrigen, die unter deiner Leitung
vollbracht wurden, sind gewiß bedeutend, jedoch auch das
Werk einer großen Zahl von ausführenden Händen. Bei
dieser Sache hingegen oblag dir zugleich die Leitung und die
Ausführung, und ihre Bedeutung läßt sich daran ermessen,
daß es deinen Siegeszeichen und Denkmälern beschieden ist,
im Laufe der Zeit zu verfallen (denn auf die Dauer bleibt
nichts, was Menschenhände hervorbringen, unangetastet
12   und unversehrt), daß hingegen deine Gerechtigkeit und
Milde von Tag zu Tag heller erstrahlen werden; so wird der
zunehmende zeitliche Abstand, was er deinen Werken
nimmt, deinem Ruhme zuwachsen lassen. Und alle früheren
Siege in Bürgerkriegen hattest du schon vorher durch deine
Zurückhaltung und Mäßigung übertroffen – am heutigen
Tage hingegen hast du über dich selber einen Sieg errungen.
Vielleicht kann man aus den folgenden Worten nicht genau
das heraushören, was ich mir vorstelle und denke: du hast
offenbar den Sieg selbst besiegt, indem du den Besiegten,
was schon dein war, zurückgabst. Denn nach dem Recht, das
der Sieg gewährt, hätten wir, die Besiegten, allesamt sterben
müssen; doch dein Gnadenurteil hat uns geschont. Es ist also
recht, daß du allein[7] unbesiegt geblieben bist: du hast ja
sogar das Gesetz des Sieges und die schrankenlose Gewalt
besiegt.

Und bedenkt, versammelte Väter, welch weitreichende [13]
Folgen sich aus dem Urteil C. Caesars ergeben. Denn wir
alle, die uns ich weiß nicht welches unglückselige und
schlimme Verhängnis unseres Staates in diese Kämpfe
getrieben hat – wir haben uns gewiß durch menschliches
Irren schuldig gemacht, doch von dem Vorwurf des Verbrechens sind wir jetzt frei. Denn wenn er M. Marcellus, weil ihr
ihn batet, dem Staate erhielt, wenn er auch mich, ohne daß
jemand ihn bat, mir selbst und dem Staate, wenn er alle die
hochangesehenen Männer, die ihr in dieser zahlreichen
Versammlung ihre Ehrenstellung ausüben seht, sowohl sich
selbst als auch dem Vaterland zurückgab, dann hat er damit
nicht etwa Feinde in die Kurie aufgenommen, sondern
bestätigt, daß sich die meisten aus Unkenntnis und leerer,
grundloser Furcht, nicht aus Habgier oder Grausamkeit auf
den Krieg eingelassen haben[8].

In diesem Krieg nun habe ich stets geglaubt, nach dem [14]
Frieden Ausschau halten zu müssen, und stets bedauert, daß
man nicht nur den Frieden, sondern auch die Äußerungen
derer, die den Frieden forderten[9], ablehnte. Ich habe mich ja
keiner Bürgerkriegspartei angeschlossen, weder jetzt noch
je zuvor, und stets waren meine Vorschläge auf Frieden und
Gewaltlosigkeit, nicht auf Krieg und Waffengebrauch bedacht. Ich habe mich einem Manne[10] angeschlossen, dem ich
persönlich, nicht von Staats wegen verbunden war, und die
mit dankbarem Herzen treu bewahrte Erinnerung vermochte bei mir so viel, daß ich mich, ohne auf Vorteile aus zu
sein, ja ohne Hoffnung mit vollem Wissen gleichsam freiwillig in den Untergang stürzte. Meine Einstellung war keines- [15]
wegs unbekannt. Denn ich habe bereits, als wir noch freie
Hand hatten[11], vor dieser Versammlung oft für den Frieden
gesprochen und während des Krieges, auch wenn ich dabei
mein Leben aufs Spiel setzte, dieselbe Meinung geäußert. So

wird denn auch niemand so ungerecht urteilen, daß er
zweifelt, was Caesar vom Kriege gehalten hat: die Fürsprecher des Friedens glaubte er ja sofort begnadigen zu sollen,
den übrigen zürnte er länger. Und das war gewiß weniger
erstaunlich, solange der Ausgang noch nicht feststand und
das Kriegsglück schwankte; wer jedoch als Sieger die
Fürsprecher des Friedens schätzt, der gibt wahrhaftig deutlich zu erkennen, daß er lieber den Kampf vermieden als
gesiegt hätte.

16   Und in diesem Punkte kann ich mich für M. Marcellus
verbürgen. Denn wir waren, wie im Frieden, so auch damals
im Kriege stets derselben Auffassung. Oft genug habe ich
ihn erlebt, wie schwerer Gram ihn drückte und wie er mit
Bangen dem Hochmut bestimmter Leute und erst recht der
Grausamkeit des Sieges entgegensah! Desto mehr, C. Caesar, muß uns, die wir das [12] gesehen haben, deine Großzügigkeit bedeuten! Daher sollten wir jetzt nicht mehr Standpunkt mit Standpunkt, sondern nur noch Sieg mit Sieg
vergleichen.

17   Gesehen haben wir, daß dein Sieg sich auf die Schlachtfel-
der beschränkte – in unserer Stadt haben wir nie ein blank
gezogenes Schwert gesehen. Die Mitbürger, die nicht mehr
unter uns sind, hat die Gewalt des Mars zermalmt, nicht der
Zorn des Sieges: jedermann sei überzeugt, daß C. Caesar,
wenn er könnte, gar manchen von uns aus dem Reich der
Schatten zurückriefe – sucht er doch unsere Anhängerschaft
so viel er kann zu schonen.

     Auf seiten unserer Partei (ich spreche nur aus, was wir alle
18   befürchteten) wäre der Sieg allzu hitzig gewesen. Denn
einige stießen nicht nur gegen Bewaffnete, sondern mitunter
auch gegen Zivilisten Drohungen aus und sagten, man
müsse sich nicht danach richten, welche Gesinnung ein jeder
gezeigt, sondern wo er sich aufgehalten habe. So möchte ich

meinen, daß die unsterblichen Götter, die gewiß, indem sie einen so schweren und leidvollen Bürgerkrieg entfesselten, dem römischen Volk gegenüber die Strafe für irgendein Vergehen vollstreckt haben, jetzt endlich versöhnt oder befriedigt sind und alle Sorge für die Wohlfahrt der Milde und Einsicht des Siegers übertragen haben.

So freue dich denn dieses erlesenen Gutes, das ganz dein [19] eigen ist, und genieße dein Glück und deinen Ruhm, aber auch deine Wesensart und sittliche Leistung – das ist ja für den Weisen der größte und herrlichste Lohn. Wenn du nun deine übrigen Handlungen betrachtest, dann wirst du sehr oft mit deiner Tüchtigkeit, jedoch noch öfter mit deinem Glück zufrieden sein; wenn du hingegen an uns denkst, denen du erlaubt hast, gemeinsam mit dir den Staat zu verwalten, dann denkst du jedes Mal an deine schönsten Wohltaten, an deine beispiellose Hochherzigkeit, an deinen einzigartigen Weitblick, und diese Dinge stehe ich nicht an als die größten, ja sogar als die einzigen Güter zu bezeichnen. Denn solcher Glanz geht von wahren Verdiensten, solches Ansehen von echter Größe des Denkens und Wollens aus, daß dies als das unverlierbare Geschenk des eigenen Wertes, alles andere hingegen als Leihgabe des Glücks erscheint. Laß [20] also nicht ab, tüchtige Männer zu begnadigen, besonders wenn sie nicht durch ihre Habgier oder Schlechtigkeit, sondern wegen ihrer möglicherweise törichten, doch gewiß nicht unehrenhaften Pflichtauffassung und wegen eines Trugbildes von Staatsgesinnung zu Fall gekommen sind. Es ist ja in keiner Weise beschämend für dich, daß einige dich für furchtbar hielten, wohl aber höchst rühmlich, daß sie ihre Furcht als grundlos erkannt haben.

Ich wende mich jetzt deinem schwersten Vorwurf und [21] schlimmsten Verdacht zu, der ebenso wie von dir selbst auch von allen anderen Bürgern, ganz besonders aber von uns, die

du begnadigt hast, berücksichtigt werden muß. Sosehr ich
hoffe, daß er unbegründet ist: ich werde ihn nie abzuschwä-
chen suchen; denn deine Sicherheit ist auch die unsere. Wenn
ein Übermaß nach dieser oder jener Seite unvermeidlich ist,
dann möchte ich lieber zu furchtsam scheinen als zu unbedacht. Doch wer wäre zu einer solchen Wahnsinnstat imstande? Jemand, der zu dir gehört? Und wer gehörte wohl
mehr zu dir als die Männer, denen du unverhofft das Leben
geschenkt hast? Oder jemand aus den Reihen derer, die auf
deiner Seite gestanden haben? Ein solches Maß an Raserei ist
undenkbar: daß jemand das Leben dessen, der ihm durch
seine Führung zu allem Glück verholfen hat, nicht höher
hält als das eigene. Oder mußt du dich, wenn deine Gefolgsleute nichts Schlimmes im Schilde führen, vor deinen
Feinden in acht nehmen? Vor welchen denn? Wer immer
dein Feind war, hat sein Leben entweder wegen seines
Starrsinns verloren oder wegen deiner Milde behalten; deine
Feinde sind also entweder gar nicht mehr da, oder, wer es
einmal war, ist jetzt dein treuester Freund[13].

22 Trotzdem: da die menschliche Seele solche Nachtseiten
hat und solche Abgründe, wollen wir deinen Argwohn sogar
verstärken; damit verstärken wir nämlich zugleich deine
Vorsicht. Denn wer wäre so gänzlich unerfahren, so wenig
mit der Politik vertraut und so gleichgültig gegenüber
seinem eigenen und dem allgemeinen Wohl, daß er nicht
sähe, wie sehr sein Wohl durch das deine bedingt und wie das
Leben aller allein von dem deinen abhängig ist? Ich jedenfalls denke, wie es meine Pflicht ist, Tag und Nacht an dich:
da fürchte ich mich allerdings vor den Tücken des menschlichen Daseins und den gesundheitlichen Risiken und der uns
alle bedrohenden Hinfälligkeit, und es schmerzt mich, daß
der Staat, der doch unsterblich sein muß, von dem Leben
23 eines einzigen Sterblichen abhängt. Wenn nun aber zu den

Tücken des menschlichen Daseins und den gesundheitlichen
Risiken noch verbrecherische Komplotte und Anschläge
hinzukommen: welcher Gott wäre dann wohl, selbst wenn er
wollte, imstande, unserem Staate zu helfen?

Nur du kannst all das erneuern, C. Caesar, was, wie du
siehst, das Wüten des Krieges zwangsläufig zerrüttet und
zugrunde gerichtet hat: du mußt die Rechtsprechung in
Gang bringen, den Kredit wiederherstellen, den Ausschweifungen begegnen, die Aufzucht von Kindern fördern und
alles, was sich in dem jetzigen Zerfall aufgelöst hat, durch
strenge Gesetze neu zu binden suchen[14]. Es ließ sich in   24
einem solchen Bürgerkriege, bei einem solchen Aufruhr der
Geister und der Waffen nicht verhindern, daß der schwer
heimgesuchte Staat, wie immer der Kampf ausgehen würde,
viel verlöre – vom Glanze seines Ansehens und von den
Sicherungen seines Bestandes – und daß beide Führer, wenn
sie in Waffen stünden, vieles von dem selbst tun würden, was
sie in Friedenszeiten verboten hätten. Alle diese Wunden des
Krieges mußt du jetzt schließen, denn außer dir vermag
niemand sie zu heilen.

Ich habe daher deinen bewundernswerten und von tiefer   25
Weisheit zeugenden Ausspruch nur ungern vernommen:
«Ich habe lange genug gelebt – meinem Alter nach und auch
für meinen Ruhm[15].» Lange genug vielleicht, wenn du
meinst, deinem Alter nach, und dazu noch, wenn du willst,
für deinen Ruhm, jedoch, worauf es vor allem ankommt, für
dein Vaterland sicherlich nicht lange genug. Strebe daher
nicht, ich bitte dich, nach der abgeklärten Haltung gebildeter Männer, die den Tod verachten; suche nicht zu unserem
Schaden weise zu sein. Denn immer wieder kommt mir zu
Ohren, daß du dich allzu oft hierauf berufst: du habest
deinetwegen lange genug gelebt. Mag sein, doch zustimmen
könnte ich dir allenfalls dann, wenn du nur deinetwegen

lebtest oder nur deinetwegen geboren wärst. Du hast indes aller Bürger Heil und das gesamte Staatswesen in dein Handeln einbezogen; weit entfernt, daß deine gewaltigen Taten zu Ende geführt wären, hast du noch nicht einmal die Grundmauern dessen gelegt, was du erreichen möchtest. Unter diesen Umständen soll nicht die Rücksicht auf das Heil unseres Staatswesens, sondern das Maß deines inneren Abstandes die Dauer deines Lebens bestimmen?

Doch wie, wenn du nicht einmal für deinen Ruhm lange genug gelebt hast? Denn daß du hierauf ganz versessen bist – [26] bei all deiner Weisheit –, kannst du nicht leugnen. Wäre denn, magst du einwenden, zu unbedeutend, was ich hinterließe? Allerdings: für viele andere bedeutend genug, doch für dich allein nicht. Denn alle Leistungen, sie mögen noch so groß sein, sind dann nicht bedeutend genug, wenn es noch etwas Größeres gibt. Wenn dies das Ende deiner unsterblichen Erfolge wäre, C. Caesar, daß du den Staat nach dem Sieg über deine Gegner in dem Zustande hinterließest, in dem er sich jetzt befindet, dann prüfe bitte selbst, ob dir nicht dein göttlicher Tatendrang mehr Befremden einbringen müßte als Ruhm – wenn denn Ruhm die auszeichnende und überall verbreitete Bekanntheit ist, die aus großen Verdiensten an den eigenen Mitbürgern, am Vaterland oder an der gesamten Menschheit hervorgeht.

[27] Dieser Teil steht dir also noch bevor, diese Aufgabe bleibt dir noch, und dafür mußt du noch kämpfen: daß der Staat von dir eine Verfassung erhält und du zu den ersten gehörst, die sich ihrer in tiefster Ruhe und Sicherheit erfreuen; dann magst du, wenn du willst, nachdem du für das Vaterland deine Pflicht getan hast und in der Fülle der Jahre an deine natürliche Grenze gelangt bist, erklären, du habest lange genug gelebt. Denn was bedeutet schon das Wort «lange» bei Dingen, die ein Ende haben? Wenn das eintritt, dann ist auch

alle vergangene Freude dahin, weil ja nichts mehr davon übrig ist[16].

Doch dein Geist hat sich nie mit den engen Grenzen, in die die Natur unser Leben gebannt hat, zufrieden gegeben: stets war er vom Verlangen nach Unsterblichkeit entflammt. Du [28] darfst ja auch nicht *die* Spanne für dein Leben halten, die Leib und Seele dir einräumen: erst *die* Zeit, ja, *die* Zeit macht dein Leben aus, die in der Erinnerung aller Jahrhunderte überdauert, die von der Nachwelt vervielfacht und von der Ewigkeit selbst auf immer verbürgt wird. Ihr sollst du dienen, vor ihr dich bewähren: sie findet schon vieles vor, was ihr Anlaß gibt, sich zu wundern; sie wartet jetzt noch auf etwas, das sie preisen kann. Gewiß werden unsere Nachkommen staunen, wenn sie von all deinen Befehlshaberstellen und Provinzen, vom Rhein, vom Ozean und vom Nil, von den unzähligen Schlachten und unglaublichen Siegen, von deinen Bauwerken[17], Festspielen und Triumphen hören oder lesen. Wenn [29] aber diese Stadt nicht durch deine Maßnahmen und Anordnungen eine feste Grundlage erhält, dann wird dein Name zwar weit und breit durch die Lande schwirren, doch einen festen Wohnsitz und eine dauerhafte Heimstatt kann er nicht finden.

Auch unter denen, die noch zur Welt kommen, wird, wie das bei uns der Fall war, ein heftiger Streit entbrennen: teils wird man deine Taten durch Lobpreis in den Himmel heben, teils vielleicht mancherlei auszusetzen haben, und zwar besonders dann, wenn es dir nicht gelingt, die Feuersbrunst des Bürgerkrieges durch die Wiederherstellung unseres Staates auszulöschen: du mußt erreichen, daß die Feuersbrunst als Verhängnis, die Wiederherstellung als dein Werk erscheint. Laß dich daher von denen leiten, die einmal in vielen Jahren als deine Richter über dich urteilen werden, und zwar zweifellos unbestechlicher als wir; denn sie können

ja ohne Gunst und Liebedienerei sowie andererseits ohne
30 Haß und Voreingenommenheit urteilen. Selbst wenn dir's
dann, wie manche annehmen[18], gar nichts mehr ausmacht:
jetzt macht es dir bestimmt etwas aus, ob du erreichst, daß
kein Vergessen je deinen Ruhm verdunkelt.

Gespalten waren die Meinungen der Bürger und entzweit
ihre Überzeugungen; wir haben ja nicht nur in politischer
Parteiung, sondern auch mit militärischer Gewalt gegeneinander gekämpft. Eine erhebliche Verwirrung trat ein, und
Streit entbrannte unter den berühmtesten Truppenführern[19]. Viele zweifelten, was das Beste sei, viele, wo sie ihren
Vorteil fänden, viele, was sie tun sollten, und nicht wenige,
was sie tun dürften.

31 Überstanden hat jetzt unser Staat diesen elenden und
verhängnisvollen Krieg; der Sieg gehört dem Manne, dessen
Haß nicht durch Erfolge entfacht, sondern durch Herzens-
güte gemildert wurde, und der nicht jeden, auf den er zornig
war, der Verbannung oder des Todes für würdig hielt. Viele
legten die Waffen nieder, anderen nahm man sie ab[20].
Undankbar und ungerecht ist der Bürger, der, von den
Gefahren des Waffengangs entbunden, im Geiste die Waffen
behält: da verdient sogar der den Vorzug, der bei der kämp-
fenden Truppe fiel, der für seine Sache das Leben hingab.
Denn was manche für Charakterfestigkeit halten, kann
anderen als blinder Trotz erscheinen[21].

32 Doch schon ist aller Zwiespalt durch Waffengewalt
gebrochen, durch den Gerechtigkeitssinn des Siegers getilgt
– so bleibt nur, daß alle die dasselbe wollen, die nicht nur ein
wenig Verstand, sondern auch einiges Augenmaß bewahrt
haben. Wenn du nicht erhalten bleibst und dich nicht weiterhin von den Grundsätzen leiten läßt, die du, wie schon
zuvor, so insbesondere am heutigen Tage befolgt hast, dann
können auch wir nicht erhalten bleiben. Daher richten wir

alle, die wir das Bestehende erhalten wissen wollen, an dich
die beschwörende Bitte: denk an dein Leben, an deine
Erhaltung, und wir alle (um auch im Namen anderer zu
sagen, was für mich selbst feststeht) versprechen dir – da du
ja glaubst, daß einiger Grund zur Vorsicht bestehe – nicht
nur Wachen und Schutz, sondern auch den Einsatz von Leib
und Leben[22].

Doch um diese Rede ebendort enden zu lassen, wo sie 33
begann: wir alle bekunden dir größte Dankbarkeit, C. Caesar, und empfinden noch größere. Denn hierin sind wir alle
einer Meinung, wie du den allgemeinen Bitten und Tränen
hast entnehmen können. Doch während nicht alle verpflichtet sind, sich zu erheben, um etwas zu sagen, erwartet man,
daß ich etwas sage, der ich irgendwie dazu verpflichtet bin,
und ich sehe auch, daß hiermit genau das geschieht, was
angemessen ist, nachdem diese Versammlung und das römische Volk und unser Staatswesen M. Marcellus von dir
zurückerhalten haben. Denn ich spüre, daß sich alle Welt
freut: nicht wie über die Rettung eines Einzelnen, sondern
wie über die aller.

Meine große Zuneigung ihm gegenüber ist seit jeher 34
allgemein bekannt; ich stehe hierin kaum dem C. Marcellus,
seinem vortrefflichen und geliebten Vetter[23], außer ihm aber
niemandem nach. Da ich ihm diese Zuneigung durch meine
unermüdlichen Sorgen und Mühen erzeigt habe, solange
man an seiner Rettung zweifelte, muß ich sie ihm gewiß auch
jetzt erzeigen, nachdem ich großer Nöte, Schwierigkeiten
und Bitternisse überhoben bin. Ich sage dir daher Dank,
C. Caesar, in dem Bewußtsein, daß du mich schon vorher in
jeder Hinsicht nicht nur geschont, sondern sogar ausgezeichnet und jetzt gleichwohl deine zahllosen Verdienste
allein mir gegenüber (was ich nie für möglich gehalten hätte)
durch diese eine Tat beträchtlich überboten hast.

ANHANG

ANMERKUNGEN

Rede für Sex. Roscius aus Ameria

[1] Cicero bekleidete erst fünf Jahre später (75 v. Chr.) sein erstes Amt, die Quästur.

[2] Sulla hatte durch Volkswahl 300 neue Senatsmitglieder bestellt (81 v. Chr.); im allgemeinen befand das Volk mittelbar, durch die Wahl der Beamten, über die Mitgliedschaft im Senat.

[3] In Umbrien, zirka 80 km nördlich von Rom (heute Amelia).

[4] Gladiator, Siege, Fechtmeister, Anfänger: die bildlich gemeinten Ausdrücke deuten an, daß Capito schon manche Bluttat begangen habe, während Magnus ihn in der jüngsten Mordschlacht, das heißt durch die Tötung des Roscius, ausstach. Vgl. 84. 100. 118.

[5] Neben dem Circus Flaminius am Südrande des Marsfeldes.

[6] 1 römische Meile = 1,480 km.

[7] Stadt in Etrurien (heute Volterra), die noch von den Resten der Marianer verteidigt wurde.

[8] Anspielung auf Sullas Beinamen Felix.

[9] Die römischen Hausgötter, Beschützer der Familie, die am Herde kultische Ehren empfingen.

[10] Der Rat einer italischen Landstadt (municipium) pflegte aus 100 Mitgliedern (decuriones) zu bestehen; die Vorsteher der 10 Abteilungen hießen decem primi.

[11] Die Strafe des Verwandtenmörders (parricida). Vgl. 70.

[12] Fimbria war einer der rabiatesten Marianer. Marius starb am 13. Januar 86 v. Chr. Q. Mucius Scaevola, Pontifex Maximus und bedeutender Jurist, Lehrer Ciceros, wurde als Anhänger der aristokratischen Partei im Jahre 82 v. Chr. von den Marianern ermordet, als Sulla gegen Rom vorrückte.

[13] Komödienrollen. Die Stücke des Caecilius (gest. 168 v. Chr.) sind nicht erhalten.

[14] Die römische Bürgerschaft gliederte sich in 35 Abteilungen (tribus), die vielfältigen Verwaltungszwecken, insbesondere auch als Wahlbezirke, dienten. Unter den Mitgliedern derselben Tribus bestand ein gewisser Zusammenhalt.

[15] Stadt in Etrurien, zirka 15 km nördlich von Rom.

[16] Als man ihm mitteilte, daß er zum Konsul gewählt sei (257 v. Chr.). Dieses Ereignis soll ihm den Beinamen Serranus, «Sämann», eingebracht haben.

[17] Das Remmische Gesetz bedrohte die wissentlich grundlose Anklage mit Strafe. Vgl. 57.

[18] Die heiligen Gänse der Juno hatten angeblich durch ihr Geschnatter einen nächtlichen Überfall der Gallier auf das Kapitol (387 v. Chr.) vereitelt.

[19] Dem böswilligen Ankläger wurde der Buchstabe K (calumniator, «Verleumder», «Schikaneur») auf die Stirn gebrannt; K diente ebenfalls als Abkürzung für die Kalenden, den Monatsersten.

[20] Küstenstadt in Latium, zirka 100 km südöstlich von Rom.

[21] Die Mythen von den Muttermördern Alkmeon und Orest wurden auch auf der römischen Bühne dargestellt. Alkmeon erhielt den Befehl, die Mutter zu töten, von seinem Vater, Orest vom Orakel des Apoll. Beide wurden alsbald von den Furien (Erinyen) verfolgt.

[22] Vgl. 30.

[23] Sklaven wurden in Rom unter Anwendung der Folter verhört. Es war unzulässig, einen Sklaven gegen seinen Herrn zu befragen, doch konnte der Herr die Befragung gestatten. Vgl. 119f.

[24] Die Übersetzung sucht einen Wortwitz des Textes wiederzugeben. Der Begriff *sector* bezeichnet den gewerblichen Aufkäufer der vom Staate eingezogenen Vermögen, der das Erstandene mit erheblichem Gewinn weiterzuveräußern pflegte. Cicero führt das Wort auf *secare*, «schneiden», zurück und verwendet es in dieser von ihm unterstellten ursprünglichen Bedeutung; *sectores collorum* sind also «Zerschneider von Hälsen» und *sectores bonorum* «Zerschneider von Vermögen». Es seien dieselben Leute, meint Cicero, die die Proskribierten getötet und sodann deren Vermögen erstanden hätten.

[25] Das heißt über Entwendung von Staatsgut. Der Ankläger hatte offenbar behauptet, Roscius habe Gegenstände, die zum konfiszierten Vermögen des Vaters gehörten, beiseite geschafft.

[26] Eigentlich «Siegespalmen»; Cicero spielt auf die Mordtaten an, die der «Gladiator» Capito vollbracht habe. Vgl. 17.

[27] L. Cassius Longinus Ravilla, Konsul des Jahres 127 v. Chr., hatte sich als Richter den Ruf ungewöhnlicher Strenge erworben.

[28] «Jenes Cannae» sind die Proskriptionen, denen zumal die zum Opfer fielen, die sich während der Herrschaft der Marianer als Ankläger betätigt hatten. Am Trasimenischen See hatte Hannibal den Römern im Jahre vor der Schlacht bei Cannae (217 v. Chr.) eine schwere Niederlage

beigebracht. Am Servilischen See, einem Bassin in der Nähe des Forums, wurden die Köpfe der getöteten Proskribierten ausgestellt.

[29] Zitat aus der Tragödie «Achilles» von Ennius.

[30] Über die hier Genannten ist nichts bekannt, auch nicht über Antistius, den ältesten Ankläger, den Cicero sarkastisch als «greisen Priamus» bezeichnet; er war offenbar wegen wissentlich falscher Anklage verurteilt worden.

[31] Das heißt sie benutzten die Proskriptionen, ihre Gläubiger oder Feinde zu beseitigen.

[32] Das heißt die *sectores*. Vgl. 80f.

[33] Wagenlenker des Achill, hier bildlich für den Gehilfen Glaucia.

[34] Ein mit Bändern geschmückter Palmzweig *(palma lemniscata)* war eine besonders hohe Auszeichnung des erfolgreichen Fechters. Cicero verwendet abermals einen bildlichen Ausdruck aus der Berufssphäre des Gladiators (vgl. 17.84): der Mord an Roscius sei das erste Verbrechen Capitos, das Rom zum Schauplatz hatte.

[35] Anspielung auf die sprichwörtliche Redensart «einen Sechzigjährigen von der Brücke werfen» *(sexagenarium de ponte deicere)*. Herkunft und Sinn der Wendung sind dunkel. Eine Erklärung, der auch Cicero folgt, besagt, daß man in grauer Vorzeit alljährlich einen Sechzigjährigen als Opfergabe in den Tiber gestürzt habe.

[36] Cicero wendet sich an Magnus, der offenbar Miene gemacht hatte, etwas zu erwidern.

[37] In beiden Fällen zog die Verurteilung Bescholtenheit *(infamia)* nach sich.

[38] Auch die Verurteilung wegen Verletzung eines Gesellschaftsvertrages war mit Infamie verknüpft. Vgl. 111.

[39] Cicero kommt ein letztes Mal auf seine Gladiatoren-Metaphorik zurück. Vgl. 17. 84. 100.

[40] Das heißt aus den Dienerschaften der Proskribierten. Vgl. 133.

[41] Anspielung auf die Bedeutung des Namens Chrysogonus («Goldgeborener») und auf die Reichtümer, die sich Chrysogonus als Proskriptionsgewinnler verschafft hatte.

[42] Das heißt um ein von L. Valerius Flaccus oder ein von Sulla selbst erlassenes Gesetz. Valerius Flaccus hatte Sulla durch ein von ihm eingebrachtes Gesetz formell mit der Diktatur betraut. Cicero stellt sich unwissend, um seinen Abscheu vor den Proskriptionen auszudrücken.

[43] Die alten, die das Leben des Bürgers schützten; die neuen, das heißt die Bestimmungen des Proskriptionsgesetzes, die unter bestimmten Voraussetzungen die Tötung von Bürgern erlaubten.

[44] Diesen Beweis hat Cicero offenbar in der jetzt fehlenden Partie (132) erbracht.

[45] Lücke in der handschriftlichen Überlieferung. Von dem Inhalt sind nur ein paar zusammenhanglose Bruchstücke erhalten, die ein anonymer Cicero-Erklärer, der sogenannte Scholiasta Gronovianus, bewahrt hat; der folgende Absatz bringt diese Fetzen mitsamt den zugehörigen Erklärungen.

[46] Vgl. 18.

[47] Italische Landschaften östlich und westlich des Golfes von Tarent.

[48] Der Palatin galt als das vornehmste Wohnviertel Roms.

[49] Korinthische und delische Gefäße aus Erz waren ein begehrter Luxusartikel der Römer. Kochmaschine: eigentlich «Selbstkocher» *(authepsa)*, der mit einer praktischen Vorrichtung versehen war.

[50] Eigentlich «von Togaträgern»; Cicero deutet an, daß diese Leute der Tracht des römischen Bürgers Unehre machten.

[51] Sulla setzte schon während seiner Diktatur die ordentliche Verfassung wieder in Gang.

[52] Vom Tribunat des C. Gracchus bis zur sullanischen Neuordnung hatten zum Leidwesen der Senatoren die Ritter das Richteramt ausgeübt.

[53] Anspielung auf die Herkunft des Chrysogonus.

[54] Als Günstling Sullas.

[55] L. Caecilius Metellus Diadematus (Konsul 117 v. Chr.) und M. Caecilius Metellus (Konsul 115 v. Chr.).

Die Catilinarischen Reden

[1] Der Tempel des Jupiter Stator, am Nordhang des Palatin. Vgl. 1,11.

[2] Das heißt in der Nacht vom 6. auf den 7. sowie in der Nacht vom 5. auf den 6. November. In der vorletzten Nacht hatte die Versammlung im Hause des M. Porcius Laeca stattgefunden; was in der Nacht vom 6. auf den 7. November geschah, ist unbekannt. Vgl. 1,8.

[3] Der Konsul P. Mucius Scaevola weigerte sich, gegen Ti. Gracchus, der sich um das zweite Tribunat bewarb, Gewalt anzuwenden. Da warf sich P. Cornelius Scipio Nasica zum Führer der Optimaten auf; Ti. Gracchus und dreihundert seiner Anhänger wurden erschlagen (133 v. Chr.).

[4] Ein legendäres Ereignis der römischen Frühzeit (440 v. Chr.). C. Servilius Ahala war Adjutant *(magister equitum)* des Diktators L. Quinctius Cincinnatus.

5 «Der Konsul L. Opimius solle Sorge tragen» usw.: die Formel des
senatus consultum ultimum. Daraufhin wurden C. Gracchus, dessen
Freund M. Fulvius Flaccus (Konsul 125 v. Chr.) sowie zahlreiche Anhänger des Gracchus erschlagen (121 v. Chr.). C. Gracchus war der
Sohn des Ti. Sempronius Gracchus (Konsul 177 und 163 v. Chr.) und
der Enkel des älteren Scipio Africanus.

6 Im Jahre 100 v. Chr. wurden die Konsuln C. Marius und L. Valerius
Flaccus durch ein *senatus consultum ultimum* ermächtigt, mit Waffenge-
walt gegen die Popularen L. Appuleius Saturninus und C. Servilius
Glaucia vorzugehen.

7 Seit dem 21. Oktober, also genau gerechnet erst seit 18 Tagen.

8 Vgl. 2, 14.

9 Stadt in Latium, zirka 30 km östlich von Rom (heute Palestrina).

10 In Rom; Lage unbekannt.

11 Die Angehörigen der Aristokratie pflegten in den ersten Morgen-
stunden den Besuch ihrer Freunde und Hörigen zu empfangen.

12 Cicero wies auf die Statue des Gottes. Vgl. 1, 33.

13 D. Iunius Silanus und L. Licinius Murena, die gewählt wurden, ferner
Ser. Sulpicius Rufus.

14 Es hieß, daß Catilina nicht nur seine erste Gattin, sondern auch einen
erwachsenen Sohn ermordet habe.

15 Weil man dann die Darlehen kündigen werde, die Catilina aufgenommen hatte.

16 Cicero erinnert hier an die sogenannte 1. catilinarische Verschwörung.
M'. Aemilius Lepidus und L. Volcatius Tullus waren im Jahre 66 v.
Chr. Konsuln. Komitium: ein an das Forum angrenzender Platz für
Volksversammlungen. Die Verschwörer beabsichtigten, am 1. Januar
65 v. Chr. die neuen Konsuln L. Aurelius Cotta und L. Manlius Torquatus sowie einige angesehene Mitglieder des Senats zu ermorden;
der Anschlag wurde nicht ausgeführt. Auch ein zweites, auf den
5. Februar anberaumtes Attentat mißglückte.

17 Also nicht durch Parieren mit einer Waffe. Der Ausdruck entstammt
der Fechtersprache.

18 Mord an vielen Bürgern: während der sullanischen Proskriptionen
(82/81 v. Chr.). Mißhandlung und Plünderung der Bundesgenossen:
während der Statthalterschaft in Afrika (67/66 v. Chr.). Gesetze und
Prozesse: Catilina hatte den Gerichtshof bestochen, vor dem er
wegen Erpressungen angeklagt war.

19 Mit dem freiwilligen Arrest wollte Catilina, der wegen Aufruhrs angeklagt war, seine Unschuld dartun. M'. Aemilius Lepidus: Konsul

66 v. Chr. Q. Caecilius Metellus Celer: Prätor 63, Konsul 60 v. Chr. M. Metellus: unbekannt; er wird von Cicero mit beißender Ironie bedacht, da er Catilina nicht gehindert hatte, an der Zusammenkunft im Hause des Laeca teilzunehmen.

[20] P. Sestius: damals Quästor. Er betrieb als Volkstribun die Rückberufung Ciceros aus der Verbannung (57 v. Chr.); Cicero verteidigte ihn in einem Strafprozeß (Rede für Sestius, 56 v. Chr.). M. Claudius Marcellus: Konsul 51 v. Chr. Für ihn hielt Cicero die Dankrede an Caesar (46 v. Chr.).

[21] Marktflecken in Etrurien, an der *via Aurelia*, zirka 100 km nordwestlich von Rom (heute Montalto, zwischen Orbetello und Civitavecchia).

[22] Die Standarte der römischen Legion. Der Raum, in dem sie aufbewahrt wurde, galt als heilig. Vgl. 2,13.

[23] Hinweis auf die Konsulwahlen für das Jahr 62 v. Chr. Cicero behauptet, durch seine Vorkehrungen verhindert zu haben, daß Catilina mit offener Gewalt auf die Wahlen einzuwirken suchte. Der Text enthält ein unübersetzbares Wortspiel *(exsul–consul)*.

[24] Die sogenannten Provokationsgesetze. Hiernach durfte kein römischer Bürger mit dem Tode bestraft werden, der nicht durch ein ordentliches Gericht verurteilt war.

[25] Vgl. 1,3f.

[26] So hätten die Popularen geurteilt. Vgl. 2,14f.

[27] Um ihn einzuschüchtern.

[28] Am Komitium; der gewöhnliche Versammlungsraum des Senats.

[29] Vgl. 1,11. Cicero beruft sich hier auf eine durchaus legendäre Tradition.

[30] Vgl. 1,32.

[31] Q. Metellus Celer war damals Prätor; vgl. 1,19. Picenische und gallische Mark: zwei einander benachbarte Landstriche an der Adriaküste.

[32] Cicero meint die Veteranen Sullas; vgl. 2,20.

[33] Das heißt die Grundsätze, nach denen der Prätor die Zivilgerichtsbarkeit ausübte.

[34] Cicero meint offensichtlich die Beschlüsse, die in der Nacht vom 5. zum 6. November gefaßt wurden; es müßte also eigentlich heißen «der drittletzten Nacht». Vgl. 1,1. 1,8f.

[35] Die *via Aurelia* führte von Rom an der tyrrhenischen Küste entlang nach Pisa. Vgl. 1,24.

[36] Die Gladiatoren rekrutierten sich meist aus Kriegsgefangenen und Sklaven; wer sich freiwillig verdingte, stand in übelstem Rufe. Auch

die Schauspieler waren als Stand schlecht beleumundet.

[37] Des Cn. Pompeius. Vgl. 3,26. 4,21.

[38] Vgl. 1,1. 1,8f. 2,6.

[39] Catilina staffierte demnach seine Bewegung mit allen Insignien römischer Befehlsgewalt aus. Vgl. 1,24.

[40] Etruskische Stadt am Fuße des Apennin (heute Fiesole).

[41] Massilia gehörte zu den bevorzugten Aufenthaltsorten römischer Verbannter.

[42] Vgl. 1,30.

[43] Wer «mitleidig» wäre, würde wünschen, daß sich Catilina durch den Rückzug in die Verbannung vor dem Untergang bewahren möchte.

[44] Catilina hatte *tabulae novae*, das heißt eine allgemeine Herabsetzung der Schulden, verheißen. Die herabgesetzten Beträge pflegten bei derartigen Maßnahmen in «neue Bücher» überschrieben zu werden.

[45] Catilina hatte seinen Anhängern ausdrücklich zugesichert, daß er ihnen staatliche Machtstellungen verschaffen werde.

[46] Das heißt Catilina und seine Freunde wären alsbald von den Kräften, die sie selbst entbunden hatten, aus ihrer führenden Stellung verdrängt worden.

[47] In Etrurien, Kampanien und Samnium. Sulla nahm den Gemeinden, die bis zuletzt auf der Gegenseite gekämpft hatten, große Landgebiete ab und besiedelte sie mit seinen Soldaten.

[48] Das heißt auf die Umwälzung der Besitzverhältnisse, die der Sieg Sullas mit sich gebracht hatte.

[49] Der *carcer* am Fuß des Kapitols. Er diente zur vorübergehenden Haft und zur Vollstreckung von Todesurteilen. Eigentliche Haftstrafen waren dem Recht der Republik nicht geläufig.

[50] Die Männertunica war ärmellos und reichte bis zu den Knien. Ein Mann, der die hier beschriebene Frauentunica trug, verstieß gegen den Anstand.

[51] Das heißt während der langen Winternächte.

[52] Vgl. 2,5.

[53] Cicero meint die Todesstrafe, die im *carcer* vollzogen zu werden pflegte. Vgl. 2,22.

[54] Cicero zog nicht selbst gegen die Aufständischen zu Felde; er trug daher die Toga, nicht den Kriegsmantel des Oberbefehlshabers *(paludamentum)*.

[55] Romulus war, wie die Sage berichtete, zu den Göttern entrückt worden; man setzte ihn dem alten Kriegsgott Quirinus gleich.

[56] Die Allobroger, ein großer gallischer Stamm, wohnten zwischen

Rhone und Isère. Sie wurden im Jahre 121 v. Chr. von den Römern unterworfen; ihr Gebiet gehörte der bald darauf gegründeten Provinz Gallia Narbonensis an. P. Cornelius Lentulus Sura, Konsul 71 v. Chr., hatte im Jahre 63 v. Chr. zum zweiten Male die Prätur inne; vgl. 3,14f. Das diesseitige Gallien (Gallia cisalpina, das heutige Oberitalien) war bis zum Jahre 42 v. Chr. Provinz.

[57] 5 km nördlich von Rom, für die nach Norden führenden Straßen (heute Ponte molle).

[58] Stadt im Sabinerland, zirka 80 km nordöstlich von Rom (heute Rieti).

[59] Die Römer teilten die Nacht in vier «Wachen» *(vigiliae)* ein; die dritte reichte von Mitternacht bis 3 Uhr morgens.

[60] P. Gabinius Capito (Cimber) und L. Statilius waren römische Ritter; C. Cornelius Cethegus gehörte dem Senatorenstande an. Ciceros ironische Bemerkung über Lentulus (vgl. 3,16) spielt mit dem Namen *(lentus*: «träge», «langsam»); der Brief, den er geschrieben hatte, war drei Zeilen lang; vgl. 3,12.

[61] Das heißt man sicherte ihm zu, daß man ihn, wenn er aussage, nicht für seine Mittäterschaft bestrafen werde. Vgl. 4,5.

[62] L. Cassius Longinus, Prätor 66 v. Chr., hatte sich vergeblich um das Konsulat des Jahres 63 v. Chr. beworben.

[63] Sibyllinische Sprüche: in griechischer Sprache abgefaßte Orakel, die zumal in Krisenzeiten massenhaft umliefen. Cinna und Sulla gehörten wie Lentulus der *gens Cornelia* an. Freisprechung der vestalischen Jungfrauen: wahrscheinlich ist der Prozeß gemeint, in dem sich auch Catilina wegen eines strafbaren Verhältnisses zu der Vestalin Fabia, einer Schwägerin Ciceros, verantworten mußte. Der Jupiter-Tempel auf dem Kapitol brannte im Jahre 83 v. Chr. aus unbekannter Ursache nieder; der neue Tempel wurde im Jahre 69 v. Chr. geweiht. Saturnalien: das fröhliche Saturn-Fest, das damals am 19. Dezember begann.

[64] Die innen mit Wachs überzogenen Holztafeln, die man für briefliche Mitteilungen zu verwenden pflegte, wurden mit einem Faden umwickelt und versiegelt.

[65] P. Cornelius Lentulus, nachgewählter Konsul 162 v. Chr., beteiligte sich am Kampf gegen C. Gracchus; vgl. 4,13.

[66] Das heißt von den Sklaven.

[67] Die Senatoren wurden in bestimmter Reihenfolge aufgefordert, ihre Meinung zu äußern.

[68] Ciceros Kollege Antonius hatte zunächst mit den Catilinariern sym-

pathisiert; Cicero überließ ihm seine Provinz Makedonien und gewann ihn so für die Sache des Senates. Vgl. 4,23.

[69] Der Senat beschloß also insgesamt neun Verhaftungen. Außer den Anwesenden konnte nur M. Ceparius ergriffen werden; den übrigen gelang die Flucht. Faesulae: vgl. 2,14 und 20.

[70] *Supplicationes*, Bitt- oder Dankfeste von mehrtägiger Dauer, pflegten von Fall zu Fall anberaumt zu werden, vor allem, wenn ein Feldherr einen bedeutenden Sieg errungen hatte.

[71] Vgl. 1,4.

[72] L. Aurelius Cotta und L. Manlius Torquatus, Konsuln des Jahres 65 v. Chr.

[73] Die etruskischen *haruspices* wurden in unruhigen Zeiten von Amts wegen beauftragt, Zeichen göttlichen Zornes zu deuten und Sühnemaßnahmen anzuordnen.

[74] Dem Ort der Senatssitzung vom 3. Dezember, an der Westseite des Forums.

[75] Cicero wies bei diesen Worten auf die neue Statue des Gottes.

[76] Der Volkstribun P. Sulpicius Rufus entzog Sulla durch Volksbeschluß den Oberbefehl im Kriege gegen Mithridates; Sulla besetzte Rom und erklärte eine Anzahl seiner Feinde, darunter Marius, für vogelfrei; Sulpicius Rufus fand den Tod (88 v. Chr.). Nachdem Sulla in den mithridatischen Krieg aufgebrochen war, entstand Streit unter den Konsuln; Cn. Octavius zwang Cinna, Rom zu verlassen; Cinna rief Marius zurück, sammelte ein Heer und eroberte die Hauptstadt; zahlreiche führende Optimaten wurden getötet (87 v. Chr.). Sullas Rache: der Krieg gegen die Marianer und die Proskriptionen (83–81 v. Chr.). M. Aemilius Lepidus und Q. Lutatius Catulus waren die Konsuln des Jahres 78 v. Chr.; die populare Erhebung des Lepidus wurde rasch niedergeworfen (77 v. Chr.).

[77] Cn. Pompeius. Vgl. 2,11. 4,21.

[78] Auf dem Marsfeld fanden die wichtigsten Volksversammlungen statt; der leitende Beamte erkundete vor jeder Versammlung durch Beobachtung des Vogelflugs *(auspicia)* den göttlichen Willen. Kurie: vgl. 1,32. Nicht das Haus, nicht das Bett: Anspielung auf das Attentat; vgl. 1,9f. Ehrensitz: der mit Elfenbein ausgelegte Sessel des Konsuls *(sella curulis)*.

[79] Vgl. 3,9. 4,12.

[80] Ciceros Bruder Quintus hatte im Jahre 62 v. Chr. die Prätur inne. Die Gattin: Terentia. Die Tochter: Tullia. Ciceros Sohn Marcus war damals zwei Jahre alt. Tullia war in erster Ehe mit C. Calpurnius

Piso Frugi verheiratet, der damals noch nicht dem Senat angehörte; er hielt sich am Eingang des Versammlungsraumes auf.

[81] Vgl. 1,3 f. C. Memmius (Prätor 104 v. Chr.) bewarb sich neben Glaucia um das Konsulat für das Jahr 99 v. Chr.; er wurde während der Unruhen erschlagen, die dem *senatus consultum ultimum* vorausgingen.

[82] Vgl. 3,14 f. 4,20.

[83] Nach Sonnenuntergang konnte kein gültiger Beschluß mehr gefaßt werden. Cicero befürchtete einen Gewaltstreich zur Befreiung der Gefangenen.

[84] Nach der Geschäftsordnung des Senats wurde Silanus zuerst um seine Meinung befragt, da er zum Konsul für das kommende Jahr gewählt war *(consul designatus)*. Dann durfte sich Caesar als designierter Prätor äußern.

[85] Die *lex Sempronia* des C. Gracchus verbot, römische Bürger mit dem Tode zu bestrafen, die nicht durch ein ordentliches Gericht verurteilt waren; sie wandte sich hiermit gegen das vom Senat beanspruchte Recht, den Ausnahmezustand zu verhängen und den Konsuln unbeschränkte Vollmachten zu verleihen. Die Behauptung, daß C. Gracchus «auf Befehl des Volkes» getötet worden sei, läßt sich nicht ohne Zwang mit den geschichtlichen Tatsachen vereinbaren; vielleicht ist der Text fehlerhaft überliefert.

[86] L. Iulius Caesar, Konsul des Jahres 64 v. Chr. Seine Schwester Iulia hatte in zweiter Ehe den Catilinarier Lentulus geheiratet. Sein Großvater mütterlicherseits war M. Fulvius Flaccus, der Freund des C. Gracchus; vgl. 1,4.

[87] P. Cornelius Lentulus, nachgewählter Konsul 162 v. Chr. Vgl. 3,10.

[88] Des Concordia-Tempels. Vgl. 3,21.

[89] Die Ärartribunen, die sich seit dem Jahre 70 v. Chr. mit den Senatoren und Rittern in das Richteramt teilten, waren wohl die Angehörigen der unmittelbar auf die Ritter folgenden Vermögensklasse. Die Staatsschreiber *(scribae)* genossen hohes Ansehen; sie nahmen die nächste Stufe in der streng nach Ständen gegliederten römischen Gesellschaft ein. Die Schatzkammer *(aerarium)* befand sich im Saturn-Tempel an der Südwestecke des Forums. Die Schreiber hatten sich dort eingefunden, weil am 5. Dezember die Quästoren ihr Amt antraten; an diesem Tage wurde durch das Los ermittelt, welcher Schreiber bei welchem Quästor Dienst tun solle.

[90] Burg: die befestigte nördliche Kuppe des kapitolinischen Hügels. Penaten: die Götter der Vorratskammer, die in jedem römischen Hause verehrt wurden. Es gab auch staatliche Penaten; sie gehörten

zum Kult der Vesta, deren ewiges Feuer in dem Rundtempel auf dem
südöstlichen Teil des Forums gehütet wurde.

[91] Die Nacht, in der die Gesandten der Allobroger festgenommen wurden (2./3. Dezember).

[92] Vgl. 3,15. 4,5.

[93] Der jüngere Scipio Africanus zerstörte Karthago (146 v. Chr.) und
Numantia in Spanien, das sich zehn Jahre lang gegen die Römer behauptet hatte (133 v. Chr.). M. Aemilius Paullus, Konsul 182 und 168
v. Chr., besiegte Perseus, den letzten König von Makedonien (Schlacht
bei Pydna, 168 v. Chr.). Marius schlug bei Aquae Sextiae die Teutonen
(102 v. Chr.) und bei Vercellae die Kimbern (101 v. Chr.). Über
Pompeius vgl. 2,11. 3,26.

[94] Der Senat hatte für die Konsuln des Jahres 63 v. Chr. die Provinzen
Makedonien und Gallia cisalpina ausersehen; Cicero war durch das
Los das reiche Makedonien zugefallen. Er tauschte mit Antonius und
brachte ihn hierdurch von seiner Verbindung mit Catilina ab; er verzichtete sodann auf Gallien. Hiermit begab er sich der Möglichkeit,
einen Triumph zu erringen und sich Anhang unter den Provinzbe-
wohnern zu verschaffen.

[95] Vgl. 4,3.

Rede für L. Murena

[1] Die Konsuln wurden durch die Zenturiatkomitien, das heißt die nach
193 Stimmabteilungen *(centuriae)* gegliederte Form der Volksversammlung, gewählt. Die Leitung der Wahl oblag einem der amtierenden Konsuln. Er befragte vor Beginn des Aktes durch Beobachtung
des Vogelflugs *(auspicia)* den Willen Jupiters; er stellte das Ergebnis
der Abstimmung fest und gab es der Versammlung bekannt.

[2] Die *mancipatio* war ein formgebundenes Rechtsgeschäft, das der Über-
eignung bestimmter Sachen, der *res mancipi*, diente; hierzu gehörten
insbesondere Grundstücke und Sklaven. Durch Manzipation wurden
vor allem Kaufverträge vollzogen. Dann haftete der Verkäufer dem
Käufer für Rechtsmängel der verkauften Sache, das heißt er war dem
Käufer zum Ersatz verpflichtet, wenn ein Dritter erfolgreich geltend
machte, daß er der Eigentümer der Sache sei.

[3] Vgl. 78 ff.

[4] Der verschleiernde Ausdruck «Schenkung» *(largitio)* bezeichnete den
unmittelbaren Stimmenkauf.

5 Durch die 1. Rede gegen Catilina.

6 Vgl. 78 ff.

7 Cicero spielt mit der doppelten Bedeutung von *petere* («begehren», «angreifen»).

8 Sulpicius Rufus wünschte, daß allein die materielle Rechtslage für die Entscheidung maßgeblich sei; er griff daher ein, wenn der Gegner sich anschickte, einen Verfahrensfehler zu begehen.

9 Das heißt unter den Anklägern.

10 L. Licinius Murena, der Vater des Angeklagten, führte den 2. mithridatischen Krieg (83–81 v. Chr.); Sulla berief ihn ab und gewährte ihm den Triumph.

11 Schwelgerische Mähler pflegten vor der üblichen Essenszeit zu beginnen.

12 Die Licinier gehörten zum plebejischen Adel. Cicero spielt auf das bekannte Ereignis der römischen Frühzeit an, das die Überlieferung dem Jahre 494 v. Chr. zuschreibt; nach einer anderen Version zog die Plebs auf den Heiligen Berg.

13 Den Neulingen *(homines novi)*, die vom Ritterstand zur Senatsaristokratie aufgestiegen waren.

14 Q. Pompeius war der erste Konsul der plebeischen *gens Pompeia* (141 v. Chr.). M. Aemilius Scaurus (Konsul 115 v. Chr.) entstammte einem sehr alten Patriziergeschlecht.

15 M'. Curius Dentatus, der Sieger über Pyrrhus: Konsul 290; vgl. 31. M. Porcius Cato, der berühmte Zensor: Konsul 195. T. Didius: Konsul 98. C. Caelius Caldus: Konsul 94 v. Chr. In der Zeit von Caelius bis Cicero erreichte kein *homo novus* das Konsulat.

16 P. Sulpicius Galba.

17 Das heißt Sulpicius Rufus erhielt vor Murena die erforderliche Mehrheit. Sein Name wurde daher früher ausgerufen; seine Wahl galt somit für ehrenvoller.

18 Datum und Antragsteller der *lex Titia* sind unbekannt. Sie enthielt offenbar Vorschriften über die Geschäftsbereiche der Quästoren. Von den zwanzig Quästoren der sullanischen Verfassung hatten vier ihren Amtssitz in italischen Städten, einer von ihnen in Ostia, der die Getreideeinfuhr beaufsichtigte.

19 L. Licinius Lucullus, Konsul 74 v. Chr., Oberbefehlshaber im 3. mithridatischen Kriege (bis 67 v. Chr.).

20 Das heißt Sulpicius Rufus weiß, welche Klage jemand anstrengen kann, auf dessen Grundstück ein Nachbar Regenwasser ableitet.

21 Murena weitet die Grenzen des römischen Reiches aus; Sulpicius

Rufus schlichtet privatrechtliche Grenzstreitigkeiten.

22 Cicero karikiert die juristische Auslegung. Schwierigkeiten konnten sich unter anderem daraus ergeben, daß man die Wörter ohne Zwischenräume niederzuschreiben pflegte; INCULTOLOCO zum Beispiel bedeutet entweder *in culto loco* («auf angebautem Lande») oder *inculto loco* («auf unangebautem Lande»).

23 Der römische Kalender enthielt in unregelmäßiger Folge «erlaubte» *(dies fasti)* und «unerlaubte Tage» *(dies nefasti)*; Handlungen vor Gericht waren nur an *dies fasti* möglich. Der Rechtscharakter eines jeden Tages wurde ursprünglich von den Priestern *(pontifices)*, die zugleich den überlieferten Rechtsbrauch bewahrten, durch Ausruf oder Anschlag bekanntgegeben. Cn. Flavius: kurulischer Ädil 304 v. Chr. Den Krähen die Augen aushacken: sprichwörtlich von jemandem, der selbst die Vorsichtigsten zu täuschen vermag.

24 Die Parteien brachten ihre Rechtsbehauptungen beim Prätor ursprünglich nicht in formloser Rede vor, sondern bedienten sich bestimmter, genau festgelegter Sprüche *(legis actiones)*. In ciceronischer Zeit verwendete man statt mündlicher Sprüche meist Schriftformeln.

25 Sie begleiteten den dramatischen Vortrag und traten jeweils dem Schauspieler zur Seite, der sprechen mußte. Sie waren Latiner, nicht römische Bürger.

26 Das heißt der Umstehenden, der Zeugen. Der alte deutsche Rechtsausdruck entspricht dem Archaismus, den die lateinische Formel bewahrt hat.

27 Cicero persifliert in diesem Abschnitt den alten Eigentumsstreit um ein Grundstück. Die Parteien erschienen vor Gericht, suchten gemeinsam mit dem Prätor das strittige Grundstück auf und kehrten zum Gericht zurück. Dieses in ältester Zeit übliche Verfahren diente offensichtlich der Identifikation des Streitgegenstandes. Später fanden sich die Parteien mit einer Scholle, die das Grundstück symbolisierte, vor dem Gericht ein, und alle für die Prozeßeinleitung erforderlichen Handlungen wurden sofort an Ort und Stelle vollzogen.

28 Der Kläger fragte den Beklagten nach dem Rechtstitel (Kauf, Erbschaft usw.), auf den er seinen Anspruch gründete.

29 Alle Frauen, die nicht der Gewalt ihres Vaters *(patria potestas)* oder ihres Ehemannes *(manus)* unterstanden, hatten einen Vormund. Wenn eine Frau den Vormund zu wechseln wünschte, so begab sie sich zum Scheine in die ehemännliche Gewalt eines Dritten. Dieser übertrug sie, abermals zum Scheine, in die Herrengewalt *(mancipium)* dessen,

der die Vormundschaft übernehmen sollte. Sobald dieser sie «freiließ», erwarb er als Quasipatron von Gesetzes wegen die Vormundschaft. Das republikanische Recht kannte eine Reihe derartiger Prozeduren, die ältere Normen zu anderen Zwecken benutzten.

30 Die kostspielige Sorge für den Ahnenkult *(sacra)* oblag den Erben. Wenn sich eine Frau dieser Verpflichtung entziehen wollte, so begab sie sich zum Scheine in die ehemännliche Gewalt eines kinder- und vermögenslosen Greises. Der Greis übernahm die Ahnenopfer und setzte sie auch nach der alsbaldigen Aufhebung der «Ehe» fort: hierfür zahlte ihm die Frau eine Vergütung. Mit seinem Tode erlosch die Kultverpflichtung.

31 Das heißt die Eheform, die wohl aus einem Brautkauf hervorgegangen war; sie hatte die Wirkung, daß die Gewalt über die Frau vom Vater auf den Ehemann überging. Der Abschluß der *coemptio* war von Spruchformeln begleitet.

32 Hiernach hieß der römische Jurist *iuris consultus*. Er betätigte sich weder als Richter noch als Anwalt; er stand vielmehr allen Ratsuchenden (den Parteien, Anwälten, Gerichtsbeamten, Geschworenen) mit seinen Rechtsauskünften zu Gebote.

33 Eine in juristischen Formeln oft gebrauchte Wendung.

34 Q. Ennius. Die Zitate entstammen seinem Epos «Annales».

35 M'. Curius Dentatus: vgl. 17. T. Quinctius Flamininus (Konsul 198 v. Chr.); sein Gegner war Philipp V. von Makedonien (Schlacht bei Kynoskephalai, 197). M. Fulvius Nobilior (Konsul 189) kämpfte erfolgreich in Ätolien (bis etwa 187). L. Aemilius Paullus (Konsul 182 und 168) besiegte Perseus von Makedonien (Schlacht bei Pydna, 168). Q. Caecilius Metellus Macedonicus (Konsul 143) überwand im Jahre 148 Pseudophilippos (Andriskos), der als angeblicher Sohn des Perseus in Makedonien einen Aufruhr erregt hatte. L. Mummius, Konsul 146, der Zerstörer Korinths.

36 Der Krieg gegen Antiochos III. von Syrien (192–188 v. Chr.) wurde durch L. Cornelius Scipio Asiaticus (Konsul 190) und P. Cornelius Scipio Africanus maior zu Ende geführt (Schlacht bei Magnesia am Sipylos, 190). M. Porcius Cato Censorius (Konsul 195) diente in Wahrheit unter M'. Acilius Glabrio (Konsul 191), der Antiochos bei den Thermopylen besiegt hatte.

37 Mithridates VI. von Pontos hatte in seinem ersten Kriege gegen die Römer (89–85 v. Chr.) Asien und Griechenland besetzt. Sulla führte den römischen Gegenstoß; er schloß nach einigen Erfolgen in Griechenland den milden Frieden von Dardanos, da er möglichst rasch

freie Hand haben wollte, die marianische Revolution zu unterdrücken. Ciceros Darstellung beschönigt die zweifelhaften Verdienste Murenas, des Feldherrn im 2. mithridatischen Kriege (83–81 v. Chr.); vgl. 11.

38 Mithridates verbündete sich zu Beginn seines dritten Krieges gegen die Römer (74–67 v. Chr.) mit dem Marianer Q. Sertorius, der Spanien besetzt hatte und sich dort fast ein Jahrzehnt gegen die Reichsregierung zu behaupten vermochte (80–72 v. Chr.).

39 L. Licinius Lucullus und M. Aurelius Cotta, die Konsuln des Jahres 74 v. Chr. Cotta wurde in Kalchedon am Bosporus eingeschlossen und von Lucullus befreit.

40 Belagerung von Kyzikos an der Propontis: 74/73 v. Chr.; Lucullus vermochte den Belagerer einzuschließen. Seeschlacht von Tenedos oder Lemnos: 73 v. Chr.; einer der feindlichen Flottenführer war der von Sertorius entsandte M. Marius.

41 Mit seinem Schwiegersohn Tigranes (97–56 v. Chr.); das Bündnis bestand bereits seit längerem. Der Krieg gegen Armenien begann im Jahre 69 v. Chr.

42 Pompeius erhielt im Jahre 66 v. Chr. durch das Gesetz des Manilius den Oberbefehl im Kriege gegen Mithridates und Tigranes. Die härteste von allen Schlachten: bei Nikopolis in Armenien; das Heer des Mithridates wurde völlig zersprengt.

43 Mithridates entfloh nach dem endgültigen Verlust von Pontos in sein Reich am kimmerischen Bosporus (Krim, Straße von Kertsch); er nahm sich im Jahre 63 v. Chr. das Leben.

44 Vgl. 18. Sulpicius Rufus und Murena hatten die Prätur im Jahre 65 v. Chr. inne.

45 Der etwa 30 m breite Sund zwischen Böotien und Euböa. Die täglich mehrmals wechselnde Strömung war von sprichwörtlicher Berühmtheit.

46 L. Marcius Philippus: Konsul 91 v. Chr. M. Herennius: Konsul 93. Q. Lutatius Catulus: Konsul 102. Cn. Mallius Maximus: Konsul 105. M. Aemilius Scaurus: Konsul 115. Q. Fabius Maximus Eburnus: Konsul 116. Cicero meint also die Konsulwahlen für die Jahre 93, 105 und 116 v. Chr.

47 Murena war nicht Ädil gewesen, noch hatte er als Privatmann Spiele veranstaltet. Er holte während seiner Prätur das Versäumnis nach: zum Geschäftsbereich des *praetor urbanus* (vgl. 41) gehörten die *ludi Apollinares* (6.–13. Juli, mit szenischen Darbietungen und Zirkuswettkämpfen).

48 In den Zenturiatkomitien stimmten zuerst die Zenturien der Ritter

und der ersten Vermögensklasse, dann der Reihe nach die übrigen
Klassen. Aus der ersten Klasse wurde eine Abteilung erlost, die mit
der Wahl begann *(centuria praerogativa)*; ihr Votum wurde als göttlicher Hinweis betrachtet, wie die Wahl ausfallen solle.

[49] Die Senatoren saßen bei Theateraufführungen in der Orchestra. Eine *lex
Roscia* des Volkstribunen L. Roscius Otho (67 v. Chr.) behielt den Rittern die ersten vierzehn Sitzreihen des eigentlichen Zuschauerraumes
vor. Offenbar hatten die Ritter dieses Privileg schon einmal genossen.

[50] Cicero gab die Spiele während seiner Ädilität (69 v. Chr.), sein Rivale
C. Antonius als Prätor (66 v. Chr.). Murena hatte offenbar für die
Ausstattung der Bühne viel Silber verwendet.

[51] Von den acht Prätoren der sullanischen Verfassung verwalteten zwei,
der *praetor urbanus* und der *praetor peregrinus*, die Zivilgerichtsbarkeit;
die übrigen waren Vorsitzende von Schwurgerichten.

[52] Die *quaestio peculatus* ahndete Unterschlagungen von Staatsgut. Sulla
hatte über die großen Werte, die durch die Proskriptionen an den
Staat gefallen waren, ziemlich willkürlich verfügt.

[53] Da nicht viele Soldaten benötigt wurden, durfte Murena Ausnahmen
zulassen.

[54] Im jenseitigen Gallien (Gallia Transalpina oder Narbonensis). Vgl. 89.

[55] Die Statthalter pflegten ihren Freunden einträgliche Posten zu verschaffen.

[56] Die Verbannungsstrafe der *lex Tullia* führte zum Verlust des Bürgerrechts.

[57] Die *lex Tullia*.

[58] Eine schwerere Strafe für die gemeinen Bürger: wahrscheinlich eine
Geldbuße, welche die bestochenen Wähler bedrohte. Die Entschuldigung wegen Krankheit: hiermit sollten offenbar die Geschworenen
der *quaestio de ambitu* getroffen werden, die sich mit dieser Begrün-
dung dem Richterdienst zu entziehen suchten. Jemand: Cicero selbst.
Der Redner behauptet hier, er habe das *ambitus*-Gesetz auf Drängen
des Sulpicius Rufus beantragt; diese Darstellung rückt die Dinge um
der Verteidigungszwecke willen zurecht; vgl. 67 f.

[59] Sulpicius Rufus hatte offenbar beantragt, daß die Zenturien nicht
mehr klassenweise, sondern in erloster Reihenfolge abstimmen sollten. Statt der Lücke enthält der Text die verderbten Worte *praeroga-
tionum legis Maniliae*; sie scheinen auf einen Gesetzesvorschlag des
Volkstribunen C. Manilius (67. v. Chr.) zu verweisen, der den Freigelassenen ein besseres Stimmrecht verschaffen sollte.

[60] Die Besetzung eines Gerichtshofes pflegte durch das Los entschieden

zu werden; außerdem hatten Ankläger wie Angeklagter das Recht, eine bestimmte Anzahl von Geschworenen zu verwerfen.

61 Cicero meint die von Sulla bei Arretium (in Etrurien, heute Arezzo) und Faesulae (ebenfalls in Etrurien, heute Fiesole) angesiedelten und inzwischen verarmten Veteranen.

62 Die Opfer der Proskriptionen und deren Nachkommen.

63 Das erste Glied bezieht sich auf die sullanischen Veteranen, das zweite auf die Opfer der Proskriptionen.

64 Das heißt Catilina, der sich mit diesen Worten zum Führer erbietet.

65 Aus Senat und Volk.

66 Am Tage der Konsulatswahlen (im Juli oder Anfang August).

67 Die *divisores* verteilten rechtmäßige Spenden an die einzelnen Bezirke; sie pflegten auch die Wählerbestechungen durchzuführen. Der Kandidat mußte den vereinbarten Betrag vor der Wahl bei einem Vermittler *(sequester)* hinterlegen; die *divisores* lösten das Geld nach der Wahl ein und bezahlten die Wähler.

68 Vgl. 73.

69 Vgl. 15.

70 Der Vater des jüngeren Sulpicius und Murena waren also Mitglieder derselben religiösen Vereinigung *(sodalitas)*.

71 Die Wagenrennen galten für vornehmer als die Wettkämpfe von Kunstreitern.

72 Diese beiden Titel bezeichnen Themen des mündlichen Vortrags, die nicht in die Buchausgabe aufgenommen wurden.

73 Der jüngere Scipio, Konsul 147 und 134 v. Chr., der Eroberer von Karthago und Numantia (146 und 133 v. Chr.), klagte L. Aurelius Cotta (Konsul 144 v. Chr.) wegen Erpressungen an.

74 Ser. Sulpicius Galba (Konsul 144 v. Chr.) wurde im Jahre 149 v. Chr. von M. Porcius Cato Censorius wegen des Massenmordes angeklagt, den er an den besiegten Lusitanern, einem Stamm in Spanien, begangen hatte.

75 Zitat aus einem Drama.

76 Zenon von Kition, der Gründer der stoischen Schule (etwa 334–263 v. Chr.).

77 Die hier Genannten waren mehr oder minder eng mit dem sogenannten Kreis des jüngeren Scipio verbunden. Panaitios von Rhodos (etwa 180–110 v. Chr.), der angesehenste Stoiker seiner Zeit. C. Laelius, der Freund Scipios: Konsul 140. L. Furius Philus: Konsul 136. C. Sulpicius Gallus: Konsul 166.

78 Dieser Senatsbeschluß diente offenbar als Grundlage der *lex Tullia*.

Zum Empfang der Kandidaten: bei der Rückkehr aus der Provinz. Das Geleit gäben: bei ihren täglichen Ausgängen auf das Forum.

[79] Vgl. 46 f.

[80] Es war Sitte, die Söhne befreundeter Familien, die das Männerkleid *(toga virilis)* erhalten hatten, zu ihrem ersten Besuche des Forums abzuholen.

[81] Das Geschäft der Steuerpacht wurde von Rittern betrieben. Die Geschworenengerichte bestanden seit dem Jahre 70 v. Chr. zu je einem Drittel aus Senatoren, Rittern und Ärartribunen. Unseres Standes: des senatorischen.

[82] Basiliken: Säulenhallen am Forum, die unter anderem als Gerichtsgebäude dienten.

[83] Fabisches Gesetz: Datum und Antragsteller unbekannt. L. Iulius Caesar: Konsul 64 v. Chr.

[84] Dort fanden damals die Gladiatorenkämpfe statt.

[85] Die Spartaner lagen auf Holzbänken; die Kreter saßen. Beides galt als Zeichen harter Lebensweise.

[86] Die einen wurden vernichtet: Cicero meint offenbar den Feldzug gegen den Spartanerkönig Nabis (195/194 v. Chr.); Befehlshaber war T. Quinctius Flamininus (Konsul 198 v. Chr.). Kreta wurde von Q. Caecilius Metellus Creticus (Konsul 69 v. Chr.) unterworfen (69 bis 67 v. Chr.).

[87] Q. Aelius Tubero, ein Schüler des Panaitios. Q. Fabius Maximus Allobrogicus: Konsul 121 v. Chr. P. Africanus: der jüngere Scipio (gest. 129 v. Chr.). Der jüngere Scipio war ein Sohn, Tubero und Fabius Maximus waren Enkel des L. Aemilius Paullus (Konsul 182 und 168 v. Chr.). Bei derartigen Schmäusen pflegten nicht Holzpritschen, sondern kostbare Polster und Decken, nicht Tongeschirr, sondern Gefäße aus Silber und Bronze verwendet zu werden.

[88] Kandidaten pflegten auf dem Forum umherzugehen, jeden einzelnen Bürger anzusprechen und um seine Stimme zu bitten. Sie waren von einem *nomenclator*, einem Sklaven mit großer Personenkenntnis, begleitet, der ihnen jeweils den Namen des Bürgers zuflüsterte.

[89] Vgl. 52.

[90] Des Q. Caecilius Metellus Nepos; er war damals ein entschiedener Gegner der Politik Ciceros.

[91] Hinweis auf die 1. catilinarische Verschwörung (66/65 v. Chr.), an der sich außer Catilina vor allem Cn. Calpurnius Piso beteiligt hatte.

[92] Die Tribunen konnten die Wahl durch Interzession verhindern.

[93] D. Iunius Silanus, der Kollege Murenas.

94 Hannibal rückte im Jahre 211 v. Chr. bis zur Aniobrücke bei Rom vor.

95 Dem gewöhnlichen Versammlungsort des Senats.

96 C. Antonius bereitete damals den Feldzug gegen Catilina vor.

97 C. Murena war Legat seines Bruders; er verwaltete dessen Provinz bis zum Eintreffen des Nachfolgers.

98 Stadt in Latium, zirka 35 km südöstlich von Rom (heute Città Lavinia), die Heimat Murenas.

99 Der Kult der «Retterin Iuno», dem in Rom zwei Tempel geweiht waren, stammte aus Lanuvium. Die Konsuln brachten der Göttin alljährlich ein Opfer dar.

Rede für den Dichter *A. Licinius Archias*

1 Ausländer erhielten mit ihrer Einbürgerung in Rom das Recht, einen dreiteiligen römischen Namen (Vor-, Geschlechts- und Beiname) zu tragen; hierbei pflegten sie den Geschlechtsnamen (das *nomen gentile*) ihres Förderers anzunehmen. So auch Archias: Licinius ist der Geschlechtsname der Lukuller. Cicero verwendet mit Bedacht sowohl hier als auch in der Disposition (4) die römischen Namensteile Aulus Licinius; in der übrigen Rede begnügt er sich mit dem gebräuchlicheren Namen Archias.

2 Wie Marcus Cicero, so war auch der jüngere Bruder Quintus gründlich mit der griechischen und römischen Literatur vertraut; später, als Offizier Caesars in Gallien, hat er sich selber dichterisch zu betätigen versucht.

3 Antiochia hatte zumal unter Antiochos IV. (175–164 v. Chr.) eine Blütezeit erlebt; mit dem Niedergang des Seleukidenreiches schwand die Bedeutung.

4 Der innere Friede wurde zwischen den gracchischen Wirren (133–121 v. Chr.) und dem Bundesgenossenkrieg (91–89 v. Chr.) nur durch die popularen Aktionen des Volkstribunen L. Appuleius Saturninus (100 v. Chr.) geringfügig gestört.

5 Lokri: Küstenstadt zirka 35 km nordöstlich der Südwestspitze Italiens; Regium: Stadt an der Meerenge von Messina (heute Reggio di Calabria). Die hier genannten Städte hatten sämtlich eine überwiegend griechische Einwohnerschaft.

6 C. Marius und Q. Lutatius Catulus: die Konsuln des Jahres 102 v. Chr. Marius, der als Sieger über die Cimbern und Teutonen hervorragende Taten aufzuweisen hatte, war ungebildet; vgl. 19. Ca-

tulus schlug gemeinsam mit Marius die Cimbern (bei Vercellae, 101 v. Chr.); er kannte sich gründlich in der griechischen Literatur aus und verfaßte eine Denkschrift über sein Konsulat.

[7] Die Lukuller: die Brüder L. Licinius Lucullus (Konsul 74 v. Chr., Feldherr im 3. mithridatischen Kriege; vgl. 11 und 21) und M. Terentius Varro Lucullus (Konsul 73 v. Chr.). Q. Caecilius Metellus Numidicus: Konsul 109 v. Chr., Feldherr im Kriege gegen Jugurtha; sein Sohn Q. Caecilius Metellus Pius: Konsul 80 v. Chr. M. Aemilius Scaurus: Konsul 115 v. Chr. Q. Lutatius Catulus der Vater: der Kollege des Marius, vgl. 5; der Sohn: Konsul 78 v. Chr. L. Licinius Crassus: Konsul 95 v. Chr., berühmter Redner. M. Livius Drusus: Volkstribun 91 v. Chr. Die Oktavier: Cn. Octavius (Konsul 87 v. Chr.) u. a. M. Porcius Cato: Volkstribun 99 v. Chr., Enkel des Cato Censorius und Vater des Cato Uticensis. Die Hortensier: L. Hortensius (Konsul 108 v. Chr.) und dessen Sohn Q. Hortensius Hortalus (Konsul 69 v. Chr., neben Cicero der bedeutendste Redner seiner Zeit).

[8] Die in der Einleitung erwähnte *lex Plautia Papiria*, die im Jahre 89 v. Chr. von den Volkstribunen M. Plautius Silvanus und C. Papirius Carbo eingebracht wurde.

[9] Q. Caecilius Metellus Pius, der Sohn des Numidicus; vgl. 6.

[10] Im Bundesgenossenkrieg (91–89 v. Chr.).

[11] Appius Claudius Pulcher: Konsul 79 v. Chr. P. Gabinius: Prätor 89 v. Chr.; er wurde später wegen Erpressungen, die er sich in Achaia hatte zuschulden kommen lassen, angeklagt und verurteilt.

[12] L. Cornelius Lentulus, sonst nicht bekannt, war wohl in den achtziger Jahren Prätor. Metellus bemerkte, daß in der von ihm geführten Liste ein Name geändert war; er erhob gegen den Träger dieses Namens wegen Anmaßung des Bürgerrechts Anklage; Lentulus führte in dem hierfür zuständigen Gerichtshof den Vorsitz.

[13] Der in der Einleitung erwähnten *lex Papia*, die im Jahre 65 v. Chr. vom Volkstribunen C. Papius eingebracht wurde.

[14] Während der letzten Zensur: im Jahre 70 v. Chr., unter den Zensoren Cn. Cornelius Lentulus Clodianus und L. Gellius Publicola, den Konsuln des Jahres 72 v. Chr.; Lucullus war 74–66 v. Chr. römischer Oberbefehlshaber im 3. mithridatischen Kriege. Während der vorletzten: im Jahre 86 v. Chr., unter den Zensoren L. Marcius Philippus (Konsul 91 v. Chr.) und M. Perperna (Konsul 92 v. Chr.); Lucullus war damals Proquästor Sullas im 1. mithridatischen Kriege. Während der ersten: im Jahre 89 v. Chr., unter den Zensoren P. Licinius Crassus (Konsul 97 v. Chr.) und L. Iulius

Caesar (Konsul 90 v. Chr.).

15 Ausländer durften weder römische Testamente errichten noch Römer beerben; Statthalter und Feldherren konnten nach ihrer Rückkehr die Staatskasse anweisen, verdienten Mitarbeitern (jedoch offensichtlich nur römischen Bürgern) Vergütungen zu zahlen.

16 Das des Lucullus sowie derer, die ihn zum Erben eingesetzt haben.

17 D. h. den Zirkusspielen, Gladiatorenkämpfen und Theaterstücken zuzusehen, die während der Festzeiten aufgeführt wurden.

18 Männer des 2. Jahrhunderts v. Chr., die für die kulturelle Entwicklung Roms, für sein Verhältnis zur griechischen Bildung, von Bedeutung waren. P. Cornelius Scipio Africanus der Jüngere: der Eroberer Karthagos, Konsul 147 und 134 v. Chr.; er war mit dem Philosophen Panaitios und dem Historiker Polybios befreundet; zu seinem Kreise gehörten u. a. C. Laelius, Konsul 140 v. Chr., und L. Furius Philus, Konsul 136 v. Chr. M. Porcius Cato Censorius (234–149 v. Chr.), durch seine Reden, sein Geschichtswerk und seine Fachschriftstellerei der Begründer der römischen Prosa, suchte den zunehmenden Einfluß der griechischen Bildung, die er sehr wohl kannte, zu bekämpfen, da sie die überlieferten römischen Ordnungen zu zersetzen drohe; die weitere Entwicklung ging über seine bornierte Reaktion hinweg.

19 Q. Roscius Gallus, der berühmteste Schauspieler der ciceronischen Zeit. Cicero vertrat ihn in einem Privatprozeß; ein Teil des Plädoyers ist erhalten.

20 Z. B. Demokrit und Platon.

21 Q. Ennius (239–169 v. Chr.), der bedeutendste Dichter der römischen Vorklassik; von seinen Werken sind nur Fragmente (Zitate) erhalten. Vgl. 22.

22 Der Überlieferung nach stritten sich sieben griechische Städte um die Ehre, der Geburtsort Homers zu sein; ihre Namen ergeben den folgenden lateinischen Hexameter: *Smyrna, Rhodus, Colophon, Salamis, Chios, Argos, Athenae.* Kolophon: Stadt in Lydien, zirka 55 km südlich von Smyrna; Salamis: Insel im Saronischen Golf, westlich von Athen.

23 Staatsmann und Feldherr in der Zeit der Perserkriege; er besiegte in der Seeschlacht bei Salamis (480 v. Chr.) die persische Flotte unter Xerxes.

24 L. Plotius Gallus, einer der ersten Rhetoriklehrer in Rom, der öffentlich Unterricht erteilte, und zwar (was damals noch sehr ungewöhnlich war) in lateinischer Sprache.

25 Cicero skizziert offensichtlich den Inhalt des Epos über den 3.

mithridatischen Krieg, das die Taten des Lucullus verherrlichte. Er nennt zunächst die Hauptphasen des Krieges: die Eroberung von Pontos, dem Reich des Mithridates (73–70 v. Chr.), und den Feldzug gegen Tigranes, den mit Mithridates verbündeten König von Armenien (69–67 v. Chr.; Schlachten bei Tigranokerta und Artaxata); er hebt sodann zwei bemerkenswerte Siege des Jahres 73 v. Chr. hervor: den über das Landheer bei Kyzikos (an der Propontis) und den über die Flotte bei den einander benachbarten Inseln Lemnos und Tenedos. Er verschweigt die Rückschläge, die Lucullus während der letzten Jahre seines Oberbefehls hinnehmen mußte.

26 P. Cornelius Scipio Africanus der Ältere: Konsul 205 und 194 v. Chr., der Sieger über Hannibal. Grabmal der Scipionen: an der Via Appia, am südlichen Stadtrand von Rom; die Statue trug keine Inschrift; so wußte man nur noch vom Hörensagen, daß sie Ennius abbilde. Der Urgroßvater: Cato Censorius; der hier anwesende Cato: Cato Uticensis. Q. Fabius Maximus Verrucosus, genannt Cunctator («Zauderer»), und M. Claudius Marcellus: berühmte Feldherren des 2. punischen Krieges; M. Fulvius Nobilior: Konsul 189 v. Chr., Feldherr im Krieg gegen die Ätoler; vgl. 27. Die hier Genannten wurden in den Annales gepriesen, einem Epos, das die Geschichte Roms von der Gründung bis auf die eigene Zeit darstellte, Fulvius überdies in dem Schauspiel Ambracia. Rudiae: Ort im Inneren Calabriens, zirka 40 km südöstlich von Brundisium. Viele Gemeinden: Tarent, Lokri usw.; vgl. 5.

27 Es bestand zur Zeit Ciceros im wesentlichen aus Rom, Latium und den römischen Kolonien.

28 Schriftsteller, Künder seiner Taten: vor allem Kallisthenes, der das Amt eines Hofhistoriographen innehatte; Cicero denkt wohl auch an Offiziere Alexanders, die im Alter ihre Erinnerungen aufzeichneten (Ptolemaios Lagu, Nearchos, Aristobulos u. a.). Sigeum: Vorgebirge vor Troja, wo man den Grabhügel Achills zeigte.

29 Politischer Ratgeber und Historiograph des Pompeius, aus Mytilene auf Lesbos; er begleitete Pompeius auf dessen Feldzügen im 3. mithridatischen Kriege (66–63 v. Chr.).

30 Der Diktator Sulla hatte nach seinem Siege über die Marianer (82 v. Chr.) Hunderte von politischen Gegnern für vogelfrei erklärt und ihre Besitzungen konfisziert (Proskriptionen); er pflegte die Auktionen dieser Vermögenswerte persönlich zu leiten.

31 Stadt in der Provinz Hispania ulterior (heute Córdoba), die Heimat Senecas und Lukans.

³² D. Iunius Brutus, Konsul 139 v. Chr., erhielt von seinen Feldzügen gegen die Kallaiker in Spanien den Beinamen Callaicus. L. Accius: Tragödiendichter und Gelehrter (zirka 170–86 v. Chr.); von seinen Werken sind nur kümmerliche Fragmente (Zitate) erhalten.

³³ Fulvius ließ nach seinem Siege über die Ätoler am Südrande des Marsfeldes einen Tempel erbauen, den er dem Herkules und den Musen weihte; er schmückte ihn mit Kunstwerken, die er in Ambrakia (Epirus) erbeutet hatte.

Rede für M. Caelius

¹ Trotz des Megalesienfestes *(ludi Megalenses)*, das alljährlich vom 4. bis zum 10. April zu Ehren der Göttin Kybele, der Großen Mutter, gefeiert wurde.

² Für die Nebenankläger L. Herennius Balbus und P. Clodius.

³ Die Ankläger hatten wohl nicht (wie Cicero hier zu verstehen gibt) die Abkunft des Caelius an sich gerügt; sie hatten vielmehr mit einigem Recht behauptet, daß sich der Rittersohn Caelius durch seine Prozesse gegen Politiker ein tatsächliches Vorrecht junger Adliger, d. h. der Abkömmlinge senatorischer Familien, anmaße. Vor euch, vor mir: Zwei Drittel der Richter waren Ritter; Cicero entstammte einer Ritterfamilie.

⁴ Caelius stammte hiernach aus Interamnia, dem Mittelpunkt der *Praetuttiana regio,* eines adriatischen Küstenstreifens nordöstlich von Rom. Oberste Behörde: der lokale Senat.

⁵ Cicero hatte den Vater L. Calpurnius Bestia erfolgreich gegen die erste Anklage des Caelius verteidigt; er behauptet, dem hierdurch begründeten Schutz- und Treueverhältnis Rücksicht schuldig zu sein.

⁶ Dieser feierliche Akt pflegte im 15.–17. Lebensjahr stattzufinden; die jungen Römer trugen bis dahin die *toga praetexta,* eine mit einem breiten Purpursaum verbrämte Toga.

⁷ Daß sich Catilina zugleich mit mir usw.: 64 v. Chr., für das Jahr 63 v. Chr. Daß er danach zur Anhängerschaft Catilinas gehört hat: wie der Schluß des Absatzes zeigt, im Jahre 63 v. Chr., während der zweiten Bewerbung Catilinas. Während meiner Prätur: 66 v. Chr. Wegen Erpressungen: 65 v. Chr.; der Prozeß endete mit einem skandalösen Freispruch.

[8] Mit dem Arm unter der Toga: wie es sich zumal für einen jungen Mann gehörte, der sein Probejahr auf dem Forum ableistete. Dieselbe Regel: eines einzigen Probejahres. Cicero will durch den Gegensatz von Einst und Jetzt zum Ausdruck bringen, daß Caelius wegen seines Eintretens für Catilina um so weniger getadelt zu werden verdiene, als er sich zuvor in einer nicht ein-, sondern dreijährigen Probezeit bewährt habe.

[9] Cicero hatte sich eine Zeitlang mit dem Gedanken getragen, Catilina in dem oben (10) erwähnten Erpressungsprozeß des Jahres 65 v. Chr. zu verteidigen.

[10] Anspielung auf den erfolgreichen Prozeß gegen C. Antonius, der durch seine Einstellung zu Catilina «ziemlich ins Zwielicht geraten war» (so Cicero in der Rede für L. Flaccus, 95). Vgl. 18. 47. 74. 78.

[11] Diese Vorwürfe zielen schwerlich auf ungesetzliche Mittel in eigener Sache: Caelius hatte wohl die Bewerbung eines Freundes unterstützt, vielleicht bei den unten (19) erwähnten Oberpriesterwahlen. Wählervereine, Hinterlegung von Bestechungsgeldern: technische Einzelheiten beim organisierten Handel mit den Stimmen ganzer Wählergruppen; vgl. die Rede für Murena, 54.

[12] Volljährige Römer waren im Rechtssinne vermögenslos, solange ihr Vater noch lebte, es sei denn, sie wären durch den Akt der Emanzipation aus der väterlichen Gewalt entlassen worden.

[13] D. h. daß P. Clodius – hier Ciceros Todfeind, nicht der gleichnamige Nebenankläger – wegen der angeblich hohen Mieteinnahmen einen hohen Kaufpreis erzielen kann.

[14] Der Prozeß gegen Antonius, in dem sich Caelius und Cicero als Ankläger und Verteidiger gegenübergestanden hatten; vgl. 15. 47. 74. 78.

[15] Wo auch Cicero wohnte.

[16] Zitate aus der «Medea» des Q. Ennius (239–169 v. Chr.); ihr Sinn: wäre nicht im Pelion (einem Waldgebirge auf der thessalischen Halbinsel Magnesia) die Argo gezimmert worden, dann wären die Argonauten nicht nach Kolchis gelangt und Medea hätte nicht, von der Liebe zu Iason getrieben, die Heimat verlassen.

[17] Vgl. 30ff.

[18] Oberpriesterwahlen: durch die auf 17 Stimmbezirke beschränkte Volksversammlung. Klage: wegen tätlicher Beleidigung *(iniuria)*.

[19] Anspielung auf Clodia, die als die eigentliche Urheberin des Pro-

zesses den angekündigten Senator zur Falschaussage angestiftet habe.

[20] Vielleicht ein Hinweis auf eine Partie des ursprünglichen Plädoyers, die nicht in die Buchausgabe aufgenommen wurde; vgl. die Rede für L. Murena, 57. Wahrscheinlicher ist indes die Annahme, daß sich hier in einen Teil der handschriftlichen Überlieferung die Randbemerkung eines Lesers eingeschlichen hat, der den ungenannten Senator mit Q. Fufius Calenus (Konsul 47 v. Chr.), einem Freunde des Clodius, identifizieren zu können glaubte.

[21] Diese Anspielungen scheinen vor allem auf Clodias Brüder gemünzt zu sein, nicht nur auf Clodius, sondern auch auf Appius Claudius Pulcher (Konsul 54 v. Chr.); Ciceros schonende Ausdrucksweise ist wohl vornehmlich durch die Rücksicht auf Appius bedingt. Vgl. 68.

[22] Die Unruhen in Neapel hingen wohl mit den von König Ptolemäus XII. ins Werk gesetzten Mißhandlungen der alexandrinischen Gesandten zusammen; über das Vermögen des oder der Palla ist sonst nichts bekannt. Puteoli: Hafenstadt westlich von Neapel (heute Pozzuoli); dort pflegten ausländische Gesandtschaften zu landen.

[23] Weil der Freispruch die gehässigen Reden als unbegründet erwies.

[24] Offenbar war Caelius mit Asicius befreundet, so daß die Ankläger aus der angeblichen Mordtat des Asicius einen Verdacht gegen Caelius ableiten konnten.

[25] Caelius habe sich also, da er mit Bestia befreundet war, durch die Anklage der Treulosigkeit schuldig gemacht.

[26] Die *Luperci* waren Kult-Genossenschaften, die alljährlich am 15. Februar die *Lupercalia* begingen, ein Hirtenfest mit ungemein altertümlichen Riten. Der Ankläger Balbus hatte wahrscheinlich erklärt, daß ihm seine Freundschaft mit Bestia (vgl. 56) wichtiger gewesen sei als seine Beziehung zu Caelius, die sich lediglich auf die gemeinsame Mitgliedschaft bei den *Luperci* gründe; Cicero dreht diesen Rechtfertigungsversuch boshaft um.

[27] Der keine Einladung ausschlägt usw.: offensichtlich ein ironisches Zitat aus der Anklagerede des Balbus; vgl. 35f. 38. 47 und 49. Bajae: mondänes, durch seine heißen Quellen berühmtes Bad an der Westküste des Golfes von Puteoli (heute Baia).

[28] Mit dem Rand der Lippen, mit den Fingerspitzen, die rechte Bahn einschlagen: sprichwörtliche Redensarten, die auch durch

Plautus (Bacchides 675. Poenulus 566. Trinummus 118) u. a. bezeugt sind.

[29] Eigentlich: Verwahrer von Wahlbestechungsgeldern; vgl. 16.

[30] Der Vorsitzende *(quaesitor)* des Gerichtshofes.

[31] Mit dem Ehemann usw.: eine nicht eben zarte Anspielung auf die blutschänderischen Beziehungen, die Clodia mit Ciceros Erzfeind unterhalten habe; vgl. 36 und 78. Jedermanns Freundin: ihre Freizügigkeit brachte ihr den Namen «Viertelashure» ein; vgl. 62.

[32] Appius Claudius, im Alter wegen Erblindung Caecus («der Blinde») genannt (Konsul 307 und 296 v. Chr.), die größte Autorität seines Zeitalters.

[33] Diese Aufzählung enthält (außer dem Onkel) sämtliche Glieder zwischen Appius Claudius Caecus und Clodia. Der Vater: Appius Claudius Pulcher, Konsul 79 v. Chr.; der Onkel: C. Claudius Pulcher, Konsul 92 v. Chr.; der Großvater: Appius Claudius Pulcher, Konsul 143 v. Chr.; der Urgroßvater: C. Claudius Pulcher, Konsul 177 v. Chr.; der Vater des Urgroßvaters: Appius Claudius Pulcher, Konsul 212 v. Chr.; der Großvater des Urgroßvaters (und Sohn des Caecus): P. Claudius Pulcher, Konsul 249 v. Chr.

[34] Q. Caecilius Metellus Celer, Konsul 60 v. Chr., ein halsstarriger Optimat; sein plötzlicher Tod im Jahre 59 v. Chr. gab Anlaß zu Gerüchten; vgl. 59f.

[35] Q. Claudia: wohl eine Tochter des Konsuls vom Jahre 249 v. Chr.; sie nahm das Kultbild der Großen Mutter in Empfang, das auf einem Prunkschiff von Phrygien nach Rom übergeführt worden war (204 v. Chr.). Die Vestalin Claudia: eine Tochter (nach anderer Quelle eine Schwester) des Konsuls vom Jahre 143 v. Chr.; die hier angedeutete Szene soll sich nach einem umstrittenen Siege über die Salassi, einen Keltenstamm im nordwestlichen Italien, zugetragen haben.

[36] Die drei berühmtesten Taten des Caecus: die Rede gegen das Friedensangebot des Königs Pyrrhos (280 v. Chr.); die *aqua Appia*, Roms älteste Wasserleitung; die *via Appia*, die bedeutendste Straße Roms, die Hauptverbindung mit Süditalien.

[37] Vgl. 37ff., bes. 39ff.

[38] P. Clodius Pulcher, Ciceros Erzfeind.

[39] Zitat aus einer unbekannten Komödie.

[40] Zitate aus unbekannten Stücken des Komödiendichters Statius Caecilius (gest. 168 v. Chr.).

[41] Eine dunkle Anspielung; der Text ist unsicher.

[42] Terenz, Die Brüder, v.120f., aus dem Munde des toleranten Micio.

[43] Der strengen römischen Sitte galt auch der außereheliche Umgang mit einer Witwe als *adulterium* («Ehebruch»); doch Clodias Dirnendasein befreite – nach Cicero – Caelius von jeglichem Makel; vgl. 49f.

[44] Heldengestalten der römischen Vergangenheit: M. Furius Camillus, der Eroberer von Veji (396 v. Chr.) und legendäre Sieger über die Kelten; C. Fabricius Luscinus (Konsul 282 und 278 v. Chr.) und M. Curius Dentatus (Konsul 290, 275 und 274 v. Chr.), die Sieger über Pyrrhos, Symbole der Unbestechlichkeit und Genügsamkeit.

[45] Stark vereinfachende Hinweise auf die ethischen Grundpositionen der vier philosophischen Schulen: der Epikureer (Lust), der Peripatetiker und Akademiker (Vermittlung von Lust und Sittlichkeit) sowie der Stoiker (Mühen).

[46] Die rednerischen Künste des Caelius waren gewiß in erheblichem Maße eine Frucht des Umgangs mit Cicero.

[47] Einen ehemaligen Konsul: Antonius, den Kollegen Ciceros; vgl. 15. 18. 74. 78. Der Rest der Schilderung ist offensichtlich nicht frei von Übertreibungen.

[48] Die Nähe Clodias, die ja wie Caelius auf dem Palatin wohnte; vgl. 18. 36 und 75.

[49] Vgl. 38.

[50] Anspielungen auf die Verbannung, für die Cicero vor allem Clodius verantwortlich machte; von Abscheulichkeiten, die seine Schwester Ciceros Angehörigen gegenüber begangen habe, ist sonst nichts bekannt.

[51] Daß Caelius ein «Ehebrecher» *(adulter)* sei; vgl. 38.

[52] Untiefen, Klippen: Cicero hat ja einige Schwächen des Caelius zugeben und sich hierbei auf die Verständnisbereitschaft der Richter verlassen müssen; vgl. 44. Zwei Anklagepunkte: Wiederaufnahme der bereits 30 angekündigten Thematik.

[53] Dieser (angeblich geplante, offenbar nicht ausgeführte) Anschlag ist nicht mit dem 23f. erwähnten Verbrechen identisch, dem Dion, während er bei Titus Coponius wohnte, zum Opfer fiel. L. Lucceius: Prätor 67 v. Chr., Freund Ciceros, der ihn in einem berühmten Brief (Ad Familiares 5, 12) um eine geschichtliche Würdigung seiner Konsulatspolitik bat.

[54] Räuberin bei jedermann (weil Clodia sich von ihren Liebhabern

beschenken ließ), gastliche Venus, Helferin: unübersetzbare Anspielung auf Epitheta des Kultes. *Venus spoliatrix* und *adiutrix*
sind nach Analogie von *Venus Genetrix* («Stammutter») gebildet;
Venus hospitalis erinnert an *Iupiter hospitalis*. Volksfreundliches
Haus: doppeldeutig; auch ein Hinweis auf die «volksfreundliche»
(populare) Politik des Clodius.

[55] Nicht von eigenen Spielen, da Caelius kein Amt innehatte; er
wollte wohl einen Freund unterstützen. Vgl. 16.

[56] Wie du annimmst usw.: an die Adresse des Balbus; du außer
Rand und Band geratene Person usw.: an die Adresse der Clodia.

[57] Ein Fragenkatalog der Rhetorenschule; vgl. z. B. die Rhetorica
ad Herennium 2,3ff.

[58] Eine Scheinalternative; die Richter sollen natürlich beides glauben.

[59] Den Prozeß: wegen des Anschlags auf das Leben Dions. Seinen
Freund: Bestia; vgl. 26. Eines schweren Verbrechens: des Anschlags auf Dion. Eines anderen Verbrechens: der Absicht, Clodia zu vergiften.

[60] Q. Caecilius Metellus Celer: vgl. 34; sein plötzlicher Tod erregte
den Verdacht, daß Clodia, seine Frau, ihn vergiftet habe. Welcher Sturm usw.: Ciceros Verbannung, das Tribunat des Clodius.
Q. Lutatius Catulus: Konsul 78, gest. 61/60 v. Chr., ein cha-
raktervoller Verfechter der optimatischen Sache. Seinem der Raserei verfallenen Vetter: dem Clodius.

[61] P. Licinius: unbekannt. Bad des Senia: wohl eine von einem privaten Unternehmer betriebene Anstalt.

[62] Terenz, Das Mädchen von Andros, v. 126.

[63] Anspielung auf Clodias stadtbekannten Schimpfnamen *qua-
drantaria* («Dreigroschenhure», eigentlich «Viertelashure»).

[64] Frauen waren nicht voll geschäftsfähig; die Freilassung von
Sklaven und andere wichtige Rechtsakte bedurften der Geneh-
migung durch die Vormünder. Die Vormundschaft fiel, wenn der
Gewalthaber (der Vater, der Ehemann) nicht durch Testament
einen Vormund bestellt hatte, den nächsten männlichen Verwandten des Mannesstammes zu. Zu den Reverenzen, die Cicero
hier den Verwandten Clodias erweist, vgl. 20f.

[65] Einen Anklagepunkt gewonnen oder das peinliche Verhör unmöglich gemacht: keine echte Alternative. Nur Sklaven durften
beim Verhör gefoltert werden; mit ihrer Freilassung waren die
Sklaven, die bei der Szene im Bade mitgewirkt hatten, dieser Pro-

zedur entzogen. Hierdurch «gewann» Clodia zugleich einen Anklagepunkt: der Vorwurf des Giftmordversuchs, der gänzlich auf
Zeugenaussagen beruhte, war jetzt kaum noch widerlegbar. Unter der von Clodia selbst aufgedeckten Affäre muß man wohl
ebenfalls den angeblichen Giftmordversuch verstehen.

[66] Eine gänzlich undurchsichtige Partie. Cicero scheint auf einen
anzüglichen Scherz anzuspielen, den sich, wie ein offenbar allgemein bekanntes Gerücht wissen wollte, ein junger Mann mit Clodia erlaubt hatte.

[67] Q. Lutatius Catulus: vgl. 59; mit dem bewaffneten Bürgerzwist
ist der Aufstand des M. Aemilius Lepidus (78/77 v. Chr.) gemeint, der von Catulus niedergeworfen wurde. Ciceros Hinweis
auf sein Gesetz gegen Gewaltanwendung läßt sich nur schwer
mit der notorischen Tatsache in Einklang bringen, daß sowohl
eine Reihe von Catilinariern als auch Caelius auf Grund der *lex
Plautia de vi* belangt wurden; vielleicht war der *lex Plautia* eine in
der Substanz übereinstimmende *lex Lutatia de vi* vorausgegangen,
so daß sich Cicero für berechtigt halten konnte, die legislatorischen
Maßnahmen gegen *vis* auf Catulus als den eigentlichen Urheber
zurückzuführen.

[68] Vettius, vielleicht ein Liebhaber Clodias, hatte sich deren Zorn
zugezogen; Camurtius und Caesernius vergingen sich an ihm,
um Clodia zu rächen, und wurden dafür wegen *vis* bestraft. Der
Fall läßt vermuten, daß die *lex Plautia* auch gegen Gewalttaten
angewandt werden konnte, die sich nicht unmittelbar gegen die
öffentliche Sicherheit richteten. Groschengeschichte: wohl abermals eine Anspielung auf die billigen Preise der «Dirne» Clodia;
vgl. 62.

[69] Q. Pompeius Rufus: Prätor 63 v. Chr., in den darauf folgenden
Jahren Statthalter von Afrika.

[70] Glänzendes Verdienst: eine starke Schmeichelei; nicht Antonius,
der Oberbefehlshaber, sondern der Legat M. Petreius hatte Anfang 62 v. Chr. den Sieg über Catilina und seine Truppen erfochten. Verdacht eines verbrecherischen Planes: vgl. 15.

[71] Bestia; vgl. 7. 26.

[72] Vgl. 15. 47 und 74.

[73] Vgl. 1. 56 und 76.

[74] Sex. Clodius, ein Handlanger von Ciceros Erzfeind P. Clodius,
hatte soeben in einem von Milo veranlaßten Prozeß einen Freispruch
erwirkt; Cicero schreibt ihm hier eine Reihe der Untaten zu, für

die er sonst P. Clodius verantwortlich zu machen pflegt. Zwei Jahre
lang: seit dem Tribunat des P. Clodius (im Jahre 58 v. Chr.). Heilige Stätten, Register, Urkunden: den Nymphentempel mit den
Personenstandsregistern; vgl. die Rede für T. Annius Milo, 73. Das
Denkmal des Q. Lutatius Catulus (Konsul 102 v. Chr.): eine Säulen-
halle, die an Ciceros Haus auf dem Palatin angrenzte; sie wurde,
nachdem Cicero ins Exil gegangen und sein Vermögen der Staatskasse verfallen war, mitsamt einem Teil des ciceronischen Grundstücks zu einem Heiligtum der Libertas, der Bürgerfreiheit, umge-
staltet. Mein Haus: am Tage nach Ciceros Abreise (März 58 v. Chr.).
Das meines Bruders: nach Ciceros Rückkehr aus der Verbannung,
im November 57 v. Chr. Gatte und Bruder in einer Person: vgl. 32.

Rede für T. Annius Milo

[1] Vgl. 71.

[2] Auch der außerordentliche Gerichtshof, der über Milo urteilte,
setzte sich, wie üblich, zu je einem Drittel aus Senatoren, Rittern
und Ärartribunen (einer den Rittern nahestehenden Kategorie)
zusammen.

[3] Cicero (der schon in die Verbannung hat gehen müssen) und
Milo (dem die Verbannung droht).

[4] Die Rechtschaffenen *(boni):* die Optimaten; die Skrupellosen
(improbi): die Gegner der Optimaten, die revolutionären Kräfte.

[5] Cicero kündigt in diesem Absatz die beiden Hauptteile seiner
Rede an: die mit der Schilderung des Sachverhaltes beginnende
Darlegung der *causa* (24–71) und die politischen Erwägungen
extra causam (72–91); vgl. 92.

[6] Ankündigung der argumentierenden Partie 7–23.

[7] Nach annalistischer Tradition (Livius, 1,24–26) wurde unter König Tullus Hostilius der Streit um die Vorherrschaft, der zwischen Rom und Alba Longa entbrannt war, durch den Kampf
zweier Drillinge, der Horatier auf römischer und der Curiatier
auf albanischer Seite, ausgetragen. Einziger Überlebender und
Sieger war dank einer List M. Horatius. Seine Schwester erkannte
unter den erbeuteten Waffen die ihres Verlobten; sie begann zu
klagen und wurde daraufhin von ihrem Bruder getötet: «So soll
es jeder Römerin ergehen, die um den Feind weint.» Der wegen Mordes Verurteilte durfte Berufung beim Volk einlegen und erlangte
dort einen Freispruch. Die Legende enthält das früheste Beispiel

für einen Kapitalprozeß mit Berufung *(provocatio ad populum)*.

[8] Entweder rundweg zu bestreiten usw.: Anspielung auf zwei Status (etwa «Fallstrukturen») der rhetorischen Theorie. Beim *status coniecturalis* ging es um die Frage, ob ein Verdächtiger die Tat begangen habe oder nicht; beim *status generalis* wurde geprüft, ob sich ein geständiger Täter gegen das Strafgesetz vergangen habe oder nicht. Der *status generalis* entspricht den Rechtfertigungsgründen der modernen Strafrechtstheorie (Notwehr, Notstand, Einwilligung des Verletzten u. a.). P. Africanus: der jüngere Scipio; seine Antwort an C. Papirius Carbo (Volkstribun 131 oder 130 v. Chr.) lautete nach Velleius Paterculus (2,4,4): wenn Tiberius Gracchus beabsichtigt habe, sich des Staates zu bemächtigen, dann sei er zu Recht getötet worden. C. Servilius Ahala hatte den Sp. Maelius, der nach der Alleinherrschaft strebte, getötet; er wurde zunächst schuldig gesprochen, jedoch bald darauf aus der Verbannung zurückgerufen (um 435 v. Chr.); vgl. 72 und die erste catilinarische Rede, 3. P. Cornelius Scipio Nasica Serapio (Konsul 138 v. Chr.) und L. Opimius (Konsul 121 v. Chr.): die Töter der Gracchen; vgl. die erste catilinarische Rede, 3 f. Marius ging im Jahre 100 v. Chr. gegen seinen früheren politischen Freund L. Appuleius Saturninus vor; vgl. die erste catilinarische Rede, 4. Der Senat: der dem Konsul Cicero am 5. Dezember 63 v. Chr. die standrechtliche Tötung der verhafteten Catilinarier empfahl; vgl. 83. Jemand, der, um für seinen Vater Vergeltung zu üben usw.: Anspielung auf die Orestie des Aischylos, insbesondere auf die Eumeniden.

[9] Die berühmte Kodifikation des Gewohnheitsrechts, die nach der Überlieferung in den Jahren 451–449 v. Chr. zustande kam. Die Tötung eines Diebes war in spätrepublikanischer Zeit nicht mehr zulässig.

[10] Anspielung auf eine Bestimmung des Sullanischen Mordgesetzes (der *lex Cornelia de sicariis et veneficis*).

[11] Des Clodius-Anhängers T. Munatius Plancus Bursa. Halberstickt, angesengt: Anspielung auf den Brand der Kurie; Munatius Plancus mußte wegen der Feuersbrunst die in der Nähe befindliche Rednertribüne räumen.

[12] Man hatte ja die Gesetze: das Sullanische Mordgesetz und das Plautische Gesetz gegen Gewaltanwendung *(lex Plautia/Plotia de vi;* vgl. 35). Wegen seines frevelhaften Ehebruchs: Clodius nahm verkleidet an einem Kultfest der Guten Göttin (Bona Dea) teil, zu

dem nur Frauen Zugang hatten (62 v. Chr.). Das Fest fand im Hause des Oberpriesters Caesar statt, dessen damalige Frau, Pompeia, die Geliebte des Clodius war. Der Senat wollte den Bona-Dea-Skandal durch ein Sondergericht abgeurteilt wissen; das Verfahren fand gleichwohl vor einem in der üblichen Weise besetzten Gerichtshof statt, und Clodius wurde freigesprochen; vgl. 73. 86f.

[13] M. Aemilius Lepidus: Konsul 46 und 42 v. Chr.; Triumvir mit Oktavian und Antonius. Die Krawalle, die auf die Ermordung des Clodius folgten, richteten sich auch gegen ihn, weil er damals das Amt des Interrex (des geschäftsführenden Senatsmitgliedes) ausübte.

[14] Der Abschnitt 12–14 befaßt sich mit den Senatsberatungen, die das von Pompeius entworfene Sondergesetz *de vi* hervorrief. Optimatische Kreise suchten das Gesetz durch einen Beschluß abzuwenden, der einerseits die Clodius-Affäre für staatsschädlich, andererseits die bestehenden Vorschriften für ausreichend erklären sollte. Auf Verlangen eines Clodianers wurde über die beiden Punkte getrennt abgestimmt. Nach der Annahme des ersten Punktes erhob der fanatische Volkstribun, d. h. Munatius Plancus, Einspruch gegen den zweiten, und Pompeius brachte sein Sondergesetz durch.

[15] Die Geschworenen erhielten für die Abstimmung Stimmtäfelchen mit dem rettenden Buchstaben A (= *absolvo*, ich spreche frei) und dem verdammenden Buchstaben C (= *condemno*, ich verurteile).

[16] M. Porcius Cato, genannt Uticensis (Prätor 54 v. Chr.), der berühmte Stoiker und Vorkämpfer der Senatspartei. Seine Mutter war eine Schwester jenes M. Livius Drusus (Volkstribun 91 v. Chr.), dessen Ermordung den Bundesgenossenkrieg auslöste. Den plötzlichen Tod des jüngeren Scipio (129 v. Chr.) suchten Gerüchte auf Mord durch politische Gegner zurückzuführen.

[17] Appius Claudius Caecus: Konsul 307 und 296, Zensor 312 v. Chr.; vgl. die Rede für M. Caelius, 33f.

[18] M. Papirius Maso, ein Gefolgsmann des Pompeius. Der hier erwähnte Vorfall ereignete sich im Jahre 58 v. Chr.

[19] Ereignisse des Jahres 58 v. Chr.; vgl. 73. Kastortempel: an der Südseite des Forums; er diente oft als Sitzungslokal des Senats.

[20] Clodius hatte schon während seines Tribunats (58 v. Chr.) versucht, auf eigene Faust Politik zu treiben, und zunächst Pompeius, dann auch Caesar attackiert; er war sodann mit optimatischer Unter-

stützung zum Ädilen des Jahres 56 v. Chr. gewählt worden und hatte
nach der Konferenz von Luca (56 v. Chr.) die hier erwähnte neuer-
liche Schwenkung zu Pompeius vollzogen.

[21] L. Domitius Ahenobarbus: Konsul 54 v. Chr.; er hatte sich vor allem während seiner Prätur (58 v. Chr.) als erbitterter Gegner po-
pularer Bestrebungen hervorgetan.

[22] Clodius hatte sich also ursprünglich für das Jahr 53 v. Chr. um
die Prätur beworben, dann aber die Bewerbung zurückgezogen,
weil im Jahre 54 und in der ersten Hälfte des Jahres 53 v. Chr.
überhaupt keine Konsul- und Prätorenwahlen zustande kamen.
L. Aemilius Lepidus Paullus: Prätor 53, Konsul 50 v. Chr., ein
Bruder des Triumvirn. Auf den frühesten ihm zustehenden Termin: nach der *lex Villia annalis,* die zwischen zwei Ämtern ein
amtloses Intervall von mindestens zwei Jahren vorschrieb; Clodius war im Jahre 56 v. Chr. Ädil gewesen. Aus religiösen Bedenken: wegen ungünstiger Vorzeichen.

[23] Die *tribus Collina,* ein städtischer Stimmbezirk, stand offenbar in
besonders schlechtem Ruf; Cicero vergleicht die Knüppelbanden
des Clodius mit dem ihr zugehörigen Gesindel.

[24] Die jedoch wegen eines Zwischenfalls abgebrochen werden mußten; vgl. 41. 96.

[25] M. Favonius: Prätor 49 v. Chr., ein Verehrer Catos. Vgl. 44.

[26] Der Diktator von Lanuvium hatte wohl lediglich kultische Aufgaben zu erfüllen.

[27] Gegen fünf Uhr nachmittags. Nach Asconius fand die verhäng-
nisvolle Begegnung der beiden Todfeinde bereits zwei Stunden
eher statt.

[28] Die Maxime *cui bono?* («Wem hat die Tat Nutzen gebracht?»)
stammt von L. Cassius Longinus Ravilla, Konsul 127 v. Chr.; vgl.
die Rede für Sex. Roscius aus Ameria, 84f.

[29] Sex. Clodius: ein oft erwähnter Gehilfe des berüchtigten Tribunen; vgl. die Rede für M. Caelius, 78. Palladium: ein im Vestatempel am Forum aufbewahrtes Kultbild der Pallas Athene, das,
wie man glaubte, den Fortbestand Roms verbürgte und daher
sorgfältig behütet wurde. Leuchte der Kurie: hier höhnisch im
Wortsinne; Sex. Clodius war kein Mitglied, geschweige denn eine
«Leuchte» des Senats, wohl aber der Anstifter beim Brand des
Senatsgebäudes.

[30] Gegen *vis* (Gewaltanwendung); vgl. 40 und die Rede für M. Caelius, 70.

[31] Wegen der standrechtlichen Tötung der Catilinarier.

[32] Ein Ereignis des Februar 58 v. Chr., kurz vor Ciceros Aufbruch in die Verbannung: Q. Hortensius Hortalus (der berühmte Redner, Konsul 69 v. Chr.) gehörte einer Abordnung aus der Ritterschaft an, die den Senat um Hilfe für Cicero bat; die Abordnung wurde daraufhin von der Bande des Clodius überfallen.

[33] Pompeius, Papirius: vgl. 18. Regia: eigentlich «Königsburg», der Amtssitz des ersten Oberpriesters (pontifex maximus), beim Vestatempel am Ostausgang des Forums.

[34] Milos Haus von Clodius belagert usw.: Ereignisse des Jahres 57 v. Chr. P. Sestius: vgl. die erste catilinarische Rede, 21. Q. Fabricius: Volkstribun 57 v. Chr. L. Caecilius Rufus: Prätor 57 v. Chr. An jenem Tage usw.: am 4. August 57 v. Chr., an dem die Volksversammlung das Gesetz über die Rückberufung Ciceros annahm.

[35] Ein hochangesehener und ungemein tatkräftiger Mann: P. Cornelius Lentulus Spinther, Konsul 57 v. Chr. In Capua: Pompeius führte dort einen Beschluß herbei, der das Clodische Gesetz über die Ächtung Ciceros für widerrechtlich erklärte.

[36] Einmal wegen Gewaltanwendung (nachdem Clodius sein Haus belagert hatte); vgl. 35.

[37] Milo als Angeklagter: wegen Gewaltanwendung (vis), im Februar 56 v. Chr. M. Antonius: der nachmalige Triumvir, einer von Milos Anklägern; er hatte gleichwohl bei einem Streit Clodius mit dem Schwerte in der Hand vom Forum verjagt.

[38] Zu den Auspizien, die zu Beginn der für die Konsulwahlen zuständigen Zenturiatkomitien den Götterwillen erkundeten.

[39] Q. Petilius: unbekannt; offenbar ein Mitglied des Gerichtshofes. Vgl. im übrigen 26.

[40] Vgl. 27. Ein Volkstribun: nach Asconius wahrscheinlich Q. Pompeius Rufus.

[41] Interamna: wohl die am Liris gelegene Stadt dieses Namens, etwa 120 km südöstlich von Rom (heute Termini). Nach dessen früherem Zeugnis: im Bona-Dea-Prozeß; Causinius Schola behauptete, Clodius habe sich in der Nacht des Frevels in Interamna aufgehalten; Cicero widerlegte das angebliche Alibi, indem er bezeugte, daß Clodius ihn an dem fraglichen Tage in Rom aufgesucht habe. Alba (Longa): am Albanersee, etwa 5 km östlich von Bovillae.

[42] Einige von den Befürwortern der lex Pompeia de vi: Pompeius Rufus und Sallust.

43 Der Architekt Kyros hatte auch Aufträge für Cicero und seinen
   Bruder Quintus ausgeführt; Cicero versiegelte als Zeuge sein –
   wie üblich – auf Wachstafeln niedergeschriebenes Testament.
   Die dritte Stunde: etwa 9 Uhr vormittags; die zehnte Stunde:
   etwa 4 Uhr nachmittags.

44 Vgl. 26. 55. 74. 87.

45 Das Folgende bringt eine Zusammenfassung der bisherigen Beweisführung.

46 Vgl. 85.

47 Zum Landgut des Pompeius: am Albanersee. Alsium: Stadt an der
   tyrrhenischen Küste, etwa 30 km westlich von Rom.

48 Ein Landgut, das ihm als Stützpunkt für seine «Raubzüge» in
   Etrurien diente; vgl. 26. 50. 74. 87.

49 Wie es bei gefährlichen militärischen Unternehmungen üblich
   war; vgl. z. B. Livius 10, 38, 12.

50 Das Sklavenzeugnis wurde durch die Folter erzwungen; wer sich
   ihm entziehen wollte, ließ die Sklaven frei; vgl. die Rede für
   M. Caelius, 68.

51 D. h. wenn er verurteilt werden sollte.

52 Freiheitshalle: Amtslokal der Zensoren, am Forum. Appius: einer
   der beiden Ankläger dieses Namens, der nunmehr als Neffe des
   Clodius dessen Sklaven besaß. Als damals usw.: Anspielung auf
   den Bona-Dea-Skandal. Als handele es sich um einen Kultfrevel:
   also um einen der wenigen Fälle, in denen die Aussage des Sklaven gegen seinen Herrn zulässig war. Ciceros Argumentation unterstellt, daß ein Verhör der Sklaven des Clodius, wenn es ernst-
   haft betrieben werde, nur Clodius belasten könne.

53 Stadt im südlichen Umbrien, etwa 60 km nördlich von Rom (heute Otricoli).

54 Vgl. 21.

55 Am Pincius, nördlich der Stadt.

56 Pompeius hatte Milo nicht zu sich vorgelassen.

57 Vgl. 40.

58 Da Milo dem Pompeius und Cicero dem Milo verpflichtet ist.

59 Ein deutlicher Hinweis auf den bevorstehenden Bruch zwischen
   Pompeius und Caesar.

60 Mit dieser Formel, dem sogenannten *senatus consultum ultimum,*
   erklärte der Senat den Ausnahmezustand; sie ermächtigte den
   Inhaber der höchsten Gewalt u. a., ohne Anrufung der ordentli-
   chen Gerichte gegen Staatsfeinde vorzugehen.

[61] Nach dem Herkommen: auf das sich die Befugnis des Senats gründete, den Ausnahmezustand zu verhängen (es war aus dem Kampf gegen die Gracchen hervorgegangen); aus eigener Vollmacht: die Pompeius durch das *senatus consultum ultimum* erhalten hatte. Trotz der gestrigen Versammlung: vgl. 3.

[62] Sp. Maelius: wegen Hochverrats von C. Servilius Ahala getötet; vgl. 8. Einen Kollegen: den Volkstribun M. Octavius (133 v. Chr.). Die sie verdarben: Servilius Ahala und Scipio Nasica; vgl. 8.

[63] Dessen abscheulicher Ehebruch usw.: vgl. 13. Seine Teilnahme am Bona-Dea-Fest wurde von Caesars Mutter u. a. entdeckt. L. Licinius Lucullus (Konsul 74 v. Chr.) war mit Clodia, der jüngsten Schwester des Clodius, verheiratet. Der einen vom Senat usw.: Cicero meint sich selbst. Der Königreiche usw.: Clodius hatte als Volkstribun (58 v. Chr.) dem Galaterprinzen Brogitarus den Königstitel verkauft. Der sich mit seinen Günstlingen usw.: mit Gabinius und Piso, den Konsuln des Jahres 58 v. Chr., mit denen sich Clodius nach der Meinung Ciceros auf Gedeih und Verderb verbündet hatte. Einen hervorragend tüchtigen und berühmten Bürger: Pompeius; vgl. 18.

[64] Der den Nymphentempel in Brand steckte: vgl. die Rede für M. Caelius, 78. Die Etrusker: vgl. 26. 50. 55. 87. Janiculum: Hügelrücken vor Rom, am rechten Tiberufer (heute Gianicolo). Priliussee: in Etrurien, heute verlandet. T. Furfanius Postumus: wie P. Varius als Geschworener anwesend (Statthalter von Sizilien 45 v. Chr.).

[65] Appius Claudius Pulcher: Konsul 54 v. Chr. Der Schwester: der berühmten Clodia, der Gattin des Q. Caecilius Metellus Celer (Konsul 60, verstorben 59 v. Chr.). Celers Grundstück auf dem Palatin stieß an das des Clodius.

[66] Vgl. 21.

[67] Wo man vor allem den Mördern des Hipparchos, Harmodios und Aristogeiton, kultische Ehren erwies.

[68] Nach dem Wortlaut des Gesetzes; die Todesstrafe wurde freilich nicht vollstreckt, wenn der Verurteilte in die Verbannung ging.

[69] Vgl. 8.

[70] Altäre der Albanergötter: die Kultstätten des alten Alba Longa, die König Tullus Hostilius bei der Zerstörung der Stadt verschont haben sollte. Unter den unsinnigen Massen seiner Stützmauern: vgl. 53. Zu Ehren des Jupiter Latiaris, dessen Heiligtum einen Gipfel der Albanerberge krönte, wurde alljährlich das lati-

nische Bundesfest *(feriae Latinae)* begangen.

[71] In dem berüchtigten Prozeß: der den Bona-Dea-Frevel hätte sühnen sollen; vgl. 13. 73 und den folgenden Absatz. Ohne Ahnenbilder usw.: Aufzählung der üblichen Bestandteile eines aristokratischen Begräbnisses; vgl. 33. Die Züge der berühmtesten
Männer: der Vorfahren des Clodius, deren Totenmasken den
Leichenzug begleitet hätten. Nicht dort zerfleischt worden wäre
usw.: in der Kurie.

[72] Ein zweiter Katalog von Schandtaten des Clodius; vgl. 72–75.
Die strengsten Beschlüsse: die eine scharfe Bestrafung des Clodius forderten. Verworfen, was unter Zustimmung aller Stände
usw.: Ciceros Vorgehen gegen die Catilinarier; die Worte *omni-
um ordinum consensu* spielen auf Ciceros politische Lieblingsgedanken an; vgl. bes. die vierte catilinarische Rede, 14ff. Mein
Vermögen geplündert usw.: nach Ciceros Abreise ins Exil. Das
Haus meines Bruders: im November 57 v. Chr.; vgl. die Rede für
M. Caelius, 78. Etrurien verwüstet usw.: vgl. 26. 50. 55 und 74. In
seinem Hause usw.: vgl. 33. 89.

[73] Vgl. 21.

[74] Vgl. 84.

[75] Durch seine Beschlüsse zur Verfolgung des Bona-Dea-Frevels.

[76] Des Sex. Clodius; vgl. 33.

[77] Kastortempel: vgl. 18. Er diente wiederholt Aufrührern als Stützpunkt. Eine Versammlung: eine politische Kundgebung zugunsten
Milos, die einige Tage nach der Ermordung des Clodius stattfand.
Sie wurde von M. Caelius Rufus, demselben, den Cicero im Jahre 56
v. Chr. erfolgreich verteidigt hatte, geleitet.

[78] Durch Geldzuwendungen und Gladiatorenkämpfe, zum Zwecke
der Wählerbestechung.

[79] Die Wahl war also noch nicht rechtsgültig.

[80] Gegen den Staat oder gegen Pompeius; vgl. 63ff.

[81] Aus Freude über die Befreiung von den Gewalttaten des Clodius;
vgl. 26. 50. 55. 74. 87.

[82] In Gallien, als Legat Caesars.

Rede für M. Marcellus

[1] An derselben Sache: am Kampf gegen Caesar, auf seiten des
Pompeius. Dieselbe Gunst: die Begnadigung durch Caesar.

² Marcellus war zwölf Jahre jünger als Cicero und von Jugend an
  mit ihm befreundet.

³ Bedenken, Kümmernisse: wegen vergangener Kränkungen (Marcellus hatte Caesar zumal während seines Konsulats erbittert
  bekämpft). Befürchtungen: wegen künftiger Gefahren; vgl. 21 ff.

⁴ Mit der er sich dem Gnadengesuch des L. Piso und des C. Marcellus angeschlossen hatte.

⁵ Vielleicht ein übertreibender Hinweis auf den Umstand, daß
  Marcellus nunmehr wegen seines höheren Alters einen günstigeren Platz in der Reihe der ehemaligen Konsuln (in der ranghöchsten Gruppe des Senats) erhalten wird als zuvor.

⁶ C. Claudius Marcellus, Konsul 50 v. Chr., hatte Caesar fußfällig
  um Begnadigung seines Vetters M. Claudius Marcellus gebeten.
  Das Geschlecht der Claudier bestand aus einem patrizischen und
  einem plebejischen Zweig; die Claudii Marcelli waren die
  Hauptlinie des plebejischen. Sie verdankten ihr Ansehen vor
  allem dem fünffachen Konsul M. Claudius Marcellus, dem
  Feldherrn des Hannibalkrieges und Eroberer von Syrakus. Die
  Linie erlosch mit M. Claudius Marcellus, dem Sohne des Konsuls vom Jahre 50 v. Chr., einem Neffen des Augustus.

⁷ Im Gegensatz zu allen früheren Siegern in Bürgerkriegen.

⁸ Ohne daß jemand ihn bat: in Wahrheit hatte sich immerhin der
  Caesarianer P. Cornelius Dolabella, Ciceros Schwiegersohn, für seinen Schwiegervater verwendet.

⁹ Zu denen insbesondere Cicero selbst gehörte; die folgende
  Selbstdarstellung entspricht den Tatsachen.

¹⁰ Pompeius.

¹¹ Bis zum Ausbruch des Bürgerkrieges (Anfang Januar 49
   v. Chr.). Cicero hat freilich damals nicht vor dem Senat gesprochen (er befand sich noch außerhalb der Stadt), sondern auf
   privatem Wege zwischen den Parteien zu vermitteln versucht.

¹² Den Hochmut bestimmter Leute und sonstige Anzeichen eines
   grausamen Sieges. Vgl. 18.

¹³ Wegen seines Starrsinns: der zeitgenössische Hörer oder Leser
   konnte schwerlich umhin, diese Worte auf alle die zu beziehen,
   die in Afrika gefallen waren oder sich dort, wie Cato, das Leben
   genommen hatten. Deine Feinde sind ... gar nicht mehr da:
   Cicero läßt außer acht, daß die Söhne des Pompeius in Spanien
   eine neue Armee zusammengebracht hatten; Caesar benötigte
   etwa sechs Monate, sie zu vernichten (46/45 v. Chr.).

[14] Zu den Reformen Caesars, darunter zu der von Cicero nicht erwähnten Kalenderreform, vgl. Sueton, Caesar 40–44, und Cassius Dio 43, 25 f.

[15] Vgl. Sueton, Caesar 86: «Bei manchen, die ihm nahestanden, hinterließ Caesar den Eindruck, er habe nicht länger mehr leben wollen und sich nicht darum gekümmert, daß seine Gesundheit nicht mehr die beste war.»

[16] Epikureisch gefärbte Maxime, die an Caesars eigene Überzeugungen anknüpft; vgl. Sallust, Catilina 51, 20 (Caesar spricht): «Der Tod macht allem menschlichen Elend ein Ende; darüber hinaus gibt's kein Leid und keine Freude.»

[17] Z.B. von dem neuen Forum, das Caesar erbauen ließ, dem Forum Iulium nördlich des Forum Romanum. Vgl. ferner Sueton, Caesar 44, und Plutarch, Caesar 58.

[18] Die Epikureer, die die menschliche Seele für sterblich erklärten und im Tod das absolute Ende des individuellen Lebens sahen. Caesar teilte ihre Überzeugungen; vgl. 27.

[19] Unter Pompeius und Caesar.

[20] Viele legten die Waffen nieder: nach der Schlacht bei Pharsalus. Anderen: denen, die den Kampf gegen Caesar in Afrika fortsetzten.

[21] Cicero wollte sich gewiß zu den «anderen» gerechnet wissen; vgl. 21.

[22] Im Jahre darauf bot der Senat Caesar eine aus Senatoren und Rittern bestehende Leibwache an; Caesar lehnte ab.

[23] Vgl. 10.

BIBLIOGRAPHISCHE HINWEISE

Ausgaben:
M. Tulli Ciceronis Orationes, ed. A. C. Clark – W. Peterson, 6 Bde.
  (Oxford Classical Texts), Oxford 1901–1918 (z. T. 2. Aufl.).
Cicéron, Discours, ed. H. de la Ville de Mirmont u. a., 20 Bde.
  (Collection Budé), Paris 1918 ff. (mit französischer Übersetzung;
  z. T. 2. oder 3. Aufl.).

Übersetzung:
M. Tullius Cicero, Sämtliche Reden, eingeleitet, übersetzt und
  erläutert von M. Fuhrmann, 7 Bde. (Bibliothek der Alten Welt),
  Zürich-Stuttgart/München 1970–1982 (z. T. 2. Aufl.).

Zur Biographie Ciceros:
O. Plasberg, Cicero in seinen Werken und Briefen (Das Erbe der
  Alten, 2. Reihe 11), Leipzig 1926/Nachdruck Darmstadt 1962.
O. Seel, Cicero: Wort – Staat – Welt, Stuttgart 1961[2].
M. Gelzer, Cicero – Ein biographischer Versuch, Wiesbaden 1969.
Chr. Meier, Die Ohnmacht des allmächtigen Dictators Caesar –
  Drei biographische Skizzen, Frankfurt/M. 1980, 103–222.

Zur Geschichte des ciceronischen Zeitalters:
E. Meyer, Römischer Staat und Staatsgedanke, Zürich 1964[3].
J. Bleicken, Die Verfassung der römischen Republik (UTB 460),
  Paderborn-München-Wien-Zürich 1982[3].
A. Heuß, Das Zeitalter der Revolution, in: Propyläen Welt-
  geschichte, Bd. 4, Berlin-Frankfurt/M.-Wien 1963, 175 ff.
R. Syme, Die römische Revolution, Stuttgart 1957.
M. Gelzer, Cäsar, Der Politiker und Staatsmann, Wiesbaden 1960[6].
W. Kroll, Die Kultur der ciceronischen Zeit (Das Erbe der Alten,
  2. Reihe 22–23), Leipzig 1933/Nachdruck Darmstadt 1963.

Zur antiken Beredsamkeit:

W. Kroll, Rhetorik, in: Paulys Realencyclopädie der classischen Altertumswissenschaft, Suppl.-Bd. 7, 1940, 1039–1138.

H. Lausberg, Handbuch der literarischen Rhetorik, 2 Bde., München 1973[2].

E. Norden, Die antike Kunstprosa, 2 Bde., Leipzig 1923[4]/Nachdrucke Darmstadt 1958ff.

H. I. Marrou, Geschichte der Erziehung im klassischen Altertum, München 1957.

Zu den Reden Ciceros (allgemein):

R. Heinze, Ciceros politische Anfänge, in: Vom Geist des Römertums, Darmstadt 1972[4], 87–140.

H. Strasburger, Concordia ordinum – Eine Untersuchung zur Politik Ciceros, Borna 1931/Nachdruck Amsterdam 1956.

Chr. Neumeister, Grundsätze der forensischen Rhetorik, gezeigt an Gerichtsreden Ciceros, München 1964.

W. Stroh, Taxis und Taktik – Die advokatische Dispositionskunst in Ciceros Gerichtsreden, Stuttgart 1975.

D. Berger, Cicero als Erzähler – Forensische und literarische Strategien in den Gerichtsreden, Frankfurt/M.-Bern-Las Vegas 1978.

Zu einzelnen Reden dieses Bandes:

H. Offermann, Cicero, Pro Sex. Roscio Amerino 2,6, Der altsprachliche Unterricht 17,2, 1974, 65–73.

V. Buchheit, Chrysogonus als Tyrann in Ciceros Rede für Roscius aus Ameria, Chiron 5, 1975, 193–211.

V. Buchheit, Ciceros Kritik an Sulla in der Rede für Roscius aus Ameria, Historia 24, 1975, 570–591.

E. Norden, Aus Ciceros Werkstatt, in: Kleine Schriften, Berlin 1966, 137–144 (zu den Catilinarien).

K. Vretska, Das Datum der 1. Catilinaria, Ciceroniana I, 1959, 185–196.

A. Primmer, Historisches und Oratorisches zur ersten Catilinaria, Gymnasium 84, 1977, 18–38.

A. Boulanger, La Publication du Pro Murena, Revue des Etudes Anciennes 42, 1940, 382–387.

W. Sternkopf, Die Ökonomie der Rede Ciceros für den Dichter Archias, Hermes 42, 1907, 337–373.

M. von Albrecht, Das Prooemium von Ciceros Rede pro Archia

poeta und das Problem der Zweckmäßigkeit der argumentatio extra causam, Gymnasium 76, 1969, 419–429.

R. Heinze, Ciceros Rede Pro Caelio, Hermes 60, 1925, 193–258.

C. J. Classen, Ciceros Rede für Caelius, in: Aufstieg und Niedergang der römischen Welt, hrsg. von H. Temporini, I3, Berlin-New York 1973, 60–94.

A. W. Lintott, Cicero and Milo, Journal of Roman Studies 64, 1974, 62–78.

G. Cipriani, La «Pro Marcello» e il suo significato come orazione politica, Atene e Roma, N. S. 22, 1977, 113–125.

PERSONENREGISTER

Das Verzeichnis führt nur die Paragraphen auf, in denen der lateinische Text den betreffenden Namen nennt. Die eingeklammerten Zahlen verweisen auf Stellen, die einen Namen in adjektivischer Form verwenden. Identifikationen von Trägern gleichen Namens sind manchmal unsicher; das Verzeichnis entscheidet sich in diesen Fällen für das Mögliche und Wahrscheinliche.

Abkürzungen:

Sex. Rosc.:	Rede für Sex. Roscius aus Ameria
Cat.:	Catilinarische Reden
Mur.:	Rede für L. Murena
Arch.:	Rede für den Dichter A. Licinius Archias
Cael.:	Rede für M. Caelius
Mil.:	Rede für T. Annius Milo
Marc.:	Rede für M. Marcellus
Äd.:	Ädil
Dikt.:	Diktator
K.:	Konsul
Pr.:	Prätor
Tr.:	Volkstribun

Die auf diese Abkürzungen folgenden Zahlen nennen das Amtsjahr bzw. die Amtsjahre

pass.: passim; in zahlreichen Paragraphen der betreffenden Rede

L. Mummius K. 146 Mur. 31
Murena → Licinius Murena

Natta → Pinarius Natta

Octavii Arch. 6
Cn. Octavius K. 87 Cat. 3, 24
L. Opimius K. 121 Cat. 1, 4. Mil. 8. 83
Otho → Roscius Otho

M. Paconius Mil. 74
Palla Cael. 23
Panaitios Mur. 66
C. Papirius Carbo Tr. 131 (?) Mil. 8
C. Papirius Carbo Pr. 81 (?) Arch. 7
M. Papirius Maso Mil. 18. 37
C. Papius Tr. 65 Arch. (10)
T. Patina Mil. 46
Paullus → Aemilius Paullus
Perseus Cat. 4, 21. Mur. 31
Q. Petilius Mil. 44
Philippos V. Mur. 31
Philippus → Marcius Philippus
Philus → Furius Philus
L. Pinarius Natta Mur. 73
Piso → Calpurnius Piso
Platon Mur. 63
Plautius Mil. (35)
M. Plautius Silvanus Tr. 89 Arch. 7
L. Plotius Gallus Arch. 20
Q. Pompeius K. 141 Mur. 16f.
Cn. Pompeius Magnus K. 70. 55. 52 Cat. 4, 21. Mur. 34. Arch. 24.
    Mil. 2. 15. 18. 20f. 31. 37. 39f. 54. 65 ff. 70. 79. 87
Q. Pompeius Rufus Pr. 63 Cael. 73
C. Pomptinus Pr. 63 Cat. 3, 5 f. 3, 14
M. Porcius Cato Tr. 99 Arch. 6
M. Porcius Cato Censorius K. 195 Mur. 17. 32. 59. 66. Arch. 16. 22
M. Porcius Cato Uticensis Pr. 54 Mur. 3. 7. 13. 31. 34. 51. 54. 56. 58.
    60 ff. 67. 71. 74 f. 78. 81 ff. Mil. 16. 26. 44. 58
M. Porcius Laeca Cat. 1, 8 f. 2, 13

INHALT